专业级 影视后期调光调色系统

Baselight 5.0 完全解密

张　炎　孙春星◎著

中国铁道出版社
CHINA RAILWAY PUBLISHING HOUSE

内容简介

本书是首部讲解 Baselight 调色系统的教材，由行业资深从业人员和 FilmLight 认证培训师编写，内容几乎涵盖所有 Baselight 的知识点，力求为 Baselight 初学者和打算转入 Baselight 调色系统的调色师提供详尽快捷的学习途径。本书共有 19 章，章节编排合理，依照调色制作的工作流程制定学习步骤，从简单的范例入手，从学习 Baselight 基本的操作开始，从了解 Baselight 色彩管理流程开始，一步一步掌握 Baselight 的使用技巧。

本书采用全中文教学，并提供视频教程，解决了一部分读者语言上的问题，打通学习瓶颈。在书后，我们也请到了资深调色师进行经验分享、案例分析，力求在调色理念上也给读者带来一些启发，让本书的作用更贴近实际，更能帮助读者在短期内理解 Baselight 的调色技法，掌握前沿的调色技术。

本书面向初、中级 Baselight 读者，对于高级用户也有查漏补缺的作用，本书基于 Baselight5.0 编写，因为涵盖核心内容，同样也适用于之后的版本学习。

图书在版编目（CIP）数据

专业级影视后期调光调色系统 Baselight 5.0 完全解密 / 张炎，孙春星著 .—北京：中国铁道出版社，2019.3

ISBN 978-7-113-25219-9

Ⅰ . ①专… Ⅱ . ①张… ②孙… Ⅲ . ①图象处理软件 Ⅳ . ① TP391.413

中国版本图书馆 CIP 数据核字（2018）第 282691 号

书　　名：专业级影视后期调光调色系统 Baselight 5.0 完全解密
作　　者：张　炎　孙春星　著

责任编辑：张亚慧　　**读者热线电话：**010-63560056
责任印制：赵星辰　　**封面设计：**MXK DESIGN STUDIO

出版发行：中国铁道出版社（100054，北京市西城区右安门西街 8 号）
印　　刷：北京米开朗优威印刷有限责任公司
版　　次：2019 年 3 月第 1 版　　2019 年 3 月第 1 次印刷
开　　本：787mm×1 092mm　1/16　印张：23.5　字数：558 千
书　　号：ISBN 978-7-113-25219-9
定　　价：168.00 元（附赠光盘）

PREFACE

Baselight – Introduction

The origins of Baselight can be traced back to the toolset developed for the Aardman movie "Chicken Run", released in 2000, and arguably the first movie designed around an end-to-end digital intermediate workflow. Today, Baselight is a complex system for colour grading and changing image sequences in an interactive way. Baselight is used everyday on the widest range of projects all over the world. But the heritage from its early days as a digital colour timing tool, as a system to preview colours for display on an entirely different medium than the one you are looking at, is still recognizable and sets Baselight apart from the many other systems that started life as a software telecine.

As Baselight became popular among colourists doing broadcast commercials, and then for TV drama, new tools and workflows were added to complement the original digital intermediate process. This variety of tools and workflows, which could be combined in many different ways, allows each colourist to develop their own style and preferred way of achieving the look they are after.

All the while, the industry is continuing to change, with new technology, new workflows and a wider range of distribution formats. And the role of the colourist keeps changing along with it. While colour correction and colour timing used to be a defined role at the very end of the project, it is now common to accompany the production process from pre-production to finishing. And it isn't just about colour anymore either. Compositing, relighting, painting, changing textures has all been added to the colourist' s toolset.

It is therefore difficult to pin down what is and what isn't an essential part of Baselight, and there never seemed to be a good moment to write a comprehensive tutorial to capture this essence. There was always an excuse at hand why such a tutorial should be delayed for yet another few moths or a year. Instead, FilmLight has put its effort into one-on-one training and direct customer support. There comes a point however where this individualized approach becomes a real limitation.

We are therefore delighted and extremely grateful that Harry Zhang and Sun Chunxing have taken the big step of writing such a tutorial.

It is certainly overdue, And it comes at a critical time, with Baselight continuing to gain popularity all over the world. As Baselight experts and trainers, the authors couldn' t be better qualified. Both combining the practical experience of working as a colourist with a wide ranging experience in teaching Baselight to a new generation of colourists.

As the main author, Harry has been working with FilmLight for many years, supporting the Baselight customers in China. He therefore understands in full detail how Baselight is used in many different ways by the wide range of customers in the region. He has also trained the majority of the Baselight colourists in China, and has become an expert in presenting the sometimes complex features and concepts in an understandable way. Working closely with the Baselight development team in London, he knows about the philosophy driving the development, and is the key link to provide feedback from China for ongoing developments.

We consider this combination of practical knowledge and experience absolutely critical. Baselight is a system for the professional colourist. Someone who offers their services as a colourist to a production as a full time job, not someone who uses it for their own project, or uses it occasionally as editor, or vfx artist, or director of photography.

To do this job effectively requires not only knowledge about the system and an eye for colour, but a feeling for the pressures and trade-offs that come with real projects. Productivity is therefore an overriding objective, and to learn how to become productive as a colourist is an essential part of learning about Baselight.

Of course, Baselight continues to be developed, and new creative features and workflow tools are added on a regular basis. Today, more development effort goes into Baselight than at anytime during the last 18 years. And the industry and technology continues to change, too. But as this has been a constant factor throughout its history, we can confidently say that the essence of the system will remain very much the same.

The commitment to detailed control of individual parameters over

PREFACE

Baselight – Introduction

easy-to-use generic adjustments will not go away. Support for all previous generations of control surfaces will continue in the future. New features will add to the colourists' toolset, not replace earlier tools that someone will have found to be indispensable as part of their work. Or that they need when revisiting a job they had done some years earlier.

Above all, the commitment to highest quality image processing, to accurate and comprehensive colour management, and to continued integration and interoperability with other professional industry tools will remain as Baselight continues to evolve. Yes, there will be new things to learn all the time, and FilmLight will continue the direct support of its customers to make sure they have access to the latest information. But the best way to make use of this latest information is on the basis of a solid foundation which we hope this book is going to provide.

We are aware that the success of Baselight is built on the talent and the knowledge of the colourists who use it. Being able to say "yes, I can do that" in response to a request from their own clients makes for a positive experience. And the more our users know, the better we can respond to their requests for new features. We will be really happy if this book allows each colourist to get the most out of Baselight, and helps explain why it is widely considered to be the colourists' favourite grading system.

W. Lempp

Co-founder and CEO of FilmLight
Wolfgang Lempp
18th August, 2018

Baselight的起源可以追溯到为2000年上映的Aardman电影《小鸡快跑》而专门开发的工具组，这部电影可以说是全球首部全部采用数字中间片工作流程制作的电影。今天，Baselight 已经成为集调光调色和其他功能为一体的对图像进行交互式操作的大系统，每天在全世界的各个地方都有人在使用Baselight制作各种影视节目。Baselight专门为电影调色而设计，继承于早期的数字中间片色彩调整工具，调色时观看画面的方式完全不同于最终的发行媒介。相对于其他源自于“软件胶转磁”的调色系统，Baselight有着完全不同的辨识度并被行业广泛认可。

随着Baselight在电视广告，在电视剧集的调色师之中流行起来，新的工具和工作流程逐渐被补充到这个原本处理数字中间片的系统中。不同的工具和工作流程以不同的方式进行组合，可以让调色师使用他们自己的方式和偏好得到他们所追求的影像效果。

电影工业技术持续地发生着变化，新的技术，新的流程和更广泛的物料格式不断引入。调色师的角色也在不断发生改变，以前调色是项目最后才进行的步骤，现在调色师从影片制作之前到完成都参与进来已经成为普遍现象，不再仅限于色彩，还包括合成、再照明、绘制、改变材质等许多功能，这些都成为调色师常用的工具。

因此，很难说哪个部分对于Baselight是最重要的，好像永远都没有到一个好时机去写一个完整综合的教材来抓住本质，总是有些原因导致这个教材的编写一再推迟。相对来说，FilmLight更专注于一对一的培训和直接的客户支持，使得只针对个人的教学变得有所局限。

因此，我们很高兴并且非常感谢张炎先生和孙春星先生为编写这本书所做的努力，这个确实是早该完成的事情， 在Baselight持续在全球获得认可和流行的当下，这本书的到来非常及时。作为Baselight的专家和培训师，结合了调色师的实际工作经验和丰富的 Baselight培训经验，他们确实再合适不过。

本书的主要作者张炎先生已经为FilmLight工作多年，他为中国的客户提供支持，他理解如何利用Baselight满足不同用户的不同需求。他也负责为主要的中国客户调色师进行培训，并用简单易懂的方式向用户解释一些复杂的功能和概念。他与伦敦的开发人员也有着密切的联系，理解我们开发的驱动体系，并为正在进行的开发提供中国客户的意见和建议。

我们认为实用的经验和知识的结合至关重要，Baselight是专门为职业调色师打造的调色系统，是指那些全天都在进行影视调色的调色师，而不

是有时为自己的项目做，有时作为剪辑师，视效制作师或者是摄影师偶尔用用的那些艺术家们。

让项目有效率的进行不仅需要系统方面的知识和对颜色敏感的眼睛，还需要在真实项目的压力中进行权衡，因此生产效率非常关键，调色师知道如何提高生产效率也是学习Baselight的重要部分。

Baselight还在不断进步，新的功能和工作流程逐步地加入进来。今天，对Baselight的开发投入远远大于过去的18年。电影工业和技术持续地发生改变，但是作为发展历史中始终没有改变的一点，我们能自信的说，系统的精髓将永远保持不变!

用简单易用的方式完成对各项参数的精细控制会保持下去，对所有不同代的调色台的支持也将延续，新功能的加入不会替换掉调色师已经不可或缺的老工具，他们甚至可以再打开几年前的项目。

最重要的是，对最高质量图像处理的承诺，准确而又全面的色彩管理，和其他专业软件的集成和互通还会在Baselight里持续体现。没错，永远都有新的知识需要学习，FilmLight将持续支持客户让他们得到最新的信息。最好的理解和使用新技术需要以扎实的基础为根基，这也是我们希望这本书能够做到的。

我们知道Baselight的成功基于每位使用Baselight的那些天才而又博学的调色师们，能够对客户说："我可以做到！"让他们持续获得积极的经验。更多的用户理解和掌握Baselight，才能让我们更好地对他们的需求做出反应。如果这本书能让每一位调色师能理解到Baselight的精髓，能够帮助解释为何Baselight是全世界调色师最喜爱的调色系统将是一件十分令人高兴的事情!

FilmLight联合创始人兼CEO
沃尔夫冈・伦普
2018年8月18日

我2003年进入电影后期制作行业，经历过电影画面制作的所有环节，2011年接触了Baselight，从调光、调色到教学培训，到现在也有几年的光景。从当年中国只有一两家公司使用Baselight，到现在北上广深几乎所有中高端的后期公司都引进了Baselight作为其主力调色系统，这些变化都与中国影视产业蓬勃发展，FilmLight公司重视中国市场，不断改进推出新功能的努力分不开。很荣幸，作为FilmLight公司认证培训师，我参与了也见证了这个过程，看到越来越多的后期制作公司引进Baselight，越来越多的调色师学习使用Baselight，越来越多的中国电影由Baselight调色完成。

2017年秋天，也算是老东家的中影华龙教育成为FilmLight的新客户，由此认识了负责调色培训的孙春星老师，我们一拍即合，决定编写中国首部Baselight教材，即《专业级影视后期调光调色系统Baselight5.0完全解密》一书。一方面为中国电影调光调色事业的发展，为Baselight的应用普及做出一点贡献，一方面也为自己这些年使用Baselight，从事Baselight培训做一个总结。

本书几乎覆盖所有我们认为重要的知识点，为了得到更好的讲解效果，我们录制了长达8个小时的视频教程，由于设备简陋，大家可以在视频教程中听到冬天的鞭炮，零星的犬吠，夏日的蝉鸣，这也是一个创作的过程。我们希望以严谨认真的态度把Baselight的技术讲授给读者，让更多的调色师学习和使用Baselight，如果读者能认真研读本书并结合实际操作，短期内就能理解Baselight的核心技术，使用Baselight进行影视节目的调光、调色制作。当然，调光、调色需要长时间的磨炼和经验积累，不是简单地依靠软件就能完成的。由于条件所限，本书不能详细介绍Baselight调色台的使用，很多功能配合调色台会更加方便，不过对于Baselight的正式客户，FilmLight会提供正式的培训，会详细介绍调色台的使用。

在此要感谢FilmLight公司的 Wolfgang Lempp先生，Bob Chorley先生，Daniele Siragusano先生及FilmLight中国办事处对本书的支持和帮助。

由于作者水平有限，难免会有内容遗漏或者有所偏差，还请广大读者见谅。本书仅作为抛砖引玉，希望有更多业内同行编写出关于Baselight的书籍。

2018年夏

幸会！喜欢看前言的你终于读到了这里。我是本书作者之一孙春星，在开始正文阅读之前，我将向你介绍关于这本书的来龙去脉。我于2005年进入影视后期制作行业，最初从事的是三维制作与合成工作，最熟悉的软件是3ds Max和After Effects。2008年因为工作需要开始研究并讲授After Effects调色课程。2012年转向DaVinci Resolve调色，边实践边教学，至今已经六年多了。

2015年参观BIRTV（北京国际广播电影电视设备展览会）的时候第一次了解到Baselight调色系统并留下深刻印象，但是一直无缘学习与使用Baselight。这样看起来我确实是属于孤陋寡闻，后知后觉了。不过机会也会眷顾有准备的人，2017年我与“中影华龙教育”合作开设了影视调色培训班，专门讲授影视调色课程。为了能够让学生掌握更加全面和先进的调色技术，我向学校建议购买了Baselight调色系统，旨在提供DaVinci Resolve和Baselight双系统调色教学服务。我的初步设想是自己独立编写一本Baselight调色入门教材，但是考虑到我的Baselight使用经验和对软件的把握深度都有很大的不足，因此特别邀请FilmLight认证培训师张炎老师一起合作编写本书。我曾经和张老师戏谈“我负责通俗，你负责专业”，目的当然是希望这本书既能系统专业，又能通俗易懂。

虽然我们为此做了一些努力，但是仍然有大量的专业知识并不是那么容易弄懂的。因此，下面我将对本书的内容做简要的介绍。

本书都讲了些什么

本书共有19章，内容几乎涵盖所有Baselight的知识点，力求为Baselight初学者和打算转入Baselight调色系统的调色师提供详尽而快捷的学习途径。现将各章内容概述如下：

◎ 第1章“Baselight调色系统简介”，主要介绍了FilmLight公司的历史及其调色系统Baselight的主要特点和其他产品简介，也介绍了Baselight主调色系统的不同硬件分类和性能。本章由张炎编写。

◎ 第2章“Baselight调色入门”，通过一个完整的小案例带领读者使用Baselight完成短片的调色处理。本例将会从新建场景开始，一步一步地带领读者完成诸如套底、一级调色、二级调色、添加特效和渲染输出等工作，最终得到调色后的影片。相信学完本例之后，你会对Baselight的调色流程产生一个基本的认识。本章由孙春星编写。

◎ 第3章“Baselight操作基础”，主要讲解Baselight最基础的设置和概念，让读者能够对Baselight 的使用有一个基本的认识，了解如何设置视频、音频输出，了解Baselight界面布局和自定义，理解Layer0的概念以及Cursor和Format的作用，学会设置Scene settings。本章由张炎编写。

◎ 第4章“套底及数据管理”，主要讲解Baselight套底的过程，时间线的剪辑修改以及与数据管理相关的工具使用，套底及数据管理涉及调色工作的准备和物料提交，需要和剪辑部门、视效部门、输入/输出部门配合，是一项需要耐心和技巧的工作，也是成为调色助理、调色师必须要经过的过程。本章由张炎编写。

◎ 第5章“Baselight的色彩管理”，主要讲解Baselight的色彩管理系统Truelight Colour Space。在胶片时代，FilmLight公司的Truelight色彩管理系统、Baselight调色系统和Northlight胶片扫描系统构成了数字中间片的制作基础。现在，FilmLight已经将Truelight融入Baselight调色系统之中，理解和掌握Baselight色彩管理流程的核心流程对于使用Baselight调色系统至关重要。本章由张炎编写。

◎ 第6章“一级调色”，主要讲解调色层的基本概念、base grade、film grade、video grade、curve grade和hue shift调色工具以及Gestural grade和示波器的用法。一级调色调整的是画面的整体色调、对比度和色彩平衡。在拍摄过程中可能会造成画面偏色，曝光不足，对比度不够等问题。一级调色即可用来校正画面的这些错误，将不同的镜头进行匹配甚至是创建一个整体风格。Baselight拥有完善而高效的工具帮助你完成一级调色工作。本章由孙春星编写。

◎ 第7章“二级调色”，主要讲解Shape的使用、Shape的跟踪、Matte tool、Reference的使用、组内条带的关系、HueAngle、Dkey、OpenEXR通道的使用、外部蒙版的使用和Keyframe的设置。一级调色作用于整个画面，通常用来进行颜色还原、镜头匹配和整体风格制作。二级调色作用于局部画面，用于修正一级调色带来的问题或者制作特殊的调色风格。二级调色是很多调色学习者非常感兴趣的内容，它强大、灵活、神奇！本章由孙春星编写。

◎ 第8章“Multipe-paste 及 BLG”，主要讲解Baselight的Multi-Paste

工具，并介绍Baselight的数据交换文件BLG 的定义和作用。BLG文件是FilmLight免渲染流程的核心，理解和充分利用BLG的功能将为使用FilmLight的全线产品带来极大的方便。Multi-Paste也是功能强大的调色信息赋予工具，可以为多版本调色带来很多方便。本章由张炎编写。

◎ 第9章“调色及效果工具”，概括介绍了compress gamut、look、truelight、paint、boost range、shader、texture equalizer、denoise、retime、matte xyz、grid warp、pan&scan、transform和perspective等工具的用法。在调色工作中，除了常规的调色工作之外，调色师还会接触到一些调色以外的效果制作工作。也就是说，调色师也要进行一部分合成和效果制作。例如为场景添加镜头光斑、辉光、模糊、锐化和磨皮等效果，还有可能对画面重新进行构图、变形以及变速等处理。在Baselight中，这些操作要借助于Insert菜单中的工具来实现，Insert菜单里包含了所有可以在Baselight里使用的效果工具。本章由孙春星编写。

◎ 第10章“合成操作”，主要讲解Baselight的合成操作。Baselight是调色系统，但是也提供基本的合成工具，在调色系统中加入合成工具会提高完成片制作的工作效率，避免在紧张的调光、调色制作阶段因为镜头的小瑕疵花费时间和特效部门进行大量的数据交换，在调光调色系统即可快速解决一些合成问题。本章由张炎编写。

◎ 第11章“镜头比较与复制影调”，主要讲解Multiple-View多画面模式、Wipe划像对比、DBS比较、Snapshot快照、Gallery画廊、Cutview和Scratchpad草稿的用法。在调色工作中调色师需要处理数量巨大的镜头，一部90分钟电影的镜头数量往往会超过一千甚至更高。为了提高工作效率，相同场景的画面可以套用同一个影调然后再进行独立调整，这就需要掌握Baselight画廊（Gallery）的用法。当处理镜头匹配的时候还需要掌握多画面模式、划像对比和快照等功能。本章由孙春星编写。

◎ 第12章“渲染输出”，主要讲解Baselight的渲染输出，任务管理器，导出调色后的单帧以及如何生成DCP。还介绍了如何在Baselight设置场景模版，方便用户使用规范简化的制作流程，本章最后还介绍了如何改写XML实现与剪辑的互通。本章由张炎编写。

◎ 第13章“音频处理”，主要讲解如何在Baselight里设置音频及对音频的操作。由于Baselight是调色软件，专注于画面的制作，音频只是作为其辅助的功能。Baselight支持不压缩的WAV和AIFF音频文件。本章由张炎编写。

◎ 第14章“立体调色”，主要讲解Baselight的立体调色，Baselight提供了完整的立体节目制作工具，包括立体的bl-setup、双眼立体校正、颜色校正、立体调色、深度调整、字幕制作、渲染输出等。本章由张炎编写。

◎ 第15章“Baselight的系统预设”，主要讲解Baselight Preference系统预设常用的设置，用户可以根据实际情况对系统预设进行修改，使Baselight更适合自己的工作内容和工作习惯，系统预设的修改和生效需要保存并退出Baselight，用户也可以打开桌面上单独的系统预设程序修改参数然后再执行Baselight。只介绍了常用的系统预设参数设置。本章由张炎编写。

◎ 第16章“Baselight Editions插件”，主要讲解插件版Baselight的知识。除了Baselight主调色系统，FilmLight还开发了可以用于剪辑和视效制作环节的Baselight插件，即Baselight Editions for Avid，Baselight Editions for Nuke，Baselight Editions for Flame。在Avid MC和Nuke或者Flame中可以打开Baselight的调色界面，使用完整的Baselight色彩管理及调色技术对画面进行调色处理，调色完成后可以输出画面或者输出BLG文件提供给其他FilmLight产品使用。本章由张炎编写。

◎ 第17章“菜单中英文对照”，方便读者检索使用，以Linux版本Baselight5.1为准。随着Baselight版本的更新，更多的新工具会加入菜单之中，我们会另行提供中文翻译，当然，对于掌握Baselight的使用，不断学习最新的调色技术，学习英文也是非常重要的。

◎ 第18章“Baselight系统相关知识”。主要给读者提供更多和Baselight使用相关的内容和资料，涉及与Baselight系统相关的一些知识，调色师除了能够处理调色方面的事务还应该掌握一些与系统相关的知识，这会大大提高分析问题，解决问题的能力。本章由张炎编写。

◎ 第19章“资深调色师经验分享”。为了满足广大初级调色师对调色

艺术方面的追求以及向著名调色师学习，本书作者邀请到了自由调色师张明珠女士和MPC上海公司资深调色师Nikola Stefanovic先生回答了一些与调色相关的问题，分享了他们的宝贵经验，请读者朋友学习借鉴！本章由张炎编译整理。

更多更深入的内容

学习是一个由浅入深的过程，读者可以按照本书章节进行循序渐进的学习。当然也可以按照自己的兴趣和工作需要进行学习。如果你有其他调色软件的使用经验，那么学习Baselight调色的时候会感觉到有些地方似曾相识，有些地方又非常陌生，有些操作让你感觉很不习惯，有些操作又让你拍案叫绝。其实软件毕竟只是工具，我们要透过现象看本质，尝试去理解Baselight的设计理念和操作逻辑，那样就更容易上手Baselight调色了。

本书配有视频教学录像，书中文字描述不足之处可以在录像中找到答案。文字教学和视频教学相辅相成，不可偏废。有些读者购买图书只是为了拿到光盘中的教学录像和练习素材，这种做法其实很容易错过文字部分的理论讲解，成为一个只懂操作不懂原理的人。当然，本书的目的仍然旨在引导读者入门，更多更深入的内容读者可以按照以下途径进行拓展：

◎ 访问Filmlight官方网站查阅更多教学资料。官方网址：https://www.filmlight.ltd.uk。

◎ 购买第三方出品的收费的Baselight调色教程或者搜索Youtube或Vimeo等网站上其他作者发布的免费的Baselight调色教程。

◎ 通过“中影华龙调色学院”开设的Baselight调色培训班学习Baselight调色技能，通过“口传面授手把手”的形式提高自己的Baselight调色能力。

◎ 通过入职调色公司成为Baselight调色助理或调色师，在工作中不断学习和提升自己的Baselight调色能力。

必备的操作系统

目前，Baselight软件主要运行于Linux系统上，且售价不菲，相信大多数读者缺少机会或条件来使用Linux版的Baselight。考虑到读者学习和使用的难处，Filmlight公司推出了学习版的Baselight软件，名为Baselight STUDENT，可以运行于Mac操作系统上。因此只要你有苹果电脑就可

以安装和使用Baselight STUDENT版本了。读者可以访问网址https://www.filmlight.ltd.uk/training/student/blstudent.php进行注册与下载。目前Baselight尚未推出Windows版软件，因此Windows用户无法学习和使用Baselight调色系统。

关于随书素材的声明

本书光盘中提供的所有素材仅供调色练习之用，未经版权方许可，任何机构或个人均不得以商业目的使用该素材。

学习过程中的问题解答

读者在学习过程中如果遇到关于Baselight调色的相关问题，可以和我进行交流，联系方式如下：

◎ 孙春星微信：chunxingkaijiang

◎ 孙春星新浪微博：@孙春星

另外，凡购买本书的读者均可加入售后服务微信群（需要先添加群助理微信：lz15201038079，然后拉你进群）进行交流，欢迎你的到来！

孙春星

写于中影华龙调色学院
2018年10月18日

CONTENTS 目录

第4章 套底及数据管理

第5章 Baselight的色彩管理

第6章 一级调色

第7章 二级调色

第8章 Multi-Paste及BLG

第9章 调色及效果工具

第10章 合成操作

第11章 镜头比较与复制影调

第12章 渲染输出

第13章 音频处理

第14章 立体调色

第19章 资深调色师经验分享

第1章

Baselight调色系统简介

本章导读

本章主要介绍FilmLight公司的历史及其调色系统Baselight的主要特点以及其他产品简介，还介绍了Baselight主调色系统的不同硬件分类和性能。

学习要点

◇ FilmLight公司的历史及中外客户
◇ Baselight调色系统简介
◇ FilmLight其他产品简介
◇ Baselight调色系统的优势
◇ Baselight主调色系统不同硬件分类

1.1 FilmLight公司简介

FilmLight 创建于 2002 年，公司位于英国伦敦，集研发、设计、制造于一身。公司致力于帮助全球的制作公司完成每一项具有挑战性的电影、电视、广告制作。公司始建于数字中间片时代，超高质量的胶片扫描仪 Northlight 曾引领行业先锋并给 FilmLight 带来荣誉。

同时，公司强大的调光调色系统 Baselight 和卓越的色彩管理系统 Truelight 也在行业中获得极大的认可和成功，并荣获许多奖项。

◎2005—BKSTS 科学技术成就奖。

◎2005—女王革新奖。

◎2006—女王国际贸易奖。

◎2010—四项奥斯卡科学技术奖（图 1-1）。

◎2010—伦敦技术出口奖。

◎2012—女王企业奖。

◎2012—电视艺术与技术艾美奖。

图 1-1 FilmLight 公司获得奥斯卡技术奖

FilmLight 的客户遍及全球，从最顶级的电影后期制作公司到国家级广播电视供应商。FilmLight 在世界主要地区都有分公司，可以提供 24 小时全球不间断的技术支持服务，图 1-2 为 FilmLight 公司总部。

图 1-2　FilmLight 公司总部（英国伦敦）

国外客户列表（只列举 20 家）：

Dolby、Apple、Technicolor、ILM、Digital Doman、Deluxe、Disney、EFILM、IMAX、MPC、NBC、Netflix、Panasonic、Sony、The Mill、Warner Bros.、Animal Logic、ABC、AMPAS、Framestore。

1.2 Baselight简介

1.2.1 Baselight软件功能强大而且全面

Baselight 是最早的电影调光调色系统，在业内享有极高声誉。Baselight 提供多种调光调色工具，FilmLight 科学家通过对色彩的深刻理解对 Baselight 进行了多项优化，能带给调色师和创意制作人员更自然、更直观的调色体验。

Baselight 利用 Truelight 色彩管理系统提供了完整全面的色彩管理解决方案，Baselight 全面支持 HDR 节目的制作，并不断创新和开发符合 HDR 制作要求的调色工具。

Baselight 除了调光调色还具备许多特效功能，用户可以利用快速准确的透视跟踪工具快速替换画面内容，用笔刷工具修补穿帮镜头，用网格变形对静态画面进行动态模拟，甚至可以导入 CGI 多层 EXR 文件，在 Baselight 里进行虚拟灯光的调整修改。

Baselight 支持 Flame 材质库，可以制作炫目的视觉效果。同时，Baselight 也支持第三方 OFX 插件并使用 GPU 加速。Baselight 具有良好的降噪功能，可以在保留细节的基础上消除图像噪波。Baselight 内置精准的示波器和直方图，并可以点选画面取得对应的示波器数值信息。

Baselight 支持立体电影的制作，包括包含左右眼的一轨时间线，自动的左右眼颜色和几何矫正，交互式调整立体汇聚点，深度变化和立体直方图等。Baselight 支持远程调色，可以实现不同地域的两个调色棚之间的调色数据的交换和控制。

1.2.2 Baselight系统稳定性强

Baselight 的硬件和软件都是由 FilmLight 公司自己开发定制，软硬件结合紧密，系统稳定性极强，特别适合电影后期制作的快节奏和高强度。主打产品 Baselight TWO 有 3 个 GPU 用于画面渲染，1 个 GPU 用于用户界面和调色台的显示。

Baselight 支持所有流行的数字摄影机 RAW 文件和高动态无压缩的数据文件，支持所有流行输出格式及加密 DCP 制作。Baselight TWO 可以连接 40 或 80TB Raid 60 磁盘阵列，能够支持 HDR/EXR、4K、HFR 工作流程。FilmLight 公司定制开发的 Linux 操作系统提供可靠稳定的性能保障。

Baselight 的 Blackboard 和 Slate 调色台可以进行自定义按键设置，调色师可以根据自己的习惯随时切换按键预设，也可以自定义工作界面。Baselight 支持多达 16 轨的音频监听，可以在调色环境下直接进行全片审查。

1.2.3 FilmLight提供前后期整合的色彩流程

Baselight 是电影后期制作领域唯一具备完整覆盖前后期色彩管理方案的调色系统。Baselight 使用的是目前最先进、最准确的 Turelight 色彩管理系统，用户可以直接在系统里实时准确的在不同色彩空间之间进行转换，极大方便各种电影物料的制作输出，用户不需要使用因为功能上有局限，对色域和动态范围有限制，不能满足未来影视节目制作流程要求的 LUT 和 CDL。FilmLight 推出的 BLG 免渲染工作流程可以方便将色彩管理贯穿于电影画面制作的始终。

用户在前期拍摄阶段可以使用 Prelight，Prelight 是一个全新的基于 Mac OS 系统的应用程序，基于视频信号进行调色，可以让摄影指导和其他影像制作人员自由的创建、使用和修改影调。Prelight 的商业版本 Prelight ON-SET 为数字影像工程师（DIT）在电影制作的前、中、后期扩展了更多的功能，Prelight 的功能列表如下：

◎导入各种专业文件格式的单帧，包括摄影机的 RAW 文件。

◎导入 LUTs 或 BLG 文件或者带有 CDL 数据的 CCC 文件到 Prelight 的影调效果库，使用与 FilmLight 应用程序完全相同的底层色彩科学技术，使用内置的色彩空间转换，无须 LUT。

◎使用与调色系统 Baselight 相同的调色工具，包括遮罩和抠像，使用各种示波器和直方图分析图像，比较图像并保存参考效果库。以任何后期通用的文件格式导出调色效果参考单帧画面，自动应用合适的色彩空间转换。以 BLG（图 1-3）文件的方式导出调色数据，调色数据可以随时导入或者再次应用。

◎可以通过 SDI 输出到监视器观看调色结果。

◎导出 3D LUTs。

◎实时 SDI 输入抓取图像，可从实时的摄影机信号中观看图像。

◎支持驱动各种 LUT 盒子。

◎支持将 3D LUT 和 BLG 元数据嵌入 ARRI Alexa SXT 摄影机拍摄素材。

在近场调色阶段用户可以使用 Daylight 用于近场调色转码，Daylight 的设计目的是为了处理端到端的样片制作。从图像采集，预览到声画同步，输出样片给剪辑，视效或者其他部门。

Daylight 采用 Baselight 系统的核心技术，基于 Mac OS 系统运行，方便用户在近场环境中使用。用户的创作意图可以在影片制作的早期就介入并进行全方位的沟通和持续的细化。Daylight 通过色彩创作意图的先进提交方式在拍摄现场和后期制作之间建立起沟通的桥梁。

Daylight 的功能列表：

◎使用 Baselight 核心技术，基于 Mac OS 平台。

◎从采集预览到输出所有物料。

◎基于元数据筛选和存储分组素材。

◎通过输出调色元数据进行免渲染传输。

◎强大的转码引擎和转码模版支持不同格式的摄影机和提交物料。

◎支持使用完整 Baselight 调色工具组。

◎可以通过 SDI 输出到监视器观看调色结果。

◎是连接现场监看和后期制作的桥梁。

◎先进的报表生成器。

在后期剪辑及视效制作阶段用户可以使用用于剪辑和视效制作的插件 Baselight Editions for Avid 和 Baselight Editions for Nuke/Flame。Baselight Editions for Avid 插件也是通过 BLG 文件自动传输调色数据，得到实时回放的调色画面，可以在 Avid 里使用完整的 Truelight 色彩管理流程，剪辑师可以在免渲染的前提下快速拿到调色后的画面，甚至在 Avid 里进行与 Baselight 一样的调色操作并直接出片，该插件也支持 FilmLight Slate、Avid Artist Color 和 Tangent Element & Wave 等调色台。

Baselight Editions for Nuke/Flame 可以让视效合成师在 Nuke 或者 Flame 中导入由 Baselight 调色系统或者其他 FilmLight 产品提供的 BLG 文件，利用完整的 Truelight 色彩管理流程将预调色画面呈现在视效制作的屏幕上并进行修改，通过该插件，视效合成师能更准确地把握导演和调色师的创作意图，提高工作效率。

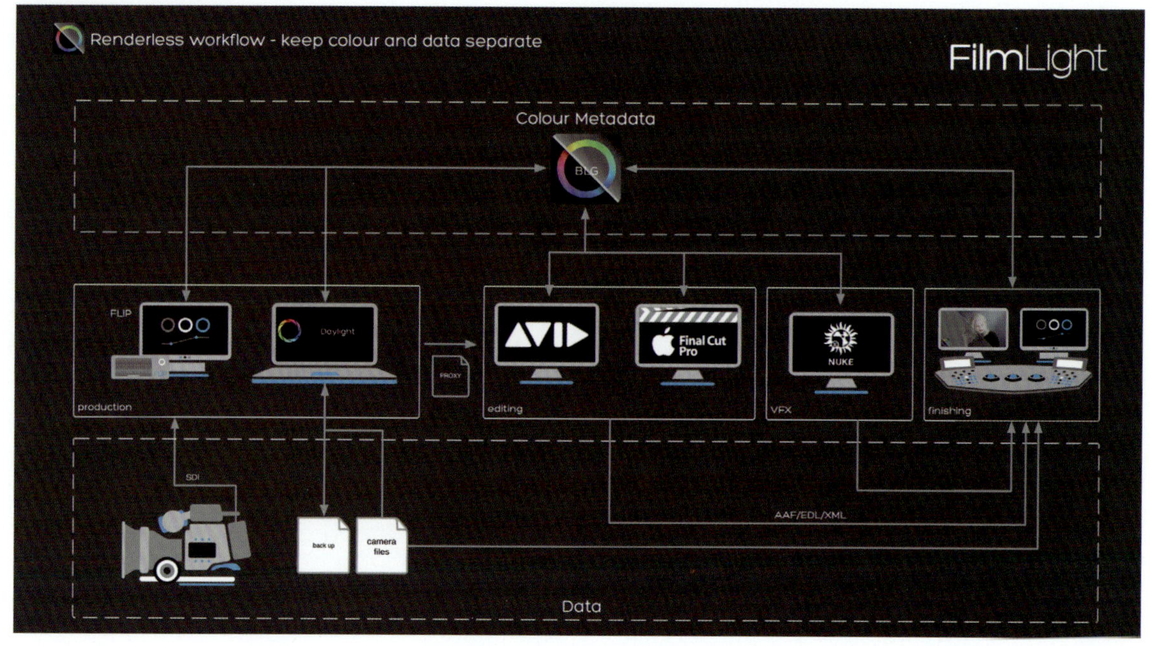

图 1-3　BLG 工作流程

1.2.4　近年国内外使用Baselight完成的影视作品

近年使用 Baselight 调色制作的影片：《双子煞星》《泯灭》《巨齿鲨》《阿拉丁》《黑豹》《至暗时刻》《蓝色星球 II 》《比利林恩的中场战事》《极盗车神》《血战钢锯岭》《萨利机长》《郁金香狂热》《人猿泰山》《神奇动物在哪里》《佩小姐的奇幻城堡》《超能查派》《机器姬》《雨果》《环太平洋》《狂怒》《疯狂麦克斯》《明日边缘》《美国狙击手》《速度与激情》《碟中谍》《007 皇家赌场》《少数派报告》《加勒比海盗》《哈利•波特》《纸牌屋》《真探》和《神探夏洛克》等。

还包括：《我不是药神》《记忆大师》《血观音》《乘风破浪》《我不是潘金莲》《悟空传》《绣春刀》《老炮儿》《火锅英雄》《缝纫机乐队》《煎饼侠》《万物生长》《大鱼海棠》《橘子花开》《杨贵妃》《唐人街探案》《小时代》《推拿》《后会无期》《同桌的你》《陆垚知马俐》《长江图》等。使用 Baselight 制作的 Dolby Vision 电影：《邪不压正》《战狼 2》《鲛珠传》《三生三世十里桃花》《妖猫传》《唐人街探案 2》等。

1.3　Baselight不同配置的主调色系统简介

Baselight 目前主要分为 Baselight ONE、Baselight TWO 和 Baselight X 三种。具体的最新硬件配置请咨询厂商代表。

1．Baselight ONE—经济可靠的实用影视调色系统

Baselight ONE 是一个完整系统，为现今的调色与完成片制作需求提供高性价比的一体

化解决方案。系统基于定制的 HP Z840 图形工作站（最新配置为 HP Z8），出厂安装与其他高端系统一致的 Baselight 调色系统。

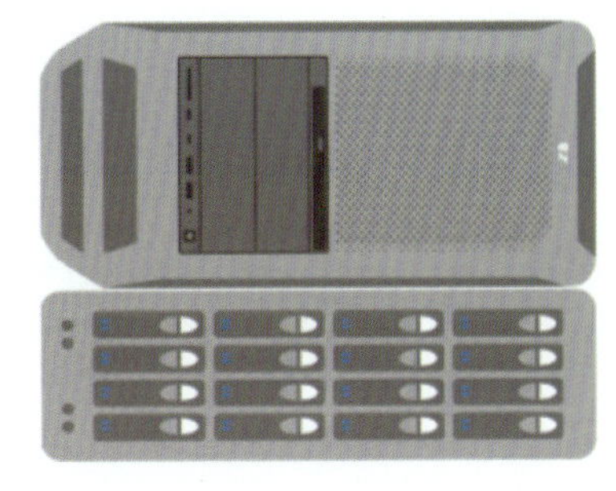

塔式结构的系统具备静音工作状态，可放置于桌面。系统内置 3.8TB SSD 作为应用缓存，对于素材磁盘阵列，客户可以选择链接到自有存储系统或者选购由 FilmLight 提供的中央存储，例如 FLUX Store。当然，FilmLight 也提供 24TB RAID 5 主机内置方案或者 56TB 外置 RAID 6 存储系统。

Baselight ONE 可使用 FilmLight 公司知名的调色台 Slate 或者 Blackboard2，控制方便，易于使用。Baselight ONE 系统也支持第三方调色台，例如 Avid Artist Color 及 Tangent Wave/Element。

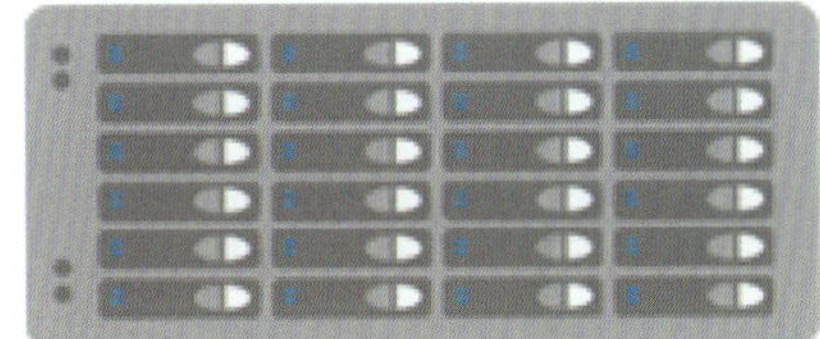

2. Baselight TWO—高速的创意影视调色完成系统

Baselight TWO 系统采用了最新的多 GPU 技术，支持 HDR/EXR 和 4K 工作流程，系统基于定制的 Linux，具备高品质、高性能、高可靠性。

Baselight TWO 系统是一套强大的，多用途的系统，系统配置 4 个 GPU，内置 40TB 和 80TB（可选）RAID60 存储系统，存储系统采用 2 套 12 盘位磁盘阵列，每个磁盘阵列均带有缓存保护的 RAID 6。系统集成了音频和快速网络连接，系统支持双连接 SD/HD 视频输入输出方式。系统高度集成，5U 机架式一体机。

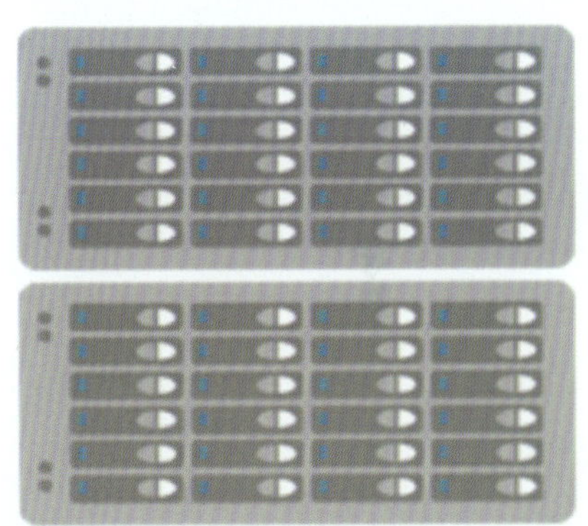

Baselight TWO 支持 Blackboard 2 顶级调色台，最高支持 3 个 GUI 显示器，且带有一台专注于工作界面的静音 UI 主机，便于系统远端连接。

3. Baselight X—超越4K@60p的调色与完成片工具

Baselight X 的设计目标是具备强大的生产力与性能，挑战极限项目。无论 120fps 立体 4K，8K UHD，还是自定义显示格式，均可支持。系统支持多个带有复杂调色、特效、多个遮罩通道的层进行实时回放与处理。系统同时结合了一套本地大容量高性能存储。

由于对更高分辨率及更高图像品质需求的增加，Baselight X 的构架必须支持以最大分辨率处理能力来挑战在制作过程中的每一个阶段，从原始素材直至最终输出物料均是如此。对于全部 Baselight 产品线，均支持 UHD 4K4 ∶ 4 ∶ 4@60p 视频输出，在 4K 分辨率工作下，做到原生分辨率所见即所得。

作为选件，客户也可以选配带有 1 到 2 个独立的 HFR 显示卡，每块显示卡支持 4 个 DP1.2 端口，当配置 2 块显示卡的时候，系统支持以 4K 120Hz 两个显示同步输出，以获得终极的、沉浸的立体 3D 体验。

复杂的、繁重特效的 DI 工作以及立体 3D 动画电影，时常需要多个外置遮罩通道的序列以多个图像轨道方式共同工作。系统提供超高带宽 4 通道 RAID 60 存储，加以 6 个实时计算 GPU，再加上专注于界面显示与示波器显示的独立 GPU，以上这些部件组成的系统保证了多层无压缩 DPX 和 OpenEXR 序列实时调色回放，同时也支持以 RAW 方式实时工作，例如 ARRIRAW、Sony 和 RED。序列文件或主画面所包含的调色和效果遮罩均能被有效提取。

Baselight X 内置的专注于高带宽的 80TB 或 160TB 智能化存储子系统。该存储系统采用标准 XFS 文件系统，可提供高达 5GB/s 的读写性能。该存储系统采用 4 套 12 盘位，每个磁盘阵列柜均有独立 RAID 控制器，均采用带有缓存保护的 RAID 6 配置方式。

1.4 本章小结

本章简要介绍了 FilmLight 公司的历史和发展情况，列举了国内外的客户群，也介绍了 FilmLight 公司旗下 Baselight 调色系统的特点和优势以及 FilmLight 其他产品的基本功能，还介绍了目前 Baselight 主调色系统的硬件分类。

FilmLight 公司是专注于色彩科学及影视调色领域的专家，随着 Baselight 中国客户的增多，学习和掌握 Baselight 调色系统对于广大调色师来说势在必行。

第2章

Baselight调色入门

本章导读

本章将通过一个完整的小案例带领读者使用Baselight完成一个短片的调色处理。本例将会从新建场景开始，一步一步地带领读者完成诸如套底、一级调色、二级调色、添加特效和渲染输出等工作，最终得到调色后的影片。相信学完本例之后，会对Baselight的调色流程产生一个基本的认识。

学习要点

◇ 创建Scene（场景）
◇ EDL套底
◇ Video Grade、BaseGrade和FilmGrade
◇ Shape、HueAngle
◇ Tracker跟踪器
◇ Render渲染器

2.1 创建场景与套底

首先打开 Baselight 软件，然后执行 Scene → Job Manager（场景→项目管理器）菜单命令打开项目管理器对话框，如图 2-1 所示。

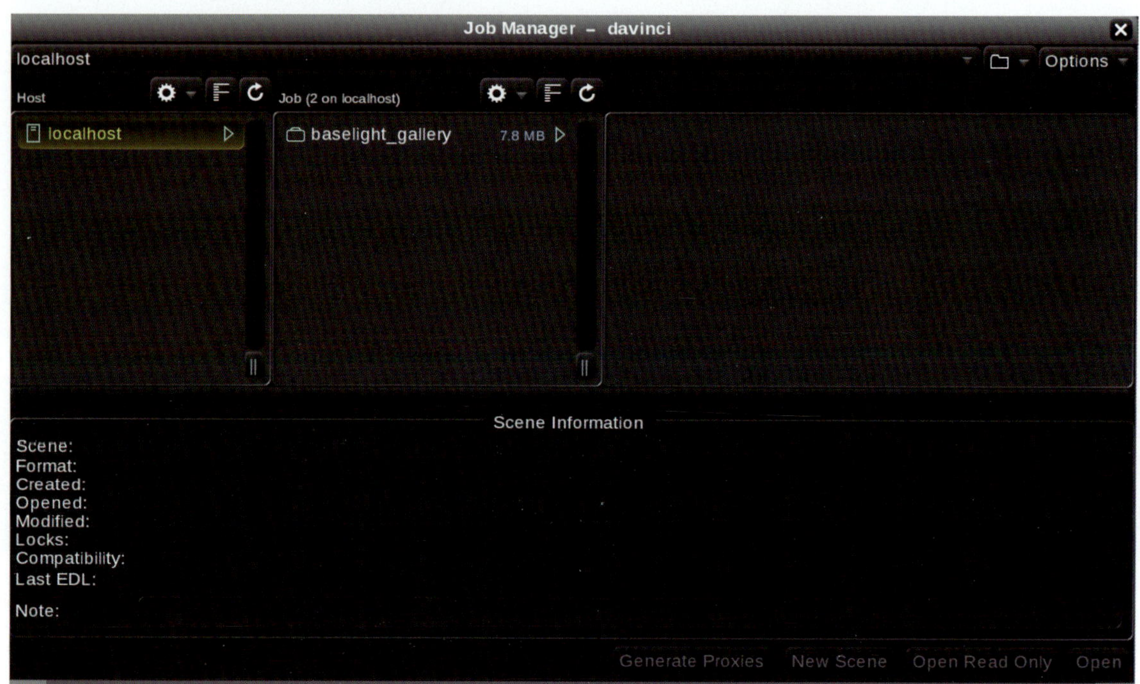

图 2-1 Job Manager 对话框

在对话框的第二栏中单击齿轮按钮，使用其中的菜单命令 New Job 新建一个名为“Baselight”的 Job（项目），请注意，baselight_gallery 通常为系统自动生成的专用于管理 Gallery 的 Job，请不要在这个 Job 里创建场景 Scene，如图 2-2 所示。

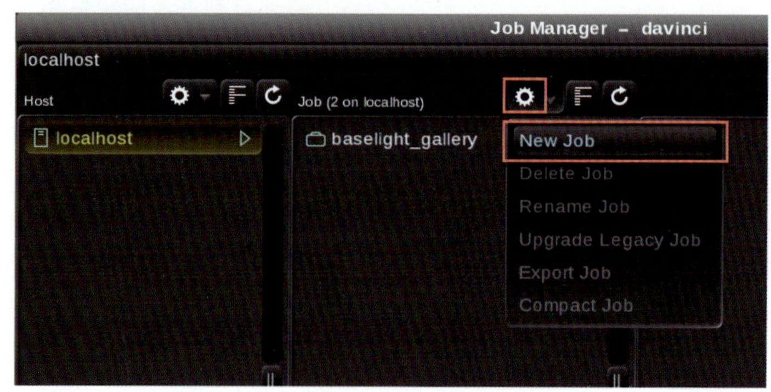

图 2-2 新建项目命令

在右侧的分栏中单击齿轮按钮，然后执行菜单命令 New Scene 来新建一个 Scene(场景)，如图 2-3 所示。

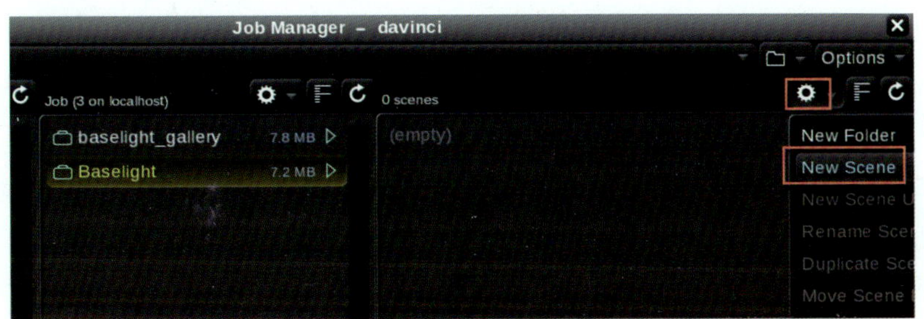

图 2-3　新建场景命令

在弹出的 New Scene 对话框中设置场景的名称为“Chapter_02”，Scene Template 为 Telecine Template，Working Format 为 HD 1920×1080，Working Frame Rate 为 24p，然后单击 OK 按钮，如图 2-4 所示。

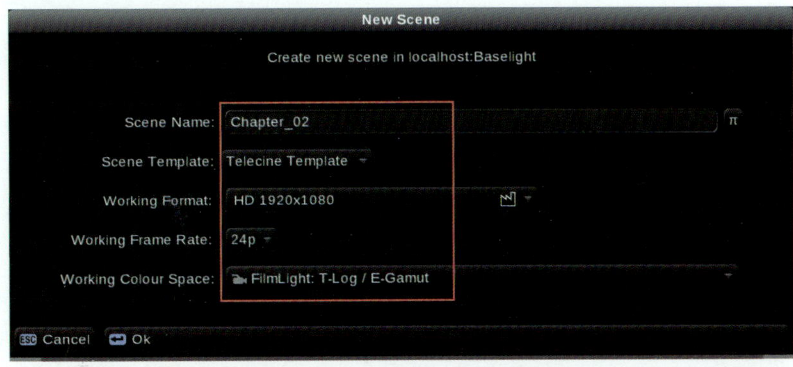

图 2-4　设置新场景的参数

★Tips

其中 Scene Template 的设置涉及 Baselight 的色彩管理知识，详情请参阅本书第 5 章的相关内容。

接着在弹出的 Choose Format 对话框中选择 HD 1920×1080 选项，然后单击 OK 按钮。这个对话框是系统提示用户创建一个叫“baselight”的专用于 Gallery 的场景，并提示用户选择对应的 Format，如图 2-5 所示。

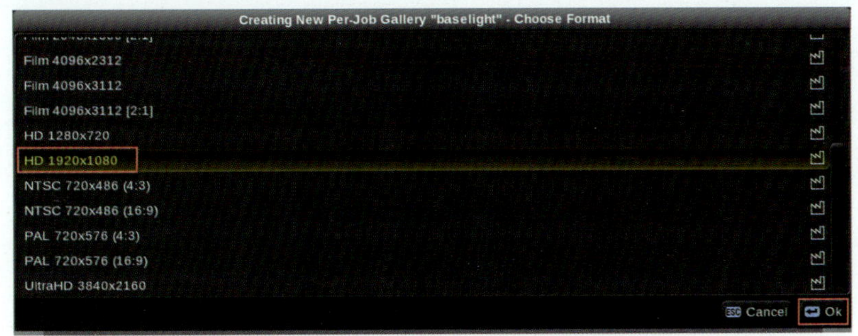

图 2-5　Choose Format 对话框

至此新的场景已经准备好了，接下来需要导入影片的剪辑时间线。本例中的短片使用 Final CUT Pro 7 进行剪辑，含有一个轨道，四个素材片段。剪辑完成后输出了 EDL 文件，如图 2-6 所示。

图 2-6 Final CUT Pro 7 剪辑界面

下面开始进行套底操作。EDL 套底可以根据素材的卷名和时间码来重新生成剪辑时间线。执行菜单命令 Scene → EDL Import，在弹出的 EDL Import 对话框中找到 Filename 参数组，单击其右侧的绿色文件图标，然后选择随书素材 Baselight_Footages/Chapter_02 文件夹中的 CUT.edl 文件，并且将 Serch Directory（搜寻目录）设置为 Baselight_Footages/ Chapter_02，如图 2-7 所示。

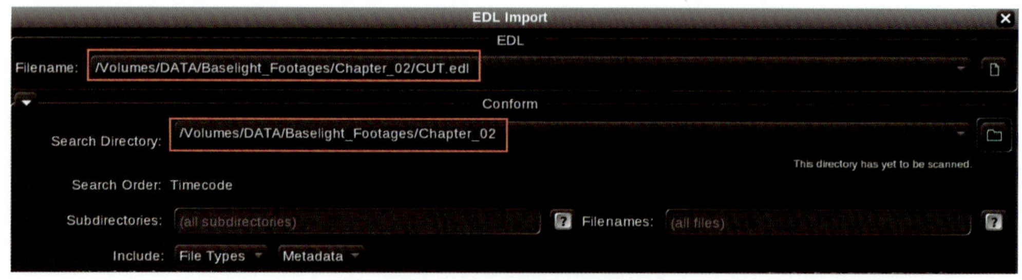

图 2-7 EDL 套底对话框

将 Match Events by 设置为 Tape Name In Header/Metadata，然后单击 Start Conform 按钮，如图 2-8 所示。

Baselight 开始根据 EDL 文件的信息搜寻素材并尝试多种套底的可能性，并且根据正确率的高低展示了套底结果。选择第一个 100% 正确的套底结果，然后单击 Done 按钮，如图 2-9 所示。

Baselight 根据你所选择的套底结果创建出了时间线，可以看到其中有四段素材。Baselight 的时间线显示为堆栈式的条带集合，如图 2-10 所示。

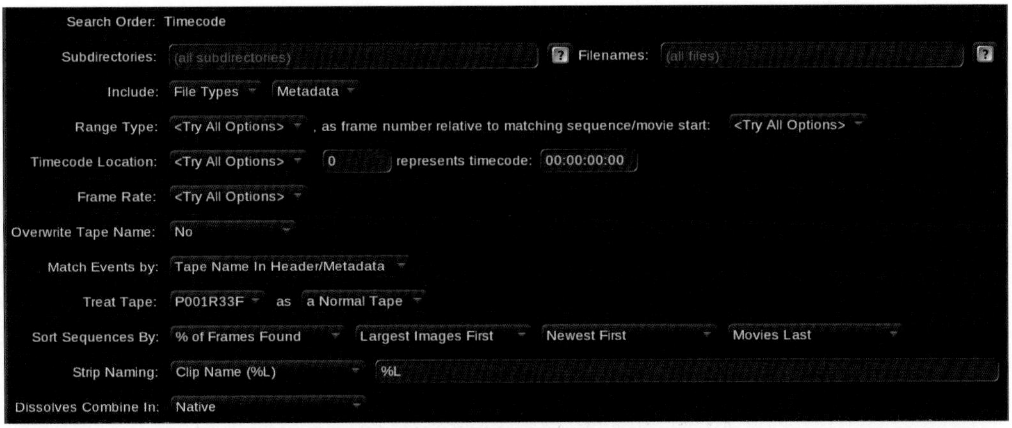

图 2-8　EDL 套底对话框

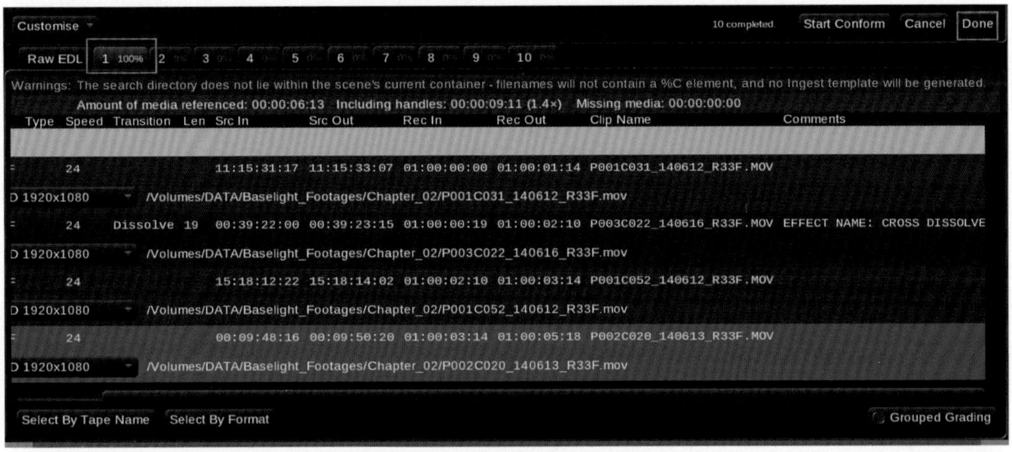

图 2-9　EDL 套底对话框

图 2-10　套底后的时间线

第一段素材和第二段素材之间有交叉部分并且交叉部分的下面有个名为 Dissolve 的条带。其条带顺序是第一段素材在上，第二段素材居中，Dissolve 条带在下，如图 2-11 所示。

图 2-11　Dissolve 条带

拖动 Cursor 播放头播放一下交叉部分的视频，会发现这里是一个交叉叠化的转场过渡，如图 2-12 所示。

图 2-12　交叉叠化的画面

在 Final CUT Pro 7 软件中，交叉叠化图标显示为如图 2-13 所示的样子，并且只有一个轨道。在 Baselight 中，这种叠化效果是通过三个条带来处理的，因此需要读者逐步理解 Baselight 的工作逻辑。

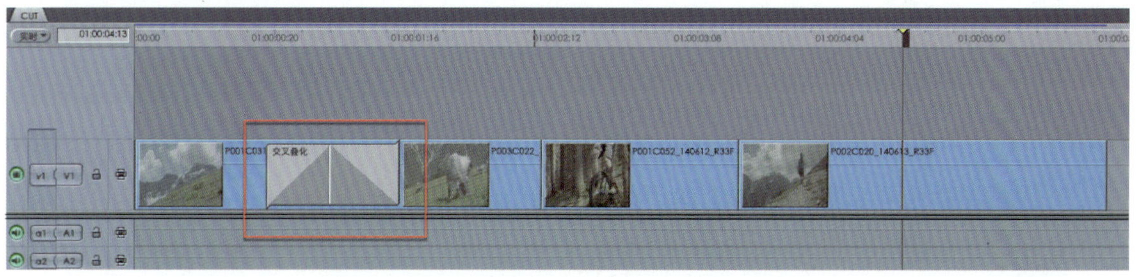

图 2-13　Final CUT Pro 7 当中的交叉叠化

★Tips

关于 Baselight 套底请参阅本书第 4 章的相关内容。

2.2 调整镜头1

当时间线准备好之后，就可以开始进行调色工作了。选中第一个镜头，可以看到被选中的条带外轮廓呈现发光状态并且文字也变为黄色。素材这一层也被称为 Layer0，也就是第零层，如图 2-14 所示。

图 2-14　选中第一个条带

这时，可以对素材进行多种属性调整。在 Sequence 面板中包含了大量的参数组，例如 Geometry（几何）群组中可以修改 Input Format（输入格式）和 Orientation（定向），Colour Space（色彩空间）可以修改，输入色彩空间、堆栈色彩空间和 Legal to Full Scale，Frames（帧）可以调整帧速率和偏移等，如图 2-15 所示。

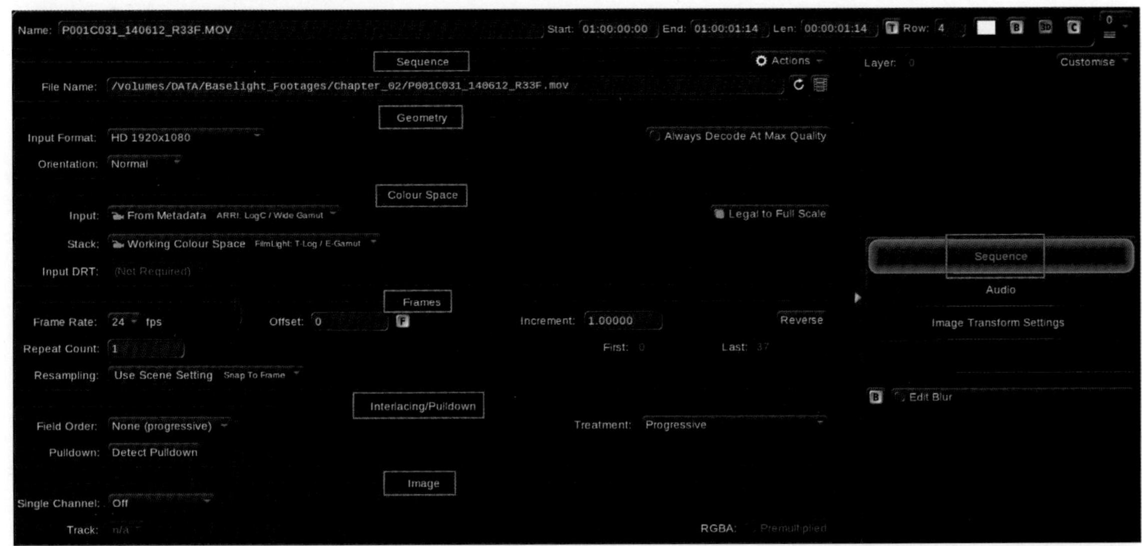

图 2-15　Layer0 的参数面板

在 Cursors 面板中，将 Viewing Colour Space 设置为 Rec.1886:2.4 Gamma/Rec.709，如图 2-16 所示。

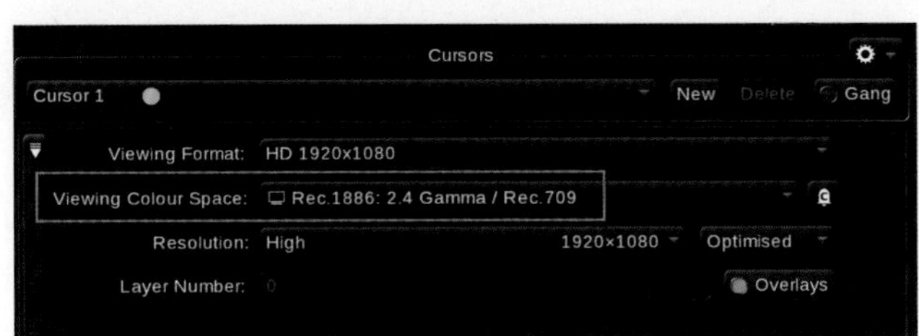

图 2-16　Cursors 面板

下面来分析一下要调整的画面，这是一个有着蓝天、白云、雪山和青草的风景。本片使用 ARRI Alexa 摄影机拍摄，使用的是 ARRI LogC 的对数曲线。由于我们使用的是 Telecine 模版建立场景，其默认的显示效果会呈现出低反差低饱和的感觉，如图 2-17 所示。

图 2-17　默认的画面色彩

在 Baselight 的示波器中，可以看到 Luma Waveform 示波器的波形主要集中在 80% 亮度和 40% 亮度之间。画面整体亮度还是比较高的，但是对比度明显过低。在 Vector Scope 中可以看到画面的饱和度极低，如图 2-18 所示。

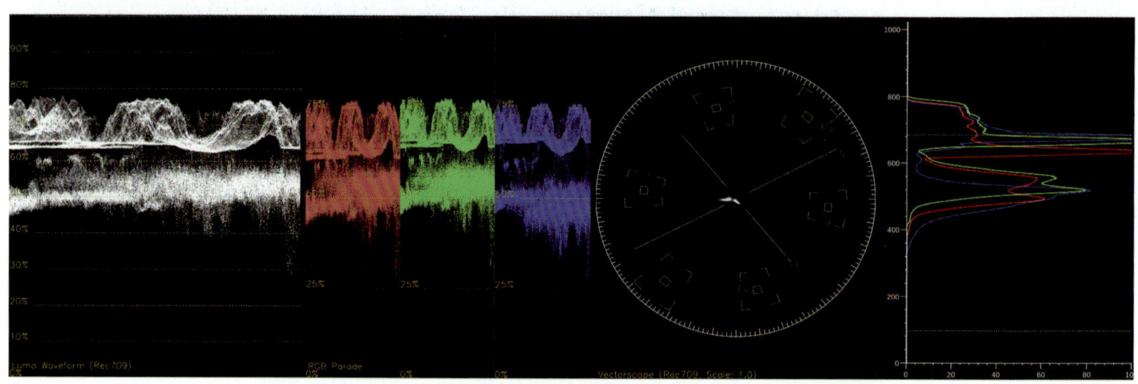

图 2-18　示波器

★Tips

本例是在 MacBook Pro 笔记本上写作完成的，并且没有外接 IO 卡，因此示波器的标尺和波形均采用 Full 信号显示，抓图也是基于这个标准的。在实际工作中要注意 Full 和 Legal 信号的区别与联系，详情请参阅本书第 5 章的相关内容。

对于 ARRI LogC 这种低反差低饱和的画面，首先应该将其颜色进行还原。这有多种办法可以实现。例如使用 LUT 还原或者通过纯手动调整来还原。由于使用 Telecine 模版创建场景，只能使用手动调整或者使用 LUT，具体内容请参考第 5 章内容。在本例中将使用手调的办法来处理。执行菜单命令 Layer → Insert Layer-Video Grade 或者按下快捷键【Option+P】插入一个 Video Grade 调色层，如图 2-19 所示。

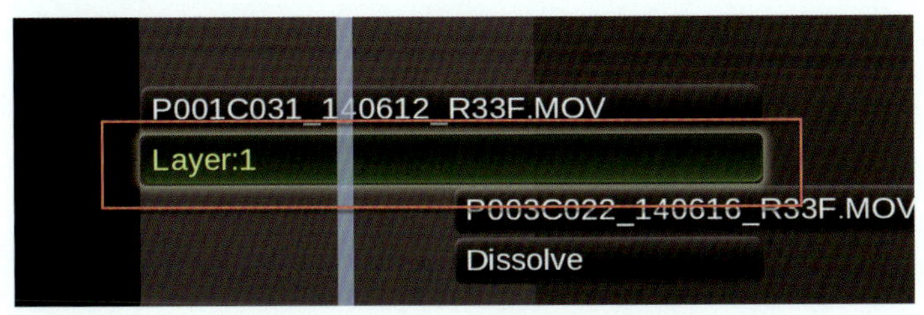

图 2-19　插入调色层 Layer1

由于画面的反差比较低，所以第一步调色就是增加其反差。在 Video Grade 面板中将 Lift 的亮度下降为 -0.386，Gamma 的数值调整为 -0.193，Gain 的数值调整为 0.329，如图 2-20 所示。

图 2-20　Video Grade 面板

★Tips

本例中使用的调色数值仅供参考，读者可自行按需调整。

校正后的画面如图 2-21 所示。可以看到云彩更亮、更白了，画面的反差和饱和度也都得到了提升。饱和度和亮度是密切相关的，虽然只调整了亮度，但是画面的饱和度也随之发生变化。

画面的饱和度仍然过低。激活 Film Grade 按钮，在左侧面板中将 Saturation 的数值修改为 1.45，如图 2-22 所示。

图 2-21　右侧为调色后画面

图 2-22　使用 Film Grade 工具增加饱和度

此时得到了高反差高饱和的画面，但是画面存在偏黄绿色的感觉，可以校正一下白平衡。单击 Film Grade 面板中的 Balance Exposure 按钮，如图 2-23 所示。

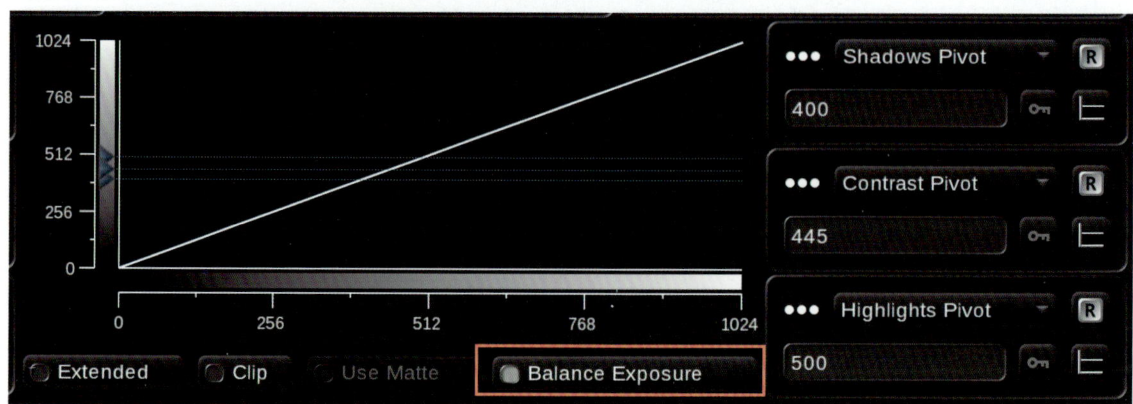

图 2-23　激活 Balance Exposure 按钮

然后使用鼠标框选画面中雪山上的一小块白雪的像素，如图 2-24 所示。

图 2-24　框选白雪像素

Baselight 会把所选区域的颜色还原为白色，并且将校正结果应用到整个画面上，如图 2-25 所示。可以看到画面的偏黄绿的感觉已经消除。

图 2-25　白平衡校正后的画面

下面对绿草进行单独的修正，激活 Hue Shift 按钮，然后在 Hue Controls 面板中降低绿色的数值到 -0.56，这会轻微改变绿草的色相。在 Saturation 面板中修改绿色为 0.66，黄色为 0.22，这样操作会增加黄色和绿色的饱和度，如图 2-26 所示。

调色后的画面如图 2-27 所示，绿草的饱和度得到增加，并且色相中增加了一些青色。

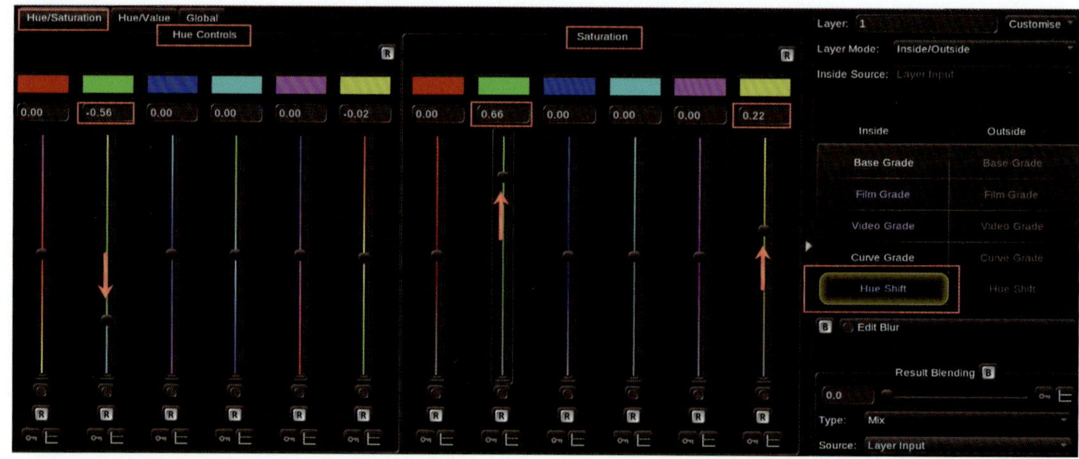

图 2-26　Hue Shift 面板

图 2-27　调色后的画面

执行菜单命令 Layer → Insert Layer-Base Grade 或者按下快捷键【P】插入新的调色层，其名称为 Layer2，位置在 Layer1 条带之下，调色顺序在 Layer1 之后，如图 2-28 所示。

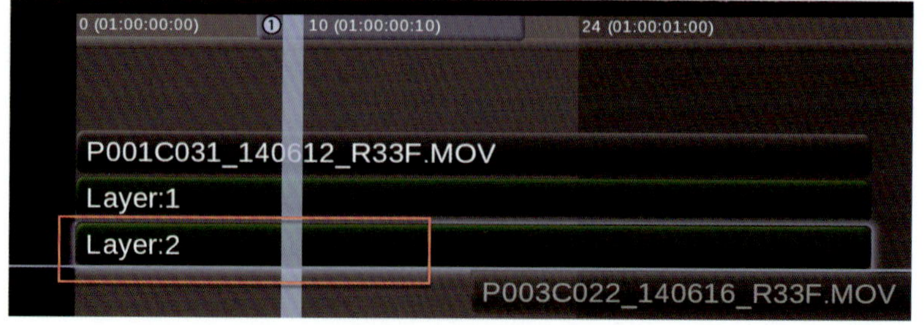

图 2-28　添加 Layer2

在这个调色层中继续调整画面的反差，这次使用的是 BaseGrade 工具。将 Dim 的数值调整为 -0.456，Balance 的数值调整为 -0.463，Light 的数值调整为 0.526。然后将 Dim 的颜色向青色方向偏移，如图 2-29 所示。

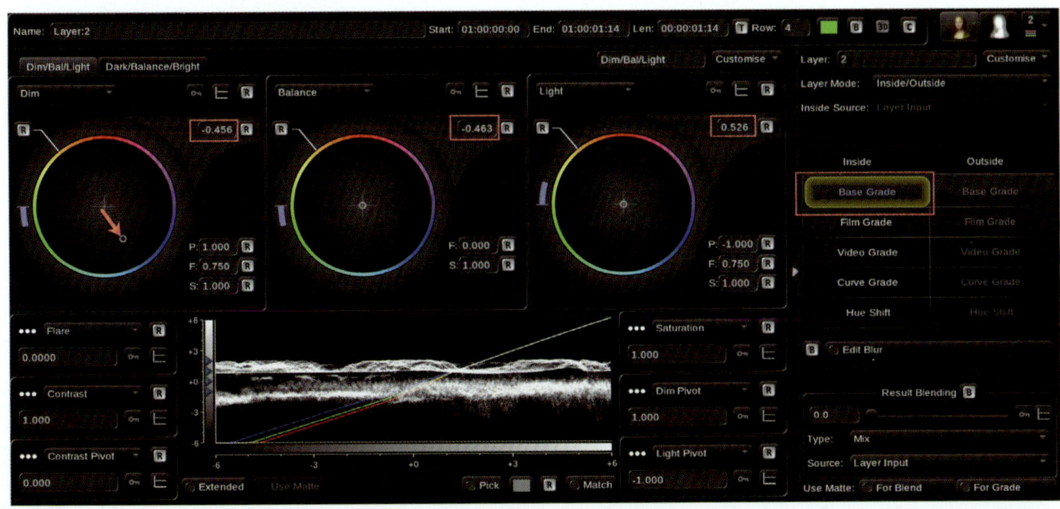

图 2-29　BaseGrade 面板

调色后的画面如图 2-30 所示。画面的暗部变得更加沉稳，且颜色偏冷。高光处的云彩变得更亮。画面的整体层次变得更加丰富。

图 2-30　调色后的画面

★Tips

BaseGrade 是 Baselight5.0 版本新增的调色工具，其详细使用方法请参阅本书第 6 章的相关内容。

继续观察画面发现蓝天的饱和度有点儿不足，可以为画面进行二级调色处理。执行菜单命令 Layer → Insert Layer-Base Grade 或者按下快捷键【P】插入一个新的调色层，其名称为 Layer3，位置在 Layer2 条带之下，如图 2-31 所示。

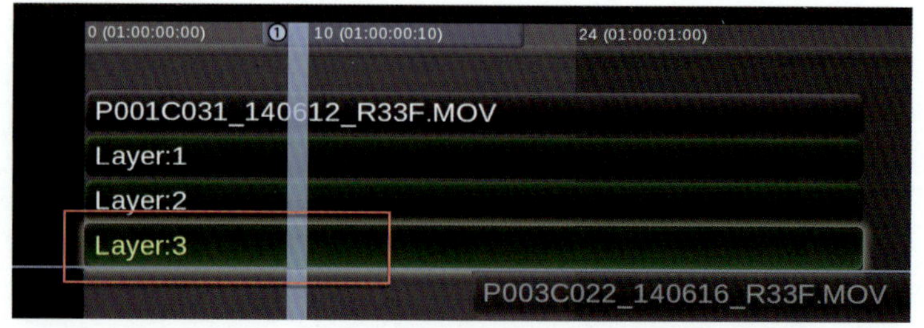

图 2-31　新增 Layer3

按【H】键激活 HueAngle 按钮，并且保证其中的 Pick from Soure 按钮为激活状态，如图 2-32 所示。

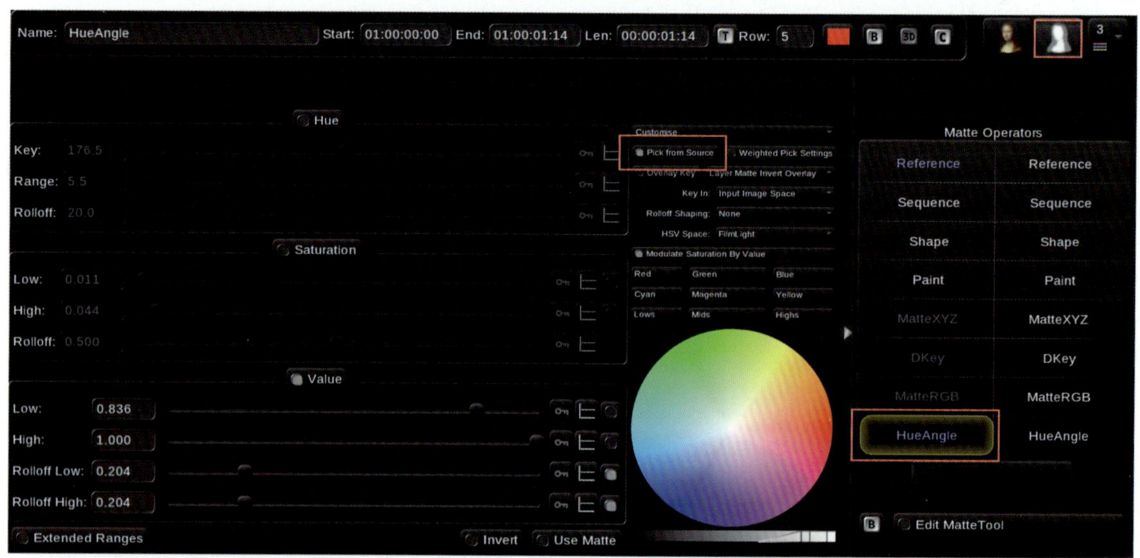

图 2-32　HueAngle 面板

观察时间线堆栈会发现在 Layer2 和 Layer3 条带之间出现了两个新的条带，一个是 Reference，另一个就是 HueAngle，如图 2-33 所示。

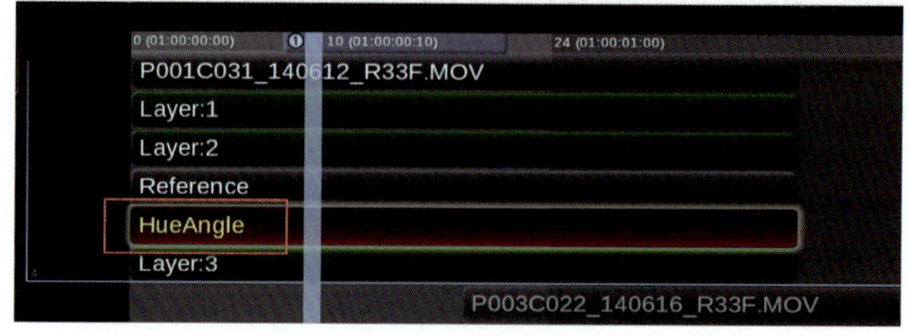

图 2-33　条带堆栈

使用鼠标在画面中的蓝天区域绘制矩形选框，这样就可以拾取天空的蓝色了。然后按下快捷键【O】来查看抠像所得的蒙版，如图 2-34 所示。

图 2-34　黑白蒙版

蒙版的白色为选中部分，黑色表示未被选中，灰色是一种半透明状态。此时可以边调整 HueAngle 的参数边观察蒙版的样子，直到得到满意的结果为止，如图 2-35 所示。

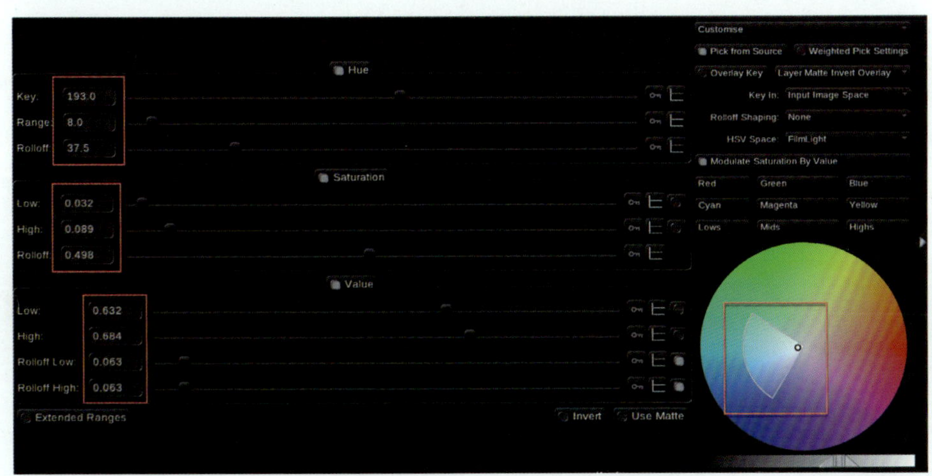

图 2-35　HueAngle 面板

下面来继续优化蒙版，单击 Edit MatteTool 按钮，如图 2-36 所示。

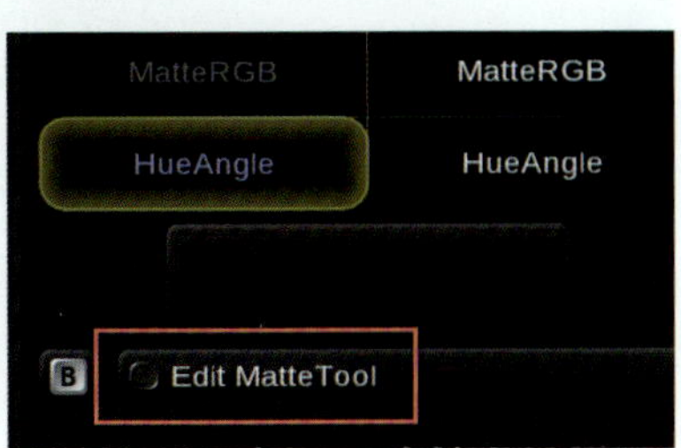

图 2-36　Edit MatteTool 面板

在 Edit MatteTool 面板中修改 Blur 的 Radius X 和 Radius Y 的数值为 6.45，这会把蒙版变得更加柔和，如图 2-37 所示。

但是我们发现天空中云彩的蒙版还不够干净，希望增大蒙版的黑白反差，并且尽可能地消除蒙版上的灰色噪点。这需要进入 Matte Curve 面板调整曲线形态，如图 2-38 所示。

图 2-37　调整 Blur 的参数

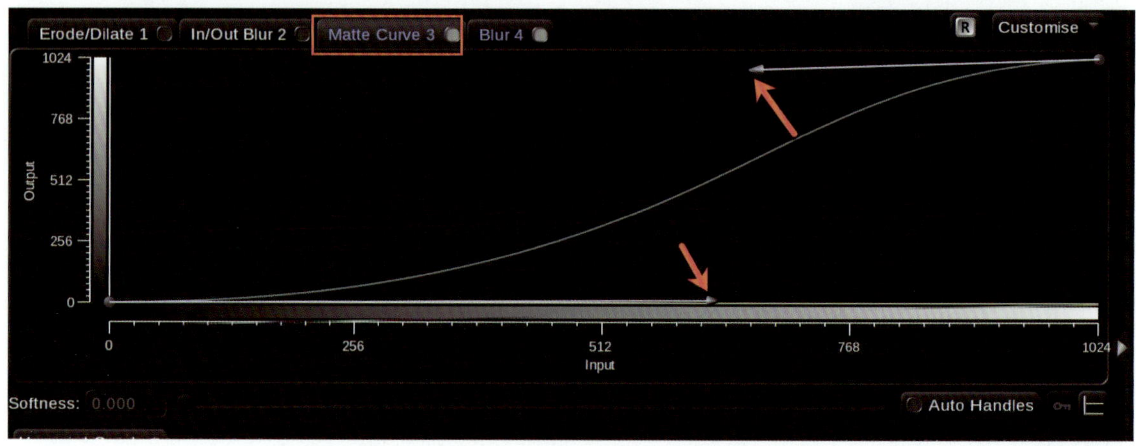

图 2-38　调整 Matte Curve

经过以上调整可以发现蒙版变得更加干净，下一步就可以对天空进行调色处理了，如图 2-39 所示。

图 2-39　调整后的蒙版

选择 Layer3 条带，激活 Hue Shift 按钮，然后在 Global 面板中将 Sat Scale 的数值调整为 200，如图 2-40 所示。

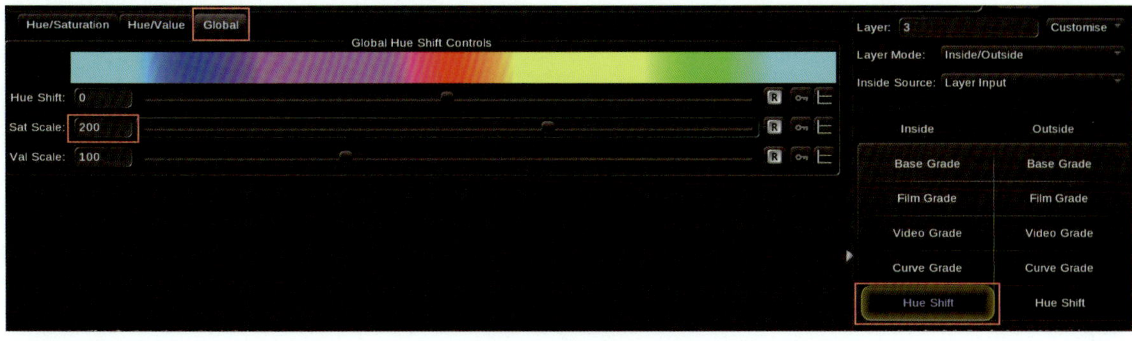

图 2-40　Hue Shift 面板

天空的饱和度得到增加，变得更蓝了，如图 2-41 所示。而除了天空之外，其他区域的饱和度都没有受到影响。如果对 HueAngle 的抠像结果不满意，还可以继续调整蒙版的相关参数。

图 2-41　饱和度增加后天空的效果

现在来看一下示波器。Luma Waveform 示波器的波形形态说明画面的反差提高了，Vector Scope 示波器则说明画面的饱和度得到提升，尤其是绿草和蓝天的饱和度的提高幅度较大，如图 2-42 所示。

对比一下原始素材和调色后的画面的颜色，可以看到经过一级调色和二级调色的处理，画面变得更加清透自然，如图 2-43 所示。

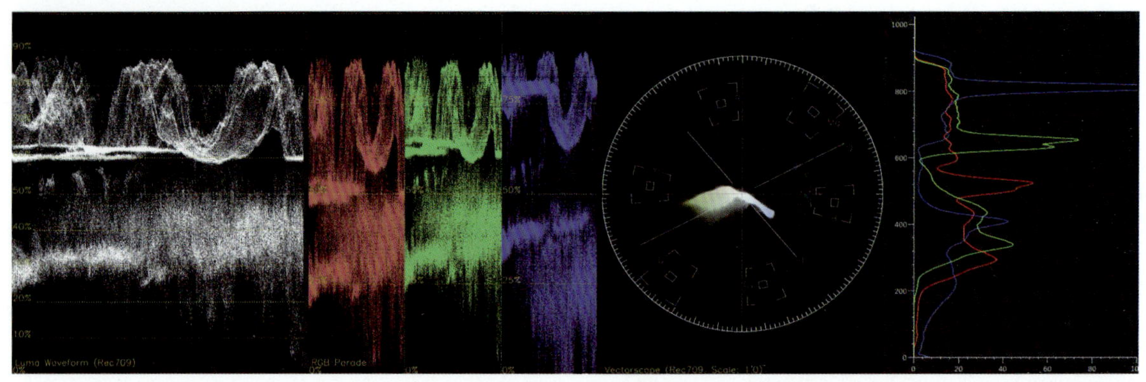
图 2-42　示波器

图 2-43　调色前后对比

至此，我们完成了对第一个镜头的调色处理，使用 Layer1 对画面进行基本的反差校正、饱和度校正与白平衡校正。然后在 Layer2 调色层中用 BaseGrade 调色工具对画面进行了反差的精确控制。最后添加了 Layer3 制作二级调色，使用 HueAngle 工具抠取蓝天部分并增加其饱和度。可以看到 Baselight 使用了图层式的调色逻辑，很容易理解和掌握，用户也可以对不同的 Layer 进行命名，让别人也能看懂操作的过程。

2.3 复制调色

既然镜头 1 已经完成了调色制作，那么能不能将镜头 1 的调色操作复制给其他镜头呢？答案当然是肯定的。Baselight 提供了多种方便的操作方法帮助你复制调色。把 Cursor 播放头放置在需要抓取静帧的镜头 1 的条带上，然后在 Gallery（画廊）面板中单击 Grab 按钮，会发现在画廊中多了一个静帧图，如图 2-44 所示。

图 2-44　Gallery（画廊）面板

静帧图携带了该镜头的调色信息（堆栈中的各种调色层），可以被赋予给其他镜头。这样就可以复制调色信息了。选中时间线上的镜头 2 条带，如图 2-45 所示。

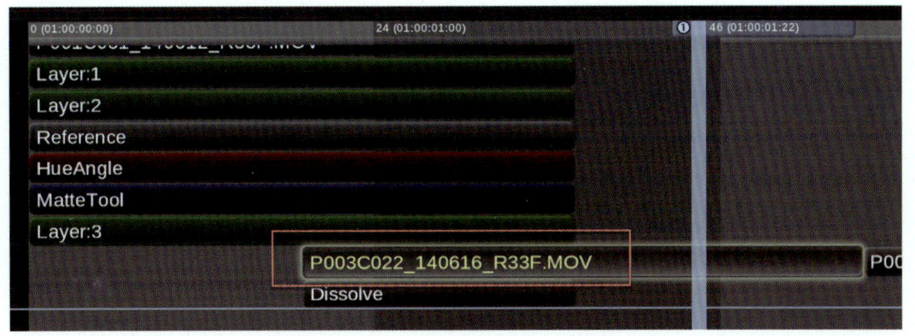

图 2-45 选中镜头 2 条带

单击画廊面板上的 Apply 按钮，即可把镜头 1 的静帧应用给镜头 2，如图 2-46 所示。

图 2-46 应用静帧

可以看到镜头 2 条带的下方出现了许多新的条带，这些条带的名称和排列顺序与镜头 1 条带下方的相同，如图 2-47 所示。

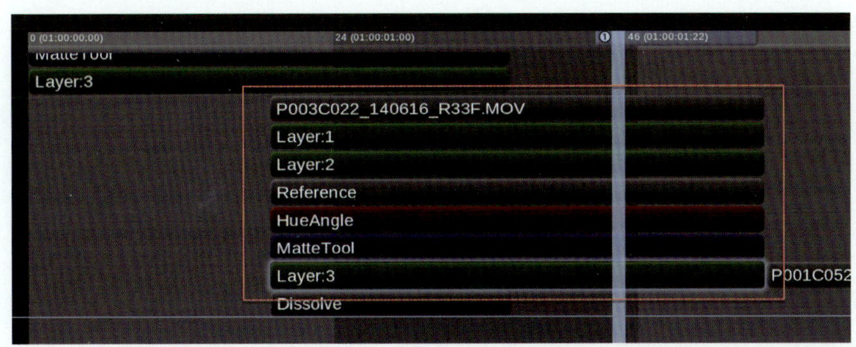

图 2-47 镜头 2 条带下方出现复制过来的调色层

这意味着镜头 1 的调色操作已经被施加给镜头 2 了，因此镜头 2 的颜色也会发生变化，如图 2-48 所示。

在镜头 1 的画面中有蓝色的天空，并且调色的时候抠取了天空的蓝色。但是镜头 2 中是没有蓝色像素的，因此 Layer3 及其相关的条带在镜头 2 中几乎不起作用。用鼠标将这些条带框选，如图 2-49 所示。

图 2-48　调色前后对比

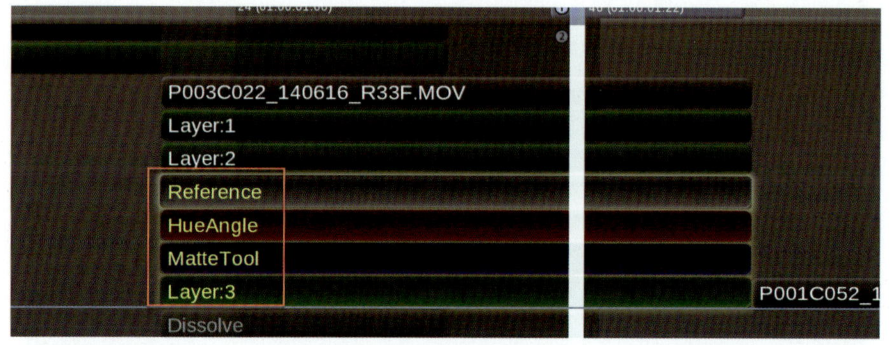

图 2-49　选中不需要的条带

执行菜单命令 Navigate>Bypass Selected Strips，或者调色台上的对应按键将其屏蔽，也可以只点选 Layer:3，然后单击 Layer 层的 B 按钮（command+F11）将其屏蔽，如图 2-50 所示。由于 Layer:3 包含 Reference、HueAngle、MatteTool 条带，所以当你对 Layer:3 进行屏蔽，系统自动对所有和 Layer:3 有关的连带条带也进行了屏蔽。

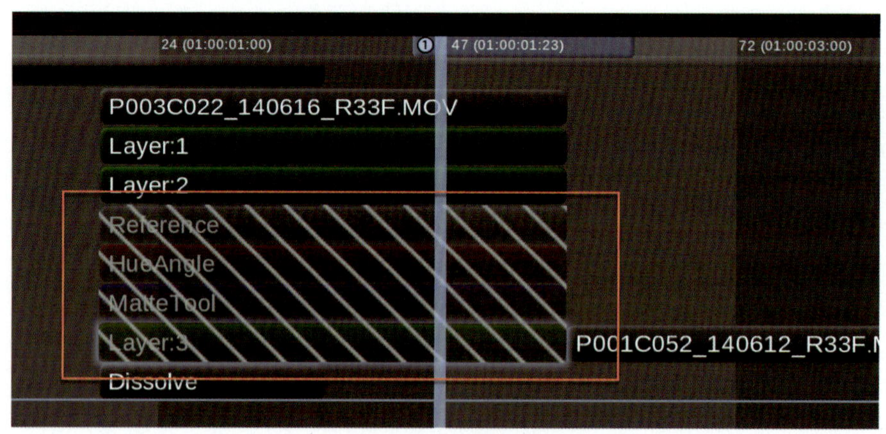

图 2-50　被屏蔽的条带

按下【Delete】键将选中的条带删除。可以看到调色工具的条带是位于素材条带之下的，Dissolve 条带始终处于最下方的位置，在 Baselight 中最下面的条带为最后的结果，如图 2-51 所示。

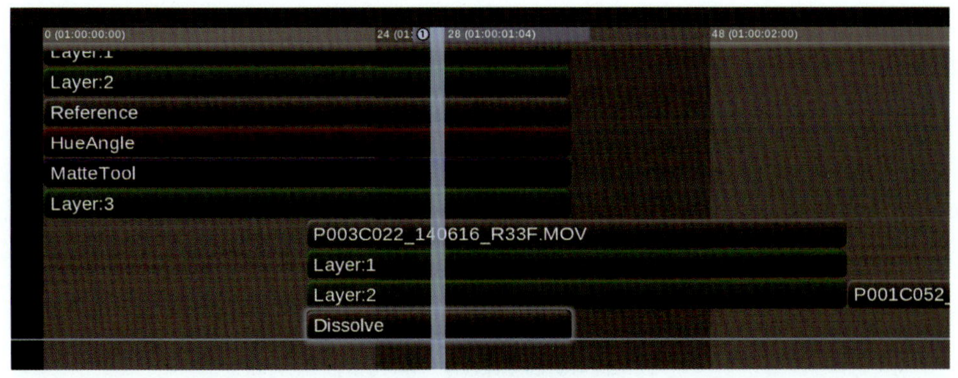

图 2-51　时间线条带堆栈

将 Cursor 播放头放置到镜头 1 与镜头 2 的交叉叠化的位置上，视图中的效果如图 2-52 所示。呈现出两个调色后的镜头叠加在一起的效果。

图 2-52　交叉叠化的画面

将 Cursor 播放头放置到镜头 2 上，然后在画廊面板中单击 Grab 按钮，抓取镜头 2 的静帧，如图 2-53 所示。

图 2-53　抓取镜头 2 的静帧

接下来把镜头 2 的静帧赋予镜头 3，镜头 1 的静帧赋予镜头 4，如图 2-54 所示。然后读者可以根据自己对画面的感受调整镜头 3 和镜头 4 的颜色。

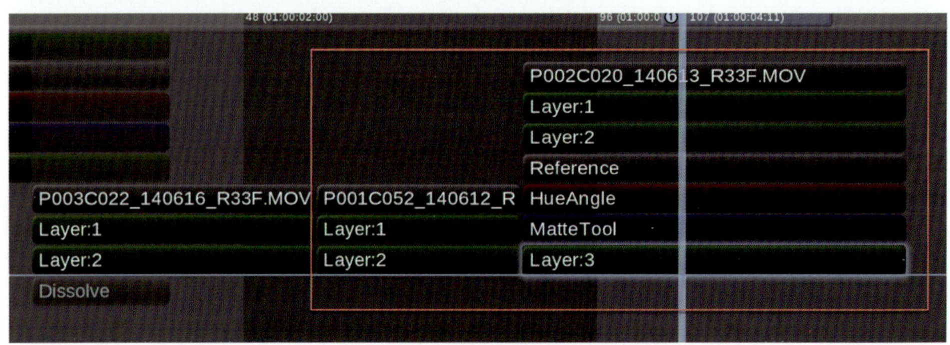

图 2-54 时间线条带堆栈

2.4 调整最后一个镜头

现在开始调整最后一个镜头，由于已经复制了镜头 1 的调色，所以可以在这个基础上进行修改。在 Layer1 和 Layer2 上调整画面的反差和饱和度，还可以在 HueAngle 中修改蓝天的抠像区域，如图 2-55 所示。

图 2-55 镜头 4 的画面

接下来为画面的底部增加渐变的阴影。执行菜单命令 Layer → Insert Layer-Base Grade 或者按下快捷键【P】插入一个 Base Grade 调色层，其名称为 Layer4，位置在 Layer3 条带之下，如图 2-56 所示。

单击黑白色的蒙娜丽莎头像，然后激活 Shape 按钮，或者直接按【S】键。然后在 Quickshape 下拉菜单中选择 Edge Bottom 命令，如图 2-57 所示。

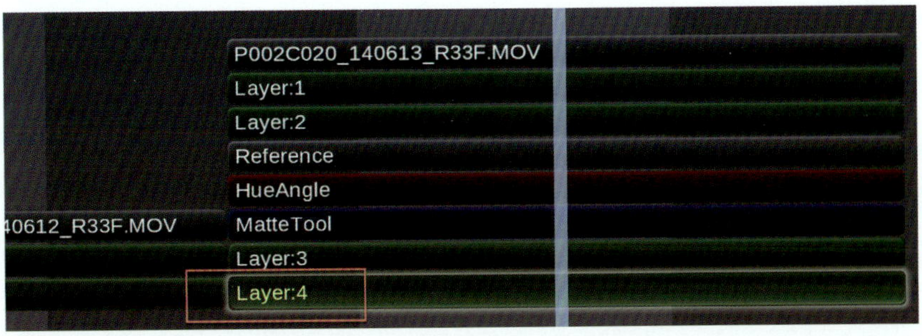

图 2-56 新增 Layer4 调色层

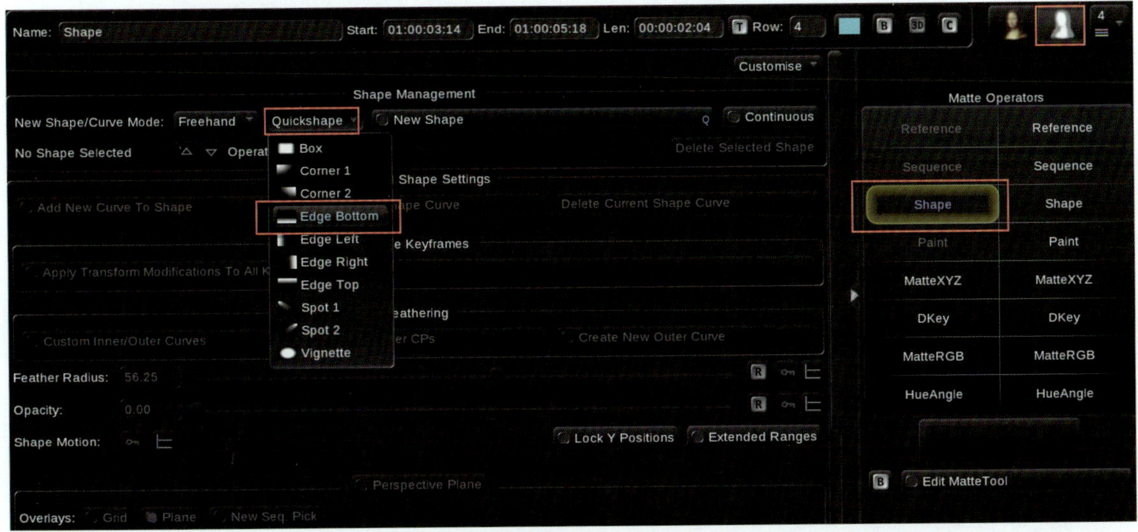

图 2-57 Shape 面板

按下快捷键【O】以显示黑白色的蒙版，Edge Bottom 的控制手柄是一个箭头图标，可以通过调整箭头的形状和大小来调整渐变蒙版的样式，如图 2-58 所示。

图 2-58 调整渐变蒙版

为了在画面中看到蒙版的样子，可以按下快捷键【Shift+O】来突出显示蒙版的样子，如图 2-59 所示。蒙版有多种显示模式，图中是以绿色来突出显示的。

图 2-59　突出显示的蒙版

选中 Layer4 调色层，降低 BaseGrade 的 Balance 的亮度值，如图 2-60 所示。

图 2-60　BaseGrade 面板

可以看到调色后的画面中，底部的亮度降低了，而且其降低的规律符合渐变蒙版的明暗变化，如图 2-61 所示。

图 2-61　右侧为调色后画面

接下来为画面的底部增加渐变的阴影。执行菜单命令 Layer → Insert Layer-Base Grade 或者按下快捷键【P】插入一个 Base Grade 调色层，其名称为 Layer5，位置在 Layer4 条带之下。然后为 Layer5 添加一个 Vignette 的 QuickShape 图形。并且将椭圆形选区内部的亮度调高，如图 2-62 所示。

图 2-62　Vignette 图形

由于画面中的人是运动的，而 Vignette 是静止的，所以需要对其进行跟踪处理。在 Shape 面板中找到 Tracking 参数组，激活其中的 Area 按钮，进入跟踪器面板，如图 2-63 所示。

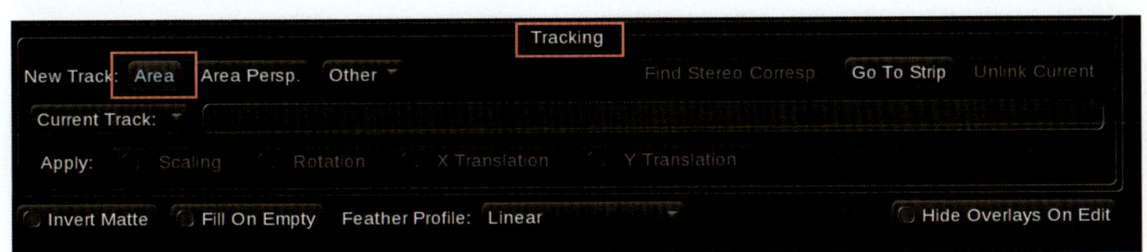

图 2-63　跟踪器参数组

在画面中出现了一个粉红色的方框，方框内部就是跟踪区域，如图 2-64 所示。

观察一下时间线中 Cursor 播放头的位置，这有助于判断应该使用 Track Backwards（向后跟踪）还是 Track Forwards（向前跟踪）按钮。如果播放头在片段的起始点，可以使用 Track Forwards（向前跟踪）按钮，反之亦然。如果播放头在中间位置，可以先向前跟踪然后再向后跟踪，将跟踪数据衔接起来，如图 2-65 所示。

跟踪后可以在画面中发现红色方框内部出现了绿色的跟踪轨迹。Vignette 窗口也会跟着人物的运动而运动，如图 2-66 所示。

图 2-64 Aera 跟踪方框

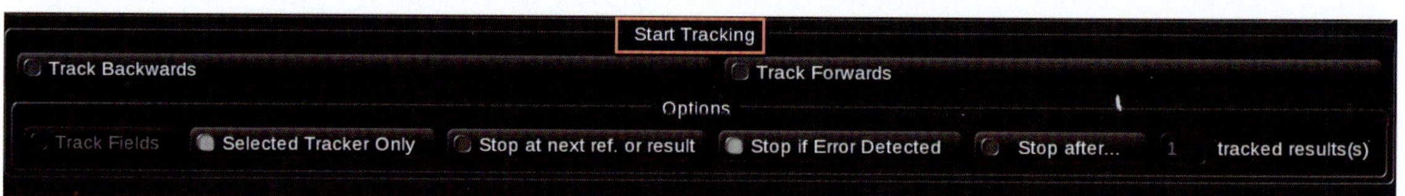

图 2-65 跟踪器面板

图 2-66 跟踪轨迹

★Tips

想要学习关于跟踪器的详细知识，请参阅本书第 7 章的相关内容。

最后一个镜头是固定机位拍摄的，我们想要为其添加手持拍摄的晃动感，可以执行菜单命令 Insert>CameraShake，这个工具可以添加画面抖动的效果，如图 2-67 所示。

图 2-67　新增 CameraShake 工具

在 CameraShake 面板中，Noise 代表噪波，Frequency 代表频率。Scale/Border 是用来调整边界缩放的，因为画面晃动可能会造成边界上出现黑边，如图 2-68 所示。读者可以自行调整参数以获得最佳效果。

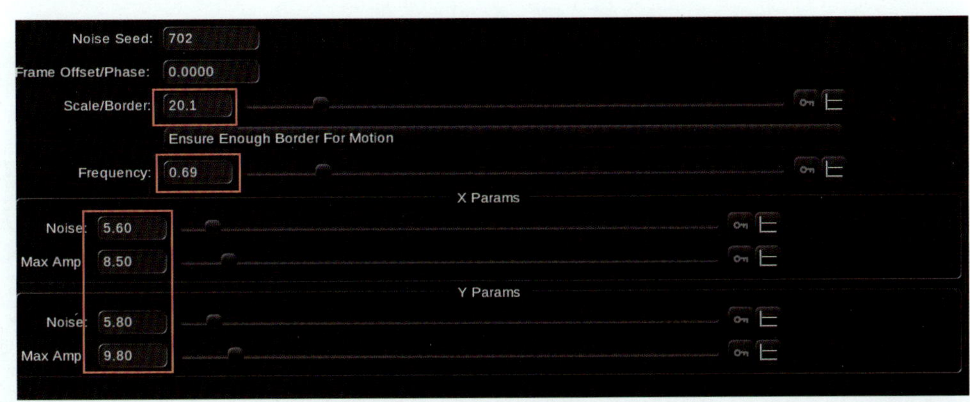

图 2-68　CameraShake 面板

2.5 渲染影片

至此，影片的四个镜头已经调色完毕，可以进行渲染输出了。执行 Views>Render 菜单命令，打开渲染器面板。激活 QT for Approval 标签面板，然后激活其中的 Movies Video Only，Codec 编码选择为 H.264（MPEG4 AVC）encoder，将输出色彩空间设置为 Rec.1886:2.4 Gamma/Rec.709，并且在 Directory 中设置渲染目录，将输出文件名设置为 Landscape。设置完毕后单击 Submit Render 按钮，提交渲染作业，如图 2-69 所示。

在 Queue Monitor 面板中可以看到渲染进度，如果有警告或者错误的话，会在面板的底部显示出来，如图 2-70 所示。影片渲染完成后，就可以在输出目录中找到调色后的影片了。

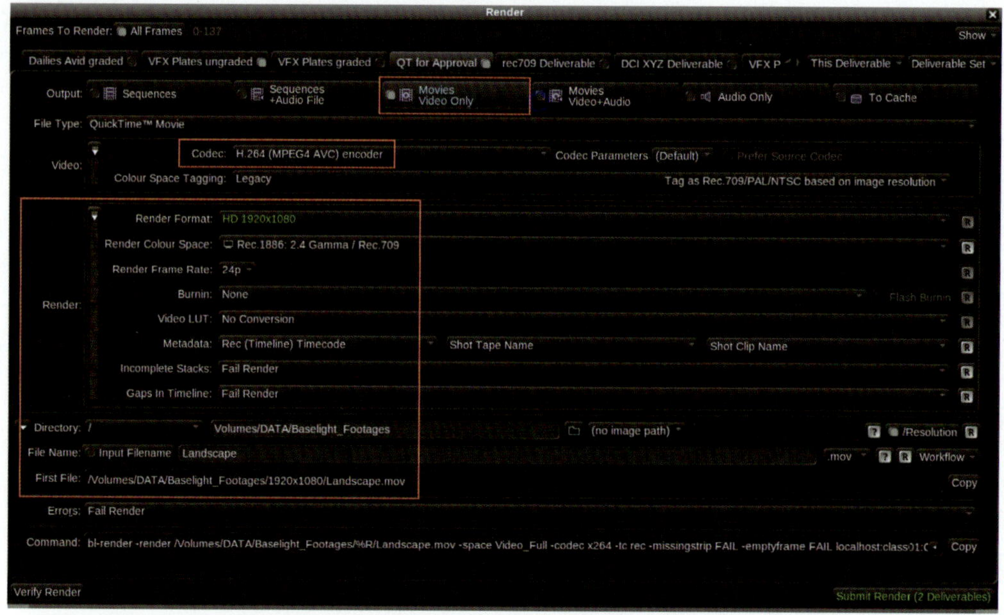

图 2-69　Render 面板

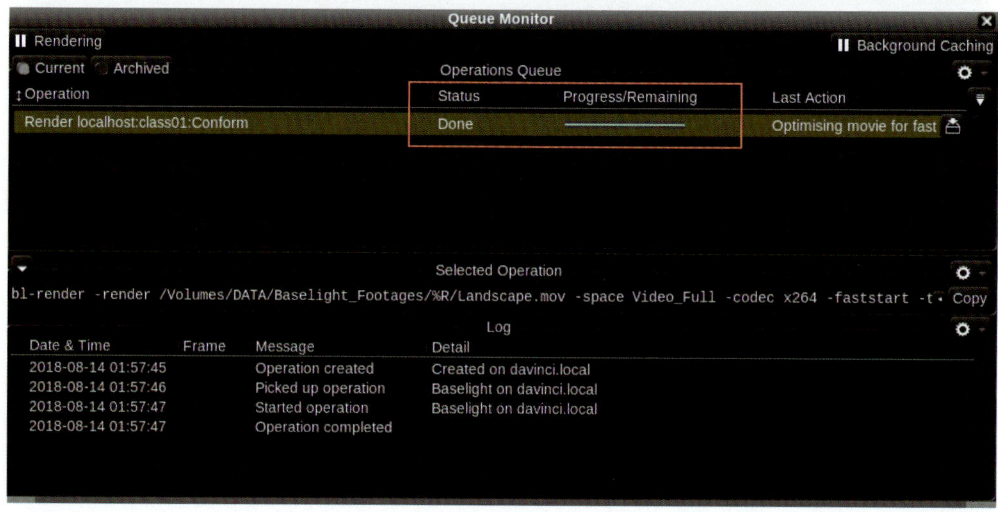

图 2-70　Queue Monitor 面板

2.6 本章小结

本章使用一个完整的案例向读者演示了 Baselight 软件的调色过程。Baselight 是以图层来进行调色处理的，工作中要注意对图层顺序的合理安排。本章讲解了使用 Film Grade 和 Video Grade 来进行一级调色的方法。在二级调色过程中主要学习了 Shape 图形的绘制以及跟踪技巧。最后讲解了影片渲染的方法。希望通过本章这样一个简单的例子让大家对 Baselight 的工具和调色流程有一个基本的了解。

第3章

Baselight操作基础

本章导读

本章主要讲解Baselight最基础的设置和概念，让读者能够对Baselight的使用有一个基本的认识，了解如何设置视频音频输出，了解Baselight界面布局和自定义，理解Layer0的概念以及Cursor和Format的作用，学会设置Scene settings。

学习要点

◇ Baselight Bl-setups视音频配置
◇ Job Manager项目管理
◇ Baselight UI基本界面介绍
◇ Baselight Workspace自定义工作区
◇ 手动导入素材及Layer0设置
◇ Cursor时间线播放头的使用
◇ Format格式编辑器
◇ Scene Settings场景设置

3.1 Bl-setups Baselight视音频配置

在打开 Baselight 之前，我们必须要设置好 Baselight 的视频和音频配置，这是确保视频音频播放正确的关键，在桌面上单击 bl-setups 图标打开该应用程序，如图 3-1 所示。

我们通过绿色的勾选可以知道当前的视频音频配置是 HD 24p（422），如果我们要看到具体的设置内容，可以单击下面的 Show Editor，如图 3-2 所示。

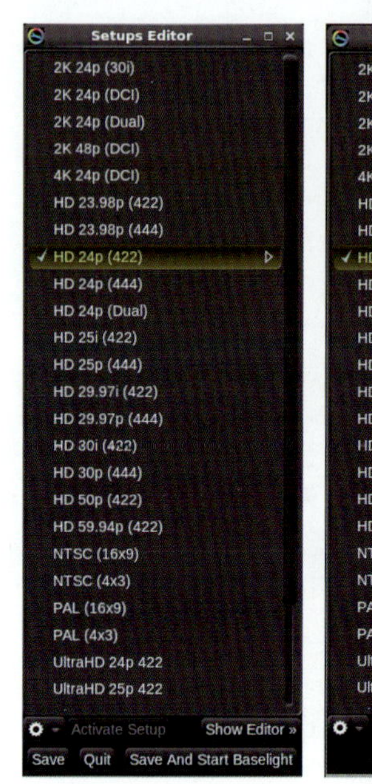

图 3-1　Setups Editor

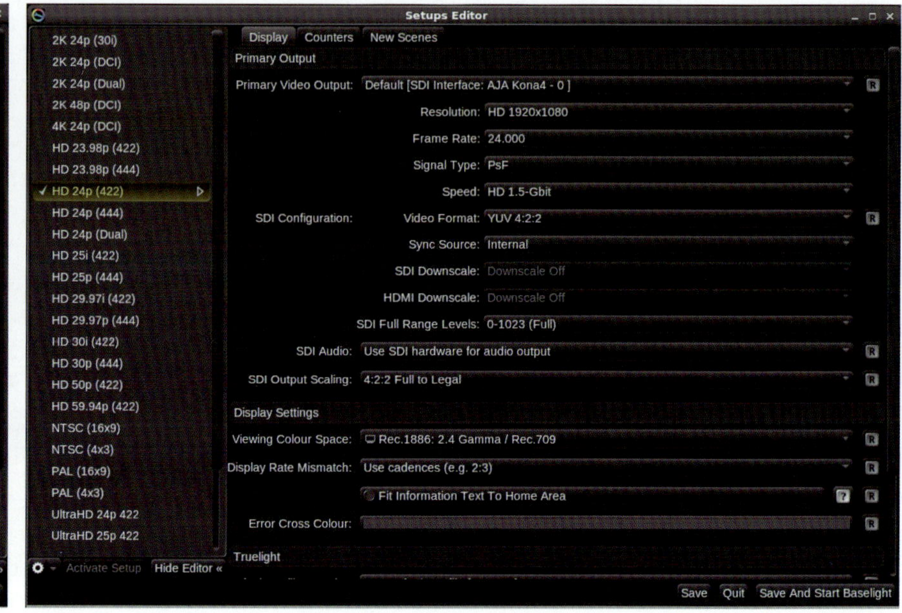

图 3-2　Show Editor

在 Display 卷标里的 Primary Video Output 项下，用户可以设置主要的视频输出方式，默认是 SDI 输出，目前标准的 Baselight 系统使用的是 AJA Kona4 卡，Baselight STUDENT 可以通过其他设备监视，比如使用 AJA T-TAP。Resolution（分辨率）定义的是视频输出的分辨率，下拉菜单里有标准的 HD、DCI、QHD、Stereo 等选项。

Frame Rate 和 Signal Type 根据项目类型、视频制式和 Baselight 系统所连接的监视设备来选取，可以设置不同的帧率和信号类型。通常，Setup 里的 Frame Rate 应该与场景（Scene）的速率一致，如果不一致，在播放的时候画面左上角播放速率会出现相应的提示（先按 F 键打开显示），如果 Setup 的速率大于 Scene 的速率，会显示“Cadenced”，系统会增加相应的帧，如果小于，则显示“Skipping”，系统会减少相应的帧。Speed 指 SDI 的传输速度，对于普通高清可选取 HD1.5-Gbit，电影则根据设备情况选取 HD 3G-bit A 或者 HD 3G-bit B，对于不支持 3G 输入的投影机则需要使用双 1.5-Gbit/RGB 444 输出，投影机输入信号为 4∶2∶2 和 0∶2∶2，结合成 4∶4∶4 的信号。

如前所述，Video Format 也要根据实际情况选取。系统默认使用 SDI 作为音频输出，高清的 SDI Output Scaling 通常使用 422 Full to Legal，电影使用 444 RGB No Scale/Clip，注意这些都要与所用的监视设备的设置相对应。

Baselight 也支持 DVI、HDMI、DisplayPort、VGA 的输出，可以根据实际情况进行选取和设置。

在 Display Settings 项下，用户可以设置打开场景的显示色彩空间（Viewing Colour Space 或称 Cursor Colour Space），让所有在这个 Setups 下的场景都使用这个显示色彩空间，当然这些设置也可以在打开场景之后重新指定，不一定要在这里设置。

Display Rate Mismatch 是指当显示的速率与场景的速率不一致的时候，可以利用这个选项设置回放的方式，Use cadences 是为了保证时长而重复或丢掉某些帧（比如 2:3Pulldown），其他的选项会引起场景播放速度变快或变慢。Fit Information Text to Home Area 可以将文本信息，如时间码、播放速率显示在当前显示分辨率（Viewing Format）的画面上，这些文本默认的显示是基于 Primary Video Output 下的 Resolution（分辨率）的设置，用户可以根据实际情况使用这个设置，比如 Viewing Format 是 2048×858，而 Primary Video Output 下的分辨率是 2048×1080，这种情况下文本信息就会被显示在画外。这个功能也可以在 Baselight 的 Display 菜单下设置。

Truelight 项下是设置 LUT 或其他描述文件的地方，在建立场景之后都可以再次修改，另外以 FilmLight 推荐的色彩管理流程来看，用户几乎不需要使用传统的 LUT，在色彩管理章节会有具体讲解，这里就不做过多说明，如图 3-3 所示。

图 3-3　Truelight

在 Counter 这个卷标里设置的是画面上显示元数据信息的排布方式，用户也可以自定义这些元数据出现的位置以及字体大小和深浅，如图 3-4 所示。

在 New Scenes 这个卷标里设置的是针对当前视音频配置 bl-setups 建立新场景的预设，基本上这些预设在建立场景后都可以在 Scene Settings（场景设置）里更改，如果每天处理的工作流程都一样，可以在这里选择常用的配置，如图 3-5 和图 3-6 所示。

图 3-4　设置字体大小及深浅

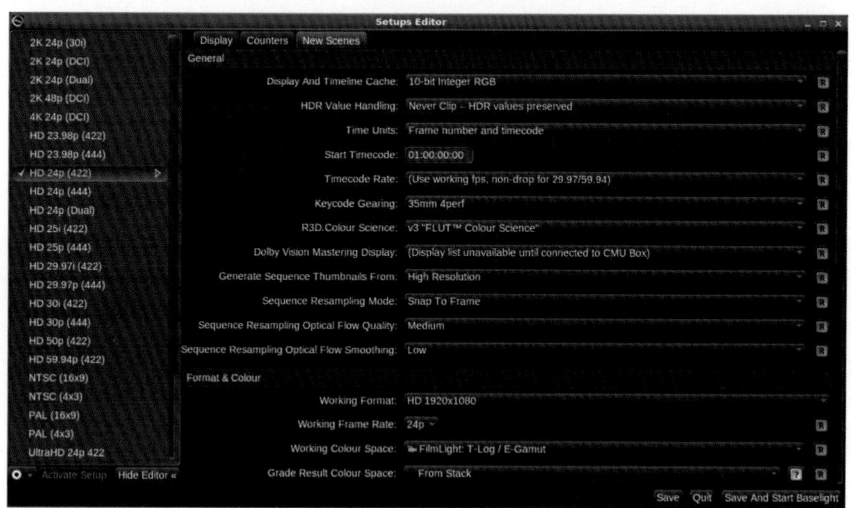

图 3-5　选择常用的配置（1）

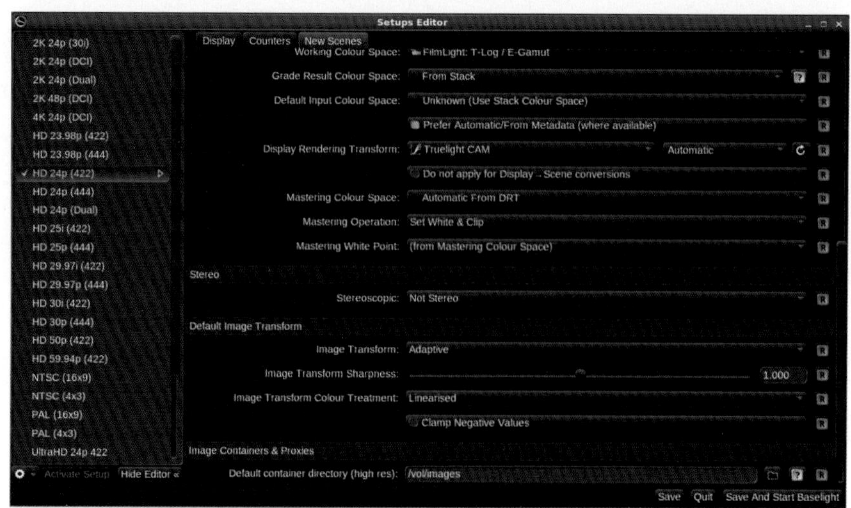

图 3-6　选择常用的配置（2）

下面是 2K 24p（DCI）的配置图，如图 3-7 所示。有的时候默认的选项不一定适合你的监视设备，需要根据情况进行修改，比如这里的 SDI Output Scaling 改为了 4∶4∶4 RGB No Scale/Clip，SDI Speed 可改为 HD 3-Gbit A，Video Format 改为 RGB 4∶4∶4 12b 等。

如果我们更改了某些设定，在该配置的右边会出现 modified（更改过）字样，如果用户想恢复最初配置，可以按左下角的齿轮按钮，选择重置配置（Reset Setup）。如果预设的配置列表里没有用户想要的设置，用户也可以在这里复制一个新的配置（Duplicate Setup），然后对其进行修改保存为用户自定义的新配置，当然，用户也可以删除配置（Delete Setup），如图 3-8 所示。

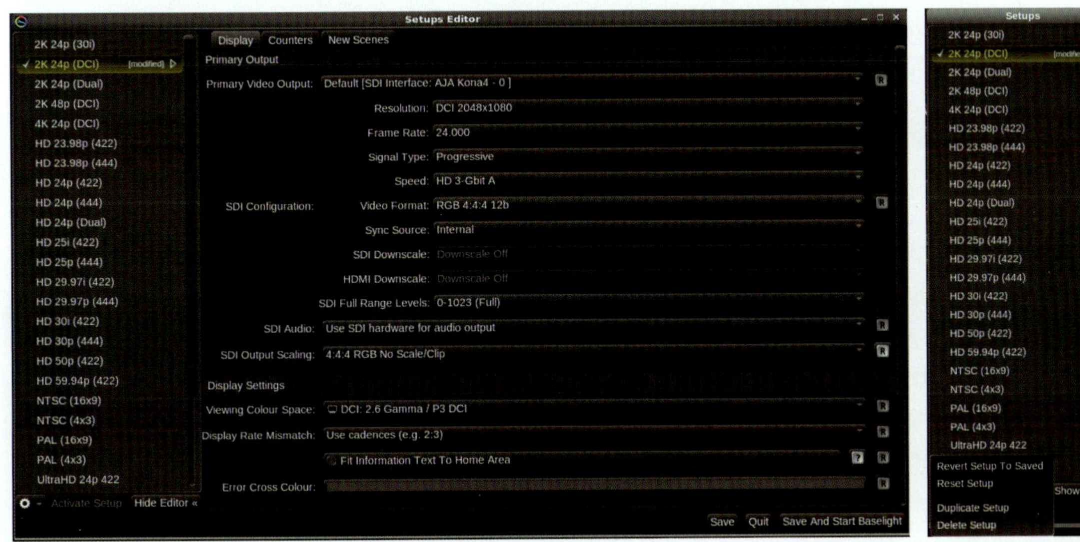

图 3-7　2K 24p（DCI）配置图

图 3-8　删除配置

注意在修改某一配置之前，一定要单击左下角的 Activate Setup（激活配置），或者双击该配置，在左侧会出现一个绿色的对勾，表明这是当前配置，修改完毕后，我们就可以点选右下角的 Save 或者 Save and Start Baselight 保存配置或者保存配置并打开 Baselight。如果用户的调色设备基本固定，也不用每次都更改配置 bl-setups，直接打开 Baselight 即可。

★实操演示：

本节内容的具体操作请参看随书教学录像。

3.2 *Baselight Job Manager* 项目管理

当我们每次打开 Baselight 的时候，系统会自动将 Job Manager 打开，如图 3-9 所示。

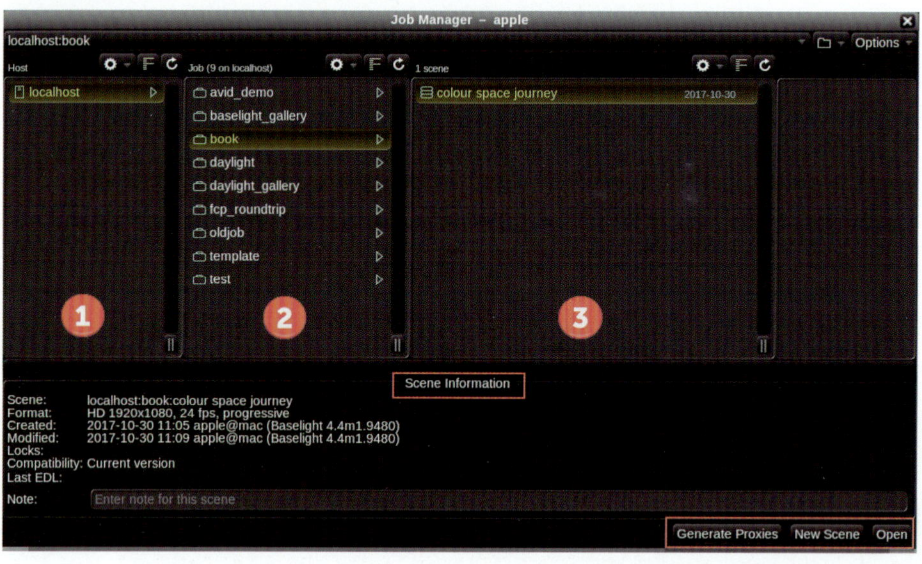

图 3-9　项目管理器

Job Manager 主要分为 3 栏，第 1 栏用来管理主机即数据库，默认的是 localhost（本地主机），如果用户具有多个 Baselight 系统相连接，也可以在这里添加网络上的其他主机，打开其他主机的工程文件。第 2 栏是 Job（项目）管理，显示目前本地主机有多少个项目，可以以电影的名称命名 Job。第 3 栏是 Scene（场景）管理，列出了在某一个项目下的场景文件，比如某个电影的第几本（通常 20 分钟左右一本）。用户也可以在第 3 栏创建文件夹，方便管理不同的场景文件。关于场景的操作可以通过单击右上角的齿轮图标打开，或者在第三栏处按右键打开，如图 3-10 所示。

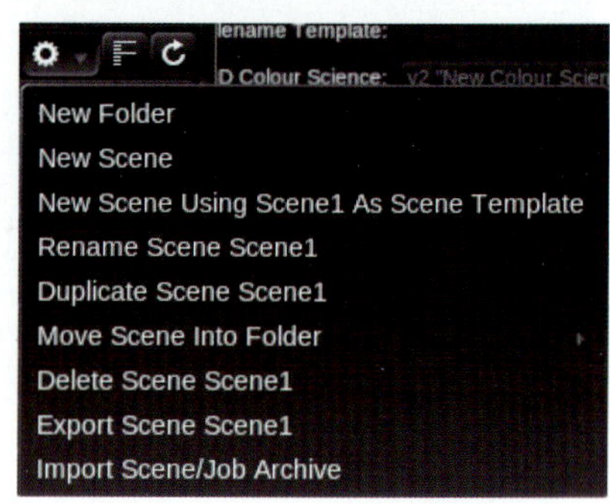

图 3-10　场景管理

（1）New Folder：创建新的文件夹。

（2）New Scene：创建新的场景。

（3）New Scene using <scenename> as Scene Template：使用当前场景作为场景创建模版，套用当前场景的设置。

（4）Rename Scene <scenename>：重命名当前场景。

（5）Duplicate Scene <scenename>：复制当前场景。

（6）Move Scene Into Folder：将当前场景移动至指定文件夹。

（7）Delete Scene <scenename>：删除当前场景。

（8）Export Scene <scenename>：导出当前场景存档备份。

（9）Import Scene/Job Archive：导入场景或者项目存档文件。

Scene Information 列出来该场景的一些属性信息，比如工作格式、速率等。右下角的按钮 Generate Proxies 用于生成该场景所用素材的小尺寸的代理文件，随着机器性能的提升，基本上无须生成代理文件，New Scene 和 Open 按钮分别用来新建项目或者打开项目。

通常，Baselight 的项目和场景管理都是用户通过 Job Manager 完成，不建议使用其他的方式对数据库文件进行操作。用户可以根据项目情况对 Job 或 Scene 进行打包备份，也可以把之前导出的工程备份文件导回。通常，系统会自动在每日凌晨 4 点的时候对工程进行自动备份，前提是用户退出 Baselight 程序，并保持开机状态，用户也可以根据情况使用命令行设定备份的具体时间。

现在，要新建一个项目，项目可以用电影或者电视剧的名称命名，然后再新建场景，如图 3-11 所示。

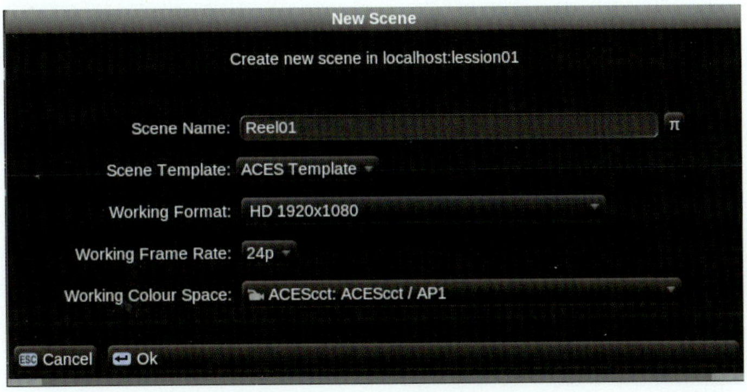

图 3-11　新建场景

首先要给场景命名，取名为 Reel01，Scene Template 可以设置不同的模版，这些模版是 Baselight 开发工程师为了方便调色师而设置的预设模版，具体的内容会在之后的章节讲到。

Working Format 指的是场景的工作分辨率，通常以监视设备的分辨率或者以主要发行物料的分辨率为准，比如说，使用高清监视器就用 1920×1080 的工作分辨率，使用 4K 投影就用 4K 的工作分辨率，这样可以充分利用监视设备的显示能力。

默认情况下，Baselight 在渲染的时候都是以最高的质量输出，如果源素材是 6K 分辨率，即使设置为 1920×1080 的工作分辨率，也可以生成和原始尺寸一样大小的高分辨率文件。工作分辨率会影响到 Input Cache（输入缓存）的大小，在本章之后会有关于缓存的具体讲解。

Work Frame Rate 指帧速率。Working Colour Space 是工作色彩空间，因为我们使用了 ACES Template，系统根据模版选取了 ACEScct: ACEScct/AP1 作为工作色彩空间，在色彩管理章节会有具体的讲解。

3.3 Baselight UI界面布局（工作区）

图 3-12 是 Baselight4.4m1 的基本界面布局，Baselight5.0 的界面除了在回放控制区有一点改动，其他没有太多变化。Baselight 的界面布局很传统，具有大多数图形类软件的特点，用户很容易接受和上手。在 Views 菜单，可看到和工作区（Workspace）有关的命令，如图 3-13 所示：默认的为 Standard 模式，还有 Simple、Large Cut View、Large Gallery 和 Audio 模式，用户也可以自定义其他符合自己工作需要的 Workspace。

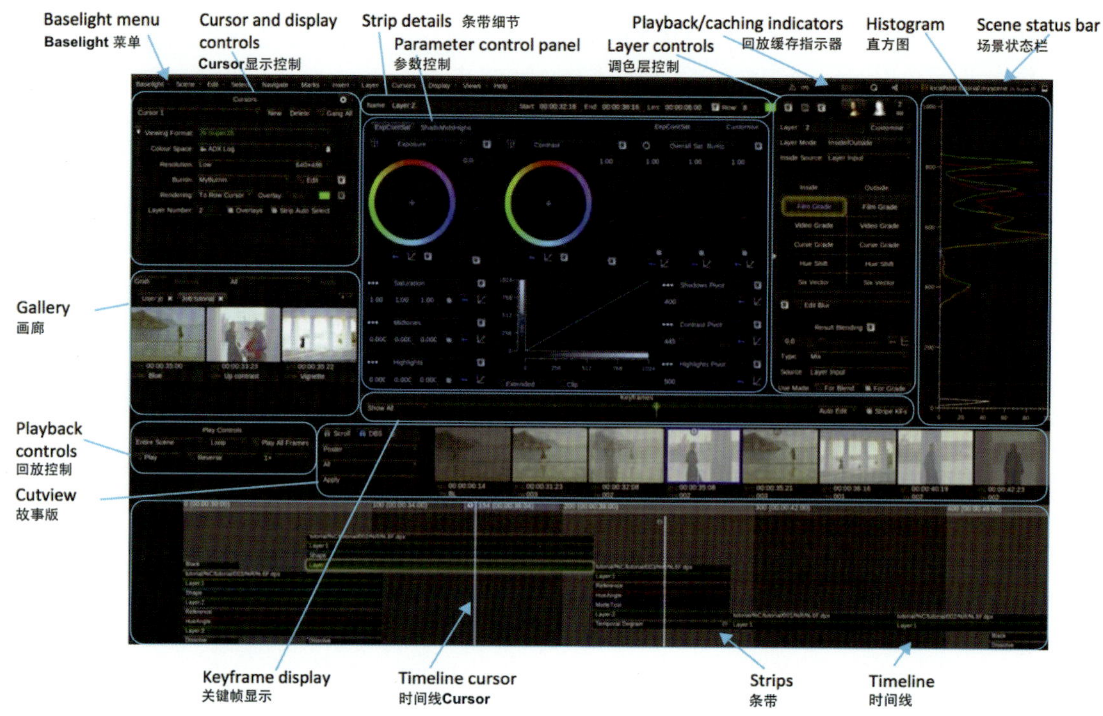

图 3-12　Baselight 界面

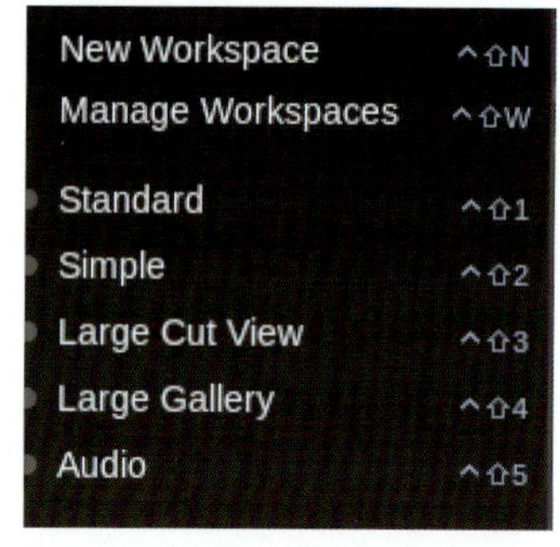

图 3-13　Baselight 工作区

★实操演示：

本节内容的具体操作请参看随书教学录像。

3.4 *Workspace Setup* 自定义工作区

为了方便用户的使用，Baselight 提供了自定义工作区的功能，首先要新建一个 Workspace 并命名，然后就可以在基于 Standard 界面的基础上进行自定义，自定义的方法很简单，按住 Control 键（Mac OS）或者 Win 键（Linux）结合鼠标右键就可以插入某个工具或列表、锁定宽高、隐藏或者浮动某个工具或者列表。也可以按住 Control 键（Mac OS）或者 Win 键（Linux）结合鼠标左键拖动界面进行布局的移动修改，确定之后就可以随时调用这个自定义的工作区了，如图 3-14 所示。

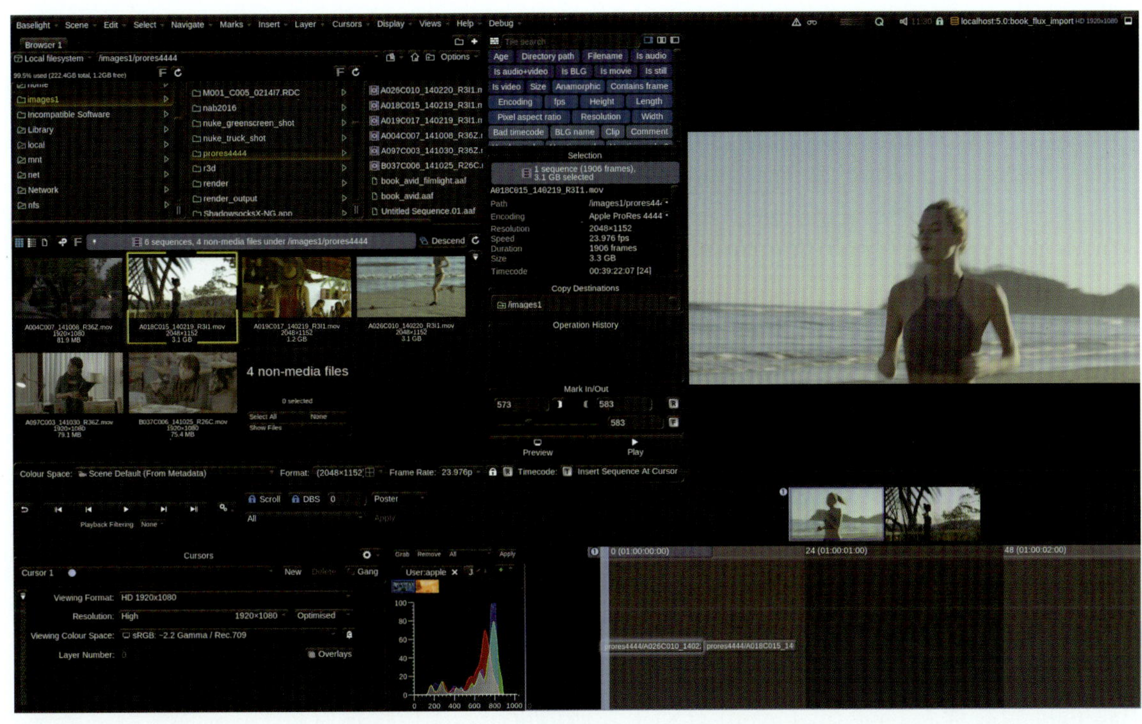

图 3-14　一个自定义的导入素材工作区

★实操演示：

本节内容的具体操作请参看随书教学录像。

3.5 Import Sequence手动导入素材及Layer0的设置

当时场景被创建后，就可以导入素材，在此章只讨论手动素材的导入，通过 EDL/XML/AAF 套底的方式在之后的章节中讲解。

Baselight 5.0 的素材导入需要使用 FLUX Manage – Sequence Management（4.4m1 中使用 Sequence Browser），在之后的章节将会就 Baselight 功能强大的媒资管理器 FLUX Manage 做介绍，这里只讲解导入素材的过程。

默认的情况下，素材的导入以当前 Cursor 的位置为准，如果素材本身的速率与场景的素材不一致，系统会提示如下：如果使用原始素材的速率会引起素材的再取样，素材的长度会发生变化。系统可以记住用户的选择，然后对其他所有相同速率的素材做相同的处理，如图 3-15 所示。

如果用户从外部存储导入素材，系统将提示素材并非来自于当前系统设置的 Container（容器）中，提示用户是否改变素材的容器，基本上用户都应该选择 Change Container（改变容器）来得到存储的相对路径，在之后的章节将有具体的讲解，如图 3-16 所示。

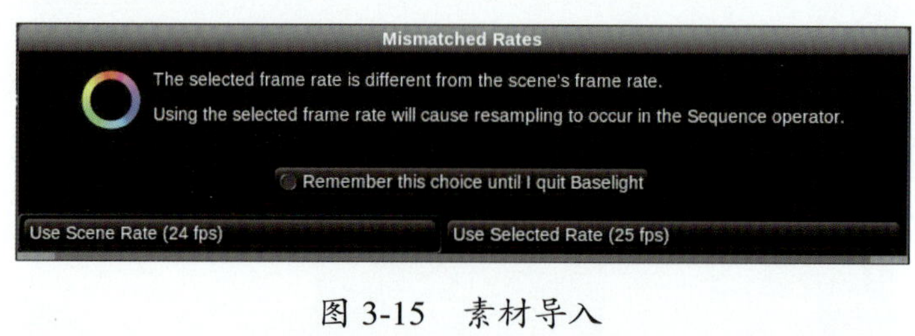

图 3-15　素材导入

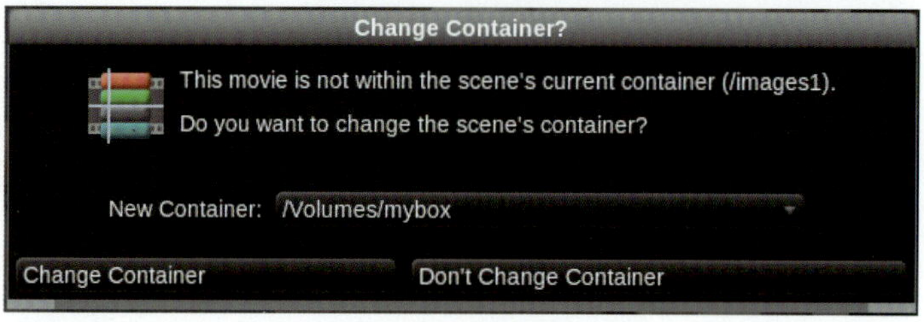

图 3-16　改变容器

当我们确认使用某种速率之后，素材就被放置在时间线上，这一层就是原始素材层，在 Baselight 中被称为 Layer0，Layer0 有别于其他调色层，调色层通常以 Layer 序号自动命名，Layer1，Layer2 以此类推。Layer0 只涉及素材本身的基本控制和信息。所有这些 Layer 层以及其他操作层在 Baselight 都被称为 Strip（条带）。

Layer0 一般分为四个部分，分别是 Sequence、Audio、Raw Params 和 Image Transform Settings。请注意，在 Baselight 里，如果原来白色的设置文字变成蓝色，表明里面有不同的设置，参数被修改，此种情况同样适用于调色层的操作，除了 Image Transform Settings 是白色，其他三项均有相应的设置改变，如图 3-17 所示。

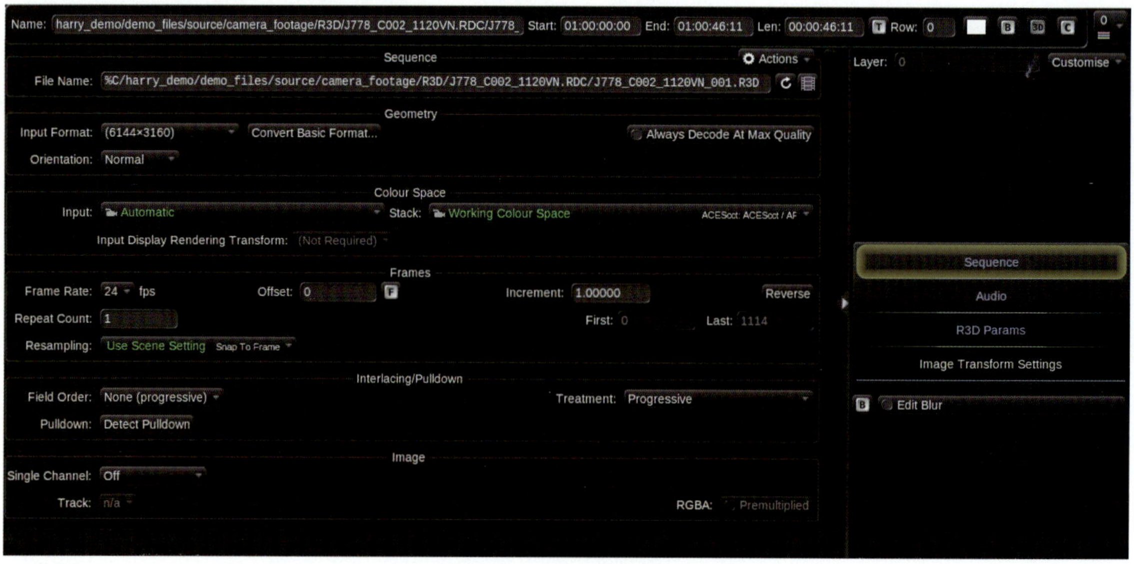

图 3-17　Layer0 设置

3.5.1 Sequence（序列）

Layer0 最上面一排从左至右的作用如下：Name 指的是这个 Layer 的名称，通常以该素材所在的路径和文件名命名，通过输入新的名称可以自定义条带的名称。Start、End、Len 分别代表素材在时间线上的起始时码、结束时码和素材长度，可以通过单击 Len 右边的 T 按钮切换以时码、帧、秒的形式显示，用户可以在 Len 直接输入数字定义素材的长度，比如将单格素材按指定的长度重复使用。

右边的 Row 代表本层在当前 Cursor 下的层数，色块可以用来定义这个层在时间线上的颜色，在视觉上区分不同的 Layer 的作用。右侧的 B 代表 Bypass（屏蔽），3D（开启立体，只限于使用 Single Stack Stereo 的模式），C（Strip Cache 开启条带缓存）。最右侧的 Layer Manger 按钮可以选择或者移动当前层位置，以及增加或者删除当前层，如图 3-18 所示。

图 3-18 移动、增加、删除当前层

Sequence（序列）项下 Film Name 指向的是当前素材的路径，Baselight 提供绝对路径和相对路径，建议用户使用相对路径，路径中的 %C（Container）代表的就是相对路径最上一级存储名称，我们会在之后的章节进行详细讲解。右侧的两个按钮分别是刷新和打开素材存储路径。在这两个图标的上面的齿轮图标 Actions 可以打开 Scene Detect 工具，系统会根据设定自动对一整条素材进行镜头拆分，如图 3-19 所示。

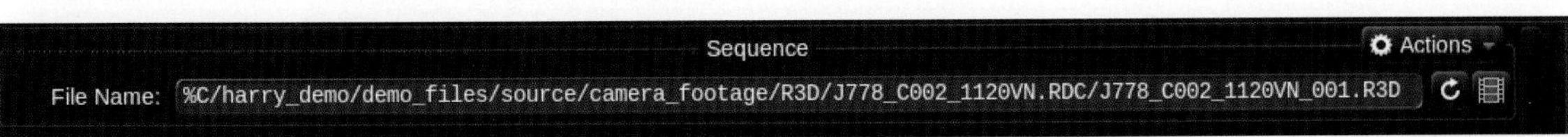

图 3-19 Sequence（序列）

Geometry（几何）项下的 Input Format 指定的是原素材的分辨率，可以从图 3-18 中看到，素材的分辨率是 6144×3160，并以括号标识，括号代表这个分辨率是当前 Baselight 系统中没有定义过的分辨率，Baselight 自动使用 Basic Format（基础格式）对这个分辨率的格式进行定义，并自动按照目标格式（通常为当前 Working Format 或者 Viewing Format）的宽度进行适配，即左右对齐。由于是没有定义过的格式，需要用户单击 Convert Basic Format 对这个 Format 分辨率进行创建或定义，如图 3-20 所示。

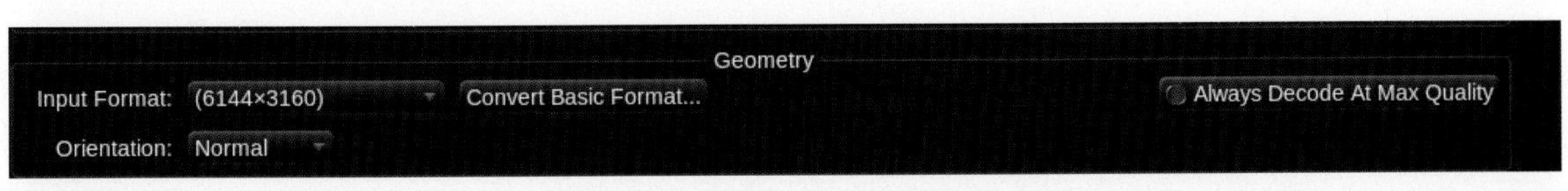

图 3-20 Geometry（几何）项

打开 Convert Basic Format 会出现创建 Format 的对话框，用户可以将新的 Format 添加到场景 Scene 格式、项目 Job 格式或者是全局 Global 格式。将在之后章节详细讲解如何在 Baselight 中对不同素材的 Format（分辨率，格式）进行设置和匹配，如图 3-21 所示。

Always Decode at Max Quality 是永远用最高质量对当前素材进行解码，无论显示和渲染的设置是否是最高质量。为了加快速度，默认情况下这个选项是不打开的，显示默认使用优化显示 Optimized（按一半分辨率）。渲染默认都是使用最高质量渲染。

图 3-21　格式创建

Orientation 指的是素材的翻转，用户可以单击这个按钮对素材进行左右或者上下的翻转，在立体项目中经常使用这个功能。

Colour Space 项下是素材的 Input Colour Space（输入色彩空间）和 Stack Colour Space（堆栈色彩空间），Stack 在 Baselight 里是指各个调色层的堆叠，也就是指调色操作，即时间线的色彩空间，默认的 Stack 色彩空间引用 Working Colour Space 作为色彩空间，用户也可以根据情况指定不同的色彩空间。

Input Display Rendering Transform 是指输入 DRT，当 Input 和 Stack 的色彩空间分属于两种不同类型的色彩空间的时候，即 Scene-referred 的色彩空间和 Display-referred 的色彩空间，Input Display Rendering Transform 就被激活，可以由用户选择使用各种不同的输入 DRT，如果 Input Colour Space 是 Scene-referred 的色彩空间，而 Stack 是 Display-referred 的色彩空间，可以选择正向的 DRT，反之则需要使用反向 DRT，也就是 Inverse DRT，在之后的章节我们会有具体的讲解。通常这个设置由系统自动完成，如图 3-22 所示。

图 3-22　素材色彩空间的导入

Frames 项下定义素材的 Frame Rate（帧速率）、Offset（帧偏移值）、Increment（素材的变速），Increment 通常是由 EDL 或者 XML 导入，将 Increment 设置为 0 则代表使用静帧，Reverse 是指素材的反向播放。Repeat Count 是指每一帧重复播放的次数，Resampling 是指变速算法，可选 Snap to Frame、Mix Nearest Frames 或 Optical Flow，其中 Optical Flow（光流）的算法最为先进、效果最好，但是计算也最耗时，也会产生瑕疵，如图 3-23 所示。

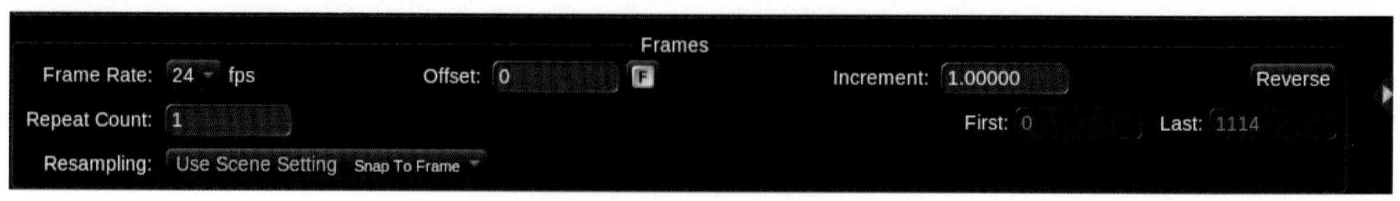

图 3-23　素材帧设置

Interlacing/Pulldown 项下定义素材是上场优先还是下场优先，以及下拉方式，如图 3-24 所示。

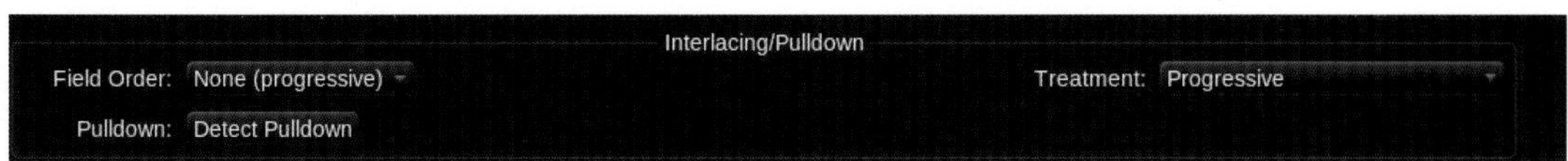

图 3-24 素材场设置

最后的 Image 项可以让用户选择不同的 Matte Channel（遮罩通道），Track（轨道）和设置 Premultiplied（预乘），这常用于使用合成部门提供的带通道的遮罩文件和 Exr 文件，调色师可以使用这些素材自带的遮罩对画面局部进行调色，如图 3-25 所示。

图 3-25 素材通道设置

3.5.2 Audio（音频）

Layer0 里的 Audio 指的是这个素材本身所包含的音频，可以指定音频的类型、偏移值、增益和通道映射，在之后的章节中会对 Baselight 的音频设置进行详细讲解，如图 3-26 所示。

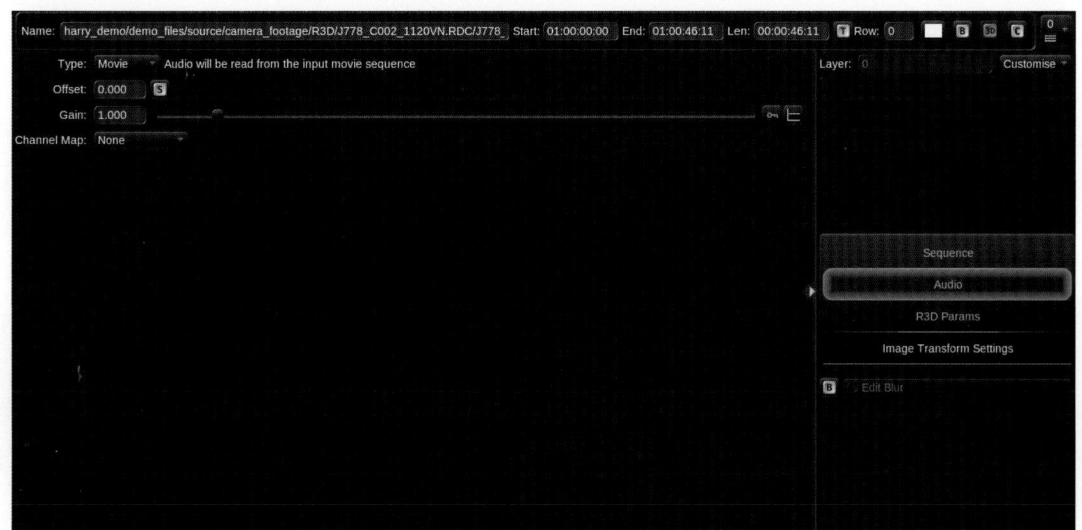

图 3-26 素材音频设置

3.5.3 RAW Params

由于范例中导入的素材是 RED 的 R3D 文件，所以这一项显示的是 R3D Params，如果是其他 RAW 文件，比如 ARRI，这一项就是 ARRIRAW Params，都是针对 RAW 文件的解码设置。请注意，因为在 Sequence 中的 Input Colour Space 被系统设置为 Automatic（自动识别），在 R3D Params 中关于 Linear Output，Output Tone Curve，Output Colour Primaries 等设置都被系统禁用，因为 Baselight 已经自动选取了最佳的色彩空间用于下一步的操作，如图 3-27 所示。

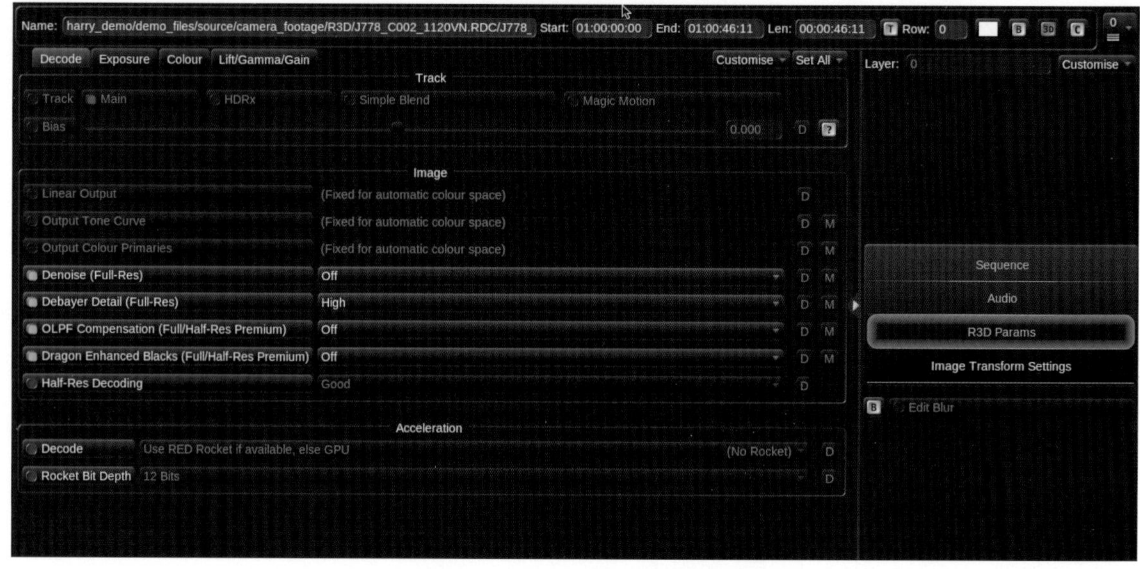

图 3-27　素材 RAW 选项

当然，用户也可以强制自己指定这三个选项，并对其他参数进行修改。

3.5.4　Image Transform Settings

Image Transform Settings 用于设置当前镜头的画面位移缩放算法，默认的设置根据 Scene Settings 的设置而来，用户也可以根据情况点选 Enabled 使用不同的算法，比如设置 Mode（模式）为 Composite，并调整其他设置以达到最佳的画质。一个例子就是如果对合成的片间字幕进行位移缩放，使用 Composite 模式可以有效平滑文字的锯齿，另外一个例子就是可以使用 Composite 去除 Phantom 高速摄影机素材在显示上的方格瑕疵，如图 3-28 所示。

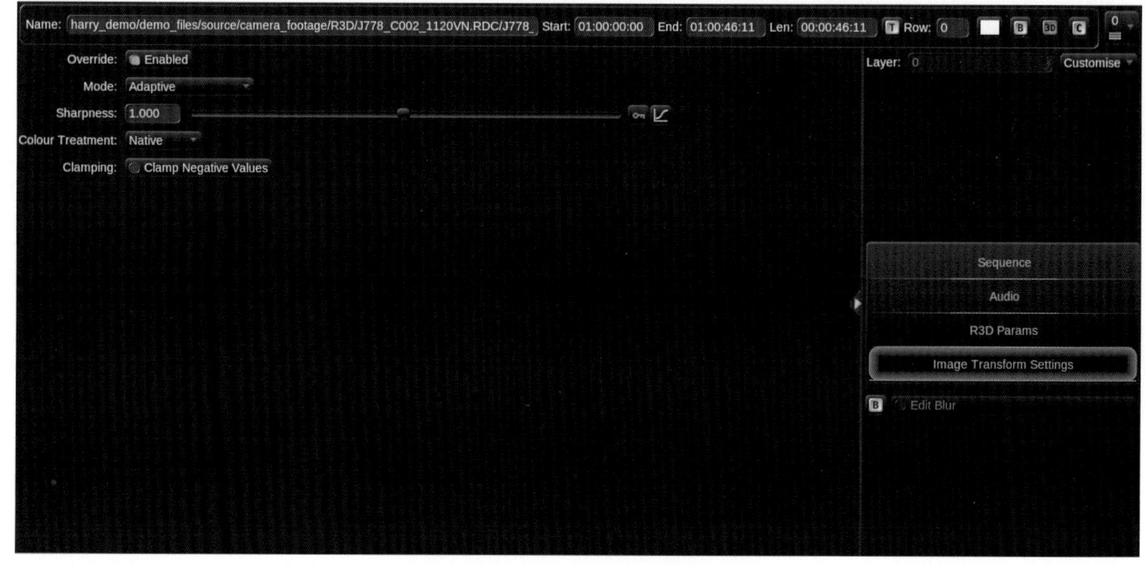

图 3-28　素材位移变换算法

用户还可以单击 Edit Blur 按钮为当前素材添加虚化效果，并使用不同的虚化算法，如图 3-29 所示。

图 3-29　素材虚化设置

Layer0 除了上述四项主要的操作，用户也可以自己添加更多的操作项，在这四项上右击，就可以加入新的操作项，以及添加或者删除现有的操作项，如图 3-30 所示。

以上就是对 Layer0 的文字讲解，Layer0 是进行其他操作的基础。

图 3-30　Layer0 添加更多设置

3.5.5　时间线缩放和画面的缩放

当我们导入 Layer0 之后，就可以对时间线进行缩放操作：按 Ctrl 键＋鼠标中键（手写笔左键）左右移动就可以对时间线进行左右的缩放，上下移动就可以对时间线进行上下的缩放。这个组合键同样也适合于对图像显示画面的缩放，如果想恢复图像显示画面的缩放，要按【F12】键。

3.6 Cursor时间线播放头

Baselight 的 Cursor 由时间线（Timeline）的纵向播放头 Cursor 和行（Row）横向 Cursor 组合而成，两者缺一不可，纵向的 Cursor 就是当前时点播放头，横向的 Cursor 表示横向 Cursor 以上的内容才能被显示，基于这个特点，Baselight 的时间线可以被划分为不同的部分，显示不同的内容。Baselight 的时间线是以下为先，也就是说下面的内容会遮挡上面的内容。

如果建立两个 Cursor，一条在上，一条在下，就可以分别显示播放两个不同的画面内容，不同的 Cursor 可以应用不同的显示色彩空间（Viewing Colour Space）和分辨率（Viewing Format），可以用于对不同画面内容进行比较，比如套底的时候剪辑小样与实际素材的比较，如果需要同步 Cursor 的播放，可以打开右上角的 Gang 按钮进行同步。Baselight 最多可支持 9 个 Cursor，是一个非常灵活和强大的工具。

每一个场景必须有一个 Cursor（纵向和横向）与之对应，用户可以通过 Cursor 快速切换显示播放不同场景的内容。Cursor 的内容如图 3-31 所示。

图 3-31　Cursor 设置

Cursor 可以定义的内容如下：Viewing Format（显示格式）、Viewing Colour Space（显示色彩空间）、Resolution（分辨率高低）、Mask（遮幅）、Guide（遮幅线框）、Truelight（是否加载 LUT）、Counters（显示时间码等元数据信息）、Burnin（显示水印）、Rendering（设置 Cursor 的显示内容）、View Channel（显示通道内容）、Layer Number（设置所选层序号）、Overlays（是否显示 Mask 遮罩线框）、Strip Auto Select（自动跟随 Cursor 选取条带）。Cursor 中的 View Format，Mask，Guide 和 Burnin 都和 Format（格式）有关，我们会在下面的章节中详细讲解。

3.7 Format格式编辑器

随着素材的导入，下面介绍一下 Baselight 的 Format（格式编辑器），在本书中我们主要介绍 Baselight4.4m1 版本的 Format，在视频教程中讲解 Baselight5.0 的 Format。

Baselight 的 Format（格式）定义的内容不仅包括对不同宽高比分辨率素材的匹配也涉及与该分辨率相关的遮幅和水印，这些都在 Format 中设置。由于 Baselight 源自于数字中间片的时代，胶片的种类很多，有的胶片还带有声轨，Format Editor 可以让用户方便的对不同胶片扫描素材的有效画面部分进行宽高比匹配，通过进行数值的缩进或者偏移对有效画面进行选取，Format 提供了全面灵活的格式管理方式。

Format 常用的功能主要分为二部分，第一部分是对各种不同分辨率格式的管理，第二部分是设置不同分辨率的遮幅、匹配和水印，以及像素比的设置，如图 3-32 所示。

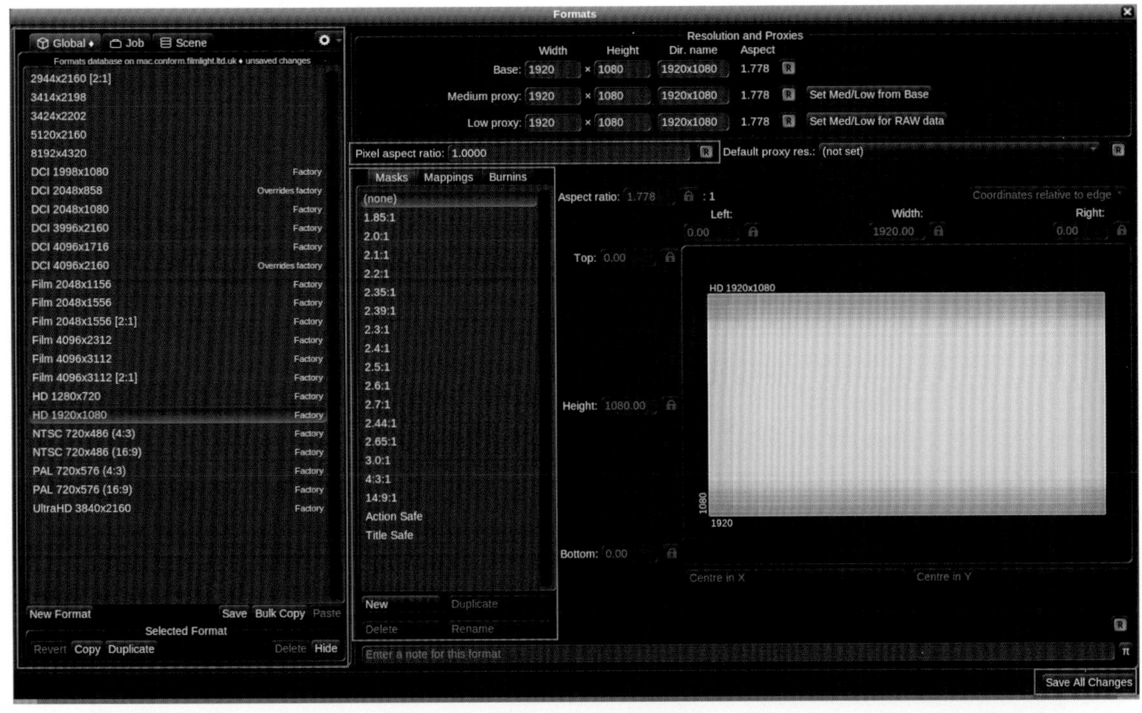

图 3-32　Format 设置

3.7.1　不同级别格式的设置

Baselight 的 Format（格式）分为四类，即 Global（全局），Job（项目），Scene（场景）格式和 Factory（出厂预设格式）。由于现在数字摄影机的种类繁多，输出物料也多种多样，会出现不同的项目使用不同的格式定义和格式匹配，如图 3-33 所示。

Baselight 系统对格式的优先识别顺序是 Scene > Job > Global > Factory。如果一个场景中使用的格式同时定义为 Scene Format 又被定义为 Job Format，系统会优先使用 Scene Format 识别素材格式并作为 Layer0 中的 Input Format，同理如果既有 Job Format，又有 Global Format，系统优先识别 Job Format。如果只有 Global Format，系统统一按照 Global Format 识别素材。

一般来说，不同的 Job 会用到不同的 Job Format，其他基本上使用的都是 Global Format，因为多数情况下 Global Format 就能满足制作要求，毕竟用户不想为一个场景设置了 Scene Format，新建另一个场景的时候再重新设置一遍。

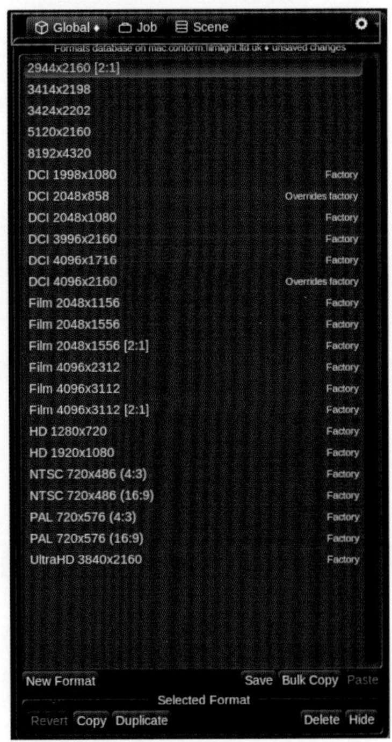

图 3-33　Format 设置

★实操演示：

本节内容的具体操作请参看随书教学录像。

3.7.2 遮幅

Masks 定义的是画面的遮幅，可以通过在 Masks 下面的 New 按钮新建或者修改已有遮幅，如图 3-34 所示。

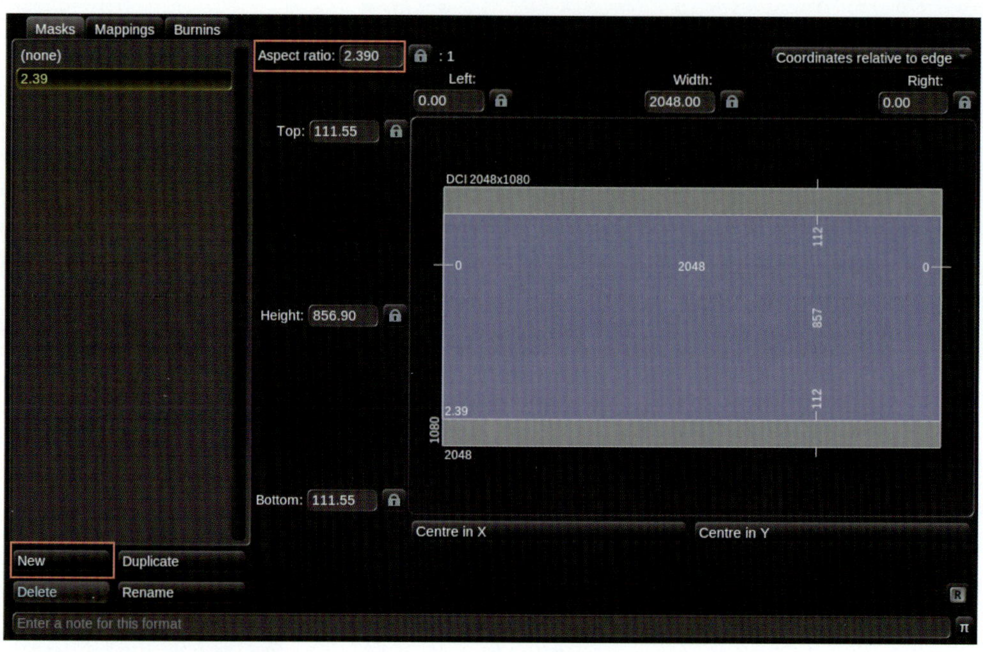

图 3-34　Mask 遮幅设置

当新建 Masks 的时候，一定要将新定义的遮幅比例输入 Aspect Ratio 之中，系统才能建立相应的遮幅。当然，遮幅也可以修改、复制、删除和重命名。当 Masks 被定义后，我们就可以在 Cursor 时间线播放头中选取不同的遮幅。不同的格式 Format 有与之相对应的遮幅设置。

★实操演示：

本节内容的具体操作请参看随书教学录像。

3.7.3 格式匹配

Mappings 定义的是不同宽高比即不同分辨率素材的相互匹配关系，这实际是 Format 最主要的功能，本例中我们针对 DCI 2048×858 设置对应 HD1920×1080 的 Mapping（匹配），用户可以单击 Inside 或者是 Outside 设置不同的匹配方式，在右侧也可以看到相应的图形预览。不同宽高比素材的定义是双向的，只需单向定义即自动完成反向定义。当不同的宽高比素材定义之后，用户就可以在 Cursor 播放头设置中选择不同的 Viewing Format（显示格式），在渲染输出设置中选择不同的 Rendering Format（渲染输出格式），如图 3-35 所示。

图 3-35　素材格式匹配

之前提到 Format（格式）可以定义为不同的级别，也就是说，用户可以针对不同的 Job（项目）或者 Scene（场景）定义相同宽高比素材的不同匹配形式，比如说在 Job1 里将 DCI 2048×858 → HD1920×1080 定义为 Inside，在 Job2 里定义为 Outside。

基本上，对于现代数字摄影机，Inside 或者 Outside 就可以满足不同宽高比素材的匹配设置，但是基于以往在电影工业的丰富经验和理解，Baselight 提供更加灵活强大的匹配方式，可以针对素材本身的各种 Mask（遮幅）和画面的有效部分（排除声轨部分）进行匹配，用户可以根据实际情况设置使用，如图 3-36 所示。

图 3-36　素材格式匹配

★实操演示：

本节内容的具体操作请参看随书教学录像。

3.7.4 水印

Burnin 定义的是将要烧录在画面上的文字或者图片，如卷号、时间码或者 Logo，在 Format 中设置水印需要同时打开 Cursor 时间线播放头中的 Burnin 显示，这样可以直观地看到水印对应的变化。水印可以设置不同的种类，不同的种类下又有不同的内容，用户可以交互的设置水印的内容和位置。Burnin 设置完成后，用户就可以在 Cursor 时间线播放头中显示水印或者在渲染中设置输出水印，不同的 Format（格式）有与之相对应的水印设置。用户可以根据 HD 1920×1080 的系统预设水印“Data Dailies”，“Film Dailies”学习设置自己所需要的水印，如图 3-37 所示。

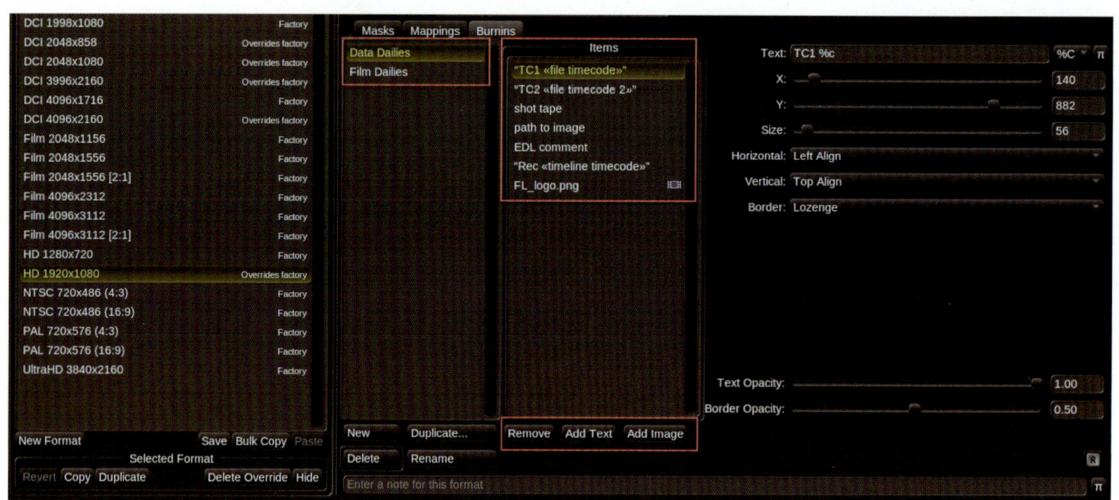

图 3-37 素材水印设置

另外一种设置水印的方法是在 Cursor 中设置，在相关的视频教程中会有详细讲解。

★实操演示：

本节内容的具体操作请参看随书教学录像。

3.7.5 像素比

像素比目前只是针对变形镜头拍摄的素材，比如某些 ARRI 摄影机的 RAW 文件，在定义 Format 的时候就需要将 Pixel Aspect Ratio 值设置为 2，如图 3-38 所示。

对于没有定义过 Format 的新素材，Baselight 系统会识别为 Basic Format（基础格式），所有在 Input Format 中显示为带括号的格式都属于 Basic Format，即在 Format 列表中没有的格式，新格式的素材尽量提前进行定义，便于之后的使用。Format 的名称一定要统一，避免相同的宽高比分辨率却使用不同的名称。修改之后的 Format 一定要选择右下角的 Save All Changes 按钮，必要的时候需要退出重启 Baselight 软件以确保 Format 的设置生效。

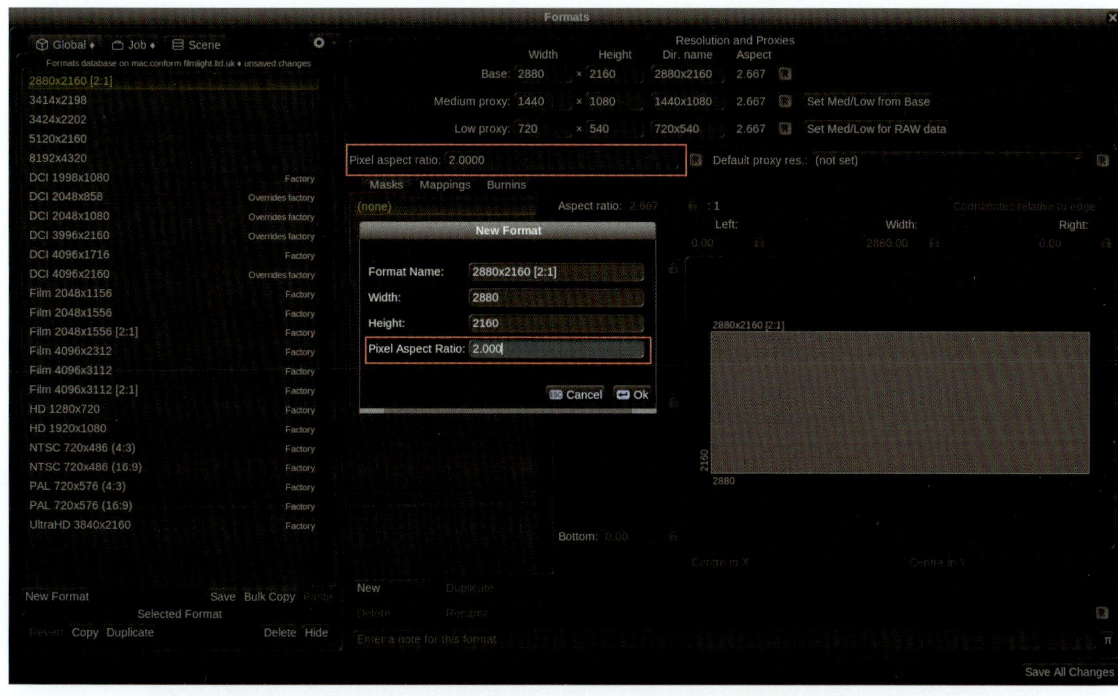

图 3-38　素材像素比

不同 Format 之间的映射（Mappings）是重要的设置，如果 Mappings 没有提前设置正确，用于套底的 XML 或 AAF 中包含画面位移缩放效果无法正确还原到 Baselight 时间线。比如说，套底原素材是 2880×1620 分辨率的画面且没有定义过，而 Baselight 工程的工作分辨率（Working Format）和显示分辨率（Viewing Format）是 2048×858，那么就需要在套底之前对 2880×1620 进行定义，并正确映射到 2048×858，不过，最新的 Baselight5.0 已经更新了这个功能，在不用定义的前提下也可以将 XML/AAF 表中的位移动画信息导入 Baselight 时间线上，建议读者测试使用。

Format 的功能十分强大，2016 年《我不是潘金莲》的调色师在充分理解 Baselight 功能的基础之上利用 Format 的 Burnin 制作了影片最具特点的圆形和方形遮幅，这也是 Burnin 使用的一个创新。

细心的读者会发现，虽然之前已经定义了一个格式，比如最常用的 HD 1920×1080，当再导入一个高清的素材，在 Input Format 列表中还是会有（1920×1080）和（1920×1080）[2:1] 的选项，之前已经定义为 Global Format 为什么还会出现带括号的未定义项？实际上 Baselight 的用意是让用户可以在这里对这个分辨率的素材格式进行再定义，定义为其他级别的 Format，如 Job 或者 Scene，如图 3-39 所示。

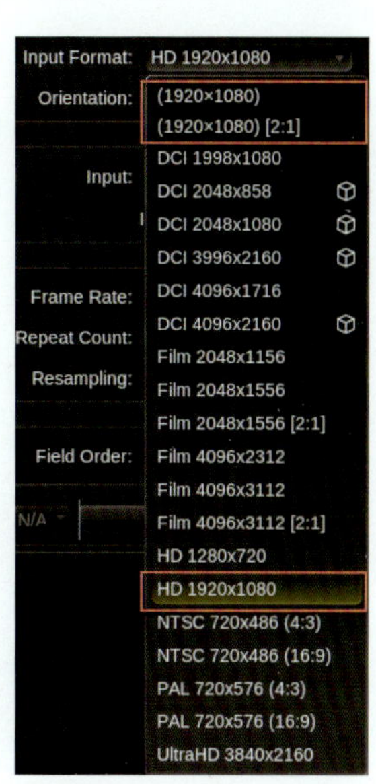

图 3-39　素材格式定义

★实操演示：

本节内容的具体操作请参看随书教学录像。

3.8 Scene settings（场景设置）

Scene settings 是 Baselight 场景的总体设置，决定了这个场景的缓存、色彩管理流程、音频、相对路径、立体等设置，是一个非常重要的设置，场景设置如图 3-40 所示。

Scene settings 由八个卷标组成，我们只介绍前五个。

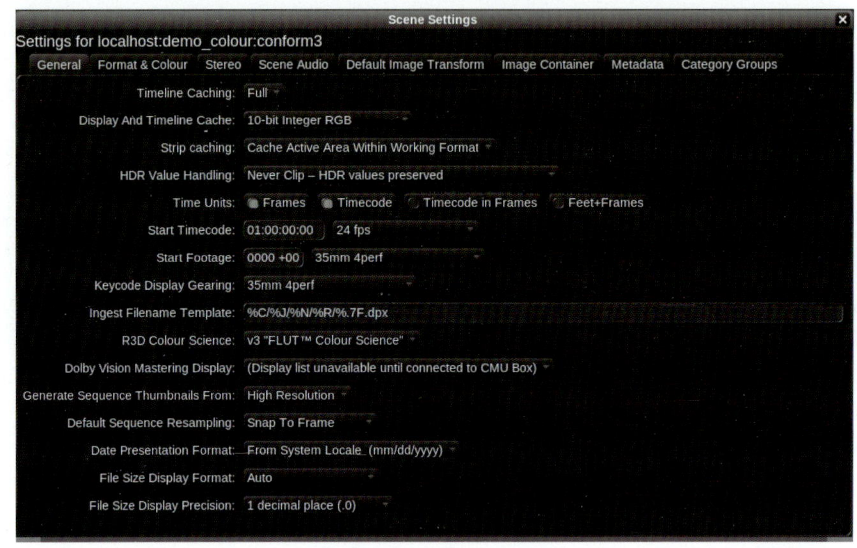

图 3-40 场景设置

3.8.1 General（通用设置）

1. Timeline Caching（时间线缓存）

Baselight 系统为了加速显示和播放速度，默认将缓存打开，进行 Full（全）缓存，将画面实时转码成存储在 Baselight 系统中的优化序列帧，缓存的生成不会影响用户的操作，只在用户不操作的时候自动进行，用户可以中断缓存的进行，如图 3-41 所示。

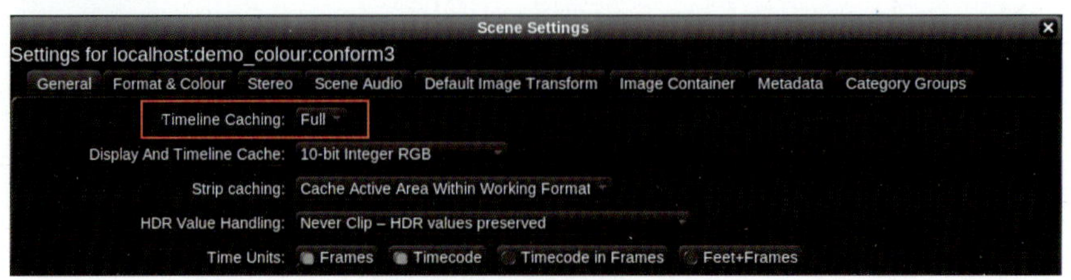

图 3-41 Full 缓存设置

时间线缓存文件的大小和缓存速度由 Cursor 设置中的 Viewing Format 决定，也由第二项的 Display and Timeline Cache（显示和时间线缓存）的文件类型决定，改变 Cursor 的 Viewing Colour Space 也会生成不同的缓存文件，默认的文件类型为 10-bit Integer RGB，满足基本的显示需要，当然也可以根据情况选用高色深的文件类型，比如制作杜比视界节目时要使用 16-bit Floating-Point RGB。

也可以为了加快缓存速度设置低色深、低采样的文件，比如 10-bit Integer 4:2:2 Y'CbCr，由于 Baselight 系统使用足够高的色深进行运算，因此设置低质量的用于显示的缓存文件不会影响操作的质量（如抠像的质量）。由于 Viewing Format 的大小将决定缓存文件的大小和速度，用户可根据这一特点设置经济的 Viewing Format。用户也可以关闭缓存（Disabled）或者只使用条带缓存即 Cache Strips Only。

在打开 Full 缓存的情况下，用户还可以对时间线上的条带应用 Strip Cache（条带缓存），这种方式适合耗时的运算操作，比如 Temporal Degrain（时域降噪），当使用条带缓存之后，系统会将降噪结果缓存为以 Working Format（工作分辨率）分辨率为大小的 16-bit Floating-Point RGB 的序列帧，之后再进行的其他操作直接基于这个缓存计算，不再花费时间对 Temporal Degrain 进行计算。这种缓存需要单击 Layer0 右上角的 C 按钮，此时 C 按钮变为绿色，激活 Strip Cache，同时时间线的条带右侧也会出现 C 的标志，如图 3-42 所示。

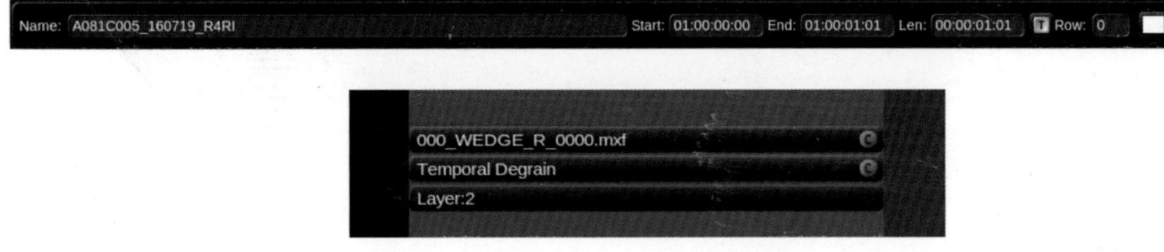

图 3-42　条带缓存设置

如果素材没有存放在 Baselight 的本地存储，比如放置在 SAN 上，用户也可以激活素材的 Strip Cache，系统会自动将缓存生成并存放在 Baselight 本地存储，之后的调色或者其他操作都是基于本地的缓存文件，不用再访问 SAN。所以 Strip Cache 也称为 Input Cache（输入缓存），以 Working Format（工作分辨率）分辨率为大小，以 16-bit Floating Point RGB 为色深生成缓存文件。

由于 Strip Cache 以 Working Format（工作分辨率）分辨率为大小，如果原始素材的实际分辨率小于 Working Format 分辨率，以前的 Baselight 版本会将差额部分用黑色补全再按照 Working Format 分辨率进行 Strip Cache，但是这样的处理会对某些调色操作带来不利的影响，因此，Baselight5.0 在 Scene settings 的 Cache 设置中增加了 Strip caching 的选项，默认的设置是只对有效画面部分进行缓存，如图 3-43 所示。

对于需要 CPU 解码操作的视频文件，比如 RED 的 R3D 文件，素材导入时间线上就打开条带缓存，同时使用 Full Cache，系统进行解码操作，然后将结果以缓存的方式存在本地，这样之后的调色就以条带缓存为基础计算，不再进行费时的解码操作，也可以提高缓存速度。用户可以通过系统预设（Preferences）指定某些素材一旦导入时间线就进行自动的条带缓存，如图 3-44 所示。

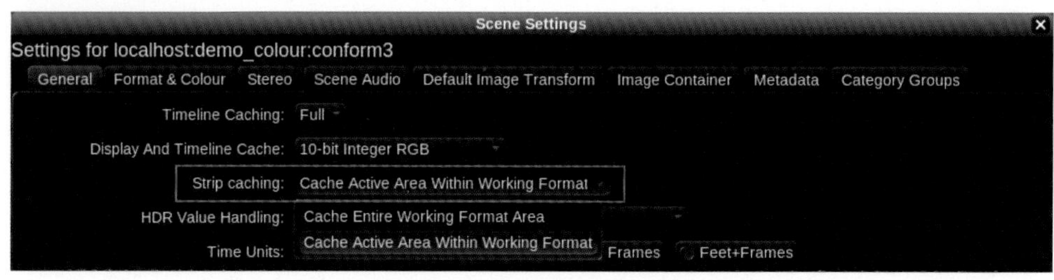

图 3-43　条带缓存设置

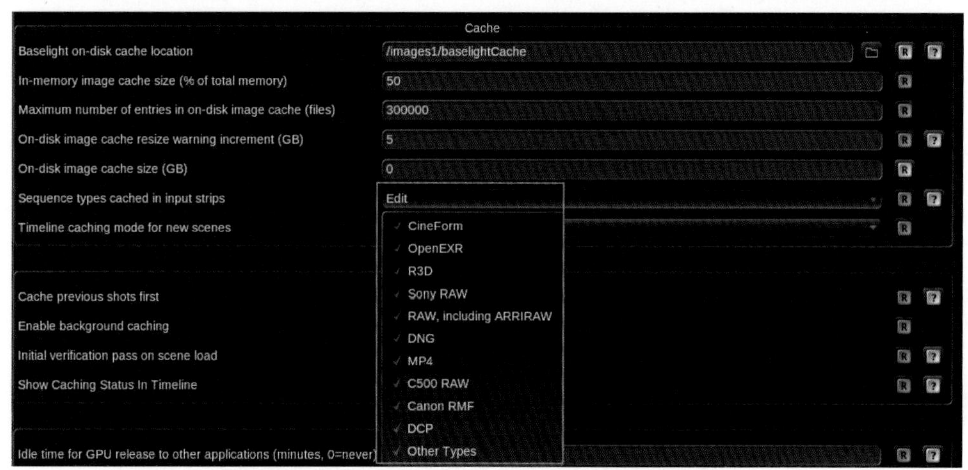

图 3-44　条带缓存系统预设

Full（全）缓存会在时间线上面对应素材长度产生一个绿色的条，Strip Cache 则会产生一个蓝色的条。当素材的分辨率与 Viewing Format 一致时，将产生一个粉色的条，代表没有缓存直接播放，如图 3-45 所示。

图 3-45　不同的缓存类型

Baselight Preference（系统预设）中的 System 卷标也有针对缓存的一些设置，即 Cache 和 Background Caching。在 Cache 项下，用户可以设置缓存文件的位置，缓存文件数量，缓存文件大小，自动进行 Strip Cache 的数据文件类型，默认的缓存类型，以及缓存空间超出预设警告等设置。Background Caching 项下，用户可以打开后台缓存，在时间线上显示缓存状态，向前缓存等设置，如图 3-46 所示。

当一次性导入时间线上的素材所产生的缓存将大于系统预设缓存文件数量或者大小的时候，Baselight 会提示增加缓存，用户可以选择增加或者保持预设大小。新的缓存文件会覆盖原来的缓存，如图 3-47 所示。

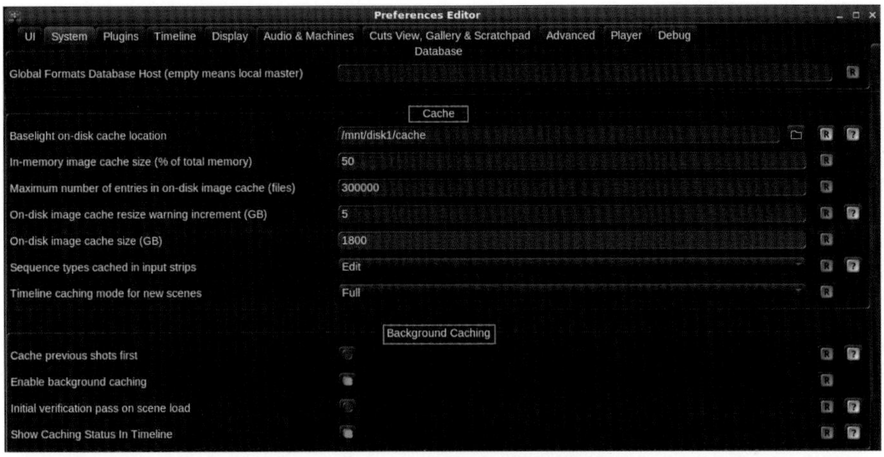

图 3-46　系统预算缓存设置

图 3-47　提高缓存的提示

系统会自动清除原来的缓存文件，用户也可以手动清理缓存，在命令行输入 bl-reset-cache 清理当前全部缓存文件。

在渲染设置中，有一个 Disable Cache（禁用缓存）按钮，为了加速渲染，默认设置是“使用缓存”，如果渲染文件的色深超过 10bit 或者其他由用户指定的缓存质量和分辨率，系统将自动禁用缓存，以最高质量重新生成高色深的文件。

菜单 Scene>Prepare for Review 可以为当前时间线生成预览缓存，方便实时播放，这个速度要比在渲染设置中渲染到缓存快，它会检查缓存并将遗失的部分缓存，但是此操作不能保证完全正确，最好的办法还是使用渲染到缓存，如图 3-48 所示。

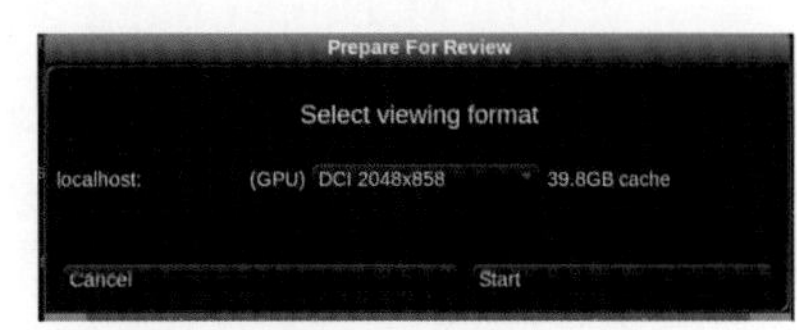

图 3-48　预览设置

菜单 Cursor>Cache All Cursors 可以为当前所有的 Cursor 进行缓存，用于实时播放，如图 3-49 所示。

图 3-49　渲染缓存设置

★实操演示：

本节内容的具体操作请参看随书教学录像。

2. HDR Value Handling（高动态数据处理方式）

Baselight GPU 可以处理高动态的浮点运算，Baselight 的老版本会对扩展的部分进行剪切。默认的设置是不剪切，保留全部扩展的数据范围。

3. Time Units（时间单位）

用来设置时间线上端的计量单位。默认是同时显示帧数和时间码。

4. Start Timecode（起始时间码）

设置时间线的起始时间码，比如将起始时间码设置为小于一小时的时间，与 Leader 片长度一致，让正片画面从一小时开始。用户也可以设置不同的时间码进位。如果导入素材和当前设置的时间码进位不一致，系统会提示用户是否修改当前设置，如图 3-50 所示。

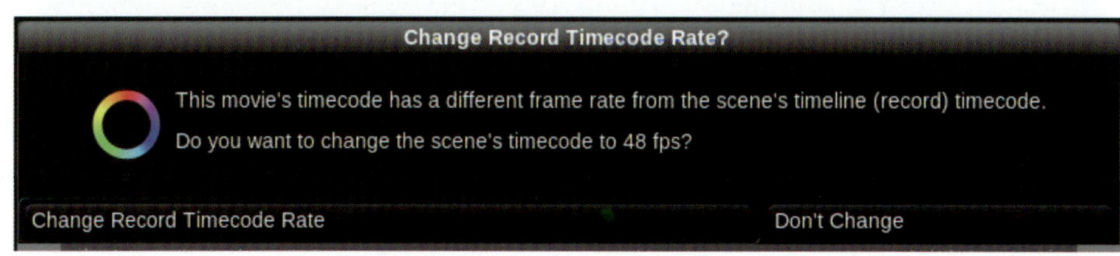

图 3-50　场景时间码设置

5. Start Footage（起始胶片计量）

设置扫描胶片起始计量单位，比如几尺加几格。

6. Ingest Filename Template（采集文件名模版）

设置使用 Machine Control 的时候，文件采集的路径和文件名称。

7. R3D Colour Science（R3D色彩科学）

设置使用何种版本的 R3D 色彩科学。

8. Dolby Vision Mastering Display（杜比视界母版显示设备）

连接了杜比的 CMU，用户可以在这个列表中选取设备作为母版制作的监视设备。

9. Generate Sequence Thumbnails From（生成缩率图）

设置是否使用中低质量的代理作为生成缩率图的源，默认为高质量。

10. Use Kompressor（是否使用Kompressor）

默认为禁用。

11. Default Sequence Resampling（默认序列取样方式）

设置场景默认的变速算法。

3.8.2 Format & Colour（格式与色彩管理）

Format & Colour 主要用于设置场景的色彩管理及调色流程，在开始调色之前就要确定这里面的设置，调色之后修改设置会改变调好的画面效果，如图 3-51 所示。具体内容将在 Baselight 色彩管理一章中详细讲解。这里只说明几个概念（这里以 4.4m1 版本为准，5.0 的设置与 4.4m1 略有不同）。

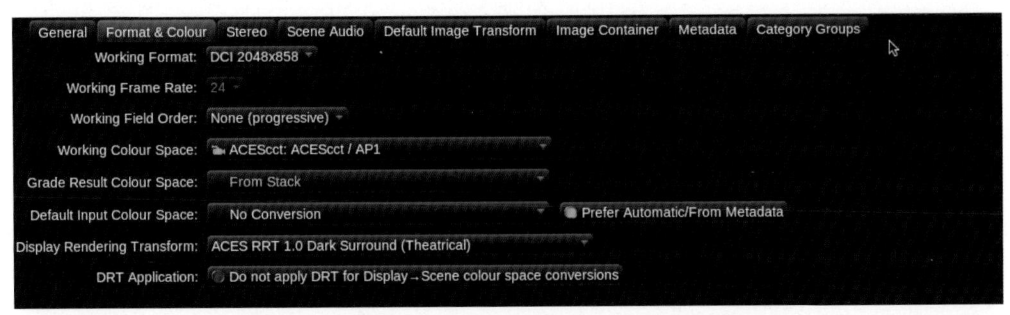

图 3-51　场景色彩管理流程设置（4.4m1 版本）

（1）Working Colour Space：即工作色彩空间，通常使用 Scene-referred 的高动态宽色域的大色彩空间，即记录现场光照强度、光子能量的色彩空间，它决定用户可以操控的色彩信息和动态范围。通常在调色之前对 Working Colour Space 的改变不会使图像产生任何变化，它主要影响的是调色工具带来的图像反应，如果已经调色完成就不要改变此设置。

（2）Grade Result Colour Space：直译为调色结果色彩空间，默认为 From Stack，即来自于时间线的调色层堆栈。在 Layer0 中可以看到，默认下素材的 Stack 调色层堆栈引用的是 Working Colour Space 工作色彩空间，那么 Grade Result Colour Space 引用的就是 Working Colour Space，Baselight 然后使用 DRT 将 Working Colour Space 正确的转换到 Viewing Colour Space（Cursor 的显示色彩空间，通常为某一个 Display-referred Colour Space），这种方式针对的是 ACES 或 FilmLight 工作流程。

然而在某些情况下，用户不希望使用 DRT 进行转换而希望自己手动的使用调色的方法在时间线上将 Stack 调色层堆栈的结果直接转换到某个 Viewing Colour Space，对于这种流程，Grade Result Colour Space 用来告诉 Baselight，用户想将场景的调色层堆栈在不使用 DRT 的前提下通过调色师的调色操作转换到某一个 Viewing Colour Space，此时，用户需要手动将 Grade Result Colour Space 指定为某一个 Viewing Colour Space，即 Display-referred Colour Space。这样 Baselight 就可以正确地将高动态色彩空间转换到低动态色彩空间，这种方式主要针对 Telecine 的工作流程。

（1）Default Input Colour Space：默认的输入色彩空间设置，系统预设为自动根据素材文件元数据识别，用户也可以在这里选取某一个色彩空间作为所有素材的输入色彩空间。

（2）Display Rendering Transform：显示渲染转换选项，用户可以选取不同的从高动态的工作色彩空间向低动态的显示色彩空转换的变换方法。

（3）DRT Application：默认设置为使用 DRT，将与显示相关的色彩空间即 Display-referred Colour Space 转换为与场景相关的色彩空间 Scene-referred Colour Space，也就是使用

反转 DRT，请注意在界面中 Display 和 Scene 之间是一个向右的小箭头。

Baselight 5.0 版本对 Format & Colour 的设置进行了一些调整，增加了 Scene Format Update 一项，用户可以选择让 Scene Format 自动跟随 Job/Global Format 的改变而更新。同时，将 Colour 的高级选项进行了分类，我们在色彩管理章节会有具体讲解，如图 3-52 所示。

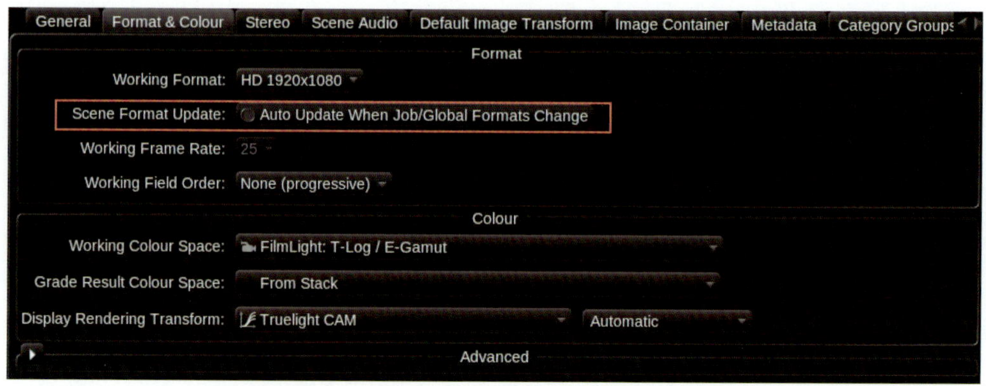

图 3-52　场景色彩管理流程设置（5.0 版本）

3.8.3　Stereo（立体）

Baselight 提供了完整的立体解决方案，用户可以在这里打开场景的立体设置，默认的 Stereoscopic 是关闭的（除非 bl-setups 设置为立体模式），用户可以设置左眼在上或者右眼在上（双眼并行）或者单独的堆栈立体（双眼合并），也可以设置出屏和入屏的安全区、时间线的排列方式等，如图 3-53 所示。之后的章节会对立体功能进行具体讲解。

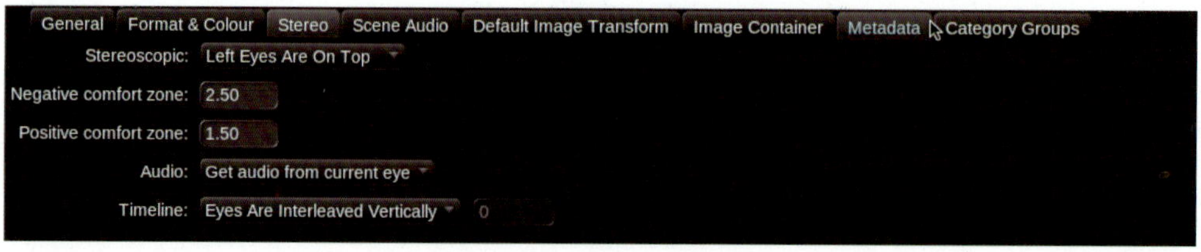

图 3-53　场景立体设置

3.8.4　Scene Audio（场景音频）

用户可以在这里设置场景音频，可以选择包含音频的视频文件作为声音播放源，也可选择立体声，5.1 和多达 16 轨的独立 WAV 文件。同时还可以设置音频的偏移量，不同速率的变换方式，增益值以及自定义音频通道输出。在 Layer0 的介绍中，提到素材本身所包含的音频。要注意，如果 Scene settings 中设置了场景音频，场景音频会覆盖（关闭）单个素材本身的音频。之后的章节会对音频的设置与使用进行具体讲解，如图 3-54 所示。

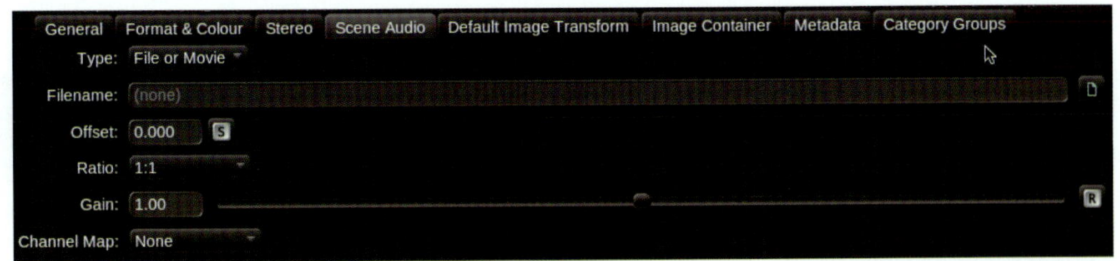

图 3-54　场景音频设置

3.8.5　Default Image Transform（默认图像变换设置）

Default Image Transform 设置了场景的图像位移缩放的变换算法，默认的算法是 Adaptive，改变这里的设置将改变整个场景所有素材的图像变换算法。之前的章节有所提及，用户可以在 Layer0 中对某些素材手动设置不同的算法，如图 3-55 所示。

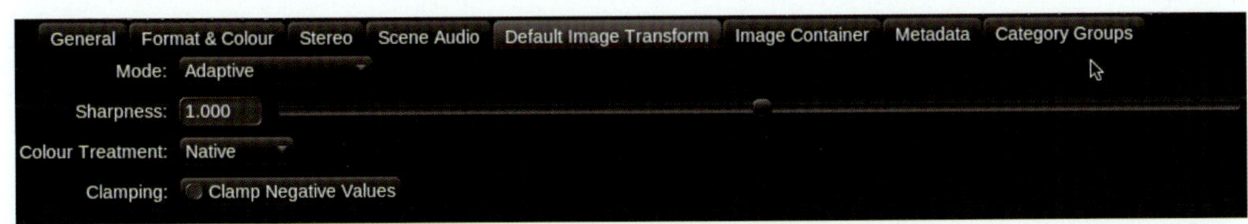

图 3-55　场景图像变换算法设置

3.8.6　Image Container（文件容器）

图像容器定义的是当前场景所用素材的存储相对路径，如图 3-56 所示。

图 3-56　场景图像容器设置

如果用户从当前系统设定的 Container 之外的存储导入素材，系统会提示用户是否改变当前场景的文件容器，如图 3-57 所示。

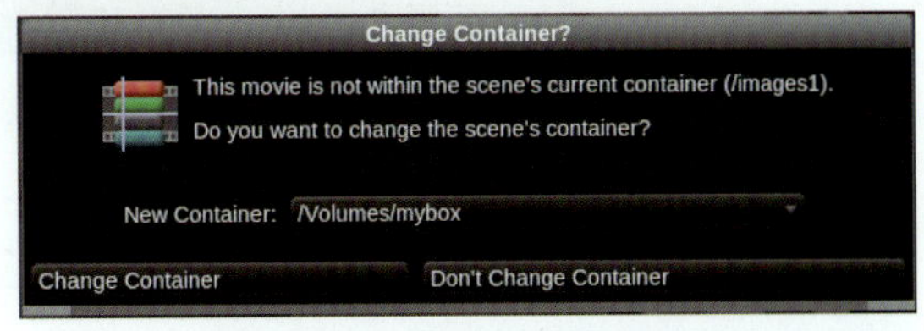

图 3-57　场景图像容器改变

通常情况下，用户都应该改变容器以确保素材引用的是相对路径。相对路径的前两个字符为“%C”，“%C”代表的就是 Container，也就是最上一级的路径。使用相对路径的好处是假设工程已经在甲地套底完成并进行预调色，如果将项目整体从甲地迁移到乙地，当乙地将所有素材拷入当地存储之后，用户只需要设置在乙地的 Container 指向路径，将其指向乙地存储的上级路径，素材即可重新链接，在乙地可以继续调色的工作。如果使用绝对路径，用户只能手动修改每一个镜头的路径，花费大量的时间。

相对路径的路径指向，如图 3-58 所示。

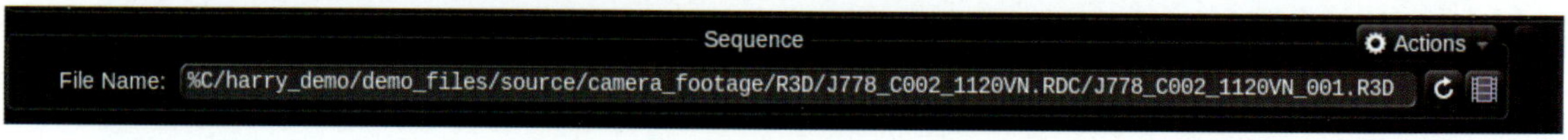

图 3-58　相对路径文件指向

绝对路径的路径指向，如图 3-59 所示。

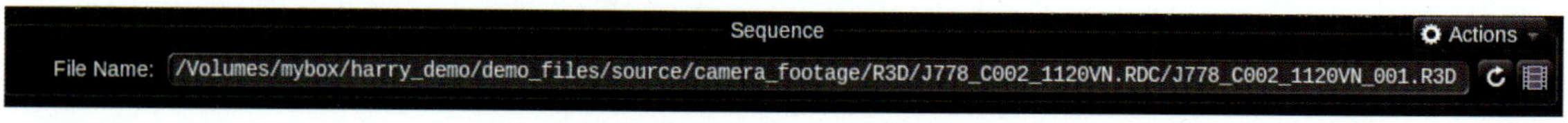

图 3-59　绝对路径文件指向

★实操演示：

本节内容的具体操作请参看随书教学录像。

3.9 Undo History回退历史

默认情况下，Baselight 可以进行无限次的 Undo，直到回复到最原始的状态。即便存盘之后再打开场景，也可以进行 Undo，这一点和大多数软件是不一样的。另外，如果软件意外退出，再次启动软件的时候，系统也会提示用户有未保存的操作，可以恢复到最近的操作步骤。当然，过多的操作历史保留会加大数据库的内容，建议定期进行 Undo 历史的清理，精减数据库大小，使用菜单 Scene/Clear Undo History 命令可以清除历史并保存场景，如图 3-60 所示。

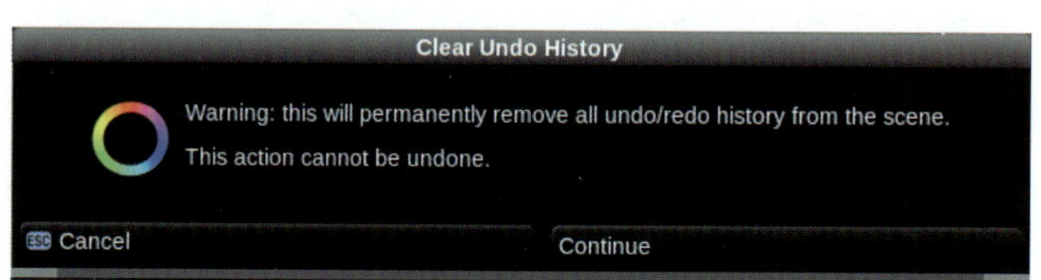

图 3-60　清除历史并保存场景

3.10 本章小结

本章讲解了 Baselight 最基本的设置和操作，在 Baselight 使用要首先通过 bl-setup 对视频和音频进行设置，这是调色工作的前提。还讲解了项目管理器的使用以及 Baselight 用户界面的内容，并通过手动导入素材学习 Layer0 的概念和时间线播放头的使用，另外也介绍了 Baselight 独有的 Format 编辑器的应用和场景设置的各个细节，大家可以结合视频教程掌握本章知识点，为之后的学习打下基础。

第4章

套底及数据管理

本章导读

本章主要讲解Baselight套底的过程，时间线的剪辑修改以及与数据管理相关的工具使用，套底及数据管理涉及调色工作的准备和物料提交，需要和剪辑部门，视效部门、输入/输出部门配合，是一项需要耐心和技巧的工作，也是成为调色助理、调色师必须要经过的过程。

学习要点

◇ EDL/XML套底
◇ 剪辑修改与叠化
◇ Mark和Category的使用
◇ 比较场景
◇ 打组操作
◇ 合并整理素材
◇ 时间线整理
◇ 时间线对齐
◇ 素材管理器

4.1 EDL/XML/AAF套底

相对于 EDL 套底，XML 提供了更多的属性和功能，本书中只介绍 XML 的套底。Baselight 的套底工具可以通过菜单 Scene 下的或者 Views 下的 EDL Import（适用 EDL，XML 和 AAF）打开。套底界面的设置如图 4-1 所示。

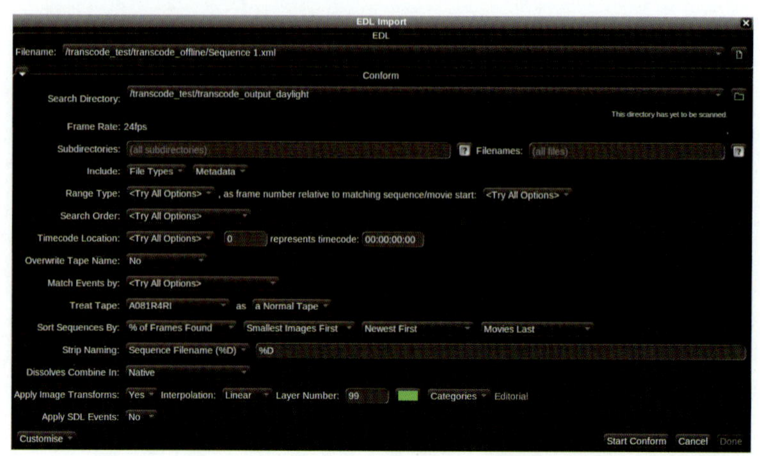

图 4-1　套底界面的设置

由于现代数字摄影机的拍摄及 DIT 的管理越来越规范，套底的过程基本上不需要人为设置，Baselight 可以自动采取不同的选项组合计算出正确率最高的结果。下面只介绍几个常用的套底设置并辅之以视频教程：

（1）Filename：指定 EDL/XML/AAF 文件。

（2）Search Directory：指定素材的检索路径。

（3）Subdirectories：将素材检索限制在和这里提供的模版相匹配的路径里，用于加速套底。

（4）Filenames：可以设置通配符限定只检索符合条件的素材。

（5）Include：设置可接受的素材文件类型，可以将相同卷号时码的小样素材排除在外。

（6）Range Type：时间码的类型，是 Source TC 还是 Record TC。

（7）Search Order：检索的顺序，是 Frame number 优先还是 Time code 优先。

（8）Timecode Location：时码的存储位置，是在文件头中还是在序列号码中。

（9）Overwrite Tape Name with Clip name or File name：这是一个非常有用的设置，可以大幅度提高套底的准确性。通常按照卷号的长度设置位数。如果套底的正确率低，一定要尝试使用这个设置，根据情况使用 Clip name 或者 File name 替换 Tape name。

（10）Match Events By：根据列表内容缩小检索的文件量。里面有四个不同的选项，Filename、Tape Name in Path or Filename、Tape Name in Header/Metadata、Clip Name in Path or Filename。用户可以根据实际情况指定不同的选项，对于没有文件头信息的 VFX 回插镜头，就可以使用 Tape Name/Clip Name in Path or Filename。

（11）Treat Tape as：用于将 BLANK 指定为某个颜色的条带，常用于将 BLANK 指定为黑色或白色，还原剪辑中的隐黑、闪白等。

（12）Sort Sequences By：设定具有相同时码属性的素材的优先排列顺序，检索之后用户可以手动选取实际所需素材。

（13）Strip Naming：条带的命名，可通过列表选择通配符，或者组合通配符命名。

（14）Dissolve Combine In：叠化的融合模式。

（15）Apply Image Transforms：是否添加从 XML 读取的位移信息。如果添加位移信息 Baselight 将自动增加 Transform 条带在 Layer0 下，对画面进行位移。

（16）Apply SDL Events：是否施加 SDL。

如果用户了解素材的情况可以设置这些参数，会加快套底的速度和准确性，如果不确定也可以直接让系统 <Try All Options>。如果项目数据管理规范，套底的成功率会很高，套底失败的有可能只是片头，缺失的没有完成的特效镜头等。套底是一个需要与剪辑部门、特效部门、输入 / 输出部门相互配合的过程。

如果当前场景已经有一段素材，在同一场景继续套底会出现更多的两个选项，如图 4-2 所示。

图 4-2　套底界面

（1）Overwrite Start Timecode：是否根据新的 EDL 修改时间线起始时间码。

（2）Copy Grades：是否将当前时间线上已经完成调色的调色操作复制到新套底的时间线上。这是一个非常有用的工具，可以将旧版剪辑已经完成调色的调色操作自动复制到新版剪辑时间线上。

（3）Customize：用户可以将各种选项的组合自定义为一个专属的预设。

当设置完成就可以单击 Start Conform 进行套底，系统检索完素材之后会计算出各种选项组合后的正确率结果，如图 4-3 所示。

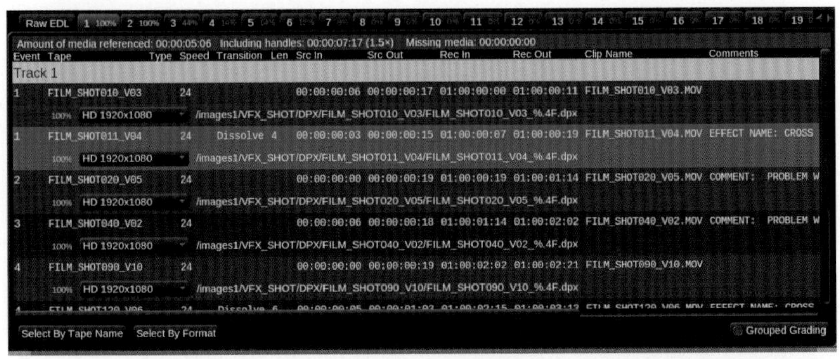

图 4-3　套底界面

最上面的百分比不是指每个镜头的正确率，而是各种组合后正确率最高的排序。这个时候还可以在这个列表中对某些镜头进行人为的指认，比如对于相同卷号时码冲突的素材，当选定这些镜头的时候，Baselight 的时间线也会跳到那个镜头并将画面显示，便于让用户选定镜头。用户可以先将剪辑小样放到时间线上，然后再进行套底操作，使用播放头（Cursor）在小样和大样之间进行切换检查当前镜头是否正确。

如果用户对套底结果不满意，也可以直接单击 Raw EDL 卷标重新设置套底，而不需要再次导入 EDL/XML/AAF 表。

用户还可以点按左下角的 Select By Tape Name 或者 Select By Format 并结合右下角的 Grouped Grading 快速对相同卷号或者格式的素材进行打组操作。

★实操演示：

本节内容的具体操作请参看随书教学录像。

4.2 剪辑修改与叠化

Baselight 提供了最基本的时间线剪辑修改工具，除了【Ctrl+K】键剪短镜头，用【Shift+K】键恢复镜头外，还提供了三种操作方式，分别是 Overlap，Ripple 和 Rolling，这个操作可以通过 Edit 菜单下的 Edit Type 打开，也可以通过单击调色台 Edit Off 键打开，还可以通过单击小键盘上的“/”和“*”键打开，如图 4-4 所示。

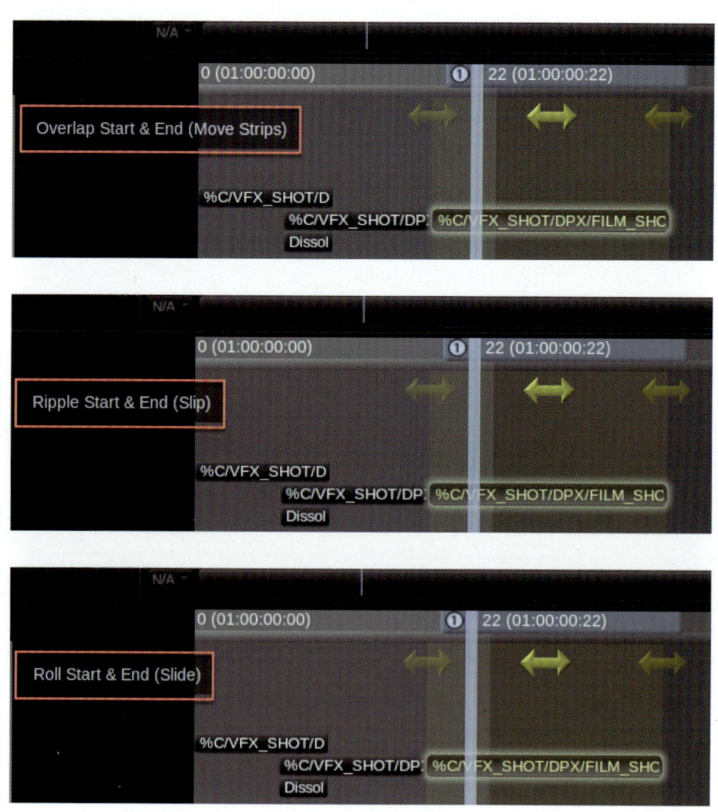

图 4-4　剪辑修改

三种模式都有相同的对头、对尾和对全局的调整，可以通过 Edit 菜单下的 Edit Mode 调用，即 Start，Start&End 和 End 三种，对应的就是图中左、中、右不同的箭头。

（1）Overlap 模式主要用于对单个及多个镜头的整体移动，或者调整单一镜头的入点和出点。

（2）Ripple 模式主要用于在不改变镜头剪辑点的情况下对镜头的内容进行偏移，常用于对照剪辑小样精细地调整大样素材的画格，即 Layer0 里的 Offset（偏移）。

（3）Roll 模式在使用时会影响到前后镜头的位置和出入点，对于 DI 的剪辑修改来说使用的情况比前两种要少。

如果想手动移动镜头的位置，先要选中镜头条带，然后按住【Alt】键加左、右箭头键进行横移，也可以按住上、下箭头键纵向移动。或者在 Overlay 模式下按住【Alt】键加左箭头或者右箭头将镜头向左向右进行逐格移动。Overlap 模式也可以通过在小键盘上输入数值的方式快速的将镜头移动到某一帧（直接输入数字）或者某一时码点（先输入 0，再输入时码），也可以通过在小键盘上先输入“+”或者“-”号，然后再输入帧数或者时码向前或者向后进行移动，如图 4-5 所示。

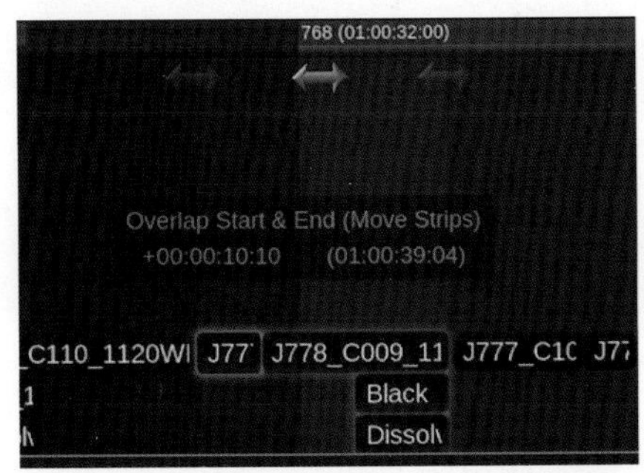

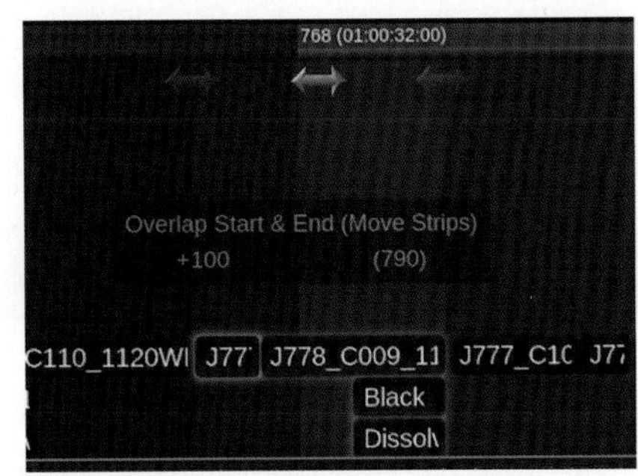

图 4-5　移动镜头位置

Ripple 模式也可以通过上述的方法对画面内容进行精确的偏移。

之前提到过，Baselight 的各项操作都是以条带（Strip）的方式罗列在时间线上，所有的操作都能在时间线上清楚地看到，包括叠化、渐隐渐显、闪白等，如图 4-6 所示。

叠化

渐隐渐显

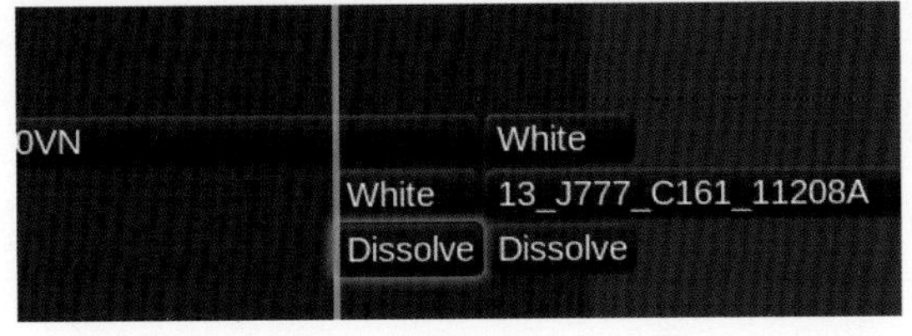

闪白

图 4-6　Baselight 的各项操作

叠化的操作调整项可以设定合成的计算方式，如 Native、Linear 和 Double Negative Print 等；Start End Alpha 用于设置叠化的图像显示顺序，有些时候可以通过对调 Start Alpha 和 End Alpha 让叠化效果正常显示，如图 4-7 所示。

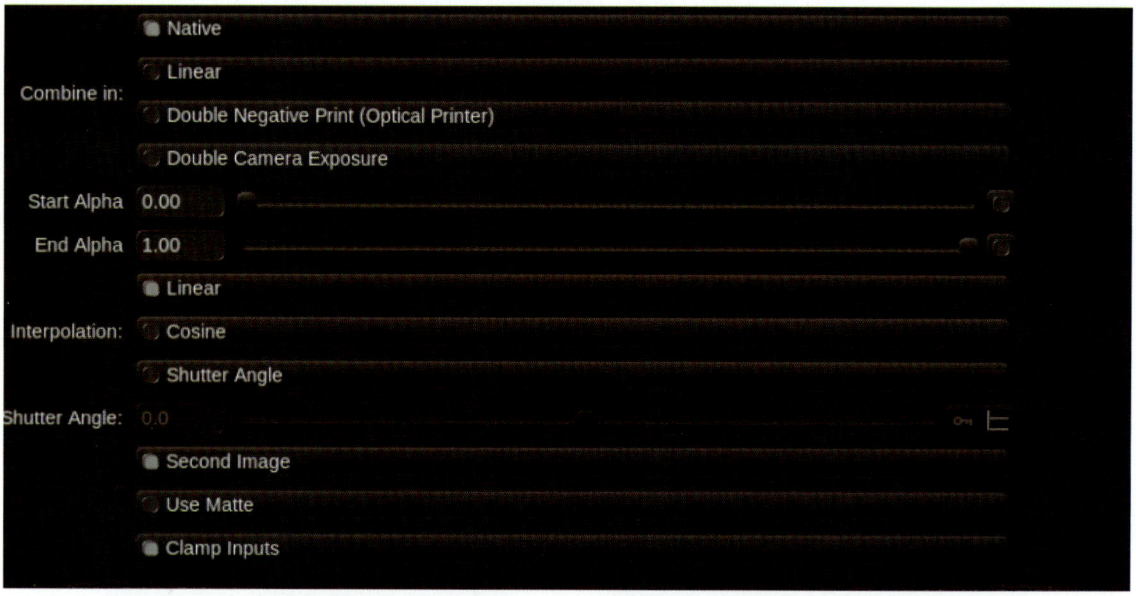

Combine in: Native
Linear
Double Negative Print (Optical Printer)
Double Camera Exposure
Start Alpha 0.00
End Alpha 1.00
Interpolation: Linear
Cosine
Shutter Angle
Shutter Angle: 0.0
Second Image
Use Matte
Clamp Inputs

图 4-7　叠化界面

★实操演示：

本节内容的具体操作请参看随书教学录像。

4.3 Mark标记和Category类别

Baselight 的标记方式分为两类，即 Mark（标记点）和 Category（类别），Mark 用来对某个时间点进行标记，Category 对条带的类别进行区分。Mark 和 Category 的添加可以通过“L/l”和“J/j”键加入，也可以在时间线上直接使用右键菜单对某个时点和镜头加标记或者类别。

4.3.1 Mark标记

Mark 的添加键和取消键都是“L/l”，Mark 分为三类即 Timeline、Shot 和 Grade。Timeline 的 Mark 是指固定于时间线某一帧的标记，不会随着镜头的位置改变而改变。Shot 和 Grade 会吸附在 Layer0 和调色层上，当用户移动镜头或者调色层时 Mark 会随之移动。Shot Mark 和 Grade Mark 同属于 Strip（条带）Mark，即从属于某个 Strip 的 Mark。

Mark 可以定义不同的种类，系统默认的 Mark 种类有 Audio Mark、Editorial Mark、Generic Mark 和 Subtitle Mark。Mark 菜单中 Default Mark Settings，如图 4-8 所示。

用户自定义 Mark 种类需要在 Preference 系统偏好中 Timeline 卷标中进行 Categories Modify 设置。打开 Modify 后，用户可以定义新的类别名称和与之相应的颜色和快捷键，定义完成之后就可以在菜单中点选不同的 Mark 类型，给时间线加 Mark，如图 4-9 所示。

用户可以设置默认的 Mark Default Note（文字提示），也可以通过 Prompt for New Note 提示用户每次输入文字提示，或者不需要文字提示。

Mark 菜单中的 Mark Display/Navigation Filtering 可用来过滤显示不同的 Mark 或者在不同 Mark 间跳转，默认设置为全部开启。

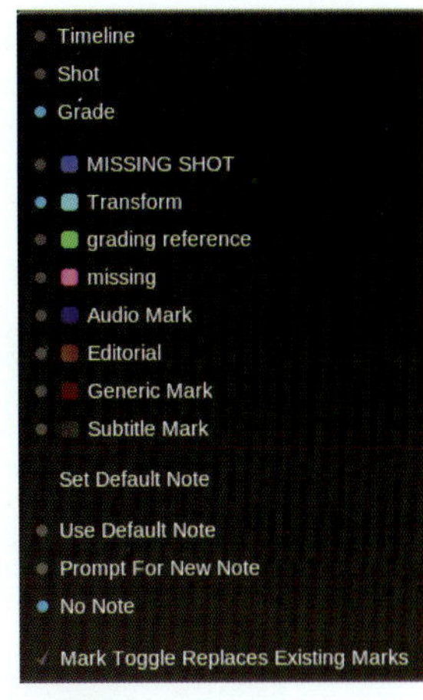

图 4-8　Mark 菜单

Categories

Don't bypass strips of category		No categories set
Don't copy strips of category		No categories set
Don't paste over strips of category		No categories set
Mark/Strip Categories	4 entries	Modify

Mark/Strip Categories

Category	Colour	Blackboard Key	
missing		None	Delete
grading reference		Keypad 2	Delete
MISSING SHOT		None	Delete
Transform		None	Delete
Add New Category			

图 4-9　Mark / Category 菜单

4.3.2　Category类别

Category 的快捷键是“J/j”，Category 的设置与 Mark 类似。Mark 菜单中 Default Strip Category Settings，如图 4-10 所示。

Category 只针对条带的操作，所以只有 Shot 和 Grade 两种。除了两项系统自带的类别：Default Strip Category 和 Editorial 外其他都需要用户自定义。Category 的自定义种类使用与 Mark 的设置相同。在 Baselight5.1 中，Category 的作用又有所增强，用户可以直接在播放头 Cursor 或者在渲染 Render 面板中对某些 Category 进行开启或者关闭，或者将指定为某类的 Category 条带锁定。请参看相关视频教程。

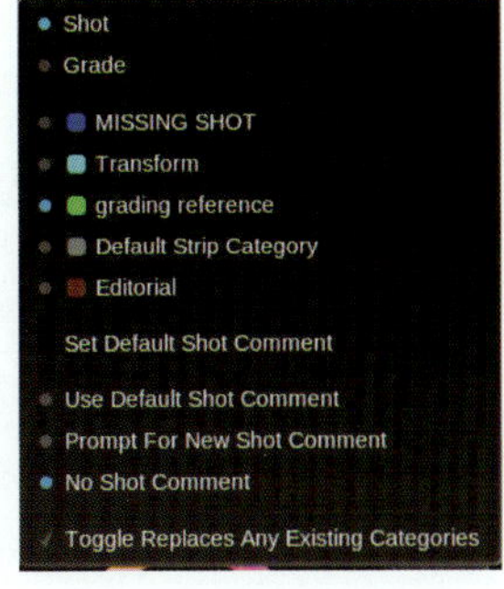

图 4-10　Category 菜单

★实操演示：

本节内容的具体操作请参看随书教学录像。

实操演示：

4.4 比较场景（Scene Compare）

Baselight 的 Scene Compare 提供了对两个场景进行比较的工具，这个工具对于比较两个类似场景的区别非常有帮助，如图 4-11 所示。

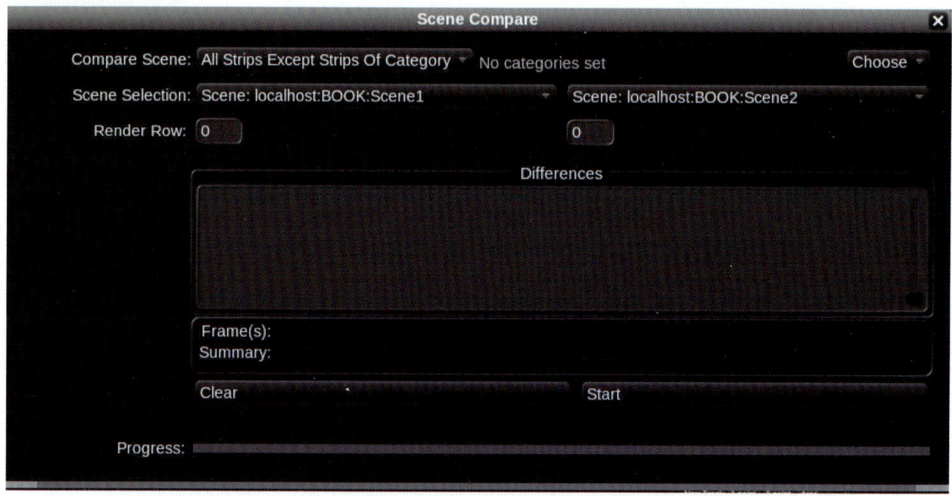

图 4-11　Scene Compare 界面

（1）Compare Scene：All Strips Except Strips of Category 指除了指定的 Category 之外比较全部的条带，即所有操作层。用户可以单击右上角的 Choose 按钮选择想排除在外的某些 Category，比如将 Transform 的操作定义为某个 Category，就可以在比较的时候将 Transform 排除外。

（2）Top Strips and Strips of Category：只比较最上层的条带和指定的 Category。即只比较 Layer0 的基本信息，不考虑调色层和某些定义为特定的 Category 操作。

（3）Scene Selection：左侧为待比较场景，右侧为目标场景，两个场景需要都打开。

（4）Render Row：选择某一行作为比较行。

比较完成后，系统会提示时间线上有哪些不同，并用不同颜色的 Mark 点标识出来。

4.5 打组操作（Group）

通常，Baselight 的打组操作主要用来修改同类素材的属性，比如 Layer0 里的属性。首先要通过 Select 菜单或者鼠标手写笔选取所需要的镜头，然后通过【Ctrl+G】快捷键或者单击调色台上的【Offset】键对这些素材进行打组，打组之后这些镜头就会在时间线上闪烁，表明在组状态，就可以对某一个镜头的 Layer0 的设置进行修改，修改完毕后所有的组内镜头就会统一发生变化。打组是统一修改某些素材属性非常有用的工具。Baselight 的打组也可以用来做调色。

Baselight 的打组也可以预先定义，即在 View 菜单下的 Groups，可以先将某些镜头定义在某一个组下，系统会自动定义快捷键，我们也可以定义完成之后随时激活（Recall to Cursor）这些定义好的组进行下一步的操作，如图 4-12 所示。

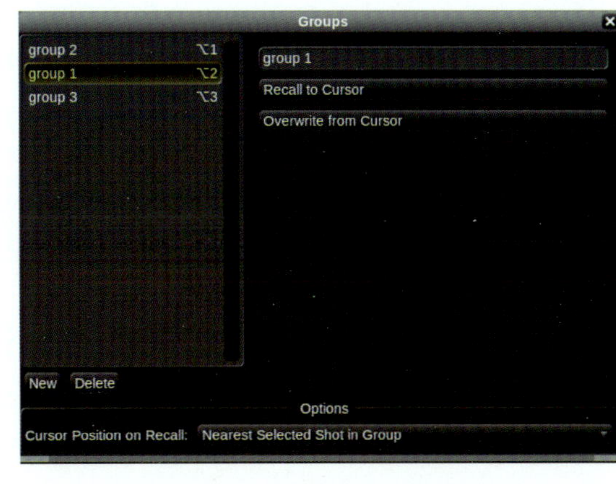

图 4-12　Groups 界面

★实操演示：

本节内容的具体操作请参看随书教学录像。

4.6 合并整理素材（Consolidate）

Baselight 的 Consolidate 提供了整理素材的工具，这个工具的主要用途有两个，一是将剪辑表中实际用到的镜头长度进行修剪并复制到新的存储位置，减少素材实际使用量，二是将调色完成的场景进行整理打包，用于备份，或者整体迁移到新的存储中，如图 4-13 所示。

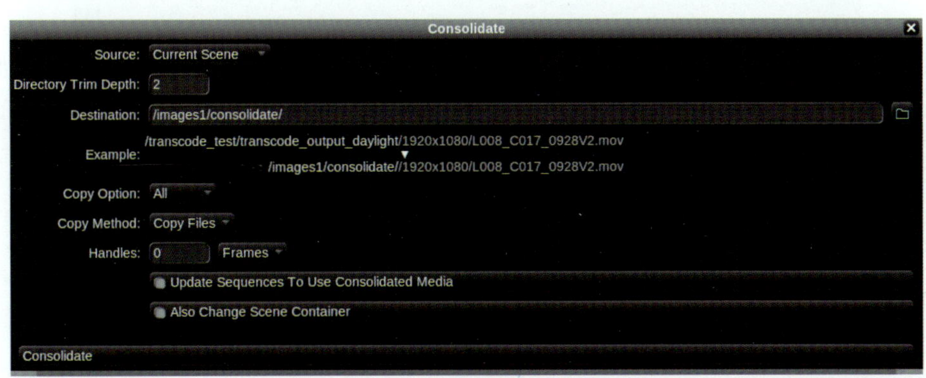

图 4-13　Consolidate 界面

（1）Source：用户可以选择当前场景和其他场景。

（2）Directory Trim Depth：设置复制目录的层级，可以通过下面的 Example 看到目录的结构。

（3）Destination：设置复制的目标目录。

（4）Copy Option：设置不同的复制类型。

（5）All：将场景中所有的文件复制至目标路径，包括新的文件并替换重名文件。

（6）Sync：在目标目录中增加新的文件，并用源中的新的文件替换目标目录中的老文件，其他文件不动。

（7）Keep：在目标目录中增加新的文件，不覆盖已经存在的文件。

（8）Resync：不增加任何新的文件，只将源中的新文件替换目标目录中的老文件。

（9）Recopy：不增加任何新的文件，将目标目录中已存在的老文件全部替换。

（10）Copy Method：设置复制文件的方式，可以整体复制素材或者是对素材进行剪切。

（11）Handle：设置复制手柄的长度。

（12）Update Sequence to use Consolidated Media：执行此操作之后，系统自动将 Layer0 的素材路径指向到 Consolidate 之后的路径。

（13）Also Change Scene Container：同时改变场景 Container 的路径。

4.7 时间线整理（*Timeline Sort*）

时间线整理（Timeline Sort）是 Baselight 里非常有用的一个工具，它主要用于对时间线素材的整理排序，去除叠化和变速，设置素材的 Handle，整理时间线给出 VFX 部门的背景素材，整理时间线给出剪辑调色后的原长度画面等。如图 4-14 所示。

图 4-14　Timeline Sort 界面

系统默认提供四个卷标，即 Tape Playout，Movie Rendering，Avid AAF Rendering 和 FCP XML Rendering，这四个是系统提供的预设，都是对时间线进行整理。实际上只使用 Movie Rendering 就可以完成其他卷标的功能。设置完毕后可以通过右侧的 Customise 保存为自定义的预设。

（1）Workflow：选取不同的预设。

（2）Sort By：设置不同的排序顺序，按照不同的元数据对镜头在时间线上的排布进行排序，常用的有 Tape Name、Filmname、Timecode、Frame Number、Timeline Position 等。

（3）Extract Metadata From：设置从哪里获取元数据信息，通常设置从时间线上的镜头获取 Each Shots Sequence Strip。

（4）Remove Shots：是否去除不是序列的条带内容，如 Blank 黑场等。

（5）Remove Strips of Category：是否去除定义为某种 Category 类别的条带，比如从 XML 读取的位移信息，可以在整理时间线的时候去除，还原原始画面，剪辑回批后不会重复对画面进行位移。

（6）Frame Rate：设置与时间线一致的帧速率。

（7）Repeated Shots：对时间码重复的镜头进行不同的处理，可以排序到时间线的最后，或者纵向罗列，可用于广告调色中对不同长度的重复镜头进行过滤，选出最长的剪辑片段进行调色。

（8）Handles：是否加镜头前后富余量，用户可以选择扩展指定的长度，根据实际情况拉出富余量（Expand By），强制扩展，无论是否有余量（Force Expand By），完全扩展，拉出全部富余量（Expand Handles Completely）。

（9）Filler：是否加在镜头前后加黑场。

（10）Colour Bars：是否加在镜头前彩条。

（11）Slate On：是否给镜头前部加打板进行文字描述，可用于给 VFX 输出素材。

（12）Arrange for 2∶3 Pulldown：如何处理 2∶3 下拉素材。

（13）Shred Composites into Sequence Shots：是否将合成镜头拆分，是否将标识为某种 Category（类别）的合成镜头拆分。这里的合成镜头通常是指用 Dissolve 或者 Layer 制作的合成，关于合成请参考相关章节的具体介绍。

（14）Mark：给原始出入点加 Mark 标记。

（15）Error Handling：是否在出错后停止时间线整理。

★实操演示：

本节内容的具体操作请参看随书教学录像。

4.8 时间线条带对齐（*Timeline Alignment*）

Timeline Alignment 主要用于整理时间线上的条带，常用的工具是 Remove Unreferenced Strips，用来移除已经被下面的条带遮挡的素材，比如对同一镜头的不同调色版本在时间线上的堆叠，可以利用这个工具将上面的没起到作用的调色版本清除，只保留最下面的版本。常用于调色完成之后在进行 Consolidate（合并整理）之前对时间线的整理和瘦身。如图 4-15 所示。

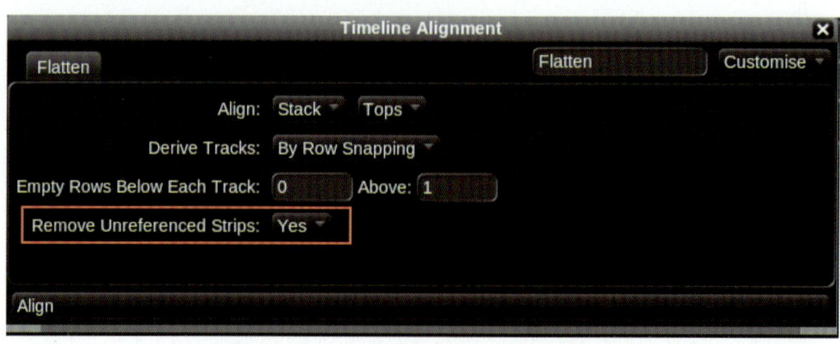

图 4-15 Timeline Alignment 界面

★实操演示：

本节内容的具体操作请参看随书教学录像。

4.9 素材管理器（*FLUX Manage-Sequence Management*）

在 Baselight5.0 中，FLUX Manage-Sequence Management 替代了 5.0 版本之前的 Flux Browser 和 Sequence Browser 工具，并将两个工具进行了整合，在保留原有的素材预览、复制的功能基础上又增加了许多其他功能，这是一个非常强大的媒资管理工具。

4.10 本章小结

本章集中介绍了 Baselight 的套底操作，套底之后对时间线的修改和叠化操作；如何在时间线上加入标记点，如何为条带进行类别分类，还介绍了场景的比较，对镜头进行打组操作以及如何精简素材的数据量。Baselight 提供了功能完备的时间线整理工具和时间线对齐工具以及强大的 FLUX 素材管理器。读者可以结合视频教程学习、掌握这些工具、完成套底和数据管理的工作，为之后的调色操作做好准备。

第5章

Baselight的色彩管理

本章导读

本章主要讲解Baselight的色彩管理系统Truelight Colour Space。在胶片时代，FilmLight公司的Truelight色彩管理系统、Baselight调色系统和Northlight胶片扫描系统构成了数字中间片的制作基础。现在，FilmLight已经将Truelight融入Baselight调色系统之中，理解和掌握Baselight色彩管理流程的核心流程对于使用Baselight调色系统至关重要。

学习要点

◇ Baselight色彩空间分类
◇ Baselight色彩流程及基本设置
◇ 不同场景模版的定义和作用
◇ 色彩空间流转图
◇ 色彩空间工具Colour Space
◇ Baselight5.0 色彩空间高级设置
◇ 手动设置RED色彩空间
◇ 如何显示原始素材
◇ 检查调色场景和输出结果
◇ 生成特效用背景素材并在Resolve中对比
◇ 如何在ACEScct下让Baselight和Resolve获得相同画面
◇ 影院版和高清版制作
◇ 关于Full/Legal的设置
◇ HDR调色流程

5.1 Baselight的色彩空间分类

在数字中间片时代的初期，FilmLight 公司自主研制开发了三个产品，分别是 Northlight 扫描仪、Baselight 调色系统和 Truelight 色彩管理系统。其中 Truelight 是业内著名的可以在数字设备上呈现胶片效果的完整色彩管理系统，Truelight 曾经获得美国电影艺术与科学学院科技奖。Truelight 确保调色师、摄影师、导演能够准确的在数字投影设备上观看胶片的最终画面效果，避免了不必要的重复工作，节省了宝贵的后期制作时间，为众多好莱坞大片的制作立下了汗马功劳。

现在 Truelight 将其丰富的色彩科学技术融入 Baselight 里的 Truelight 色彩空间管理之中（Truelight Colour Spaces），基于浮点运算的 GPU 功能令色彩空间的转化可以高速准确的在高动态范围内实现。

在 Baselight 中，色彩管理分为两大类：Scene-referred 的色彩空间（与场景相关的色彩空间）和 Display-referred 色彩空间（与显示器相关的色彩空间）。Scene-referred 的色彩空间有如下特点：

（1）高动态的色彩空间。

（2）一般是摄影机采用记录的色彩空间。

（3）理论定义的、虚拟的记录色彩空间或者渲染用色彩空间。

（4）记录现场光照强度，光子能量的色彩空间。

（5）适合调色操作和存档的色彩空间。

（6）必须使用色彩管理才能正确呈现色彩的色彩空间。

这一类色彩空间在 Baselight 里都是以一个小的摄影机图标作为色彩空间名称的标识，如图 5-1 所示。

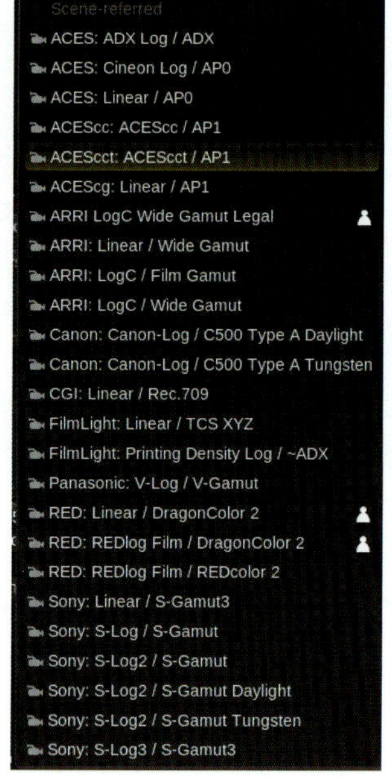

图 5-1 Scene-referred 色彩空间

如果你将鼠标停留在某一个色彩空间上一秒钟，你就可以得到它的详细信息，比如 ACEScct: ACEScct / AP1，系统注明它的色域（Primaries）是 AP1，影调曲线（Tone-curve）是 ACEScct，系统注明 ACEScct 是 ACES 调色可应用的色彩空间，这种色彩空间在黑位以上类似于 ACEScc，但是为了更接近于传统的 log 模式的调色表现，系统在趾部进行了优化，如图 5-2 所示。

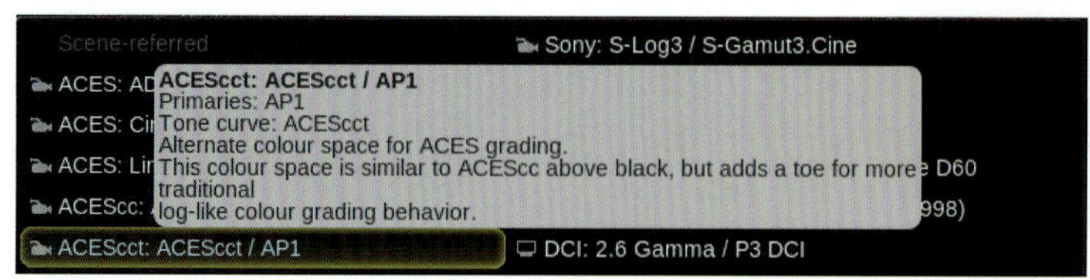

图 5-2 Scene-referred 色彩空间

Display-referred 色彩空间有如下特点：

（1）低动态的色彩空间。

（2）通常由显示设备所采用的色彩空间。

（3）应用于广播级或者消费级摄影机的色彩空间。

（4）理论定义的显示色彩空间。

（5）在确定的显示设备上要使用正确的色彩空间呈现色彩。

这一类色彩空间在 Baselight 里都是以一个小的显示器图标作为色彩空间名称的标识，如图 5-3 所示。

大家会发现，Baselight 的两类色彩空间命名都是有规律的，第一位是该色彩空间所属的厂商或者组织名称如 DCI 或 Dolby，第二位是影调曲线（Tone-curve）如 2.6 Gamma，第三位是色域和白点如 P3 DCI，第四位一般指亮度，比如 Dolby Vision 的色彩空间 Dolby: ST 2084 PQ / P3 D65 / 1000 nits。

通常，Baselight 建议用户使用 Scene-referred 的色彩空间，即高动态范围的色彩空间进行调色操作或者存档，使用 Display-referred 的色彩空间即低动态范围的色彩空间进行监看或者用于物料输出。

以 Linux 版本为例，Baselight 的色彩空间文件一般随着 Baselight 软件的安装而存放在 /usr/fl/baselight/etc/colourspaces 目录里，而用户自己添加的色彩空间文件则存放在 /usr/fl/etc/colourspaces，并以一个人型图标标识，如图 5-3 所示。FilmLight 官网会不定期发布一些新的色彩空间文件，用户可以随时下载复制安装。

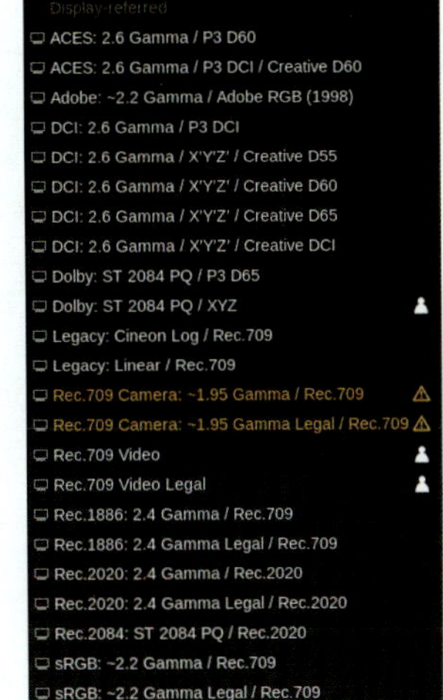

图 5-3　Display-referred 色彩空间

5.2 Baselight色彩流程及基本设置

Baselight 的色彩管理流程基本上遵循了 ACES 的工作流程，基于十几年的 Truelight 的技术积累，FilmLight 优秀的色彩科学家又对这个流程进行了优化和提升，使 Baselight 的 Truelight 色彩管理更加先进和灵活。

ACES 的基本工作流程，如图 5-4 所示。

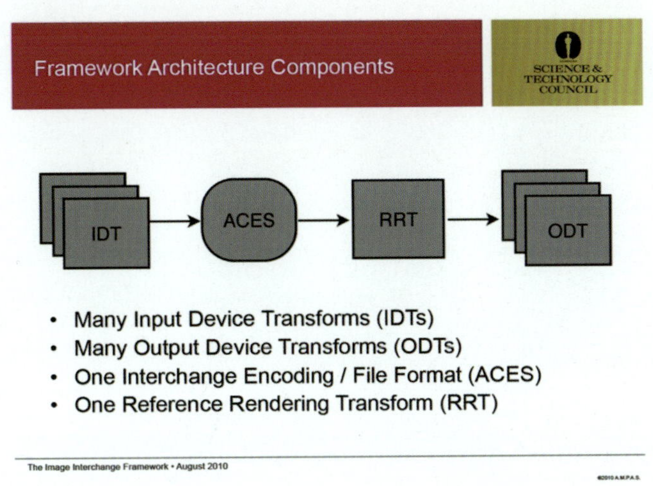

图 5-4　ACES 的基本工作流程

Truelight 的基本工作流程，如图 5-5 所示。

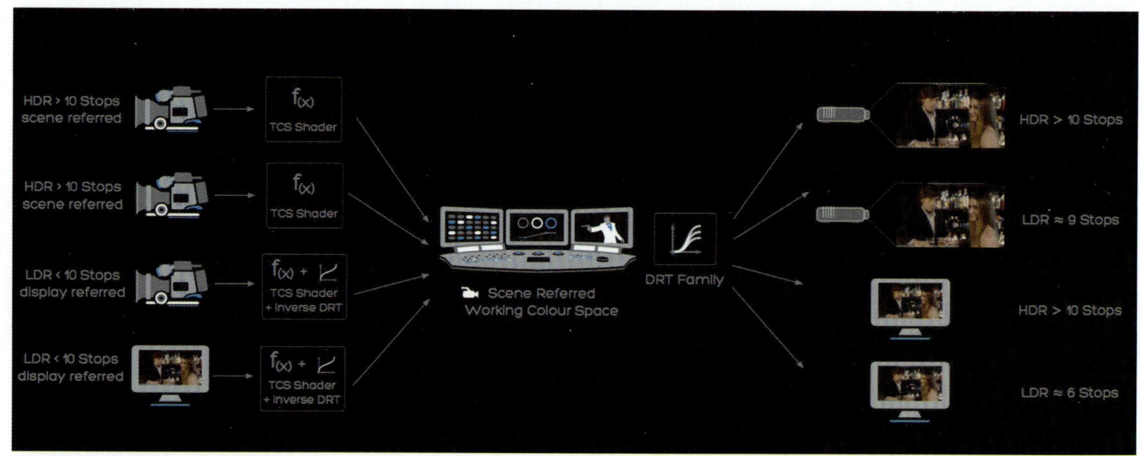

图 5-5　Truelight 的基本工作流程（摘自 FilmLight 官方教程）

从上面两张图上读者可以看到，图 5-4 里的 IDT 对应到图 5-5 就是 TCS（Truelight Colour Space）Shader；图 5-4 里的 ACES 对应到图 5-5 就是 Scene Referred Working Colour Space；图 5-4 里的 RRT 对应到图 5-5 就是 DRT Family（Baselight5.0）；图 5-4 的 ODT 对应到图 5-5 就是最右侧具有不同特性的显示设备。

ACES 里的 IDT 只是固定应用于将不同摄影机的色彩空间统一到标准的 ACES 里，但是 Truelight 的 TCS Shader 可以对各种色彩空间进行相互转换，提供给用户更开放、更广泛的色彩空间转换的可能。

另外，Baselight 5.0 新推出的 DRT Family 提供给用户更方便的制作方式，比如 DRT Family 的 Trulight CAM（CAM 是色彩呈现模型 Colour Appearance Model 的缩写）按照行业的技术标准提供了不同亮度的 DRT 曲线，如图 5-6 所示。

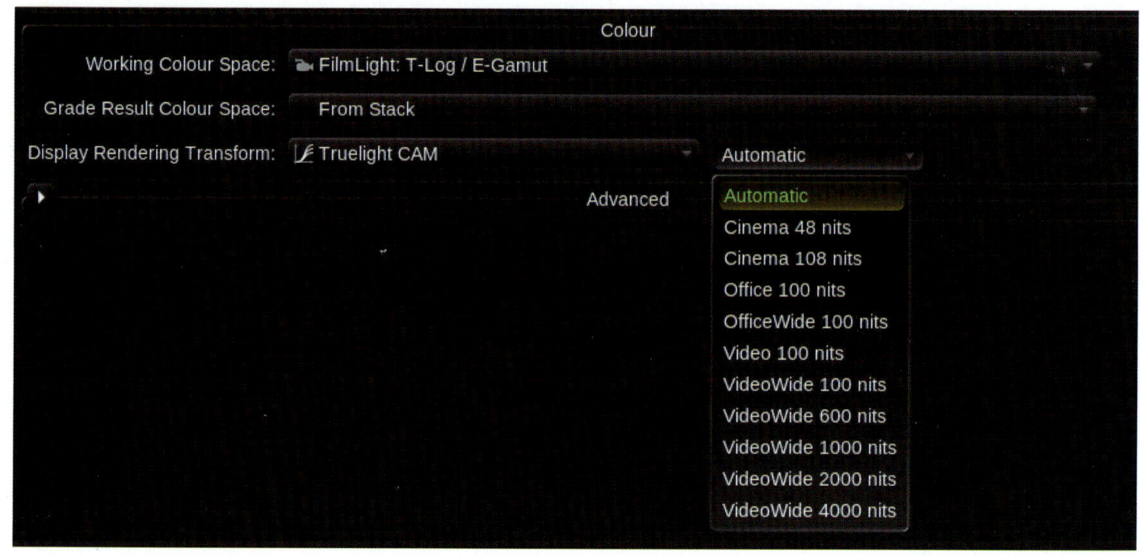

图 5-6　Truelight CAM（T-CAM）

图 5-6 中每一种选项都代表了符合不同显示设备的曲线映射。比如：当用户制作普通 2D 电影的时候，系统自动选取 Cinema 48 nits；当用户制作电视广告和其他高清节目时，系统自动选取 Video 100 nits；当用户制作 Dolby Vision 影院版的时候，系统自动选取 Cinema 108 nits；当用户制作 Dolby Vision 家庭版的时候，系统自动选取 VideoWide 1000 nits。

这个功能的意义在于，用户只需要按照正确的工作流程设置场景，然后按照某一个监视环境进行制作并完成（通常指最主要的物料，比如符合 DCI 标准的 2D 影院），如果还想在这个调色基础上再制作不同色域、不同 EOTF/Gamma、不同亮度的多个物料，如高清版本、Dolby Vision 版本，用户只需要简单地切换不同显示色彩空间和连接不同的显示设备即可。

由于 FilmLight 的色彩科学家对色彩呈现模型进行了深入地探索和研究，他们利用色彩呈现模型 T-CAM 让不同物料的色彩在符合不同显示设备特性和不同观看条件的前提下尽可能接近，力求简化调色师的工作量，当然，必要的修正（Trimpass）也是需要的。

利用 Truelight 色彩管理，用户可以在拍摄现场利用高清监视器（Rec1886:2.4 Gamma/Rec.709）进行现场调色，然后将现场调色结果元数据传输给最终调色系统，虽然最终调色系统可能使用的是不同的监视设备，比如 DCI:2.6 Gamma/P3 DCI 的数字投影机，但是通过 Truelight 色彩管理，用户可以在最终调色系统上观看到与现场一致的影像效果，还原现场拍摄的画面。

同样的技术也可以延伸到剪辑和特效制作环节，通过 Truelight 色彩管理及 FilmLight 的 Baselight Edtions for Nuke/Avid/Flame 插件，用户可以在剪辑和特效合成工作站上准确地看到调色师在不同监看设备上制作的调色结果，将不同设备和软件进行有机统一，彻底解决以前无法在各个制作环节统一色彩的问题。需要注意的是，Truelight 色彩管理基于准确的色彩校正，为了得到最好的转换效果，标准的监视设备校准非常重要。

也许有的读者会问，我们并没有告诉 Baselight 系统是用哪个色彩空间进行调色（比如用 DCI:2.6 Gamma/P3 DCI），当输出其他色彩空间的物料的时候（比如 Rec1886:2.4 Gamma/Rec.709），系统是如何知道需要做一个从 P3 DCI 到 Rec1886:2.4 Gamma/Rec.709 的色彩转换的呢？其实，这个转换在调色之前就已经被定义好，特定的工作色彩空间结合特定的 DRT 和 ODT 就会得到不同的画面效果。

可以打一个很形象的比喻，就像为一个色彩世界打开了不同的窗户，有的窗户大，有的窗户小，每个窗户的观看环境不一样，但是无论从哪个窗户去看，都会看到看上去一样的世界，这些窗户就是提前设置好的，系统无须知道你是用哪个色彩空间作为显示色彩空间，系统只要能按照既定的设置进行色彩转换即可。

具体到 Baselight 中，色彩管理的设置主要是以下四步：

第一步：场景的设置。

在新建一个工程后，首先要对 Scene setting 进行设置，在 Format & Colour 下，选定工程的 Working Colour Space 和 DRT，在此例中，选取 FilmLight:T-Log/E-Gamut 作为工作色彩空间，Truelight CAM 为 Display Rendering Transform。调色完成之后就不要改变这里的设置，否则颜色会发生变化，如图 5-7 所示。

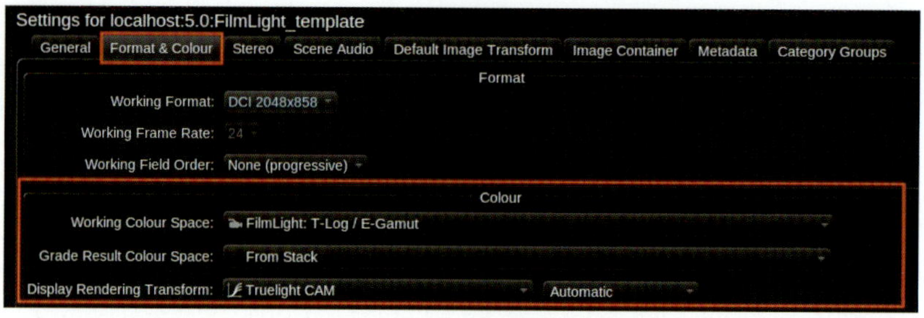

图 5-7　场景设置

第二步：显示的设置。

Scene settings 设置完成之后，要设置显示的色彩空间（Viewing Colour Space），这个设置一定要与你的显示设备的色彩空间一致，绝对不要选取与你显示设备不一致的色彩空间进行调色（有的时候也可根据情况选取不同的色彩空间），这一步系统无法自动完成，需要用户手动选取（或者根据 bl-setups 的预设选取），用户需要清楚当前的监视设备是什么色彩空间，并确保监视设备校准正确，如图 5-8 所示。

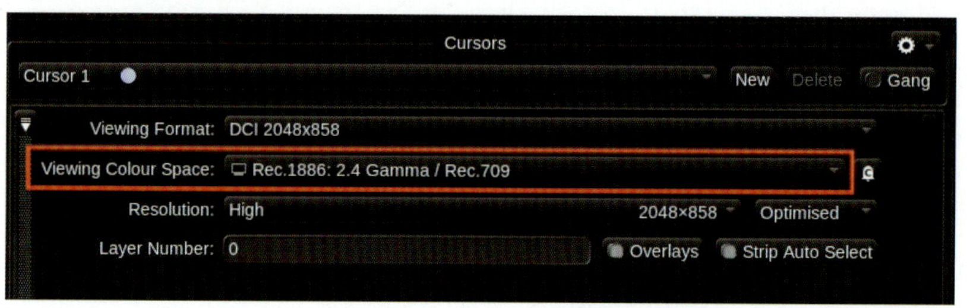

图 5-8　显示色彩空间设置

Viewing Colour Space 设置完成以后，用户可以在 Cursor 的齿轮菜单里选择 Use these cursor settings... 设置下次场景打开时调用的 Viewing Colour Space 的色彩空间，不用每次打开场景都要再次选取，如图 5-9 所示。

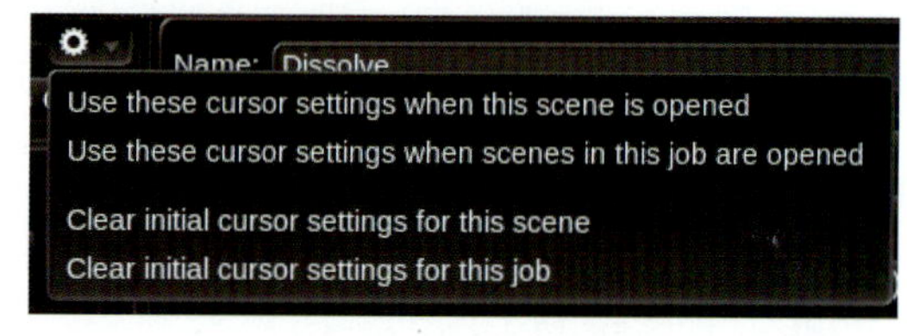

图 5-9　Cursor 设置

（1）Use these cursor settings when this scene is opened：当此场景再次被打开时，使用当前 Cursor 的设置。

（2）Use these cursor settings when scenes in this job are opened：当在此项目下的所有场景被打开时，使用当前 Cursor 的设置。

（3）Clear initial cursor settings for this scene：清除当前场景的初始 Cursor 设置。

（4）Clear initial cursor settings for this job：清除当前项目的初始 Cursor 设置。

第三步：素材的导入。

当你导入一个素材进入时间线后，首先要确定的是这个素材的输入色彩空间是什么，如图 5-10 所示。

在 layer0 中可以看到，在色彩空间项下，输入 Input 色彩空间为 Automatic，即系统自动识别到这是一个 ARRI RAW 的素材，并根据第一步的设置，将其转换为工作色彩空间

FilmLight: T-Log/E-Gamut。Stack 是指调色操作的色彩空间，可以理解为时间线的色彩空间，默认引用工作色彩空间 Working Colour Space 作为 Stack 的色彩空间，用户也可以根据情况设置为其他色彩空间。如果在 Layer0 里改变这个素材的 Input 和 Stack 色彩空间，针对该素材的色彩空间转换将不以 Scene settings 的色彩空间设置为准，用户可以为某个素材指定和场景设置不一样的色彩空间导入。

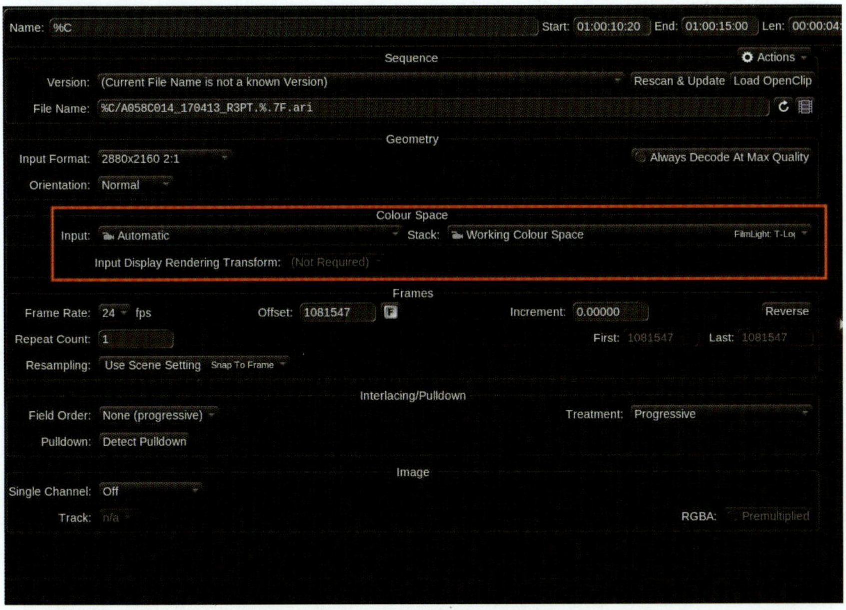

图 5-10 输入色彩空间设置

对于 ProRes movie 的视频文件，系统也会从元数据信息（From Metadata）中读取到所属的色彩空间，并提供 Legal to Full Scale 的设置选项，用户可以指定存储在视频文件中的数据是否在拍摄时被压制到 Legal 的范围。对于 Arri LogC 的 ProRes 素材，系统会自动将 Legal to Full Scale 打开（因为 Arri LogC/Wide Gamut 的 ProRes 是按照 Legal range 记录的），而对于某些是 Full range 的素材比如 Panasonic V-Log/V-Gamut 的 ProRes，系统会自动将 Legal to Full Scale 关闭。Baselight 是在 Full 的范围里进行调色操作。通常用户可以依靠 Baselight 自动识别设置 Legal to Full Scale 选项或者自己设置，如图 5-11 所示。

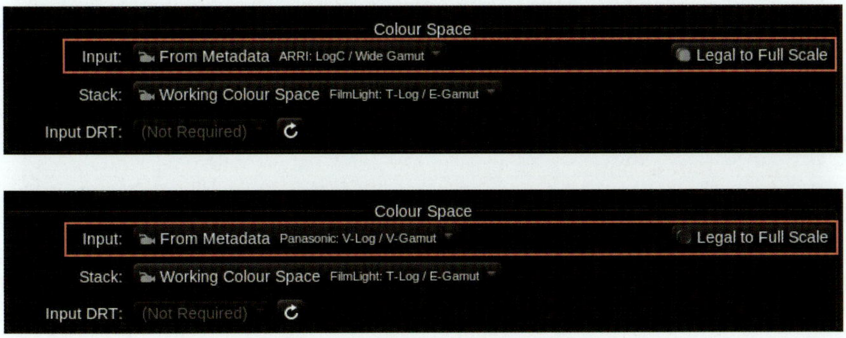

图 5-11 输入色彩空间设置

对于常见的摄影机，Baselight 会自动识别输入色彩空间，基本上无须手动指定，没有色彩空间元数据信息的数据文件才需要人工指定，用户需要和数据提供方确认素材本身的色彩空间是否正确。如果无法确认素材的色彩空间，可以尝试不同的输入色彩空间，直到选出一个可以作为进一步调色的为止，各方面均“正常”的色彩空间。

第四步：物料的渲染输出。

当调色完成之后，需要设置输出物料所属的色彩空间，如图 5-12 所示。

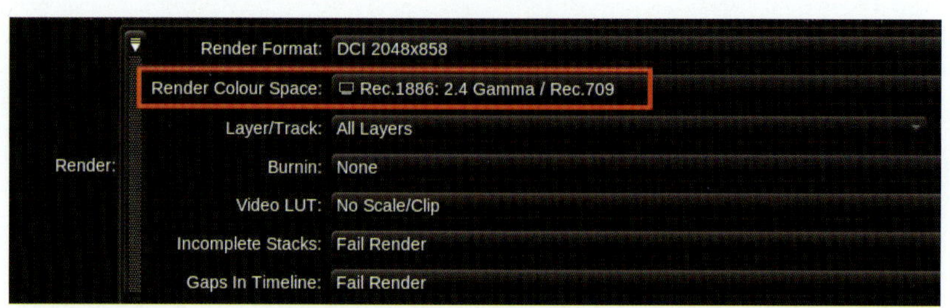

图 5-12　输出色彩空间设置

以上四步就是 Baselight 关于色彩管理的主要设置。其实，物料的渲染输出类似于第二步的显示设置，一个是显示的输出，一个是物料的输出，可以应用不同的 ODT。应该说，Baselight 关于色彩空间的设置是非常清楚和简单的，只需要确定总体场景设置，确定素材导入和显示及物料输出的色彩空间。

如果 Baselight 通过视频卡上监视，还需要确认 SDI 输出是否正确，是否和连接的监视设备的色彩空间一致，具体内容请参见本章之后的讲解。

5.3 不同场景模版的定义和作用

由于 Baselight 的色彩管理方式灵活自由，为了方便用户设定不同的色彩空间及流程，Baselight 的开发人员制定了四种不同的模版，如图 5-13 所示。

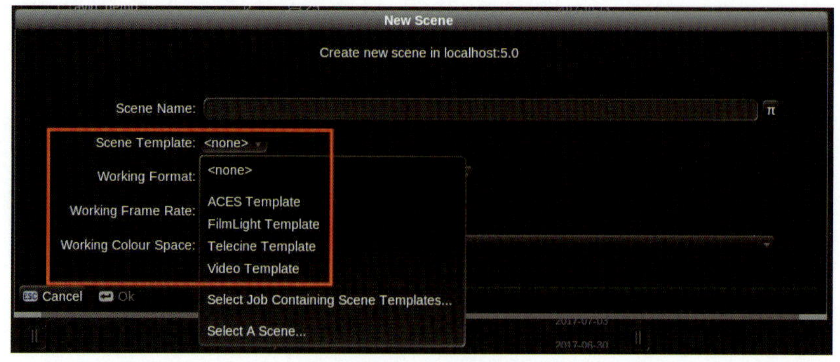

图 5-13　场景模版

为了更好地理解和运用这些模版，我们有必要先了解三种不同的调色流程。

（1）电影工作流程（Film grade）：这种流程的原始数据通常是高动态的素材，通常以 Log

的形式记录，比如胶片扫描仪扫描的Cineon Log文件，需要在显示端使用模拟胶片的LUT得到“正常”的画面，调色的操作施加在高动态的色彩空间里，渲染通常要将LUT的色彩转换烧制在画面，如果是用于输出记录胶片的数据文件，则不需要将LUT烧制在画面上。

这种方式的工作色彩空间一般设置为与原素材相匹配的色彩空间，因此无须转换，但是随着现代混合素材越来越多，这种方式逐渐被淘汰。现代工作流程的工作色彩空间可以根据情况自由选取，将不同的摄影机色彩空间统一转换到工作色彩空间，这种转换以高质量的、无损的、基于公式的浮点运算进行。现代工作流程还可以利用色彩管理在显示端得到“正常”的画面而无须使用LUT，用户也无须为了生成其他色彩空间的物料制作使用其他LUT。

（2）胶转磁带工作流程（Telecine grade）：多用于广告调色，源自于胶转磁，底片对磁带的工作流程，原始素材通常是通过转磁机数字化的负片，将信号输出给调色设备及高清监视器，将相对低反差、低饱和的画面作为调色师调色的基础，调色师充分利用胶片的宽容度，自己对画面反差及色调饱和度进行调整直至画面在高清监视器上满足观看者的要求，这种工作方式无须输出胶片，不使用模拟胶片的色彩转换。

（3）视频流程（Video grade）：这种方式的原素材数据通常是高清素材，常用于广播电视领域，原始场景在摄像机内就被记录为匹配显示器色彩空间的低动态色彩空间，无须在显示端使用色彩转换。由于现在数字拍摄都是高动态色彩空间的素材，因此这种方式可以被上述两种工作方式取代。

了解了不同的调色流程，就可以根据情况采用不同的工作模版，不同的模版适用于不同的工作流程，用户也可以不选择任何模版，自定义符合自己工作习惯和需要的色彩管理流程。模版实际上是由系统预先设定好的场景设置即Scene settings里关于色彩管理的部分，为了方便大家比较和理解，我们将不同模版的不同特点进行介绍，如表5-1所示。

表5-1　不同模版对照表

	Working Colour Space	Grade Result Color Space	Display Rendering Transform	Viewing Colour Space
ACES	ACEScct：ACEScct/AP1或者其他Scene-referred色彩空间	From Stack 来自调色操作层，即时间线色彩空间	ACES RRT 1.0.1或其他DRT	与监视设备色彩空间一致，如某个Display-referred的色彩空间
FilmLight	FilmLight: T-Log/E-Gamut	From Stack 来自调色操作层，即时间线色彩空间	Truelight CAM（T-CAM）	与监视设备色彩空间一致，如某个Display-referred的色彩空间
Telecine	FilmLight: T-Log/E-Gamut	与监视设备色彩空间一致，如某个Display-referred的色彩空间，	None，不使用DRT	跟随Grade result color space
Video	Rec 1886:2.4 gamma /Rec 709	From Stack来自调色操作层	Truelight Video1	Rec 1886:2.4 gamma /Rec 709

1. ACES和FilmLight模版

通常，FilmLight官方建议用户使用FilmLight模版或者ACES模版设置工程并进行影视节目的调光调色制作。FilmLight模版类似于ACES模版，是Baselight5.0新推出的模版，直接设置使用FilmLight研发的FilmLight: T-log/E-gamut的工作色彩空间和Truelight CAM的

DRT。这两种模版有如下特点：

调色操作是在大的 Scene-referred 的色彩空间里完成，通过 DRT 和 ODT 呈现对应到某个监视设备上的色彩和动态范围，调色过程不会对色彩空间和动态范围进行压缩，如果需要生成更高动态范围和色域的物料只需要导入并使用相应的 DRT 和 ODT 文件，比以往 Display-referred 的调色方式先进得多。

充分利用现代色彩管理技术，能够承载越来越先进、动态范围越来越大的摄影机数据文件，并利用色彩管理技术进行有机统一。不需要使用 LUT，直接通过数学公式对各种色彩空间进行转换，并在对应的监视设备上呈现符合该设备特性应有的影调，省去查找和制作大量 LUT 的麻烦，由于是基于公式的转换，不受 LUT 的限制，可以方便的输出各种 SDR/HDR 物料，满足现代影像制作物料种类繁多的要求，应用起来更加灵活方便，符合面向未来的影像制作流程。

由于使用高动态的 Scene-referred 的色彩空间并符合 ACES 的工作流程，这种方式也便于对各种数据进行存档，用户可以直接把 Scene-referred 的色彩空间数据做备份，将来可以生成片方需要的其他物料，如高动态物料。

符合电影调色师和摄影师的工作习惯，此流程可以充分利用色彩管理技术的作用，即刻还原现场拍摄的光影，让调色师和摄影师能第一时间看到现场拍摄的效果。可以利用色彩管理技术统一不同摄影机拍摄的高动态素材，节省大量调色师平衡不同摄影机拍摄素材的时间，把时间和精力都集中在创意调色上。对于老一代摄影师，这种工作流程也更符合他们以往的工作习惯，负片记录的内容相当于 Scene-referred 的色彩空间对现场光照强度，光子能量的记录，DRT 的作用相当于胶片洗印厂洗印正片的过程。

便于与视效部门沟通，ACES 流程大量在视效部门使用，线性数据的沟通可以将视效制作的高动态范围数据在调色阶段得到充分保留并可以进行精准的调色调整。

为了更好地与过往调色流程进行衔接，FilmLight 的色彩工程师在这个基础之上又增加了 Truelight Scene Looks 的功能，在符合 Scene-referred 技术要求和没有动态范围限制的前提下还可以应用风格化 LUT，这无疑为习惯使用 LUT 调色的调色师带来了福音。

另外，这种模式也便于和 FilmLight 其他产品进行数据沟通，比如现场拍摄的 Prelight 就可以使用和最终调色的 Baselight 场景完全一样的场景设置（Scene settings）进行色彩管理，在现场就能呈现最终调色的影调，并将现场的一级调色甚至二级调色数据通过 BLG 文件发送到最终调色系统，反之亦然，也可以将 Baselight 调色系统中的预调影调通过 BLG 载入现场 Prelight，让摄影师在现场就能看到符合影片风格的拍摄画面，彻底改变过往现场调色与最终调色脱节的困局。

需要注意的是，使用 FilmLight 模版对图像的处理与使用 ACES 模版有所不同。由于 FilmLight 模版使用了 FilmLight 公司自主研发的工作色彩空间和 DRT（T-CAM），对色彩的还原不带任何影调的倾向，唯一的目的就是在后期制作时还原拍摄现场的画面效果，让摄影师在监视设备上看到最真实、干净的拍摄现场画面还原。画面还原之后，调色师可以在 DRT 之前使用 Truelight Scene Look 为画面施加一些创意的影调，得到某种悦目的色彩呈现，即“pleasing colour reproduction”。对于 ACES 模版，它使用了 ACES 的工作色彩空间和 DRT，画面还原多少会带有一些 ACES 的影调风格（ACES 的悦目的色彩呈现），对某些色彩，如肤色进行了一些预先的处理。从图 5-14 中可以看到，ACES 对红黄色和补色都进行了处理，而 T-CAM 则是真实自然的现场还原。

为了得到更好的效果，FilmLight 官方建议用户使用配对的工作色彩空间和对应的 DRT。

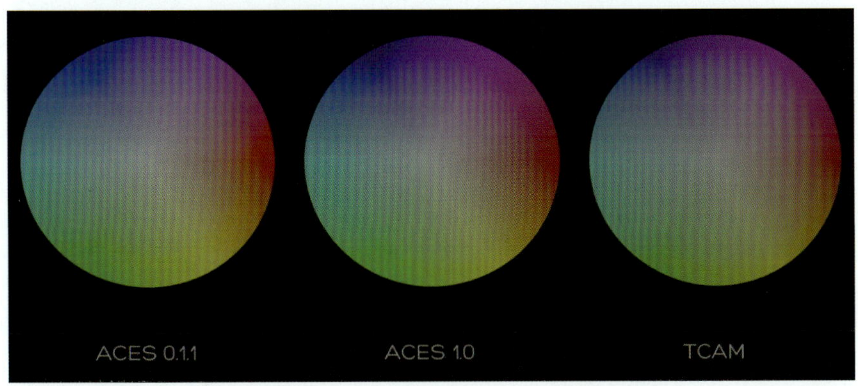

图 5-14　ACES 对红黄色和补色进行处理

★实操演示：

本节内容的具体操作请参看随书教学录像。

2. Telecine模版

Telecine 模版实际上为了满足习惯了胶转磁工作流程的调色师和习惯使用风格化的 LUT 的调色师而专门设置的模版，最大的特点是不使用任何 DRT，虽然 Viewing colour space 选取的是 Rec 1886:2.4 gamma /Rec 709（或者其他 Display-referred 的色彩空间），但是画面并不能像使用 ACES 或者 FilmLight 模版那样呈现反差饱和均正常的画面，而是呈现低反差、低饱和、“log 灰”的画面。

由于不使用 DRT，画面反差和饱和的调整完全由调色师完成，在当前监视环境下调出符合监视设备特性的画面，也就是传统基于 Display-referred 色彩空间的调色方式，即画面呈现的色彩只符合当前监视设备所能展现的颜色。

这样带来的问题就是如果用户之后需要输出 HDR 高动态或者其他色彩空间的物料，就无法直接输出，因为所有的调色操作都是限定在当前 Display-referred 的监视环境下。通常这种方式使用的素材都是 Scene-referred 的高动态素材，仍然可以获取许多素材的细节。

这种方式虽然能符合一部分调色师的工作习惯，很多广告调色师会采取这种方式，比如能够得到以前用 Display-referred 的调色方式相同的“手感”；比如从灰开始调色加反差加饱和的胶转磁模式；比如加风格化的 LUT 类似于传统 DI 的工作模式。这种方式可以作为刚接触 Baselight 的调色师按照之前的工作习惯学习使用 Baselight 的一个途径，但是这种方式将不能适应现代电影调色的发展需要。

★实操演示：

本节内容的具体操作请参看随书教学录像。

为了更好地让读者理解这两种不同方式，我们将流程总结如下，如图 5-15 所示。

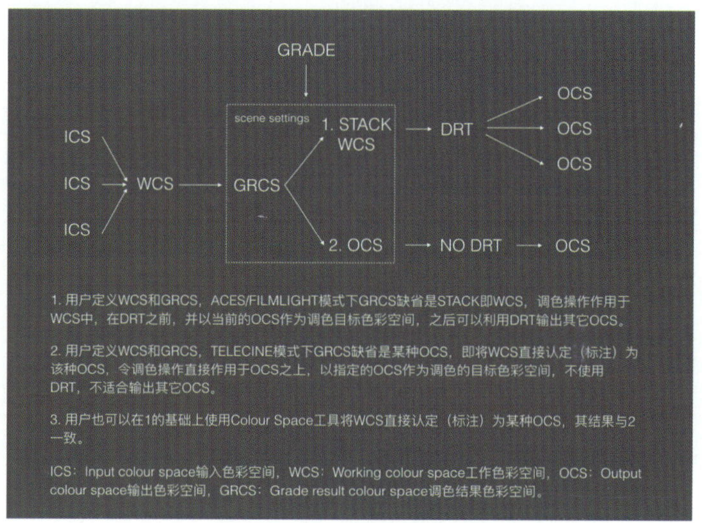

图 5-15　色彩管理流程

5.4 色彩空间流转图 *Colour Space Journey*

为了更好地让使用者了解素材的色彩空间的流转情况，Baselight 提供了一个非常有用的工具：Colour Space Journey，这个工具将每个素材涉及的色彩空间设置以及可能出现的问题都清楚地列在图表内，方便用户发现问题、解决问题。色彩流转图提供了三项基本内容即：

（1）镜头的输入色彩空间 Input Colour Space。

（2）场景的工作色彩空间 Working Colour Space。

（3）场景的观看色彩空间 Viewing Colour Space/Cursor Colour Space/OCS。

还会根据情况提示一些建议和警告，如图 5-16 所示。

A005C021_161017_R53X/2880x1620
Sequence　Automatic Input Colour Space　ARRI: Linear / Wide Gamut
converted
Working Colour Space　FilmLight: T-Log / E-Gamut
Stack　Graded in　FilmLight: T-Log / E-Gamut
Cursor　converted with family DRT Truelight CAM [Video 100 nits]
Viewing Colour Space　Rec.1886: 2.4 Gamma / Rec.709

图 5-16　色彩流转图（1）

这是一个比较简单的色彩流转图，可以看到 Baselight 系统自动识别到素材是 ARRI RAW，在 5.0 版本中，系统自动将序列（Sequence）的输入色彩空间（Input Colour Space）识别为 ARRI: Linear/Wide Gamut（注：在 4.4m1 版本中系统将其识别为 ARRI: LogC/Wide Gamut，为了更好地获取素材的所有动态范围，5.0 进行了一些调整，将其识别为 ARRI: Linear/Wide Gamut）；用户将场景的工作色彩空间（Working Colour Space）设置为 FilmLight: T-Log/E-Gamut，同时用户也是在这个色彩空间下进行调色（即 Graded in，Stack 指的是调色操作层的堆栈，即各种调色的操作，默认按照工作色彩空间）；并使用 Truelight CAM DRT 将调色结果转换到用户设置的显示色彩空间（Viewing Colour Space）Rec1886:2.4 Gamma/Rec.709，显示色彩空间属于播放头（Cursor）的设置。

下面列出几种常见的 Colour Space Journey 的提示，如图 5-17 所示。

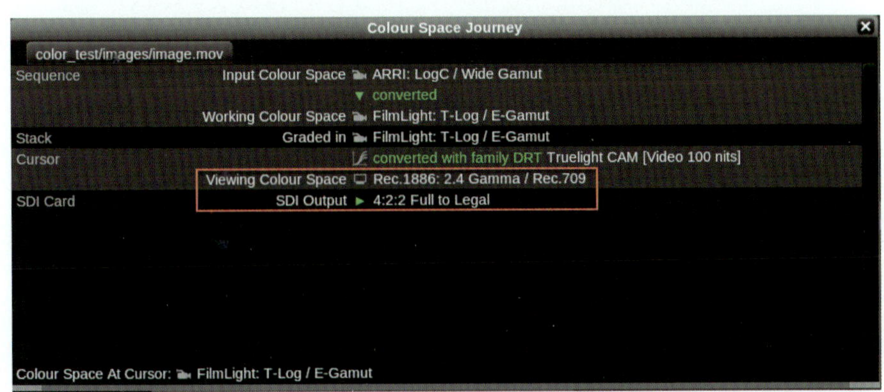

图 5-17　色彩流转图（2）

素材以 ARRI：LogC/ Wide Gamut 转换到 FilmLight:T-Log/E-Gamut 工作色彩空间，同时在此色彩空间进行调色操作，使用 Truelight CAM DRT，以 Rec1886:2.4 Gamma/Rec709 作为监视色彩空间（高清监视器），并将 SDI 输出设置为 Full to Legal，如图 5-18 所示。

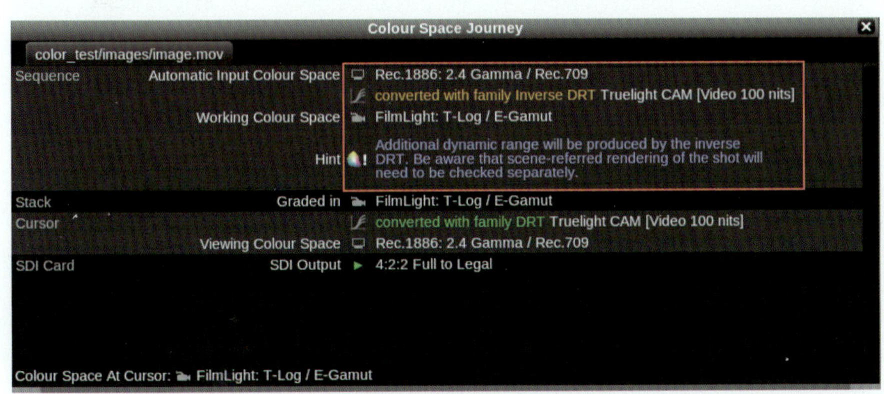

图 5-18　色彩流转图（3）

素材以 Rec.1886:2.4 Gamma/Rec.709 作为输入色彩空间，并使用 Truelight CAM 作为反转 DRT（反转 DRT 通常用于从低动态色彩空间向高动态色彩空间转换），系统提示：因为额外的动态范围由反转 DRT 产生，如果该镜头渲染为 Scene-referred 的色彩空间，该文件需要单独检查，如图 5-19 所示。

素材以 ARRI：LogC/ Wide Gamut 使用 Truelight CAM 转换到 Rec.1886:2.4 Gamma/Rec.709 的工作色彩空间，由于工作色彩空间选取的是低动态的，Display-referred 的色彩空间，系统提示：当在低动态的色彩空间对高动态的素材进行调色会减少原素材的动态范围，不推荐使用这样的方法，如图 5-20 所示。

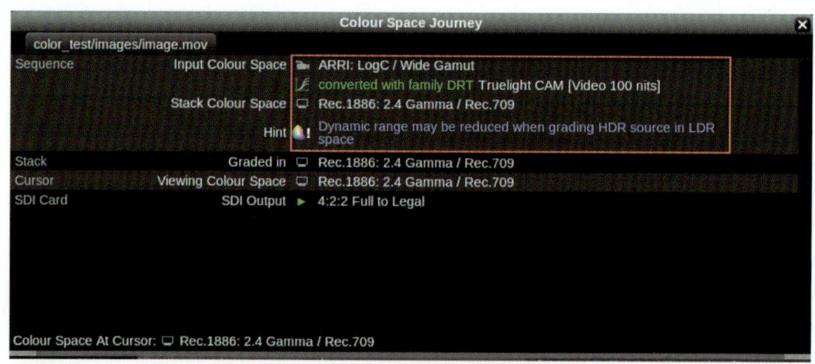

图 5-19　色彩流转图（4）

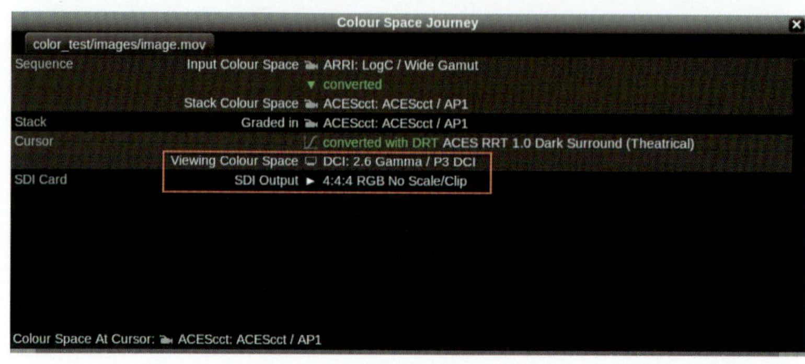

图 5-20　色彩流转图（5）

这是比较普遍的电影调色流程色彩流转图，使用 DCI:2.6 Gamma/P3 DCI 作为监视设备色彩空间（数字投影机），注意 SDI 输出使用 444RGB No Scale/Clip，如图 5-21 所示。

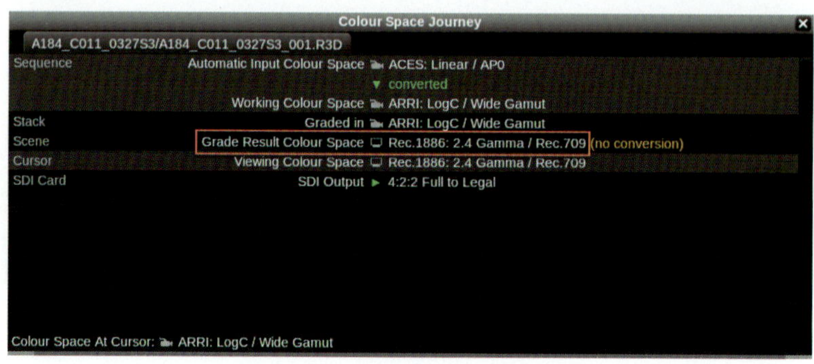

图 5-21　色彩流转图（6）

这是典型的使用 Telecine 模版（Baselight 4.4m1）的色彩流转图，素材以 ACES:Linear/AP0 转换为 ARRI: LogC/Wide Gamut 并在此色彩空间调色，Grade Result Colour Space（调色结果色彩空间）指定为与监视设备色彩空间一致的 Rec.1886:2.4 Gamma/Rec.709，符合胶转磁调色师和传统 DI 使用 LUT 调色的工作习惯，如图 5-22 所示。

这是色彩流转图提示用户使用了 Scene-referred 的色彩空间作为 Viewing Colour Space，建议用户使用 Display-referred 的色彩空间并匹配监视设备的设置，如图 5-23 所示。

r3d/weapon-standard-6k-ff-24fps/weapon-standard-6k-ff-24fps/W001_C005_1014V3_001.R3D
Sequence Automatic Input Colour Space RED: Linear / REDWideGamutRGB
converted
Working Colour Space FilmLight: T-Log / E-Gamut
Stack Graded in FilmLight: T-Log / E-Gamut
Cursor converted
Viewing Colour Space RED: Log3G10 / REDWideGamutRGB
Attention Only display-referred colour spaces should be used in the cursor - match the settings of your display/projector
Colour Space At Cursor: FilmLight: T-Log / E-Gamut

图 5-22　色彩流转图（7）

Sequence Input Colour Space DCI: 2.6 Gamma / P3 DCI
converted with Inverse DRT Truelight CAM [Cinema 48 nits]
Working Colour Space FilmLight: T-Log / E-Gamut
Hint Additional dynamic range will be produced by the inverse DRT. Be aware that scene-referred rendering of the shot will need to be checked separately.
Stack Graded in FilmLight: T-Log / E-Gamut
Cursor converted with DRT Truelight CAM [Cinema 108 nits]
Viewing Colour Space Dolby: ST 2084 PQ / P3 D65 / 108 nits
Mastering Colour Space Dolby: ST 2084 PQ / P3 D65 / 108 nits
Mastering White Point: From Colour Space

图 5-23　色彩流转图（8）

这是一个制作杜比视界 108 nits 高动态电影的色彩流转图，由于素材之前已经调色完成，使用符合 DCI 电影标准 48 nits 亮度的 P3 DCI 序列帧，用户使用 Truelight CAM[Cinema 48 nits] 作为反转 DRT 将 Input Colour Space 转换到特定的 Working Colour Space，然后再转换到特定的 Viewing Colour Space 并使用特定的 Mastering Colour Space 进行杜比视界的调色制作，如图 5-24 所示。

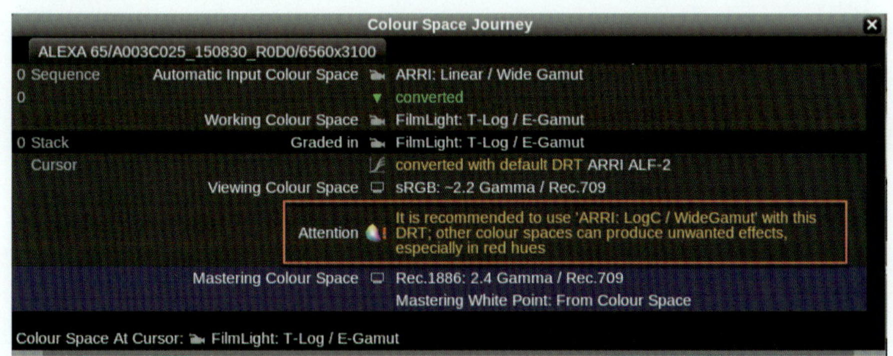

图 5-24　色彩流转图（9）

图 5-24 表示用户使用 ARRI ALF-2 作为 DRT，但是选择的工作色彩空间是 T-Log/E-Gamut，系统建议使用 ARRI:LogC/WideGamut 作为工作色彩空间，因为使用其他的工作色彩空间会产生非预期的效果，尤其对于红色的色调。Baselight 工程师建议用户使用配对的工作色彩空间和 DRT，比如 ARRI:LogC/WideGamut 对应 ARRI ALF-2；T-Log/E-Gamut 对应 T-CAM；ACEScct/AP1 对应 ACES RRT 1.0.1。

5.5 色彩空间工具 *Colour Space*

Baselight 提供了用户在时间线上对素材的色彩空间进行转换的工具：Colour Space，这个工具一般在导入 BLG 文件的时候由系统根据 BLG 里有关色彩空间的内容自动添加，也可以由用户根据情况手动加入。这个工具有两种操作：Convert Colour Space 和 Identify Colour Space。下面我们就这两种不同的设置进行讲解。

5.5.1 Convert Colour Space

将用户设定的输入色彩空间转换为用户指定的其他色彩空间，默认的输入色彩空间来自于场景设置的工作色彩空间。转换为指定的色彩空间后，再将调色操作施加在这个色彩空间上，此时调色操作带来的结果会与没转换之前有很大区别。

从图 5-25 可以看到，两个相同的素材自动被识别为 ARRI:Linear/Wide Gamut，转换到 FilmLight: T-Log/E-Gamut 的工作色彩空间，用户使用 Colour Space 工具将第一个镜头其转换为 Rec1886:2.4 Gamma/Rec.709 作为其操作的色彩空间，第二个没有转换，然后再对这两个镜头施加相同的减曝光操作，可以看到不同的画面影响，如图 5-26 和图 5-27 所示。

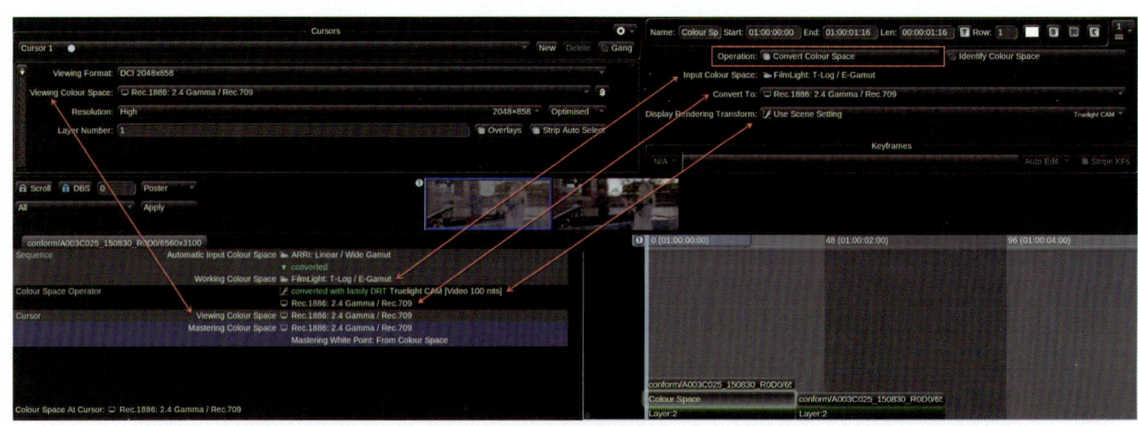

图 5-25 色彩空间工具

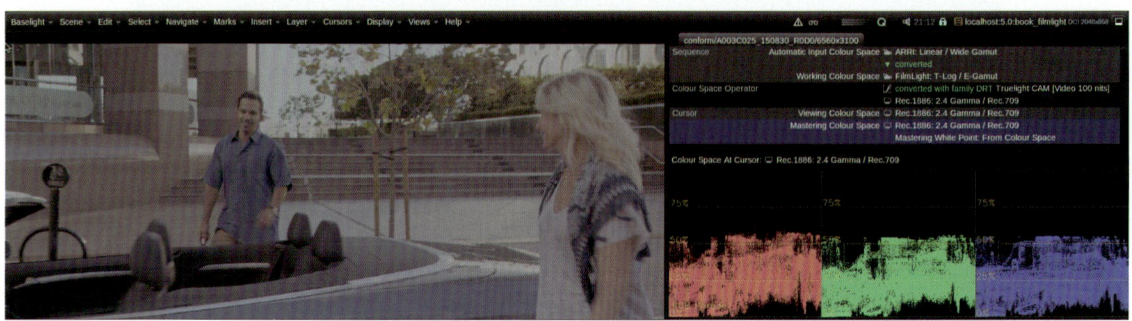

图 5-26 色彩空间转换比较，使用 Colour Space Operator

图 5-27 色彩空间转换比较，未使用 Colour Space Operator

5.5.2 Identify Colour Space

将用户设定的工作色彩空间认定（标注）为其他色彩空间。之前讲到 Baselight 提供给用户三种不同的工作模版，其中 Telecine 模版的场景设置 Scene settings 里使用了一个被称为 Grade Result Colour Space（调色结果色彩空间），通常这个色彩空间使用 Display referred 的色彩空间，并与监视设备的色彩空间一致，比如都是 Rec1886:2.4 Gamma/Rec.709。

其他模版比如 ACES 或者 FilmLight 模版在这里通常设置为 From Stack，也就是来自于时间线上的调色操作（如前所述）。如果我们在时间线上手动加入一个 Colour Space，并使用 Identify Colour Space 将当前工作色彩空间标注为某一个 Display referred 的色彩空间，我们就可以将使用 ACES 或者 FilmLight 模版建立的场景设置为一个符合 Telecine 模版特点的场景，其效果与 Telecine 模版几乎完全一致，如图 5-28 所示。

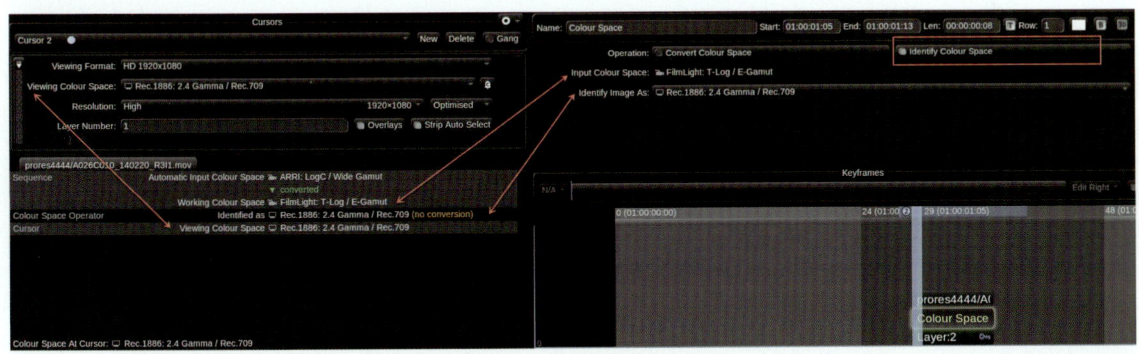

图 5-28 色彩空间转换

5.6 Baselight 5.0色彩空间的高级设置

Baselight5.0 对 Scene settings 中的色彩空间设置进行了一些调整，将不常用的设置放在高级选项下，如图 5-29 所示。

图 5-29　色彩空间高级设置

（1）Default Input Colour Space：设置默认的是输入色彩空间，即强制将任何的素材都指定为某一个色彩空间，通常使用 Prefer Automatic/From Metadata，系统会根据素材元数据自动识别 Input Colour Space。

（2）DRT Application：是否使用 Inverse DRT，Inverse DRT 通常使用在低动态素材上，如从网上下载的 Jpg 图片，老的影像资料，如 sRGB，Rec. 709，DCI P3 等色彩空间的素材，Inverse DRT 会进行反向的 DRT 转换，将低动态的素材（Display-referred）人为拉伸到一个与工作色彩空间（Scene-referred）一致的高动态范围，让画面的呈现更加一致，便于对不同镜头进行灰阶和色彩平衡的统一调整，请注意 Display → Scene 之间是一个箭头。

（3）Mastering Colour Space：设置母版色彩空间，这个工具的主要目的是让母版物料的输出不会超过监视设备所能呈现的色域范围。比如说，使用投影机作为监视设备，调色师所看到的颜色只是投影机所能呈现的 DCI P3 的色域，但是由于 Baselight 的操作是在 Scene-referred 的工作色彩空间里操作，基于浮点运算，如果直接输出 X’Y’Z’ 的物料，会因为 X’Y’Z’ 大于 DCI P3 的色域范围，X’Y’Z’ 里记录的信息可能会大于调色师在 DCI P3 上看到的信息，可能会出现原来在投影机上看不到的颜色，因此就需要使用 Mastering Colour Space 进行限制，将各种输出物料的色域都限制在 Mastering Colour Space 指定的范围内。Mastering Colour Space 有三个选项：① None，不加以限制；② Unclipped; Only Map White Point，不加以限制，只映射白点；③ Automatic From DRT，根据 DRT 自动设置。通常用户只需选择第 3 项，即直接根据 DRT 自动选取对应的 Mastering Colour Space。如果用户使用 FilmLight 模版，DRT 将设置为 Truelight-CAM，简称 T-CAM，这是一组 DRT，即 DRT Family，系统会根据 Viewing Colour Space 的设置自动调用不同的 DRT，系统同时也会根据 DRT 的不同，自动设置 Mastering Colour Space，因此设置都是自动的，只有高级设置才需要用户手动更改，如图 5-30 所示。

（4）Mastering Operation：Mastering Operation 设置分为三项：① Set White & Clip 设置白点并限制；② Set White（no clip）设置白点不限制；③ No operation（disabled）无操作。用户可根据情况对其进行高级设置。当 Mastering Colour Space 设置为 Automatic From DRT 的时候，默认为 Set White & Clip 设置白点并限制。

（5）Mastering White Point：这一项只有在将 Mastering Colour Space 设置为 Unclipped；Only Map White Point 或者是设置为某个色彩空间时（比如 DCI:2.6 Gamma / P3 DCI）才可

以更改。用户可以根据情况对 Mastering Colour Space 进行高级设置，将默认色彩空间原有的白点设置成别的白点，比如将 DCI:2.6 Gamma / P3 DCI 的白点 DCI 设置为白点 D60。更改 Mastering White Point 会改变画面颜色，如图 5-31 所示。

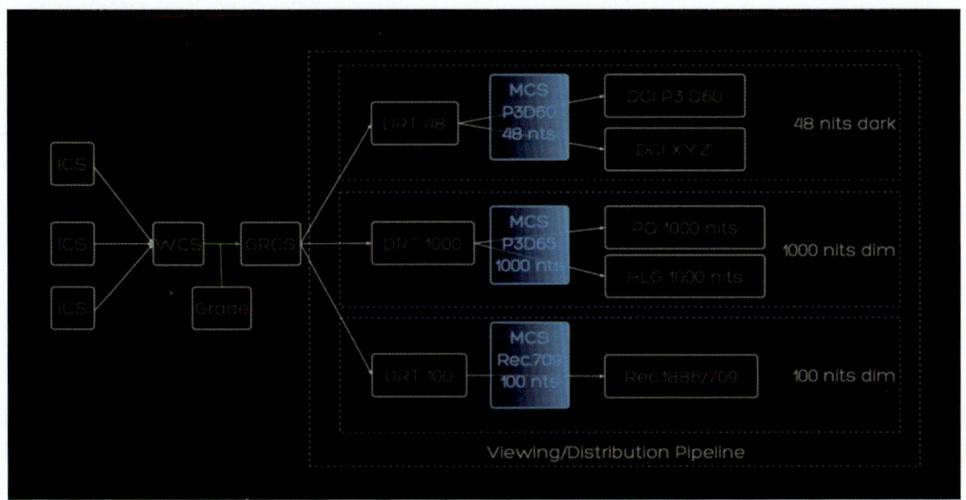

图 5-30　MCS 母版色彩空间流程图（摘自 FilmLight 官方教程）

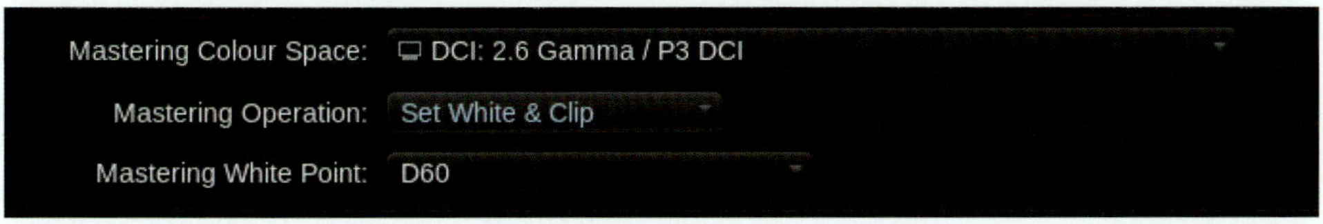

Mastering Colour Space: DCI: 2.6 Gamma / P3 DCI
Mastering Operation: Set White & Clip
Mastering White Point: D60

图 5-31　色彩空间高级设置

Baselight 的工程师不建议用户使用 DCI 作为 P3 的白点，因为 DCI 在视觉上偏黄绿色，不适合作为调色的基础（尤其对于肤色），因此，如果用户使用 FilmLight 模版，使用 DCI:2.6 Gamma/P3 DCI 作为 Viewing Colour Space（投影机设置为 DC28_DCI_Xenon），默认情况下 Baselight 系统会将 Mastering Colour Space 设置为 D60，对绿色进行一定的偏移，抵消一部分黄绿色，将白点从 DCI 偏移到 D60，那么输出的 RGB 画面的白点就是 D60，当然，如果调色师习惯于以前的 DCI 白点，也可以将 Mastering Colour Space 设置为 DCI，就恢复为之前的画面效果，如图 5-32 所示。

图 5-32　色彩空间高级设置

这是一个关键的设置，对后续生成正确的 DCDM/DCP 非常重要，如果使用其他软件（以 DCP-o-matic 为例）在 Baselight 生成的 RGB 画面（DSM）上压制 DCP，就需要将白点指定为 D60（DCI :0.314 0.351 改为 D60：0.3217，0.3378），然后再进行 RGB>XYZ 的转换，否则色彩将不能被准确还原。如果使用 Baselight 从调色场景中直接生成 DCDM 或者 DCP，Baselight 则自己进行转换，如图 5-33 所示。

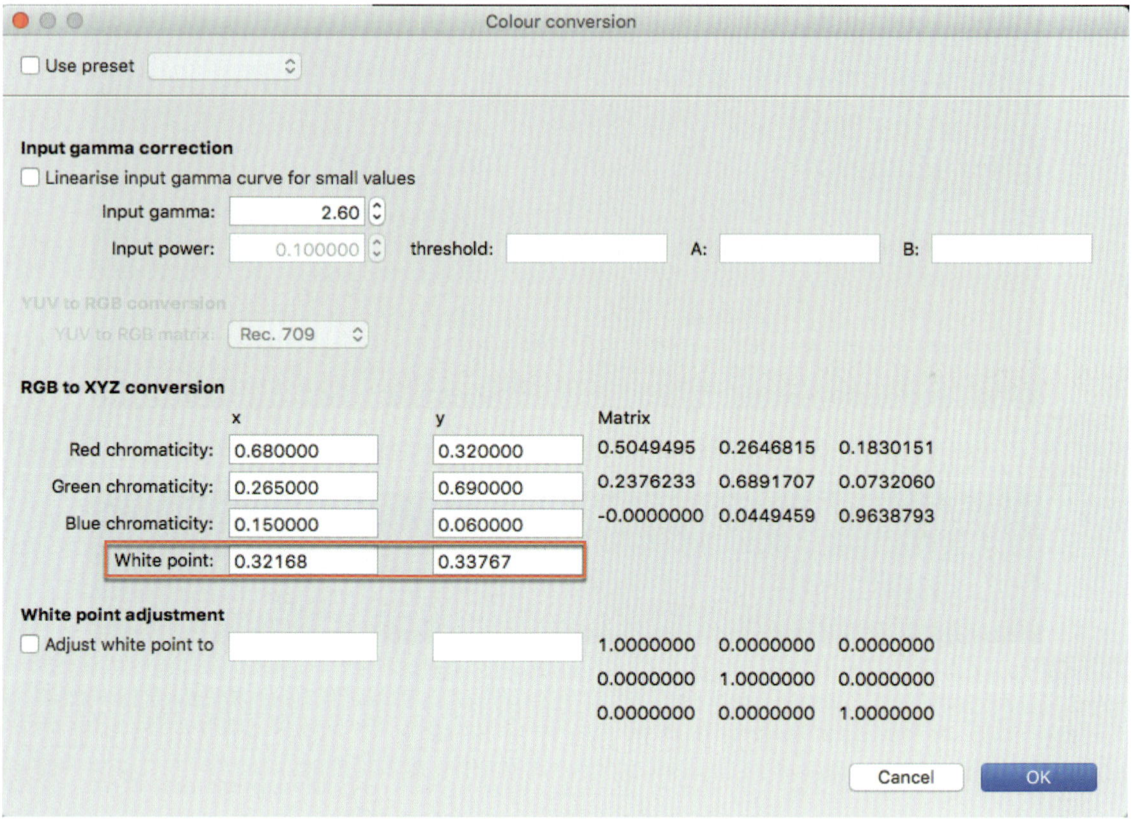

Colour conversion
Use preset
Input gamma correction
Linearise input gamma curve for small values
Input gamma: 2.60
Input power: 0.100000 threshold: A: B:
YUV to RGB conversion
YUV to RGB matrix: Rec. 709
RGB to XYZ conversion

	x	y	Matrix		
Red chromaticity:	0.680000	0.320000	0.5049495	0.2646815	0.1830151
Green chromaticity:	0.265000	0.690000	0.2376233	0.6891707	0.0732060
Blue chromaticity:	0.150000	0.060000	-0.0000000	0.0449459	0.9638793
White point:	0.32168	0.33767			

White point adjustment
Adjust white point to

1.0000000	0.0000000	0.0000000
0.0000000	1.0000000	0.0000000
0.0000000	0.0000000	1.0000000

Cancel OK

图 5-33 DCP-o-matic RGB>XYZ 白点转换

5.7 手动设置RED输入色彩空间

对于流行的摄影机，Baselight 系统会通过文件头或元数据信息识别素材所属的输入色彩空间，比如对于 ARRI 的素材，系统自动识别为 ARRI: LogC/Wide Gamut 或者 ARRI: Linear/Wide Gamut，对于 RED 素材，系统自动识别为 RED: Linear/RGBWideGamutRGB（Baselight5.0），Baselight 的工程师认为这个色彩空间能获取更多的 RED 素材的动态范围和色彩信息。如果由系统自动识别色彩空间，用户不可以在 R3D Params 里设置素材的 Tone Curve 和 Colour Primaries，因为这部分已被 Baselight 接管，如图 5-34 所示。

有些调色师可能习惯使用 Log3G10 的 RED 素材，他们可以将 Layer0 里面的 Input 设置为 RED: Log3G10/ RED Wide Gamut RGB，此时一定要打开 R3D Params，将 Output Tone

Curve 和 Output Colour Primaries 也分别设置为 Log3G10 和 RED Wide Gamut RGB 才可以得到一致的画面，如图 5-35 所示。

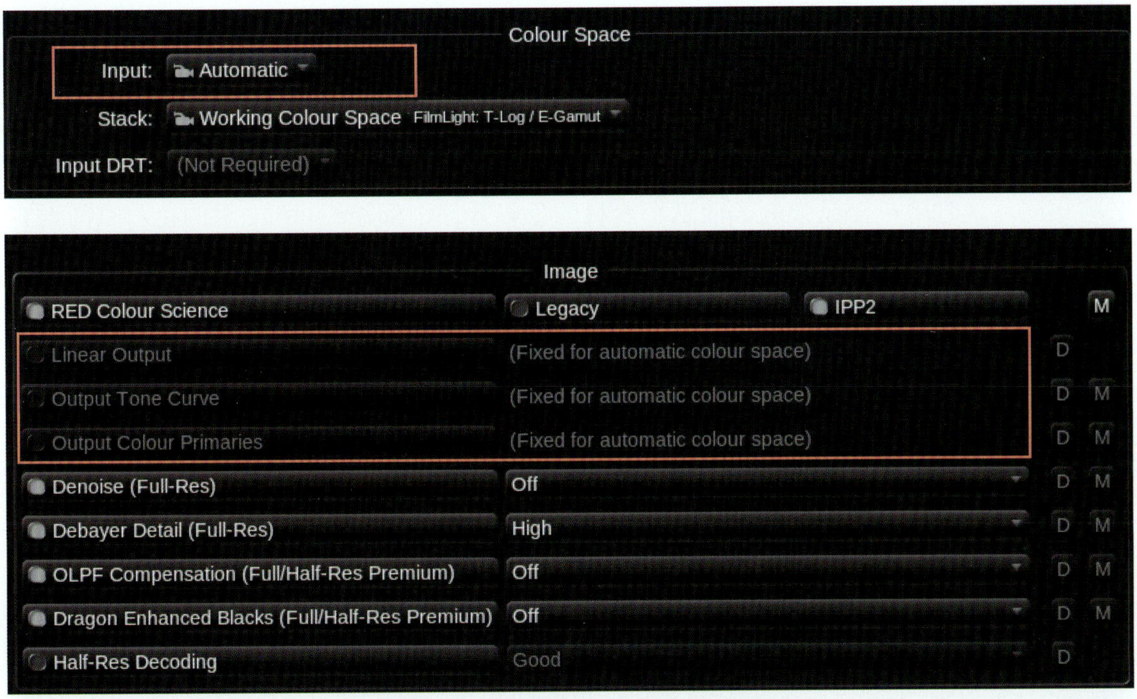

图 5-34　设置 RED 输入色彩空间（1）

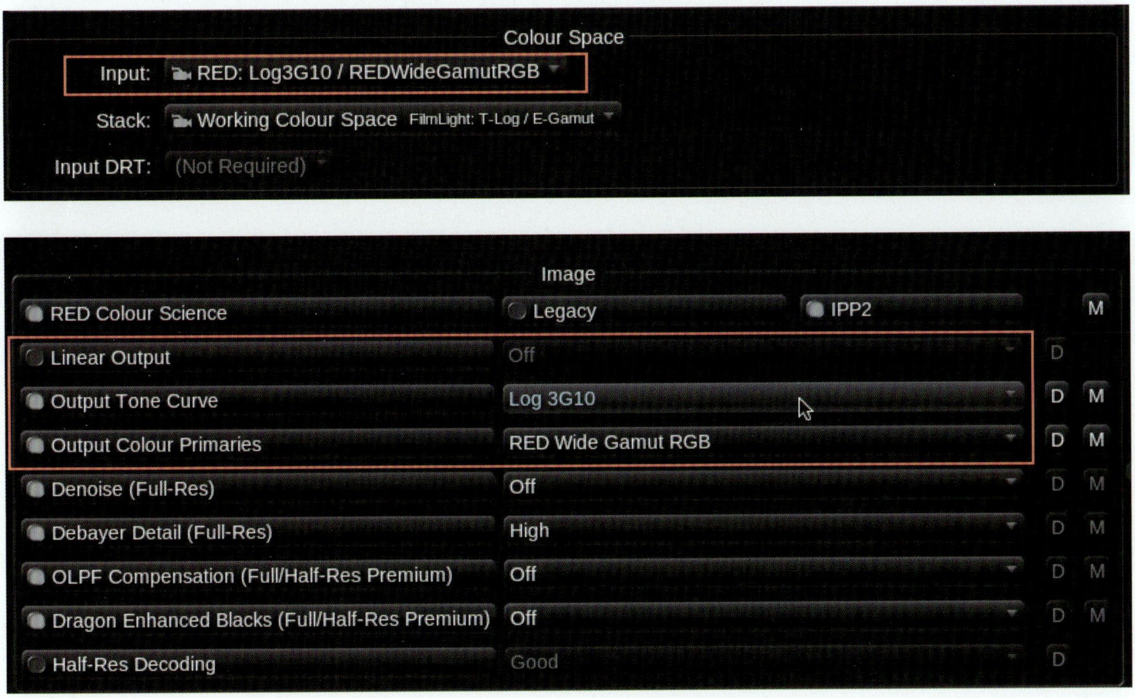

图 5-35　设置 RED 输入色彩空间（2）

5.8 显示不经过色彩管理的原始素材

有的时候需要在 Baselight 里显示不使用任何色彩管理的原始素材画面，如图 5-36 所示。以 ARRI 的 RAW 文件举例，这需要三步。

第一步：在 Layer0 里将 Input Colour Space 设置为 ARRI:LogC/Wide Gamut；

第二步：将 Stack Colour Space 设置为 From Input Colour Space，即与原始素材的色彩空间相同，这时用户已经强制去除这个素材的色彩管理，Scene setting 里的色彩空间设置对这个素材的显示不再起作用；

第三步：将显示色彩空间设置为相同的 ARRI:LogC/Wide Gamut，此时就可以在监视设备上看到最原始的素材画面。

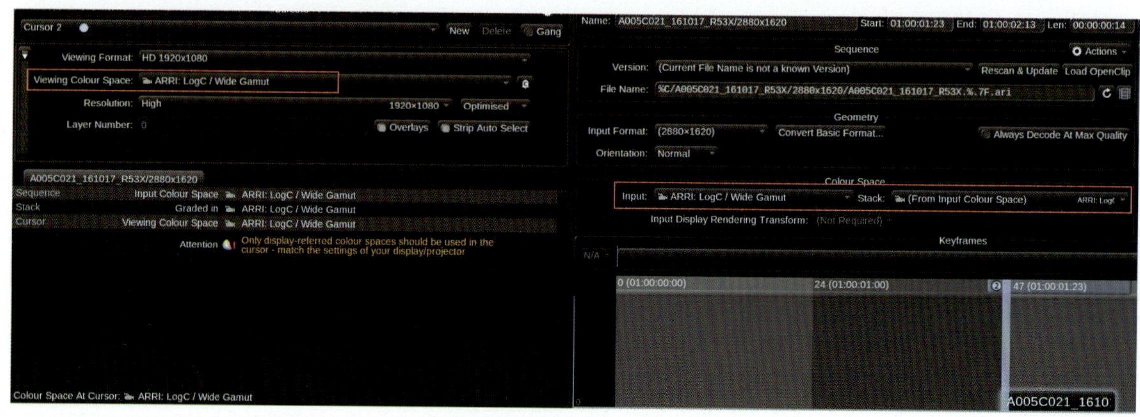

图 5-36　显示原始画面

简单的表述就是将素材的输入色彩空间（Input）、时间线（工作）色彩空间（Stack），显示色彩空间（Viewing）都设为原始素材本身的色彩空间，必要的时候需要将 Mastering Colour Space 设置为 None。

5.9 检查调色场景及输出结果

对于调色完成的场景，通常需要将输出的物料与调色场景进行对比，以确保生成的画面没有颜色和灰阶方面的偏差。以 FilmLight 模版建立调色场景，导入素材是 ARRI RAW，渲染输出 X’Y’Z’ 的画面为例，用户可以新建一个场景作为对比，将 X’Y’Z’ 的输出物料导入，利用上一节讲到的设置显示画面，注意要将 Mastering Colour Space 设置为 None，如图 5-37 所示。与之对应，也需要将调色场景的 Viewing Colour Space 也设置为 X’Y’Z’ 的色彩空间，此时就可以对比两个场景，还可以将投影机的色彩空间设置为 DC28_DCI_XYZE_314_351，将色彩还原为正常画面进行对比，两者完全相同，如图 5-38 所示。

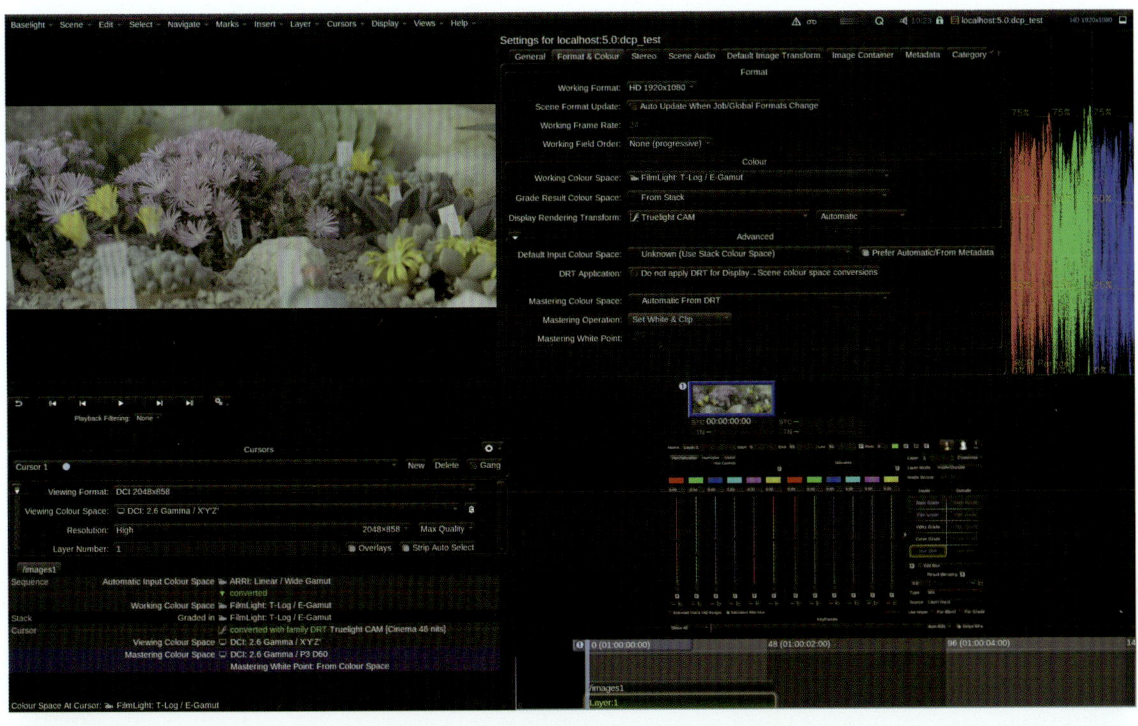

图 5-37 调色场景显示 X' Y' Z'

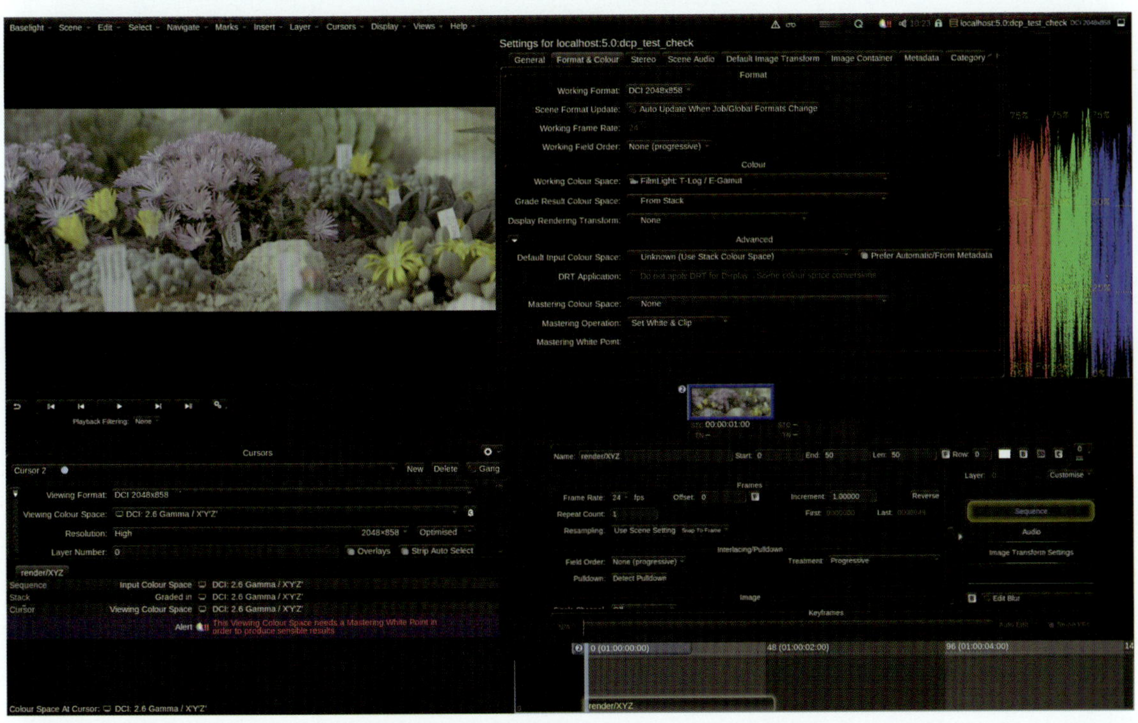

图 5-38 验证场景显示 X' Y' Z'

5.10 利用Baselight生成特效文件以及在Resolve中对比Baselight的生成结果

使用 Baselight 转码的过程很简单，但是如何与视效公司进行正确的数据交换则比较复杂，由于视效公司制作水平以及对色彩管理的理解参差不齐，提前与视效公司沟通并进行测试就显得非常重要。本书我们只列举 Alexa 和 Red 两个例子。

Baselight 的调色场景以 FilmLight 模版创建，ARRIRAW 素材被系统自动识别为 ARRI: Linear/Wide Gamut，生成 ARRI:LogC/Wide Gamut 色彩空间的 DPX 序列帧，可以将生成的 DPX 序列帧导入时间线，并指定它的 Input Colour Space 为 ARRI:LogC/Wide Gamut，此时可以看到画面与原始 RAW 文件完全一致，如图 5-39 所示。就可以将该素材提交给视效公司进行制作，前提是视效制作不要改变颜色（如果视效公司掌握 ACES 的制作流程，也可以生成 ACEScg:Linear /AP1 或者 FilmLight:Linear/E-Gamut 的线性数据文件交付视效制作公司）。当然，也可以将 RAW 文件和 DPX 文件导入 Resolve 中进行对比（Resolve 的色彩科学使用 DaVinci YRGB 模式，并使用 ARRI Alexa 作为解码方式），其对比结果应该与 Baselight 完全一致，如图 5-40 所示。

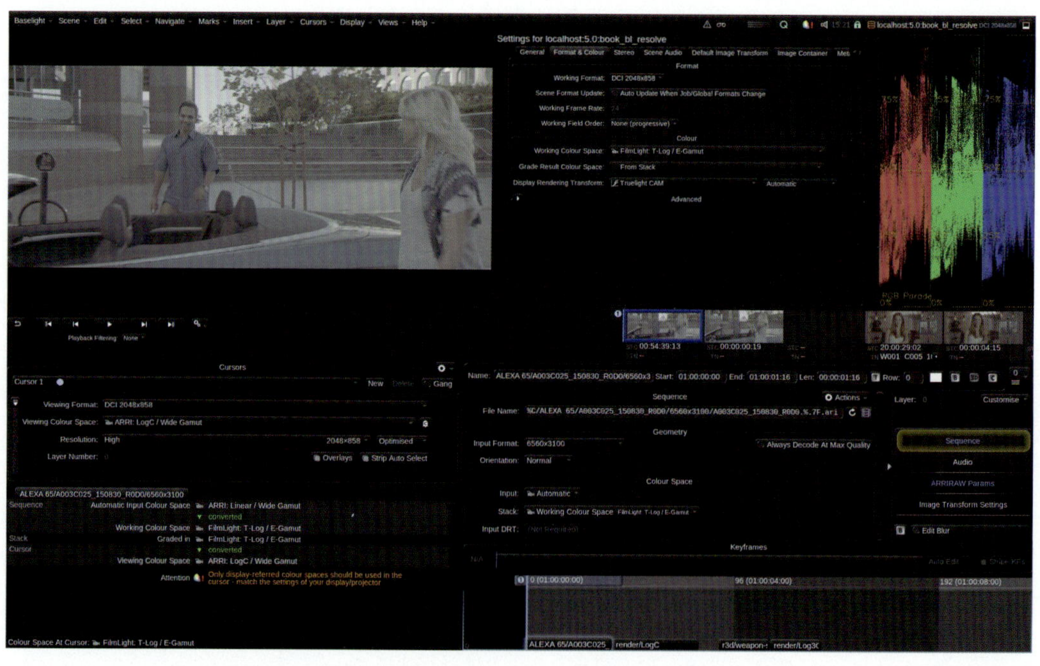

图 5-39　Baselight 中显示 LogC/Wide Gamut

Baselight 的调色场景以 FilmLight 模版创建，RED 素材被系统自动识别为 RED: Linear/ REDWideGamutRGB，生成 RED:Log3G10/ REDWideGamutRGB 色彩空间的 DPX 序列帧，可以将生成的 DPX 序列帧导入时间线，并指定它的 Input Colour Space 为 RED:Log3G10/ REDWideGamutRGB，此时可以看到画面与原始 R3D 文件完全一致，如图 5-41 所示。就

可以将该素材提交给视效公司进行制作，前提是视效制作不要改变颜色。当然，也可以将R3D文件和DPX文件导入Resolve中进行对比（Resolve的色彩科学使用DaVinci YRGB模式，并使用正确的Colour Space和Gamma Curve解码），其对比结果应该与Baselight完全一致，如图5-42所示。

图 5-40　Resolve 中显示 LogC/Wide Gamut

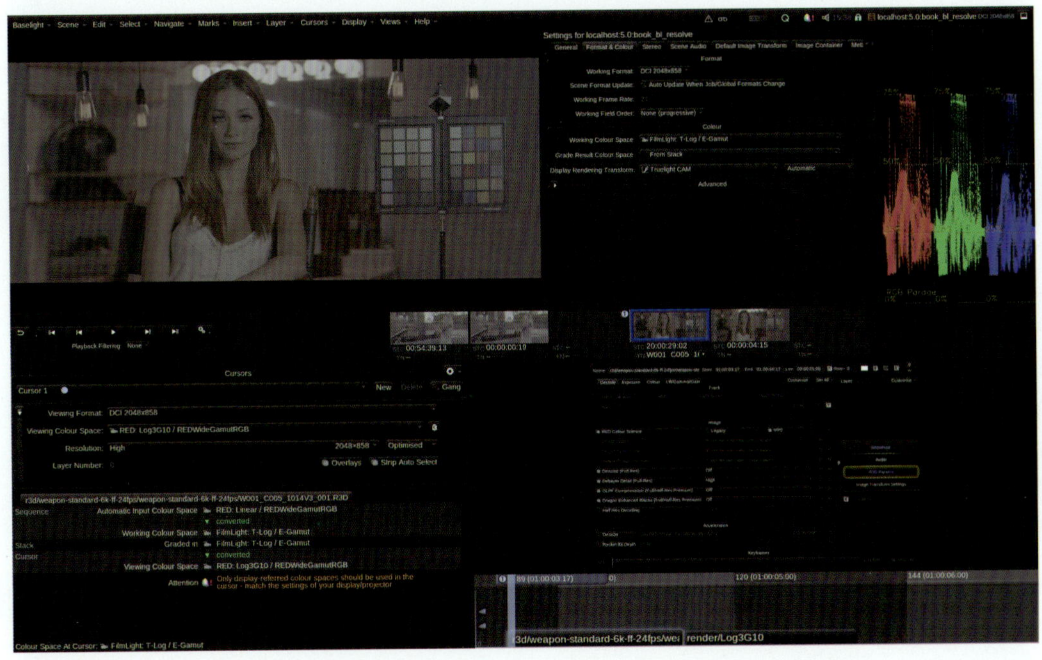

图 5-41　Baselight 中显示 Log3G10/REDWideGamutRGB

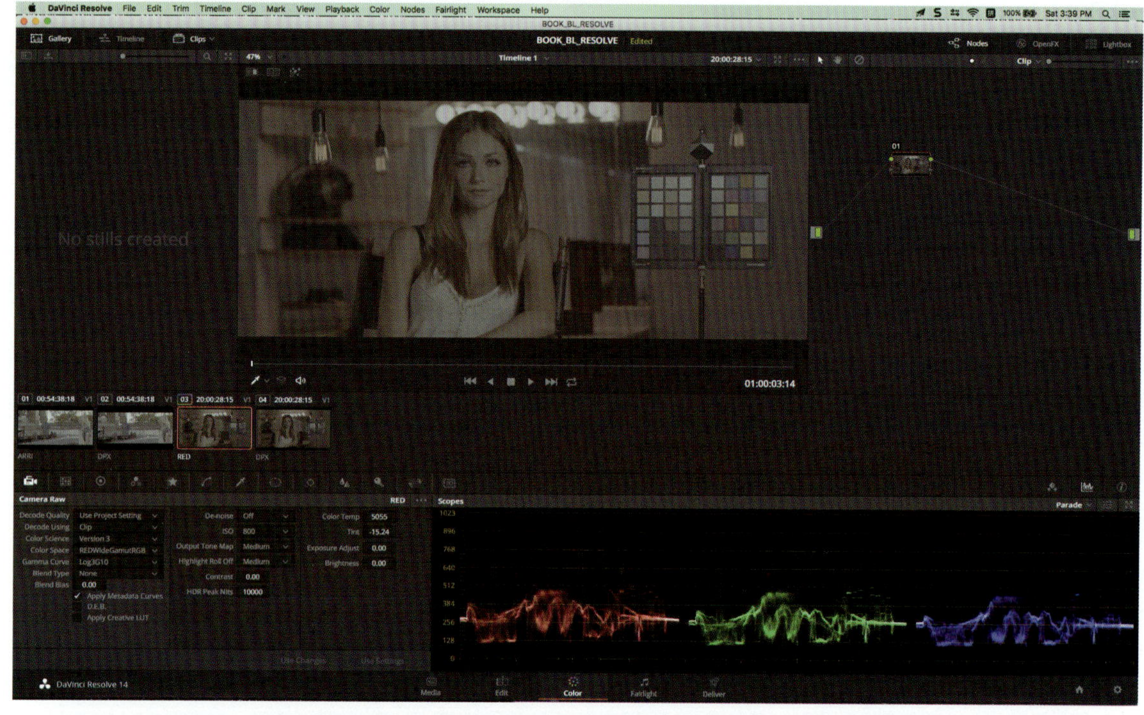

图 5-42　Resolve 中显示 Log3G10/REDWideGamutRGB

★实操演示：

本节内容的具体操作请参看随书教学录像。

5.11 在Baselight和Resolve中使用ACEScct得到相同的画面

如果在 Resolve 中使用 ACEScct 色彩科学，也可以在 Resolve 中得到和 Baselight 中一样的画面。需要使用 ACEScct 作为 Resolve 中的 Color Science，使用 1.0.3 的 ACES 版本；将 ACES Output Device Transform 设置为 sRGB（我们是在同一台苹果笔记本上进行比较）。在 Baselight 中直接使用 ACEScct 模版创建场景，使用 ACEScct/AP1 作为工作色彩空间，使用 ACES RRT1.0.1 作为 DRT，使用 sRGB 作为显示色彩空间，这样就能得到相同的画面。实际上，无论哪个软件，只要能支持 ACES，都可以在不同软件平台上得到相同的画面，如图 5-43 ～图 5-46 所示。

图 5-43　Baselight 中使用 ACEScct（1）

图 5-44　Resolve 中使用 ACEScct（2）

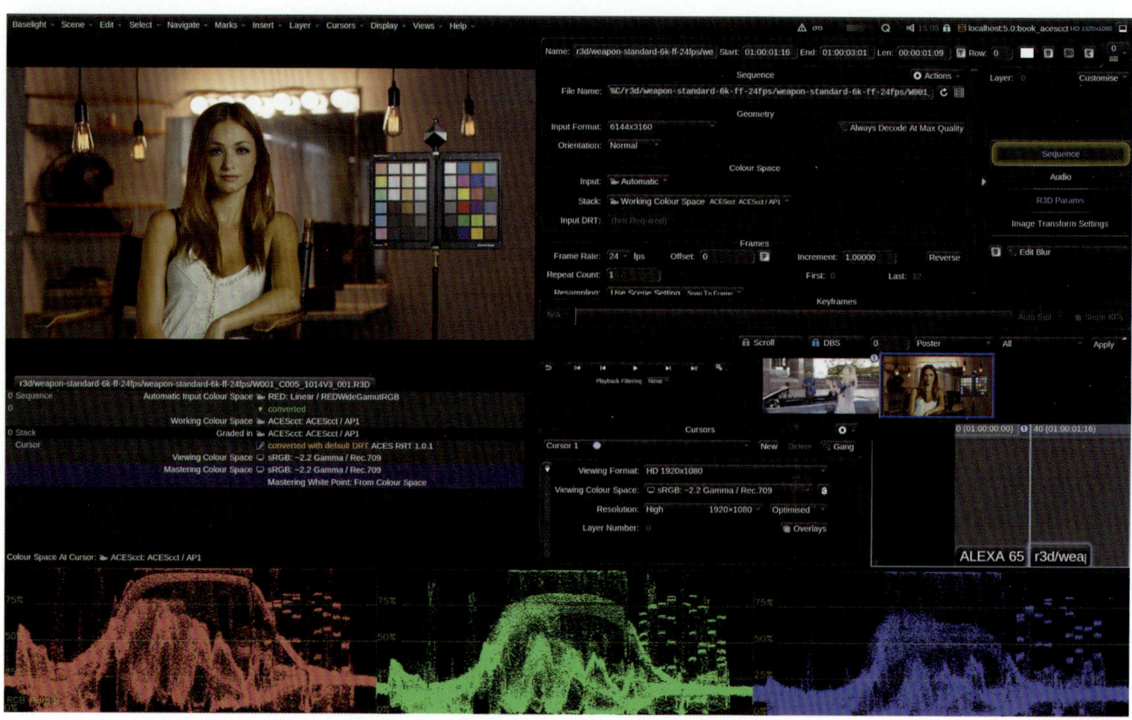

图 5-45　Baselight 中使用 ACEScct（1）

图 5-46　Resolve 中使用 ACEScct（2）

5.12 在影院版制作完成后生成高清版

通常，影院版的调色完成之后，用户还需要生成 HD 高清版用于送审或电视台播放，那么就需要生成高清版画面。得益于 Truelight 色彩管理系统，这一步做起来非常简单。首先，要在标准的影院调色环境下完成调色制作，如果有多个可以共享数据的 Baselight 系统，可以在另外一间具备高清调色条件的调色室将 Baselight 调色系统的 bl-setups 设置为 HD 配置并打开 Baselight。

然后，打开之前在 P3 DCI 下完成的时间线场景，将 Viewing Colour Space 设置为 Rec.1886:2.4 Gamma/Rec.709，将画面输出到标准的高清监视器上观看画面（在 FilmLight 模版下，Baselight5.0 会根据 Viewing Colour Space 自动选取不同的 DRT），理论上，监视器上的画面应该非常接近投影机的画面，调色师只需要进行小幅度的修正（Trimpass）即可完成高清版本的制作。如果不具备多个 Baselight 系统，也可以将画面直接生成为 Rec.1886:2.4 Gamma/Rec.709 的文件，直接导入其他系统，如 Resolve 中并按照高清模式（Video Level）观看高清画面并进行适当的修正。

5.13 关于*Full*和*Legal*设置

对于 Full Range 和 Legal Range（Legal 也称 Limited/Head/Video）的基本概念，读者可以参考 Baselight 技术说明书（Help 菜单下的 Technical Manual），书中有详细的解释，本书只列出 Full range 和 Full to legal 的图表。通常对于院线电影来说（数字投影机），Baselight 的 SDI 输出通常设置为 444 No Scale/Clip 或者是 422 RGB No Scale/Clip。对于电视广告和其他视频节目（高清监视器），Baselight 的 SDI 输出通常设置为 422 Full to Legal 或者是 444 RGB Full to Legal。相对于其他视频剪切方式，Full to Legal 能保留最多的灰阶层次，不会出现死黑死白的现象，用户也可以根据情况设置为其他的剪切方式，如图 5-47 ～图 5-49 所示。

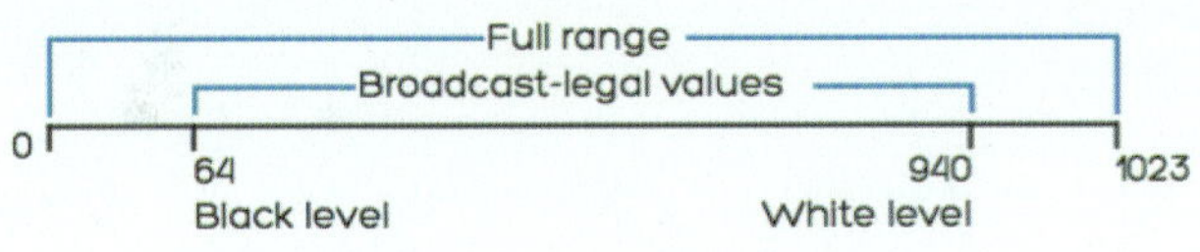

图 5-47　Full range 和 Legal range 的区间对比

Baselight SDI 输出设置的关键是要与监视设备的设置一致，无论是投影机还是监视器，都要对照 Baselight 的信号输出进行匹配，监视设备设置的是 Full，Baselight SDI 信号也要设置为 Full，监视设备设置的是 Legal，Baselight SDI 信号也要设置为 Legal，否则画面显示就会不正确，最直观的感受是反差过大，呈现错误的画面初始效果，如图 5-50 所示。另外，渲染视频文件的时候也要根据文件的应用环境在渲染中设置是否加载 Video LUT，必要的话告知下一步工作人员渲染文件是 Full 还是 Legal 的，如图 5-51 所示。

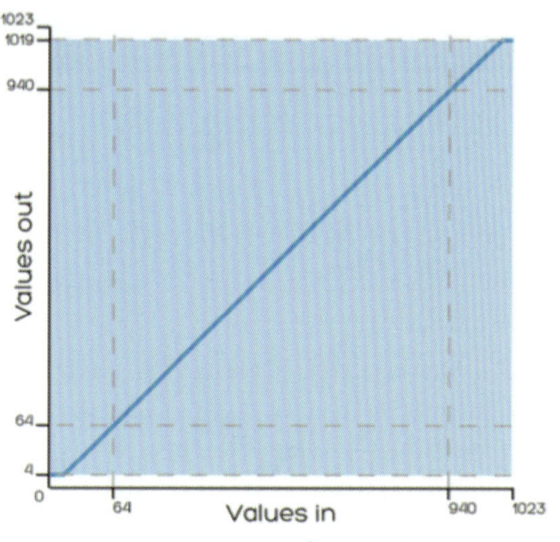

图 5-48 Full range，no conversion

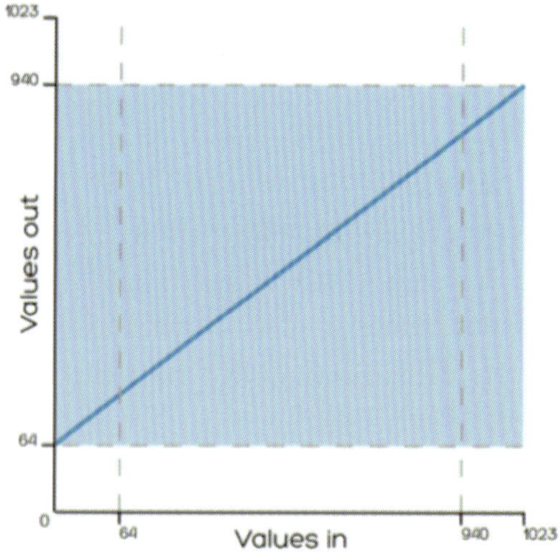

图 5-49 Full range to Legal range

图 5-50 Baselight SDI 输出设置

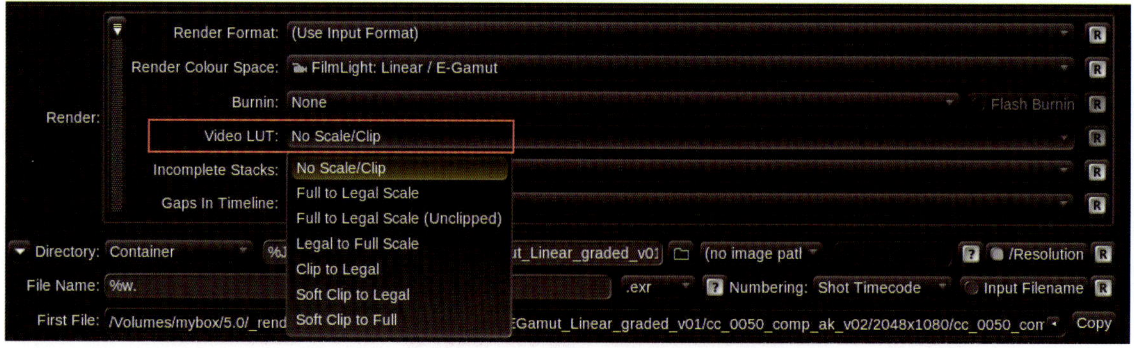

图 5-51 Baselight 渲染输出 Video LUT 设置

5.14 利用Baselight输出可供其他软件使用的LUT

Baselight 提供了灵活方便的色彩管理模式，同时也提供了为其他软件设备输出 LUT 的功能，用户可以将 Baselight 内部的色彩空间和调色转换过程通过 LUT 的形式输出给其他软件或者设备使用（菜单 Views/Shots/Export LUTs），实现画面效果的互通，如图 5-52 所示。在这里我们不进行文字讲解，请参考相关视频教程。

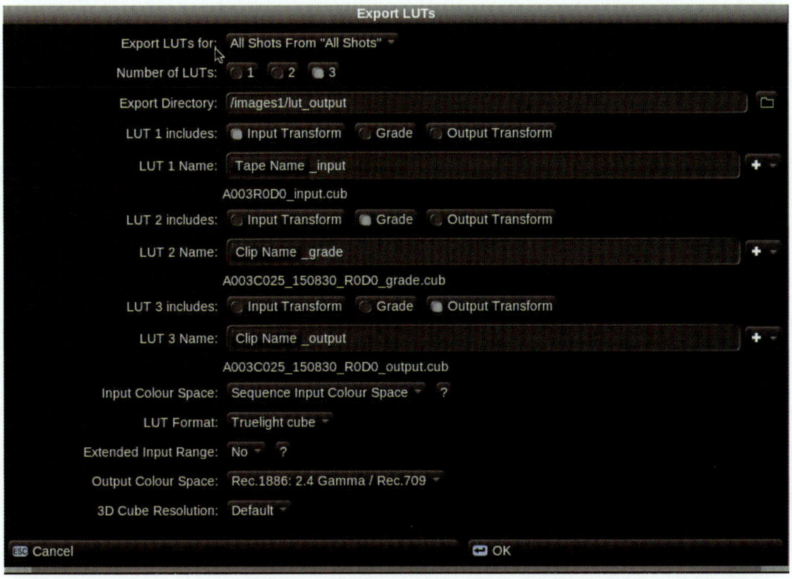

图 5-52 Baselight 输出 LUT

★实操演示：

本节内容的具体操作请参看随书教学录像。

5.15 HDR调色

由于使用 Scene-referred 的工作色彩空间调色流程，利用 FilmLight 模版或者 ACES 模版非常适合 HDR 调色。用户可以直接进行 HDR 版本的调色，也可以在 SDR（低动态）调色制作的基础之上进行 HDR 版本制作。完成 SDR 的影片调色之后，用户将 Baselight 视频信号接入 HDR 监视设备，将 Baselight 的 Viewing Colour Space 设置为与监视设备一致的 HDR 色彩空间，即可进行 HDR 的调色制作。依靠 T-CAM 的技术，调色师只需要在 SDR 调色基础之上进行少量的修正即可完成 HDR 的调色版本。目前 Baselight 支持 Dolby Vision、HDR10、HLG 的 HDR 标准，并且可以在各种不同标准的 HDR 之间，HDR 和 SDR 之间进行完美转换。

如果连接 Dolby 的 CMU、Baselight 也可以进行家庭版 Dolby Vision 的制作，具体设置方法可参考图 5-53 或者咨询 FilmLight 技术支持。最新的 Baselight5.0 已经支持软件 CMU，即不需要购买杜比的硬件 CMU，前提是获得杜比的许可。

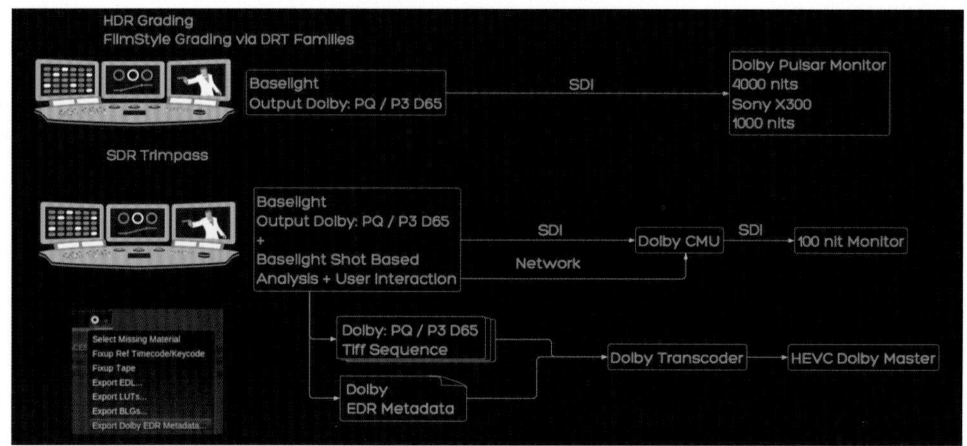

图 5-53　Baselight Dolby Vision 制作流程（摘自 FilmLight 官方教程）

为了方便用户进行 HDR 调色制作，Baselight 推出了 Base Grade 工具，Base Grade 可以直接对画面的不同曝光区域进行调光调色，也可以设置不同曝光区域的范围，不需要绘制 Shape 或者抠像就可以对指定的区域进行控制。具体关于 Base Grade 的使用请参考一级调色章节。

由于很多调色师习惯使用 LUT 进行调光调色，但是对画面动态范围和色域都有压缩的 LUT 不适合 HDR 节目的制作，为了方便用户使用，经过 FilmLight 工程师的研究和开发，现在在 HDR 流程中（Scene-referred 工作流程）也可以使用风格化的基于公式的 LUT。结合 T-CAM 色彩呈现模型的转换得到干净的画面再加上风格化的 Scene Look，用户就可以在 HDR 制作中为画面施加不同的影调，用户也可以将自己喜欢的 LUT 发送给 FilmLight 工程师转制为可以在 HDR 流程中使用的 Scene Looks，如图 5-54 所示。也可以将自己在 HDR 流程中制作的影调导出导入对应的目录里然后使用。

图 5-54　Scene Looks 界面

另外，由于 HDR 的片源不多，利用 FilmLight 的 Truelight CAM 直接将 SDR 的画面转换到 HDR 就能得到不错的效果，但是往往在高亮的部分会出现一些瑕疵（Artifacts）。为了得到更好的 HDR 画面，Baselight5.0 推出了 Boost Range 工具，该工具提供了更多调整的可能，可以得到柔和细腻的具备电影感的高光细节和暗部层次，如图 5-55 所示。

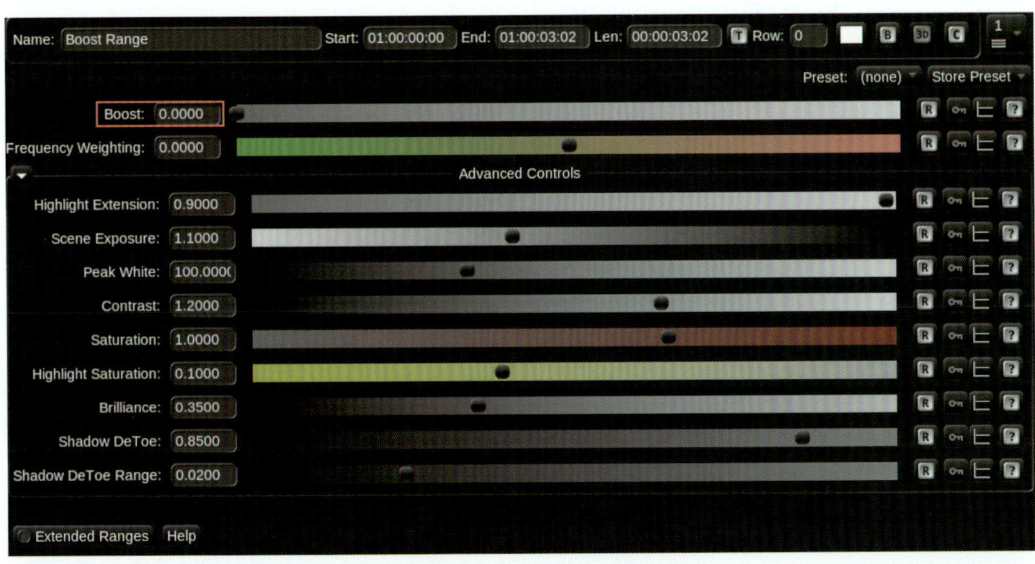

图 5-55　Boost Range 界面

如果在 Baselight5.0 中使用 Boost Range，要先将 SDR 素材导入 Baselight 的 Input DRT 设置为 None（不使用系统提供的反转 DRT），然后再加入 Boost Range 工具，将 Boost 值设置为 1.0，同时将显示色彩空间设置为如 ST 2084 PQ/Rec.2020/1000 nits 的高动态色彩空间并连接对应的 HDR 监视器，就可以得到很好的 HDR 画面，如图 5-56 所示。

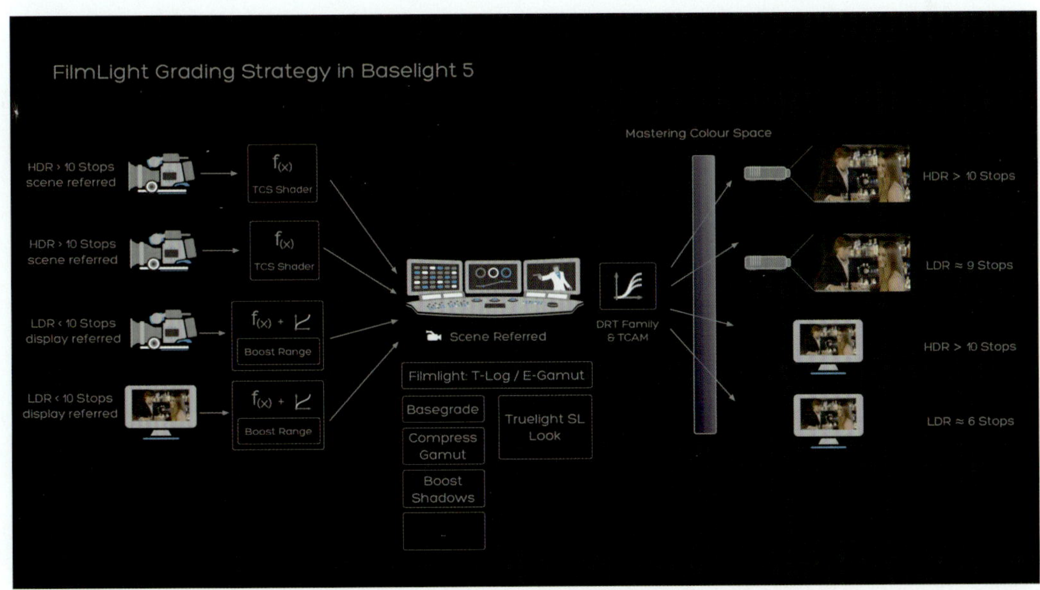

图 5-56　Baselight5.0 结合众多新功能的色彩管理流程

综上所述，Baselight 的色彩管理是非常强大和灵活的，基于数十年对色彩科学和电影制作的深刻理解和经验积累，Baselight 的科学家对 Baselight 的色彩呈现进行了大量的优化，色彩转换更加精准方便，画面效果更加自然干净，颜色过渡更加顺滑细腻，各种操作对调色师的反馈也更加快速直观，面向未来的高度优化的色彩管理技术也已经非常成熟。国内外的资深摄影师和调色师都对 Baselight 的调色效果赞不绝口，Baselight 是业内公认的顶级调色系统。

5.16 本章小结

本章我们集中介绍了 Baselight 的色彩管理，包括色彩空间的定义和分类，Baselight 色彩管理流程和基本设置，了解不同场景模版设置的由来和使用，理解色彩空间流转图，使用色彩空间工具对色彩流程进行调整，以及对 Baselight5.0 色彩空间高级操作进行讲解。另外，结合实际的工作，我们对经常会用到的涉及色彩管理的操作也进行了具体讲解。请大家结合文字及视频教程和自己具体的实践理解 Baselight 的色彩管理，并运用到实际调色工作中。

第6章 一级调色

本章导读

一级调色调整的是画面的整体色调、对比度和色彩平衡。在拍摄过程中可能会造成画面偏色，曝光不足，对比度不够等问题。一级调色就可以用来校正画面的这些错误，将不同的镜头进行匹配甚至是创建一个整体风格。Baselight拥有完善而高效的工具帮助你完成一级调色工作。

学习要点

◇ 调色层
◇ Base Grade
◇ Film Grade
◇ Video Grade
◇ Curve Grade
◇ Hue Shift
◇ Gestural Grade
◇ 示波器讲解

6.1 调色层

在 Baselight 中，要想使用一级调色工具进行调色，你应该为需要调色的素材片段增加调色层。在调色层上可以使用多种调色工具，例如 BaseGrade、FilmGrade、VideoGrade、CurvesGrade 和 HueShift 等。

6.1.1 调色层的模式

默认增加的调色层模式是“Inside/Outside”，如图 6-1 所示。

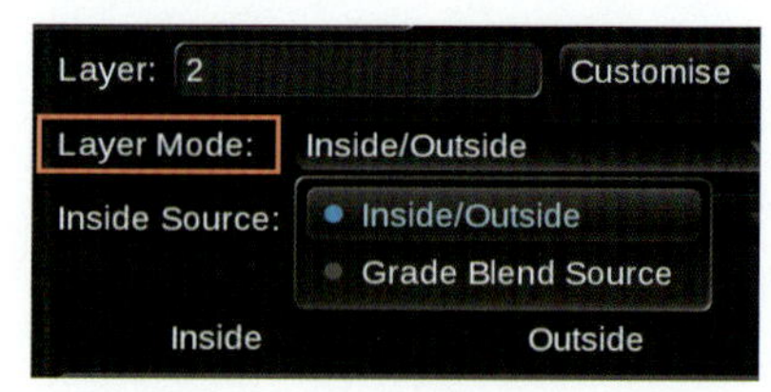

图 6-1　默认的“Inside/Outside”模式

6.1.2 增加调色层的方式

增加调色层可以通过多种方式实现，下面介绍其中常用的三种方式：

方式 1：在 Layer 菜单中选择“Insert Layer – Base Grade”命令。或者按下快捷键【P】就可以增加一个调色层并同时激活 Base Grade 调色工具。选择“Insert Layer – Video Grade”命令。或者按下快捷键【Alt+P】就可以增加一个调色层并同时激活 Video Grade 调色工具。如图 6-2 所示。当按下快捷键【P】或者快捷键【Alt+P】的时候，具体激活的是哪一个一级调色工具取决于 Baselight 的偏好设置。

方式 2：使用鼠标或触控笔单击“Layer Manager”按钮，会弹出一个小面板。单击绿色的加号按钮即可增加调色层。当你选中了某个调色层之后，单击红色的按钮可以将其删除。单击白色的上、下箭头可以调整被选中图层的上、下顺序，如图 6-3 所示。

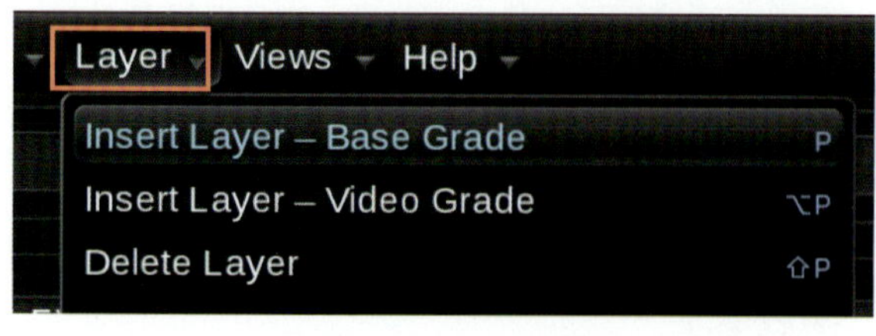

图 6-2　Layer 菜单

图 6-3　Layer Manager 面板

方式 3：使用 Blackboard 或 Slate 调色台来添加调色层。

6.1.3 重置调色层上面调色工具的方法

方式 1：在调色工具上右击，然后在弹出的菜单中选择“Reset Operator Entry”命令，如图 6-4 所示。

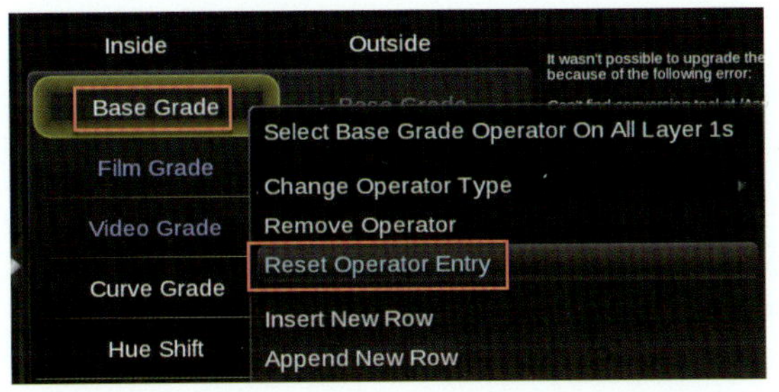

图 6-4 “Reset Operator Entry”命令

方式 2：按下快捷键【Ctrl+Delete】(Linux)，在 Mac 系统中需要按下快捷键【Command+Delete（向后删除键）】。

6.1.4 设置自己的一级调色工具类型

对于 Baselight 5.0 之后的版本来说，在默认情况下，一级调色工具面板上显示的第一个工具是 BaseGrade。对于之前的版本来说，第一个工具是 FilmGrade。这个默认设置是可以修改的。

01 选择 Baselight 主菜单中选择“Baselight > Preferences”命令。

02 打开“Plugins”子面板。在“Major grade type”中设置喜爱的一级调色工具，如图 6-5 所示。

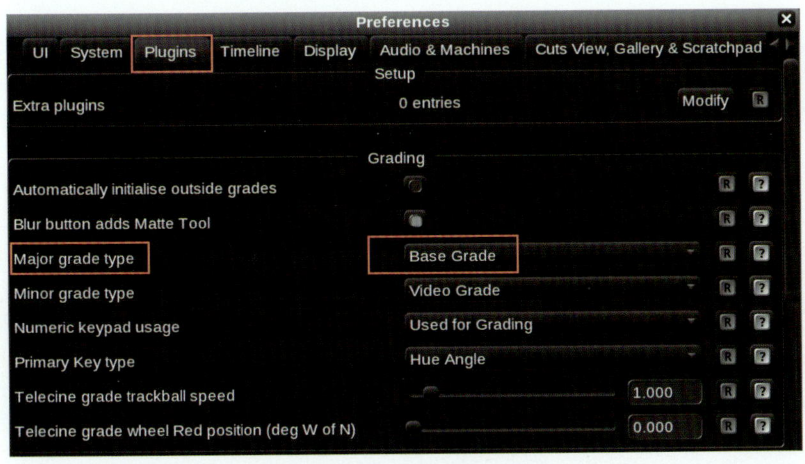

图 6-5 偏好设置面板

03 单击“Save”按钮保存一下设置即可。

6.2 一级调色工具讲解

Baselight 提供了多种一级调色工具供用户选用，其中 Base Grade、Film Grade、Video Grade、Curve Grade 和 Hue Shift 工具的使用频率较高。Base Grade 是 Baselight5.0 版本新

增的调色工具，拥有许多优点。Film Grade 原本是面向胶片调色而设计的调色工具。Video Grade 所提供的 Lift、Gamma、Gain 三组合可以说是现今视频世界中最通用的调色工具。Curve Grade 是曲线调色工具，功能强大、灵活多变。Hue Shift 可以提供便捷的分区调色功能。下面将依次讲解每一个工具。

6.2.1 基础调色（Base Grade）

Base Grade 是 Fimlight 公司推出的一款全新的调色工具。Base Grade 既不是以视频信号也不是以胶片素材作为基础的调色方式，而是以人眼感知算法模型为基础的新工具，Base Grade 的动态范围不再受限于 Rec709 或者 Cineon 编码，而是面向 HDR。

Base Grade 在不同的工作色彩空间都是一样的操作。因此，无论何种摄影机素材，调色师的感受都是一样的，这不仅需要准确地在 Scene settings 里设置也需要正确地指明素材的所属色彩空间，通常这些都是由系统自动识别完成，但是对于转码的素材还是需要一点人为的调整。Base Grade 将图像转换为线性色彩空间，场景的原始光比被保留下来。调色师不需要关心内部的色彩转换，因为 Base Grade 在给定的色彩空间里将图像移交给下一个操作节点。

在内部，Base Grade 使用一个基于 Lab 色彩模型的算法，由一个纯粹的亮度成分 L 和两个色度成分 a 和 b 组成。a 和 b 的色彩平面为了更好地符合调色需求被开发人员做了变形修改。这令所有的颜色区域的色彩和饱和度改变都呈现出相同的视觉效果，令调色过程更加直观、自然。

所有的曝光值和轴点都是以光圈或挡来指定，这是一个模拟人类视觉的常用单位，是摄影师和摄影指导都能理解的语言，调色师可以马上给摄影指导反馈。比如说，我想让图像再亮半挡，或者我想让亮部再暗一挡。如果样片调色师（Dailies colorist）使用这个工具，类似于以前洗印厂出具的摄影报告单一样，调色师的反馈可以在现场帮助摄影指导，它会让摄影指导和调色师的沟通更加容易，尤其是摄影指导不在场的情况下。

Base Grade 的界面如图 6-6 所示。其界面设计沿袭了 Video Grade 和 Film Grade 的布局，由三个主要的调整项对应到调色台的三个轨迹球和亮度环，下面是一个当前色调曲线的视觉化参考图，图的周围是额外的参数，比如轴点定义值。开发者将 Base Grade 分为两个标签面板，第一个是 Dim/Bal/Light（暗 / 整体平衡 / 亮），第二个是 Dark/Balance/Bright（更暗 / 整体平衡 / 更亮）。最重要的调整项是 Balance，对应到调色台中间的轨迹球和亮度环上，Flare、Contrast、Saturation 在两个页面上都可以调整。

① [面板切换标签]：单击此按钮可以切换 Dim/Bal/Light 标签面板和 Dark/Balance/Bright 标签面板。

② [当前正在使用的工具名称]：此下拉菜单可以让你选择不同的调色工具。

③ [关键帧按钮]：单击此按钮可以制作关键帧。

④ [关键帧过渡曲线按钮]：当制作关键帧动画之后，关键帧之间的过渡曲线形态可以通过这个按钮进行切换。

⑤ [重置色轮按钮]：按下此按钮可以复位色轮。

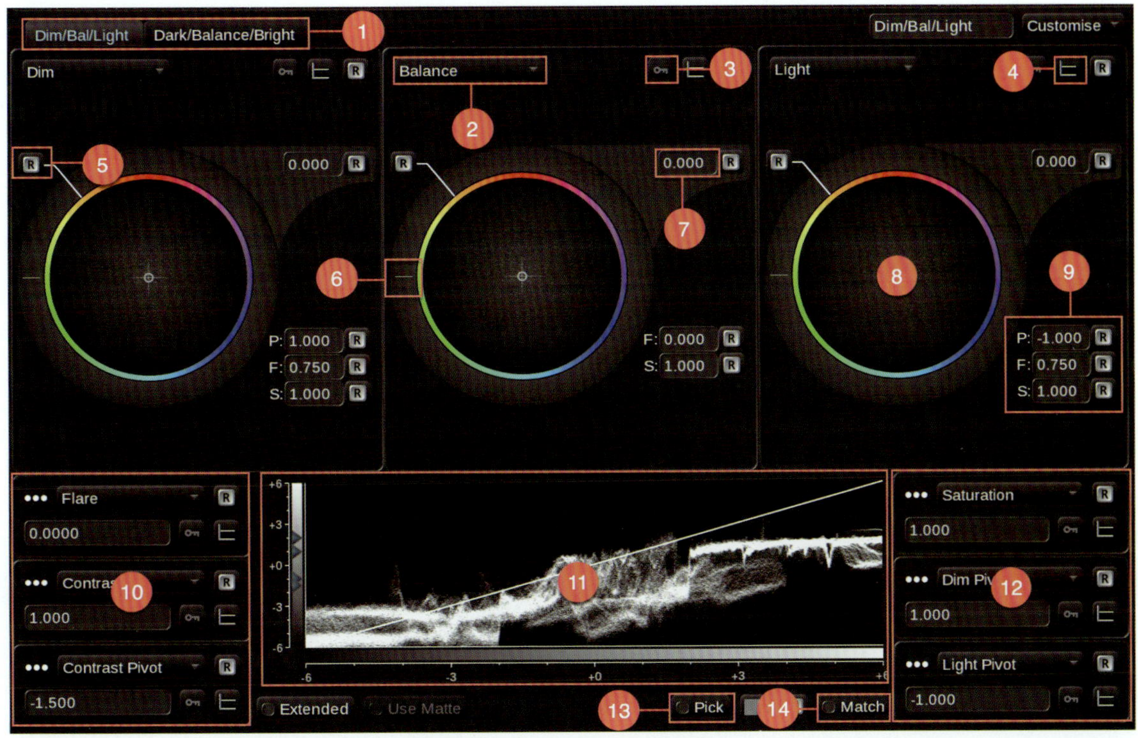

图 6-6　Base Grade 界面

⑥ [亮度调整起点标记]：这条横线标示出了亮度条的起点位置。想要使用鼠标来调整亮度的话，可以拖动色轮周围的亮度环，同时不要释放鼠标，让你的鼠标在屏幕上做顺时针或者逆时针转动。顺时针转动会增加亮度，逆时针转动会减少亮度。触控笔的操作与之类似。

⑦ [亮度数值]：该文本框中显示了当前的亮度数值，默认值为 0.000。

⑧ [虚拟轨迹球]：使用触控笔或者鼠标拖动虚拟轨迹球图标就可以模拟真实的调色台上的轨迹球操作。当你释放鼠标的时候会发现虚拟轨迹球还会继续移动一点儿，这是模拟了物理轨迹球的惯性运动。

⑨ [PSF 参数]：文本框中显示了 PFS 参数（Pivot、Saturation、Falloff），同时该参数也是可调的。

⑩ [Flare、Contrast、Contrast Pivot 参数]：显示了 Flare、Contrast、Contrast Pivot 参数。

⑪ [LUT Graph]：这是一个结合了波形亮度示波器的灰渐变曲线图。

⑫ [Saturation、Dim Pivot、Light Pivot 参数]：显示了 Saturation、Dim Pivot、Light Pivot 参数。

⑬ [Pick]：拾取按钮，用于拾取颜色以便于匹配颜色。

⑭ [Match]：匹配按钮，激活此按钮以便于匹配颜色。

在 Base Grade 中有四个参数可以影响整个画面：Flare、Balance、Contrast 和 Saturation。除了这些全局参数，Base Grade 还将图像分为不同的亮度分区，美国著名图片摄影师安塞尔 • 亚当斯（Ansel Adams）的区域曝光理论就是开发者的灵感来源。Base Grade 的参考点是中灰，即 18% 灰卡。亮度区域从中灰以挡为单位定义。在标准模式下曝光点上下三挡是最大量值，通常来说足够了。对于有些极端的情况，在扩展模式下（Extended mode）可以上到六挡。

第一次使用 Base Grade 你会觉得它和 Baselight 已有的工具有一点儿类似。Base Grade 不仅仅提供了对每一个亮度区间的亮度控制，还有色相和饱和度。除此之外，每一个区域的范围可以通过 Pivot 和 Falloff 来微调，这让 Base Grade 更加好用。

Balance 调整图像整体的曝光和色彩平衡，亮度的改变与使用光圈或者 ISO 的效果完全一致。轨迹球用于控制白平衡，Balance 因此可以替代 RAW 的解码，场景的线性关系得到完整的保持。

Flare 通过定义零点来影响曲线的最暗部，正确的设置 Flare 值对于 Base Grade 的效果很重要，否则真实的场景光比就不能再现，零点通常是画面最暗的点。

Contrast 调整图像的整体反差，相较于其他工具，暗部的黑死可以通过 Flare 来避免，Contrast 以无色的方式计算，也就是说，它不会影响图像的色彩饱和度。调色师使用轴点来控制图像在暗部和亮部的强度，类似于 Film Grade。

Saturation 顾名思义就是调整饱和度，相对于之前的工具，它的重要特点就是它在视觉上的变化程度是统一的，以更自然的方式呈现饱和度的变化。

Pivot 是用户可以用来定义不同区域的起点，以中灰为参考点，以挡为单位，比如 -1 就是 18% 灰下一挡，“暗（Dim）”和“更暗 (Dark)”的区域分别取决于 Dim/Bal/Light 标签面板中的暗的轴点 Dim pivot 和 Dark/Balance/Bright 卷标中的更暗的轴点 Dark pivot。“亮（Light）”和“更亮 (Bright)”区域分别取决于 Dim/Bal/Light 标签面板中的亮的轴点 Light pivot 和 Dark/Balance/Bright 卷标中的更亮的轴点 Bright pivot。

Falloff 描述了对一个区域完全起作用或者不起作用的过渡方式，这个参数不是以挡来衡量的，而是 0 到 1 的绝对值。

★实操演示：

具体操作请参看随书教学录像。

6.2.2 胶片调色（Film Grade）

Film grade 控制工具是按照电影胶片的特性来调整参数的。要想使用 Film Grade，需要新增一个图层并且选中 Film grade 工具。Film grade 有两个标签面板，一个叫作 ExpConSat（Exposure/Contrast/Saturation 的缩写），另一个叫作 ShadsMidsHighs（Shadows/Midtones/Highlights 的缩写）。Film grade 面板如图 6-7 所示。

① [面板切换标签]：单击此按钮可以切换 ExpConSat 标签面板和 ShadsMidsHighs 标签面板。

② [色轮、滑块切换按钮]：想要切换到滑块面板，单击按钮。想要切换到色轮面板，单击按钮。

③ [Reset 重置按钮]：单击此按钮可以将其所对应的参数恢复到默认值。

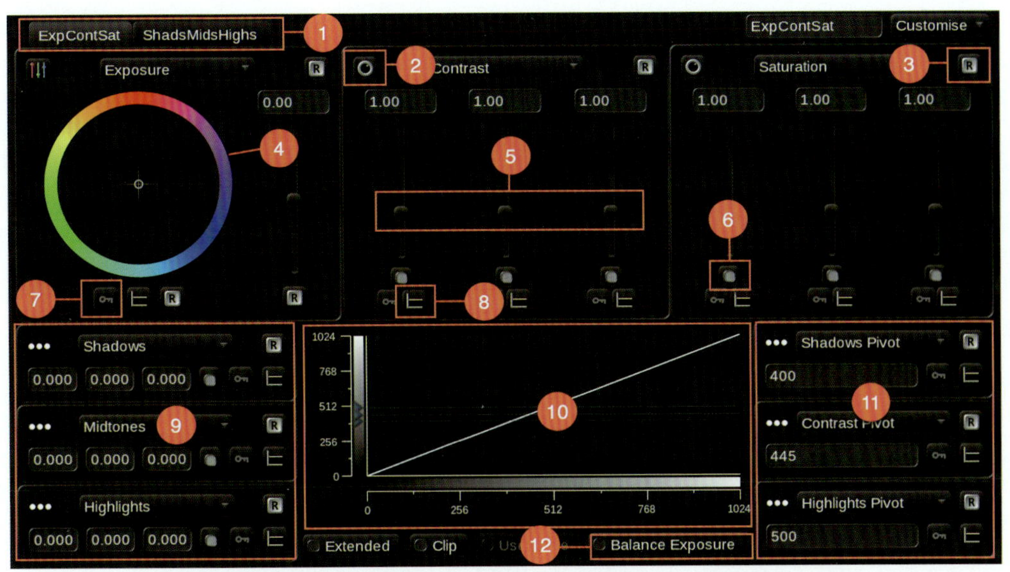

图 6-7　Film grade 面板

④ [色轮]：你可以通过单击或拖动色轮内部小圆圈的方式来调整颜色倾向。当小圆圈靠近某种颜色的时候就说明在增加这种颜色，远离某种颜色的时候就说明在减少这种颜色。

⑤ [滑块]：滑块是调整颜色的另一种方式，按照从左到右的顺序，三个滑块分别代表着红、绿、蓝三种颜色。向上拖动滑块代表增加这种颜色，向下拖动滑块代表减少这种颜色。

⑥ [参数绑定按钮]：在默认情况下三个滑块是绑定的，调整一个滑块会同时影响另外两个滑块。但是你可以解除绑定，这样就可以单独调整每一个滑块的参数了。这个按钮像一个指示灯，点亮的时候代表绑定状态，熄灭的时候代表解除绑定。

⑦ [关键帧按钮]：通过这个按钮可以设置或者删除关键帧。

⑧ [过渡曲线按钮]：当制作了关键帧动画之后，关键帧之间的过渡曲线形态可以通过这个按钮进行切换。

⑨ [Shadows/Midtones/Highlights 参数区]：这个区域显示了 Shadows/Midtones/Highlights 的参数，便于用户观察，也可以手动输入数值。

⑩ [灰渐变曲线区]：这个区域显示了 Film Grade 调整对灰渐变画面的影响，有助于用户判断调色工具的作用范围。

⑪ [Shadows/Midtones/Highlights 的轴心 Pivot 参数区]：这个区域显示了 Shadows/Midtones/Highlights 的轴心 Pivot 参数，便于用户观察，你也可以手动输入数值。

⑫ [Balance Exposure 自动白平衡选择按钮]：单击这个按钮之后可以在调色画面中拾取一个你所认为的白平衡的颜色，Film Grade 将会为你执行自动白平衡校正。

在 ExpConSat 标签面板中可以看到三个工具，分别是 Exposure、Contrast 和 Saturation，如图 6-8 所示。

首先来看 Exposure（曝光）面板，如果增加滑块的数值，会发现灰渐变曲线也在均匀地增加亮度，这条曲线的斜率不变，右上角发生剪切，如图 6-9 所示。如果降低滑块的数值，灰渐变曲线也会均匀地降低亮度，读者可以通过拖动滑块来感受这种变化。

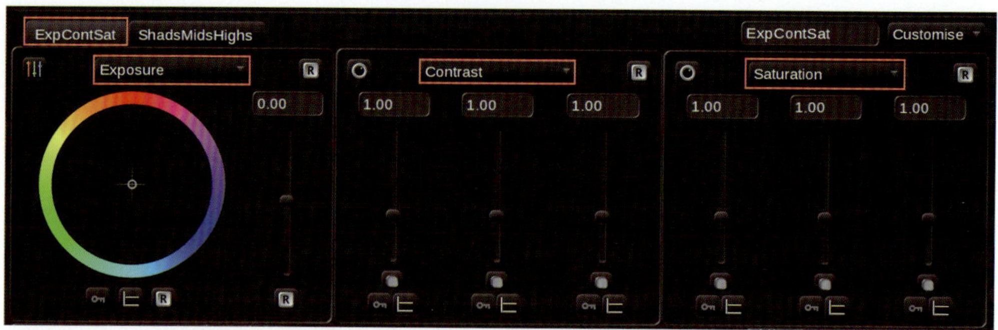

图 6-8　ExpConSat 标签面板中的工具

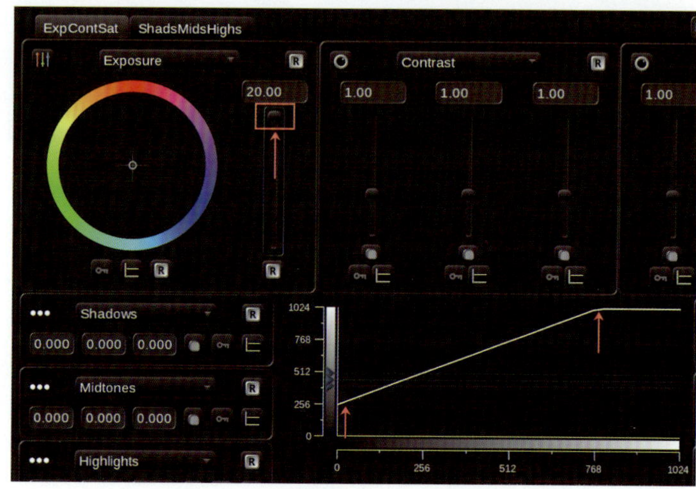

图 6-9　Exposure（曝光）面板

当拖动 Exposure 色轮的时候，会发现灰渐变曲线变成了红、绿、蓝三条平行线，这说明三个通道的数值不再相等了，出现了偏色的情况，如图 6-10 所示。

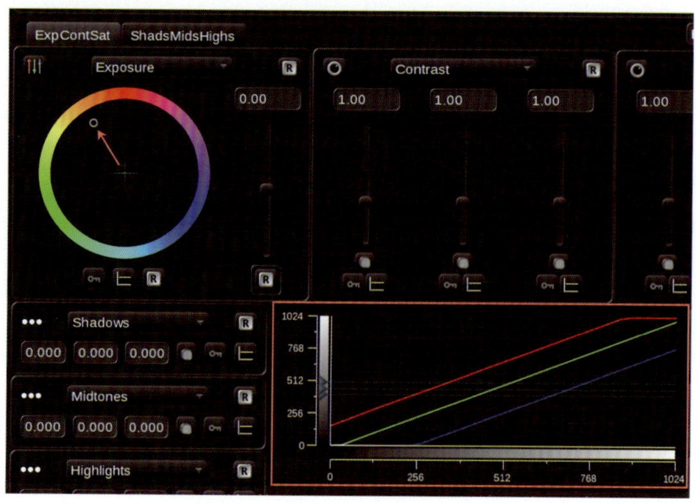

图 6-10　拖动 Exposure 色轮

通过以上灰渐变曲线的变化来看，可以看出 Baselight 的 Exposure 工具和其他调色软件的 Offset 工具所实现的功能是相似的。

Contrast 面板是用来调整对比度的。默认情况下，红、绿、蓝三个滑块是绑定状态。向上拖动滑块会增加画面的对比度。观察 LUT Graph 的灰渐变曲线，可以看到曲线的斜率增加，并且左上角和右下角的曲线都发生剪切，如图 6-11 所示。

当把对比度滑块的数值向下拖动为 0 的时候，会发现灰渐变曲线变成了一条水平线。这条水平线说明画面没有任何的对比度了，如图 6-12 所示。

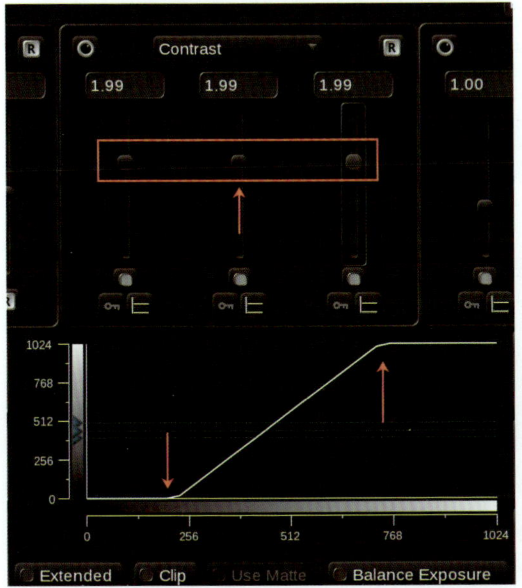

图 6-11　Contrast 面板调整对比度

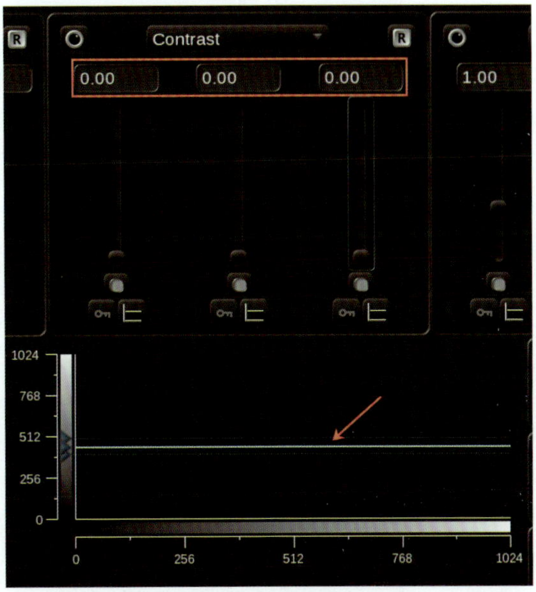

图 6-12　对比度滑块的数值为 0

Saturation 饱和度面板的三个滑块默认情况下也是绑定状态的。向上拖动会增加画面的饱和度，向下拖动会降低画面的饱和度，如图 6-13 所示。

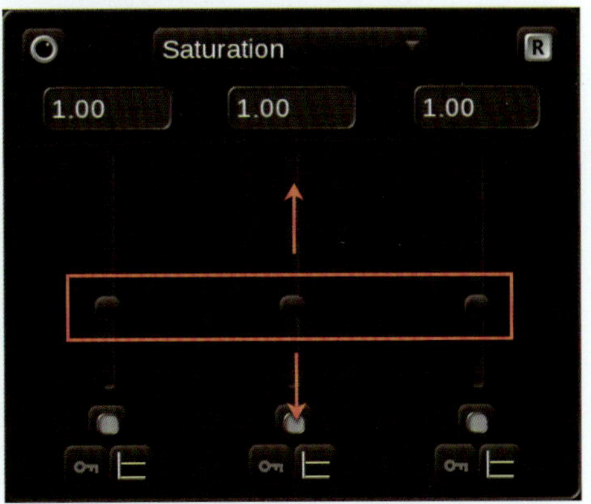

图 6-13　Saturation 饱和度面板

下面是切换到 ShadsMidsHighs 面板，这里有三个主要的工具 Shadows、Midtones 和 Highlights，默认都表现为色轮的形式，如图 6-14 所示。

默认情况下，Shadows Pivot 的数值是 400，Contrast Pivot 的数值是 445，Highlights Pivot 的数值是 500。这是用来限定 Shadows、Midtones 和 Highlights 工具的影响范围的。增加 Shadows 的亮度数值为 0.260，增加 Midtones 的亮度数值为 0.397，降低 Highlights 的亮度数值为 −0.434，此时灰渐变曲线的形状如图 6-15 所示。

现在拖动 LUT Graph 左侧的三个滑块来调整 Shadows Pivot、Contrast Pivot 和 Highlights Pivot 的数值并观察灰渐变曲线的变化，可以看到 Pivot 的数值会重新分布 Shadows、Midtones 和 Highlights 工具的影响范围，如图 6-16 所示。

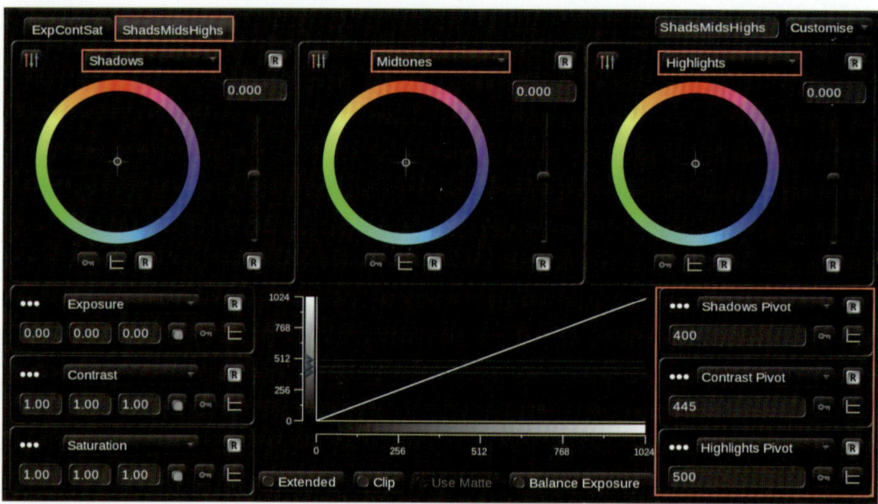

图 6-14　ShadsMidsHighs 面板

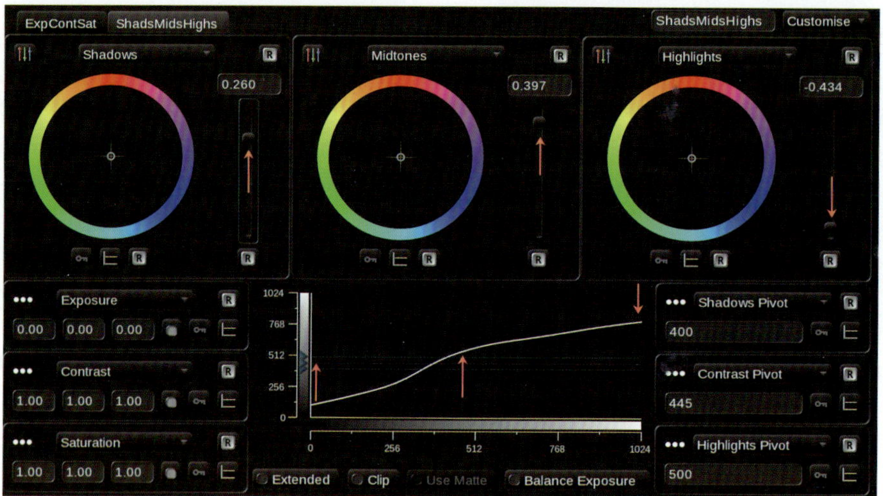

图 6-15　设置 ShadsMidsHighs 面板

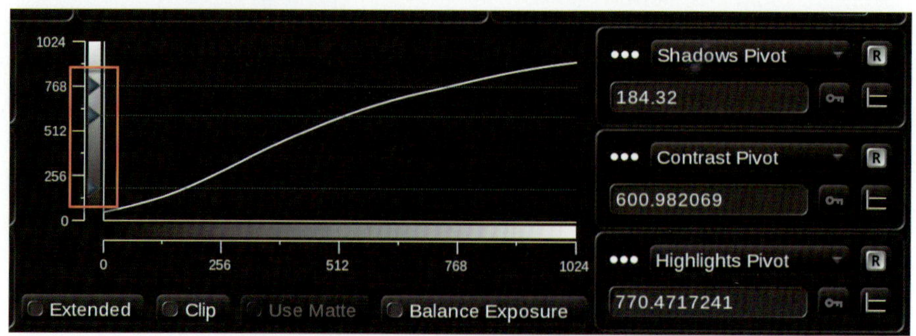

图 6-16　拖动 LUT Graph 滑块进行调整

当拖动 Shadows、Midtones 和 Highlights 色轮的时候，会发现灰渐变曲线变成了红、绿、蓝三条曲线，曲线的高低反映了画面的偏色情况，如图 6-17 所示。

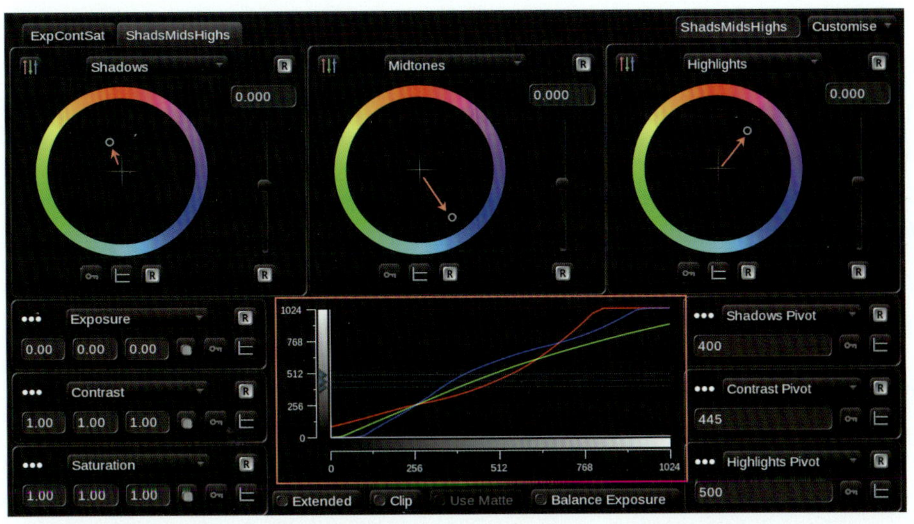

图 6-17　拖动色轮

★实操演示：

具体操作请参看随书教学录像。

6.2.3　视频调色（Video Grade）

Video Grade 工具是 Telecine Grade（旧版的 Baselight 提供的一级调色工具）的增强版，如图 6-18 所示。Telecine Grade 使用的是 HSV 色彩空间，而 Video Grade 使用了 RGB 和 YCbCr 色彩空间。Video Grade 也提供了 LUT Graph（查找表图），可以选择不同的 LUT Graph 来工作甚至自定义 LUT Graph。

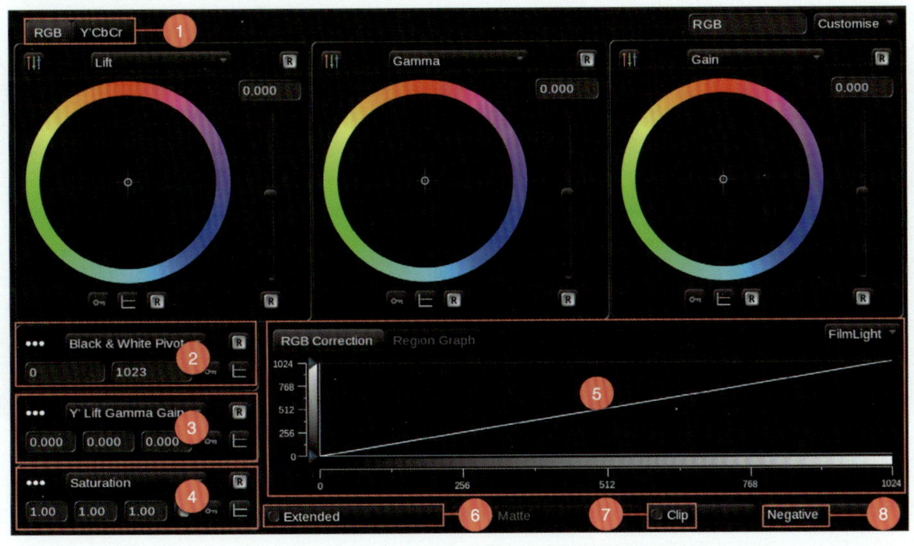

图 6-18　Video Grade 工具界面

① [标签面板切换按钮]：便于用户在不同的标签面板之间进行切换。

② [Black&White Pivot]：黑点轴心和白点轴心。

③ [Y' Lift Gamma Gain]：Lift、Gamma、Gain 亮度值。

④ [Saturation]：RGB 三个通道的饱和度数值。

⑤ [LUT Graph]：查找表图。

⑥ [Extend]：参数扩展按钮，激活之后可以得到更宽的数值范围。

⑦ [Clip]：是否剪切。

⑧ [Negative]：激活之后可以得到负片效果，LUT Graph 曲线完全反转。

LUT Graph 的默认类型是 Filmlight，如图 6-19 所示。注意 Region Graph 按钮是关闭状态的。在此模式下可以调整黑点轴心和白点轴心的范围，也可以单独调整 RGB 每个通道的饱和度。

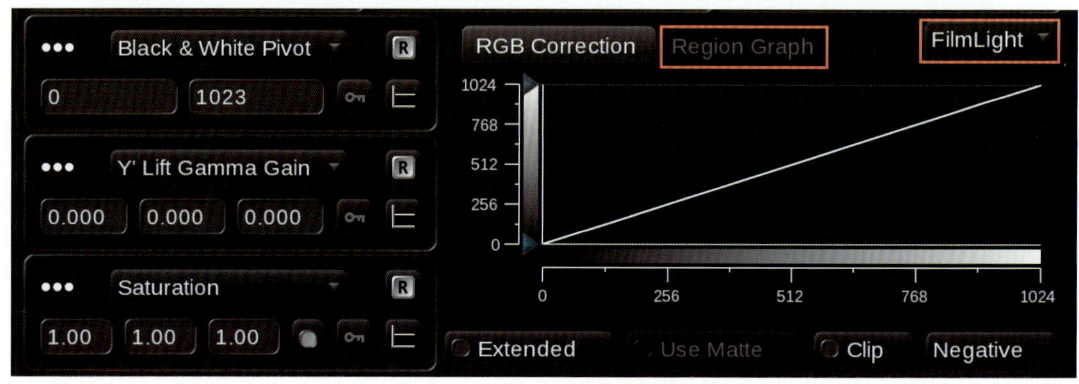

图 6-19　默认类型 Filmlight

将 LUT Graph 的模式切换为 CDL Compatible，Region Graph 按钮依然是关闭状态的，并且黑点轴心和白点轴心的数值被锁定不能修改，饱和度也不能分通道修改。这是由 CDL 的特点决定的，如图 6-20 所示。

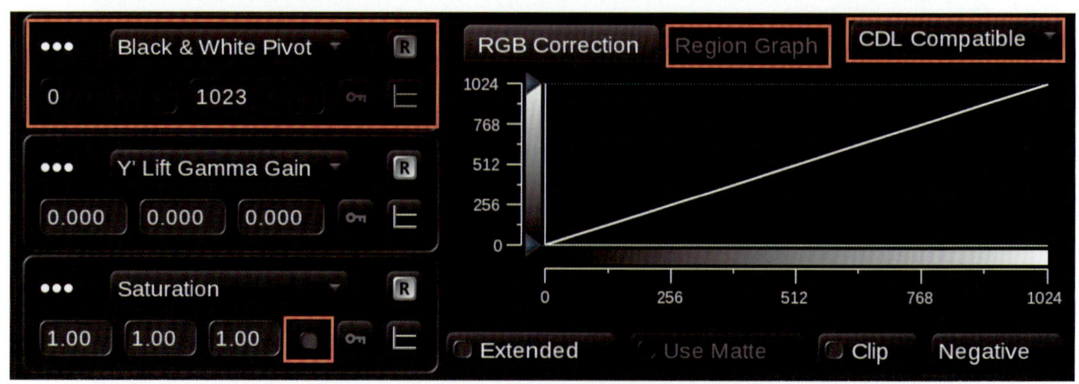

图 6-20　模式切换为 CDL Compatible

将 LUT Graph 的模式切换为 Default，注意到 Region Graph 按钮被激活了。左侧的一排参数也可以被修改。在这个模式下，用户拥有最大的调整自由度，如图 6-21 所示。

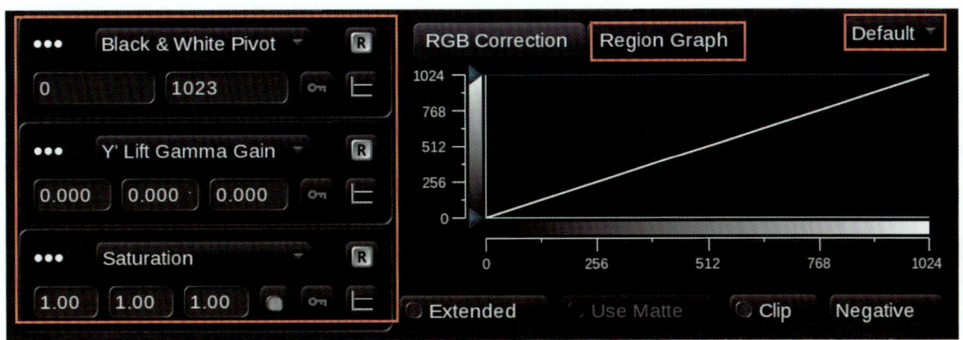

图 6-21 模式切换为 Default

进入 Region Graph（范围图）面板，可以看到这个面板上可以自己定义 Lift Gamma Gain 的影响范围曲线。你可以通过调整控制点和手柄来得到自己想要的范围图，然后通过 Customise 对 Region Graph Presets 进行自定义，将其保存为默认的模式，如图 6-22 所示。

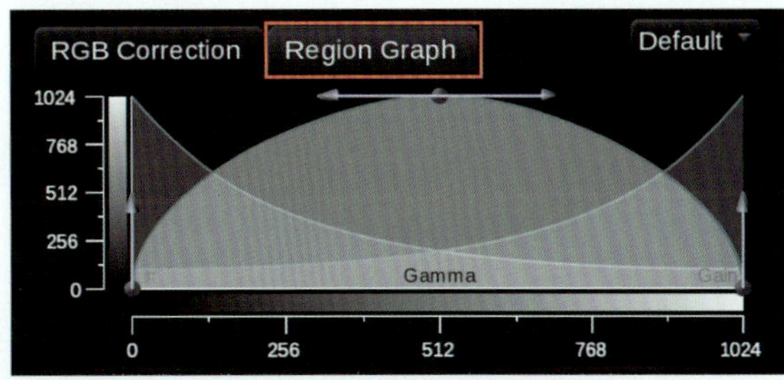

图 6-22 Region Graph（范围图）面板

如果想在不影响画面色彩饱和度的情况下调整亮度（Luma），那么可以进入 Y' CbCr 标签面板并调整其中的亮度参数，如图 6-23 所示。

图 6-23 Y' CbCr 标签面板

★实操演示：

具体操作请参看随书教学录像。

6.2.4 曲线调色（Curve Grade）

曲线调色提供了一种基于样条线编辑的调色方式，让用户可以按照 RGB 或者 HSL 模式进行曲线调色。你可以通过拾取图像上的像素点或者范围来增加曲线控制点。在曲线面板右侧还有一个放大的曲线精调面板，如图 6-24 所示。

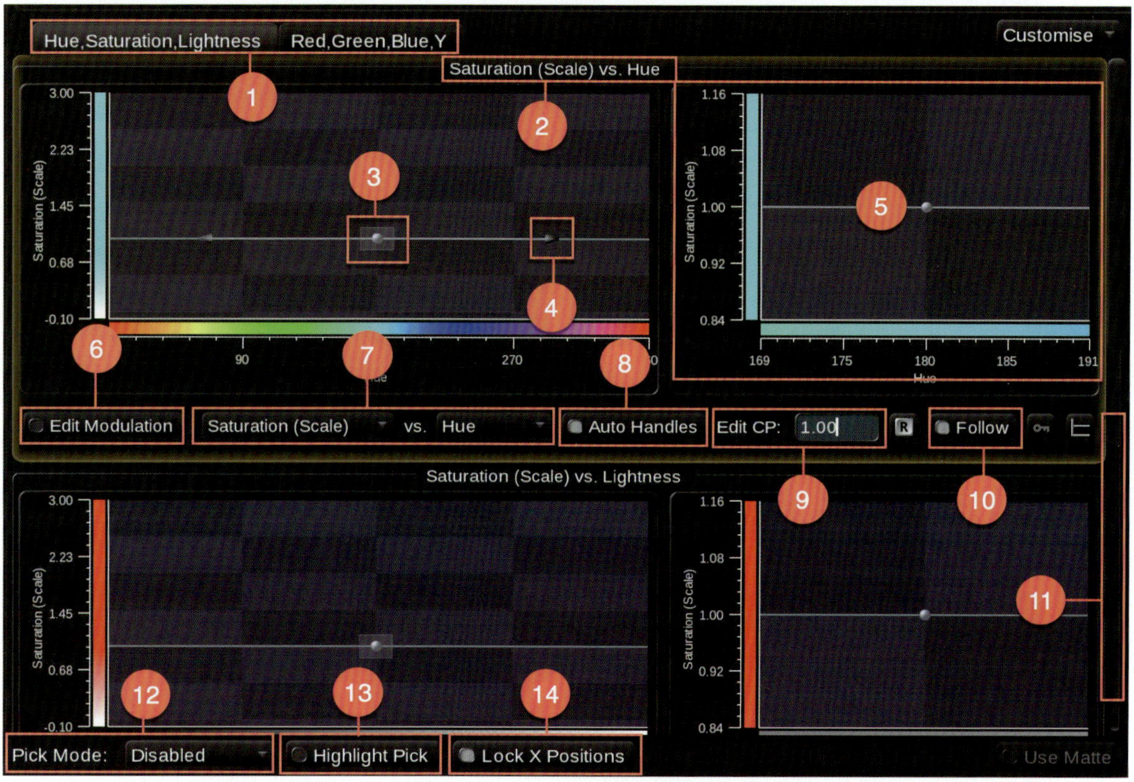

图 6-24 曲线调色面板

①[标签面板切换按钮]：便于用户在不同的标签面板之间进行切换。

②[面板名称]：标示了该面板的名称，让用户理解工具的用途。

③[控制点]：通过控制点可以调整曲线的形状。

④[控制手柄]：通过控制手柄来调整曲线的过渡形态。

⑤[放大的精调面板]：把左侧的控制点范围进行放大，便于用户更加精确地调整曲线形状。

⑥[Edit Modulation 调整编辑]：让用户更加精确地调整曲线的作用范围。

⑦[工具切换]：你可以自定义当前面板的工具选项。

⑧[Auto Handles 自动手柄]：默认是激活状态，控制手柄呈现水平状态且用户无法编辑手柄。关闭 Auto Handles 的话，用户可以自己调整手柄的长短和角度。

⑨[Edit CP 编辑控制点]：可以在后边的文本框中输入数值来修改控制点。

⑩[Follow 跟随]：默认是开启状态，当你调整左侧窗口的控制点的时候，右侧的放大

的精调面板中会时刻显示所调的控制点。关闭的时候右侧窗口将不会随着左侧的控制点而移动。

⑪ [滚动条]：默认的曲线面板空间不足，难以容纳所有的曲线面板，所以你可以通过拖动滚动条来找到更多的曲线面板。

⑫ [Pick Mode 拾取模式]：默认是 Disable（关闭），在此模式下不能进行拾取操作。可以修改为 Select Range（选择范围）或者 Select Centre（选择中心点）。

⑬ [Highlights Pick]：在曲线上突出显示拾取范围。

⑭ [Lock X Position]：锁定 X 位置，让曲线控制点仅能在 Y 轴上下移动，如果解锁，则控制点可以在 X 轴和 Y 轴上同时移动。

严格来讲，HSL 曲线执行的是二级调色操作，它可以使用色相、饱和度和亮度来制作选区，然后修改选区的颜色。在 Baselight 中，可以使用 Hue Angle 和 Six Vector 来制作抠像蒙版，在很多情况下，抠像能够带来令人满意的结果，但是也可以引入噪点。在某些情况下使用 HSL 曲线可以避免产生这些噪点。另外，还可以在不影响色相和饱和度的情况下精细调整画面的对比度。HSL 曲线包含四个面板。

Saturation（Scale）vs.Hue 曲线是使用色相做选区，然后修改选区的饱和度。向上移动控制点增加饱和度，向下移动控制点减少饱和度，如图 6-25 所示。

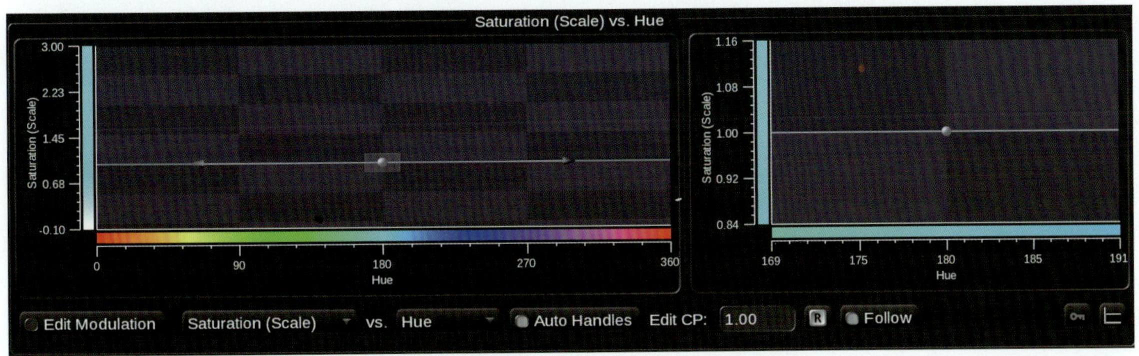

图 6-25　Saturation（Scale）vs.Hue 面板

Saturation（Scale）vs.Lightness 曲线是使用亮度做选区，然后修改选区的饱和度。向上移动控制点增加饱和度，向下移动控制点减少饱和度，如图 6-26 所示。

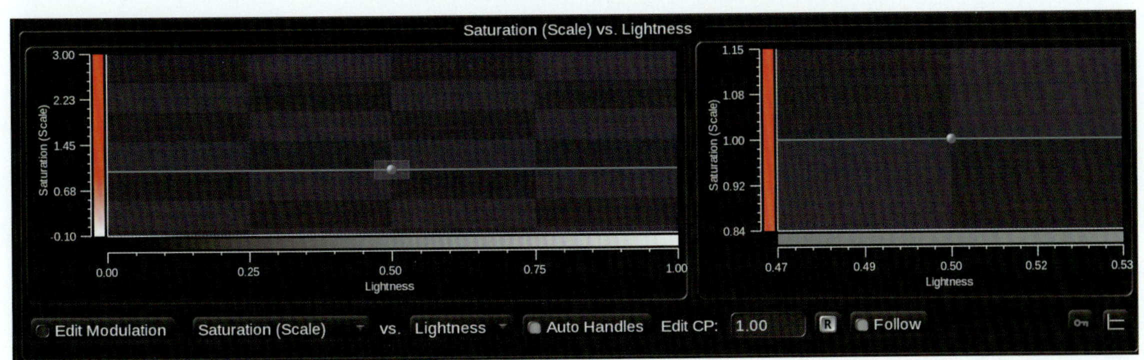

图 6-26　Saturation（Scale）vs.Lightness 面板

Hue vs. Hue 曲线是使用色相做选区，然后修改选区的色相。向上移动控制点让色相正向旋转，向下移动控制点让色相反向旋转，如图 6-27 所示。

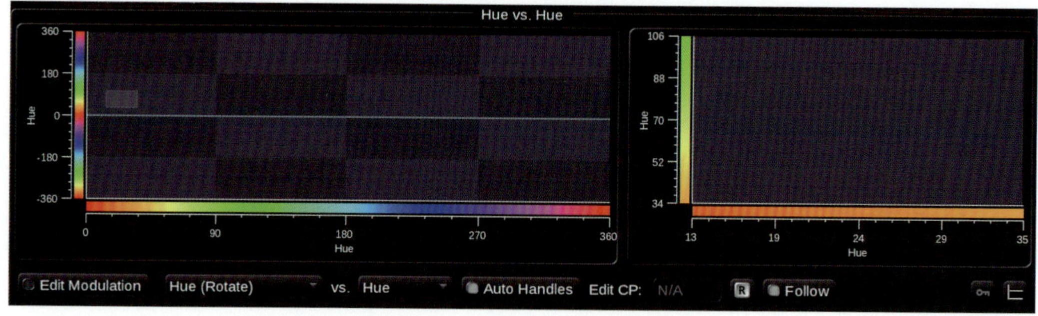

图 6-27　Hue vs. Hue 面板

Lightness（Scale）vs.Hue 曲线是使用色相做选区，然后修改选区的亮度。向上移动控制点增加亮度，向下移动控制点减少亮度，如图 6-28 所示。

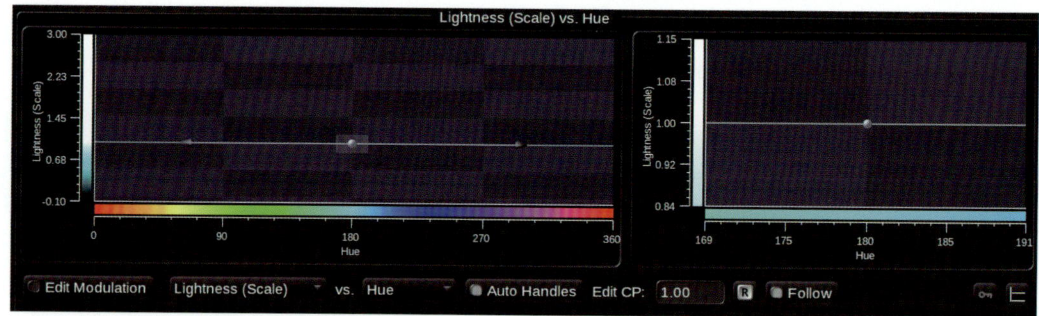

图 6-28　Lightness（Scale）vs.Hue 面板

RGB 曲线类似于增强版的 Video Grade 工具。使用主 RGB 曲线可以调整黑色色阶和白色色阶，也可以执行 Video Grade 工具中的 Lift、Gamma、Gain 操作。当然，RGB 曲线可以进行更加复杂的弯曲，这是 Video Grade 工具无法比拟的。你也可以制作 S 形的 RGB 曲线，这是常用的增加画面对比度的方法。RGB 曲线包含五个面板，如图 6-29 所示。

Master（Absolute）vs. Master 是一条主曲线，它可以同时控制 RGB 三个通道。通过增加更多的控制点，主曲线可以精确地调整画面的明暗关系。

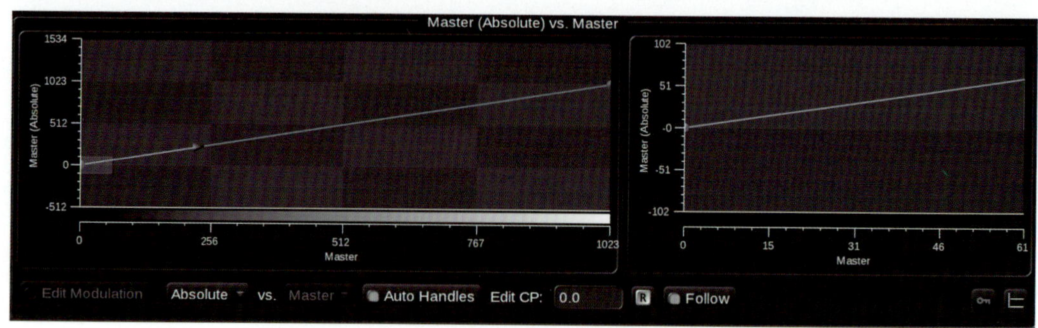

图 6-29　Master（Absolute）vs. Master 面板

Red（Absolute）vs. Red 曲线用来调整红色通道的明暗关系，向上移动控制点增加红色，向下移动控制点减少红色，如图 6-30 所示。

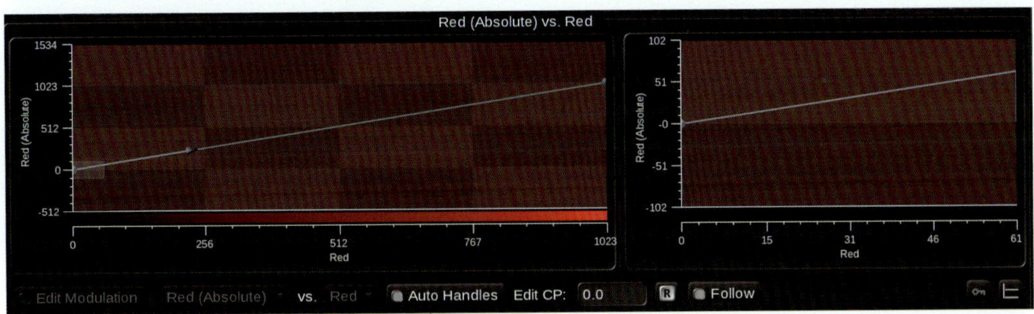

图 6-30　Red（Absolute）vs. Red 面板

Green（Absolute）vs. Green 曲线用来调整绿色通道的明暗关系，向上移动控制点增加绿色，向下移动控制点减少绿色，如图 6-31 所示。

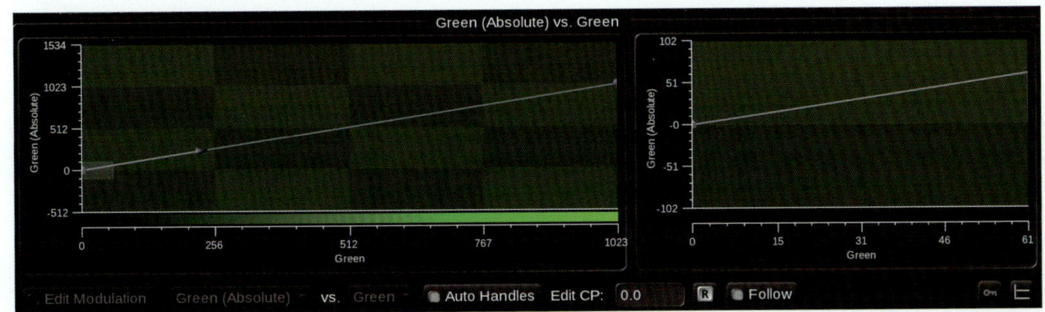

图 6-31　Green（Absolute）vs. Green 面板

Blue（Absolute）vs. Blue 曲线用来调整蓝色通道的明暗关系，向上移动控制点增加蓝色，向下移动控制点减少蓝色，如图 6-32 所示。

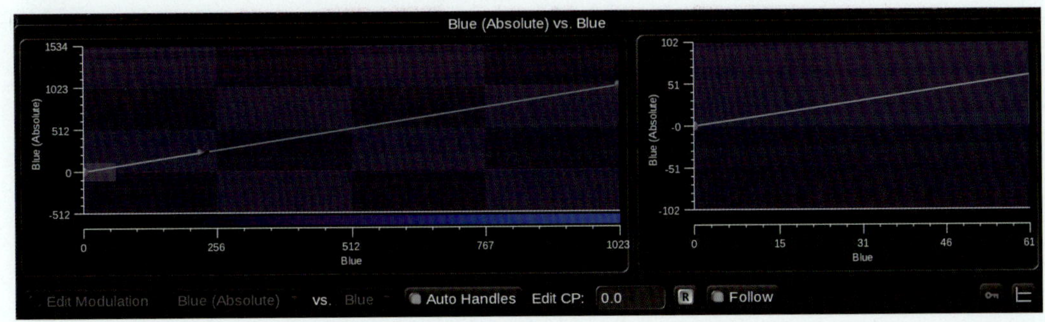

图 6-32　Blue（Absolute）vs. Blue 面板

Y（Absolute）vs. Y 曲线用来调整亮度（Luma）通道的明暗关系，向上移动控制点增加 Luma，向下移动控制点减少 Luma。Y（Absolute）vs. Y 曲线工作于 YCC 色彩空间之中，可以让你在不影响饱和度和色彩平衡的情况下调整亮度（Luma），如图 6-33 所示。

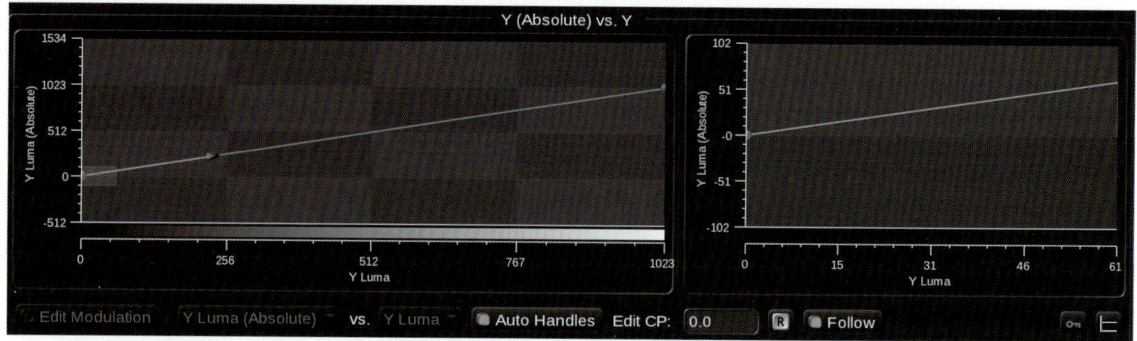

图 6-33　Y（Absolute）vs. Y 面板

★实操演示：

具体操作请参看随书教学录像。

6.2.5　色相位移（Hue Shift）

Hue Shift 的意思是色相位移，它可以让颜色的色相沿着色轮进行位置移动。在 Hue Controls 面板中，色相最多可以移动 60° 角，如果使用 Global 工具的话，色相移动最高可达 360° 角，如图 6-34 所示。

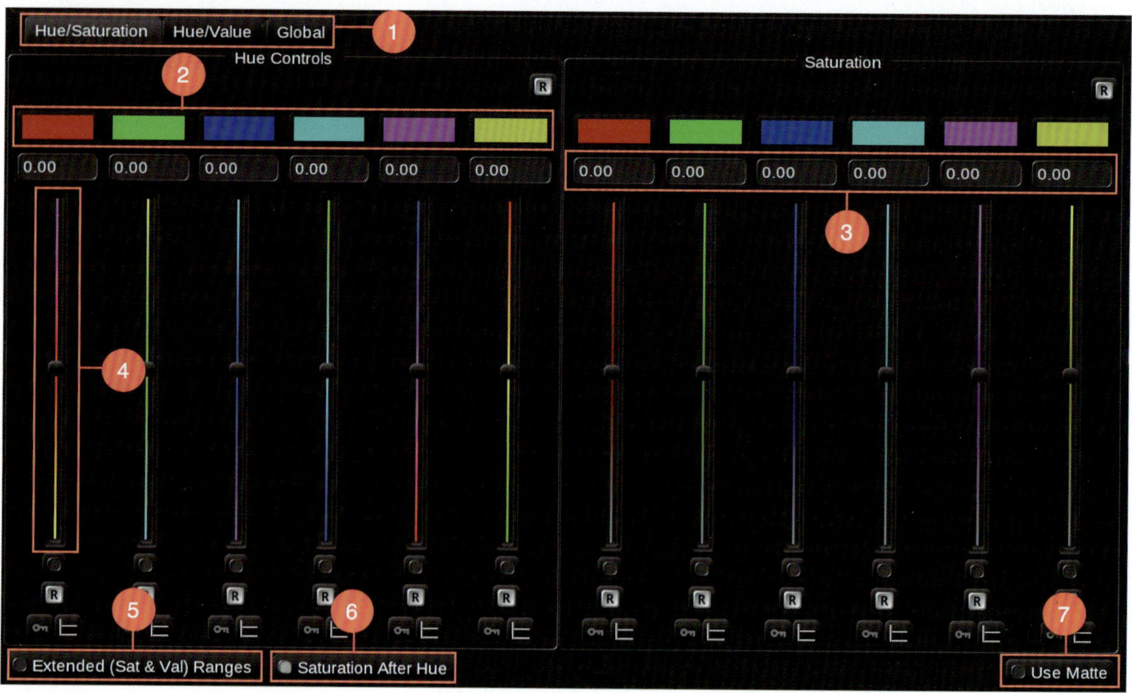

图 6-34　色相位移面板

① [Hue/Saturation、Hue/Value、Global 标签面板切换]：便于用户在不同的标签面板之间进行切换。

② [RGBCMY 颜色样本]：显示了红、绿、蓝、青、品、黄这六个色彩的颜色样本。

③ [参数提示]：显示了用户修改的参数数值，取值范围是（-1 ～ +1），在不同面板中代表的含义也不同。例如在 Hue Controls 面板中，参数代表的是色相旋转角度，在 Saturation 面板中显示的是饱和度数值。

④ [滑块]：向上拖动滑块增加数值，向下拖动滑块减少数值。

⑤ [Extended（Sat & Val）Ranges]：扩展（饱和度及亮度）参数范围。

⑥ [Saturation After Hue]：饱和度跟随色相。

⑦ [Use Matte]：使用蒙版。

在 Global 面板中可以对画面的颜色进行整体的色相、饱和度和亮度调整。Hue Shift 参数的取值范围是（0 ～ 360）。Sat Scale 和 Val Scale 的取值范围都是（0 ～ 300），如图 6-35 所示。

图 6-35　设置 Global 面板

★实操演示：

具体操作请参看随书教学录像。

6.3 手势调色（*Gestural grade*）

Baselight 提供了一种快速的调色方式——手势调色。手势调色允许用户使用触控笔或者鼠标直接在图像窗口中调整多个调色参数。可以使用快捷键【Shift+`】来激活或者关闭手势调色功能。激活之后，在当前调色的画面顶部会出现调色参数，如图 6-36 所示。选中一个想要调整的参数以后就可以使用触控笔或者鼠标在画面当中进行旋转来增加或者减少数值。顺时针旋转会增加数值，逆时针旋转会减少数值。想要切换不同的参数的话，可以将触控笔或者鼠标移动到图像的顶部就会看到所有的参数，在其中选择所需的参数即可。

主参数还拥有分离的参数调整设置，某些参数可以分为 R、G、B 三个通道进行调整，某些参数可以分成 XY 进行调整。通过单击参数下方的圆点可以开启或者关闭某个参数，如果按住【Control】键单击某个圆点则会影响另外两个圆点的开关状态，如图 6-37 所示。

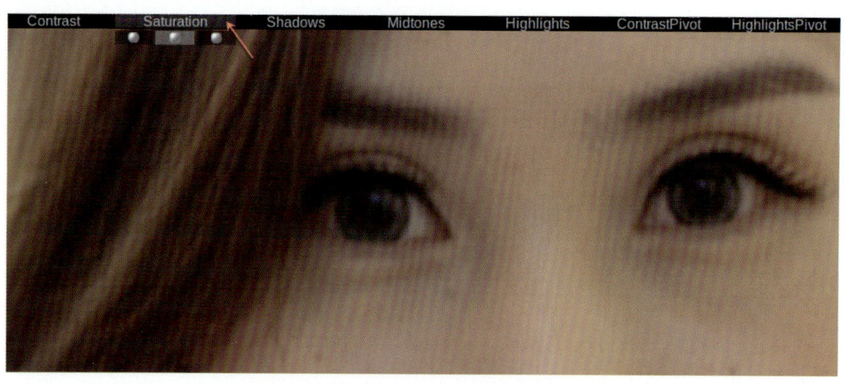

图 6-36　图像顶部出现参数栏

图 6-37　参数下方出现圆点

★实操演示：

具体操作请参看随书教学录像。

6.4 示波器讲解

示波器可以帮你分析整个画面，集中精力处理细节问题以及比较不同画面之间的特点。专业的调色师必须会阅读示波器，并且能够从示波器中判断出重要的信息，用来辅助自己的调色工作。Baselight 中有多种示波器，如图 6-38 所示的是常见的三个类型的示波器和直方图。

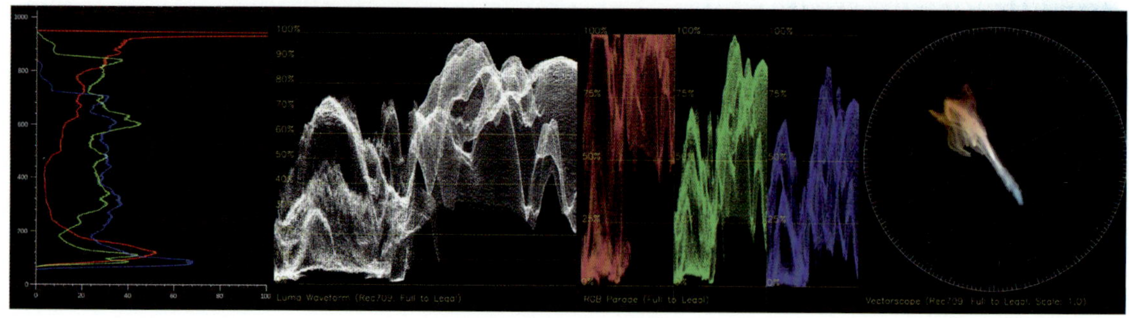

图 6-38　示波器

在 Vectorscope 示波器面板上右击，在弹出的快捷菜单中选择 Chromaticity Mode，如图 6-39 所示。

在色域图模式下，可以看到一个马蹄状的轮廓线，这代表了人眼可见的色域范围。其中还有一个三角形的投影，这代表了 Rec709 的色域。有了这样一个示波器，用户就可以方便地分析画面中的色彩在色域图中的分布情况了，如图 6-40 所示。

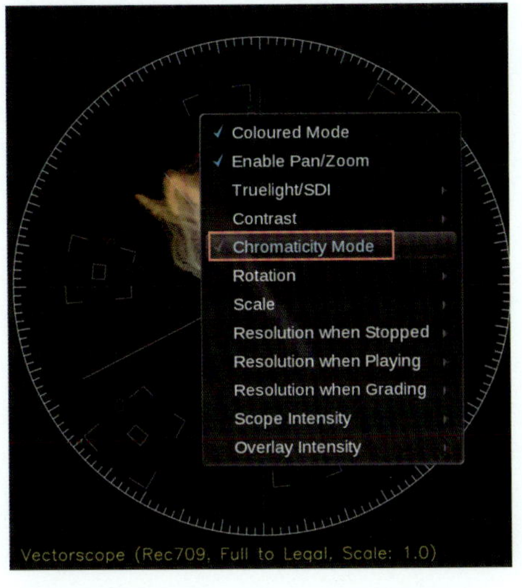

图 6-39　Vectorscope 示波器面板

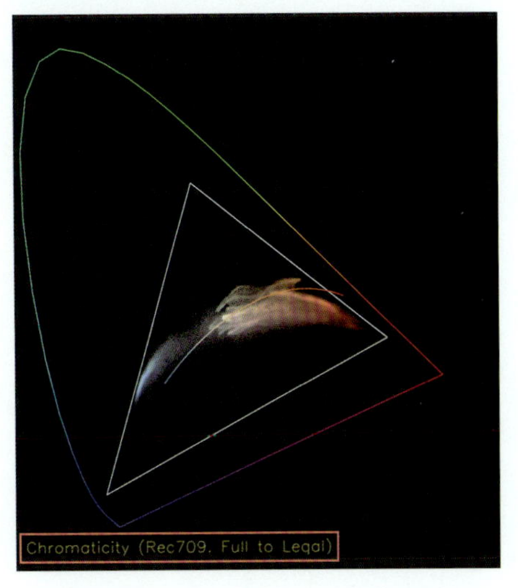

图 6-40　Chromaticity 示波器

借助于 Baselight 的示波器，用户可以方便地分析画面整体的颜色分布甚至是任意一个像素的颜色信息。当使用鼠标拾取画面中的一个像素点时，每一个示波器都会给出指示标记，如图 6-41 所示。

图 6-41　示波器给出所选像素的信息

在 Histogram 示波器中，三个圆点的高低可以说明红色的数值很高，而绿色和蓝色的数值比较低，画面会偏橘红色。在 Luma Waveform 示波器中，可以读出 Y 的数值为 0.448，说明其亮度中等偏下，如图 6-42 所示。

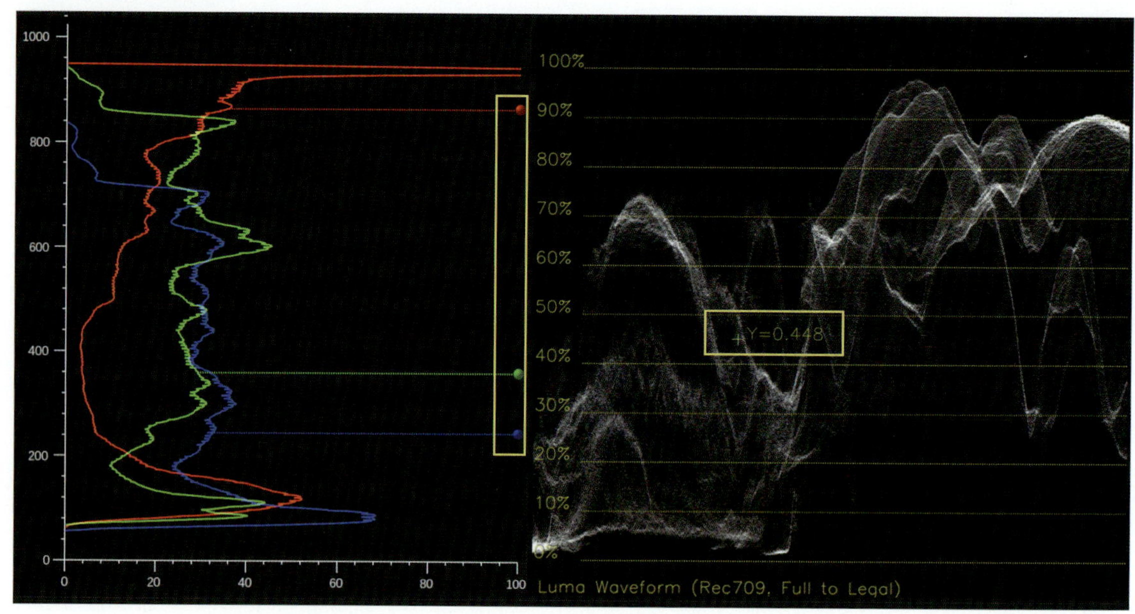

图 6-42　示波器读数

在 RGB Parade 示波器中，RGB 的数值为（0.884，0.351，0.239），也可以分析出像素的偏色情况。在 Chromaticity 示波器中，则以 x、y 坐标来显示出数值为（0.535，0.359），如图 6-43 所示。

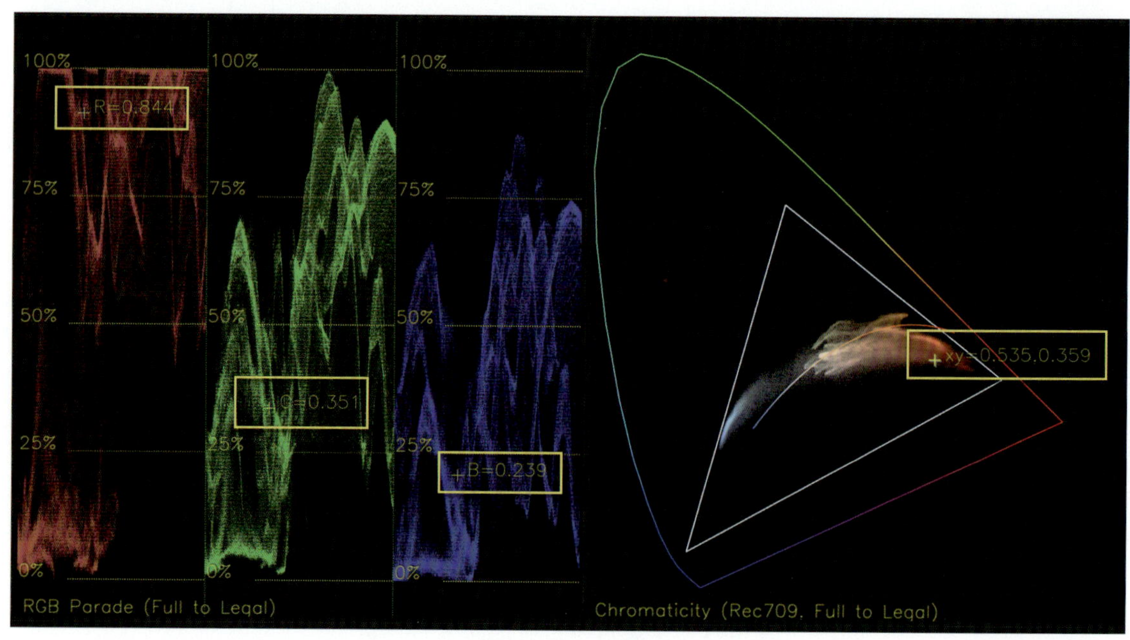

图 6-43　示波器读数

在实际的调色工作中，强烈建议用户通过 IO 卡外接经过校准的监视器来进行调色处理。下面讲解一下外接监视器的情况下的示波器设置。本章使用 Mac Book Pro 编写，使用的是 Baselight Student 版本，通过 T-tap 外置 IO 卡连接到 Rec709 标准的高清监视器上。在 Baselight 软件的 bl-setups 面板中的设置如图 6-44 所示。

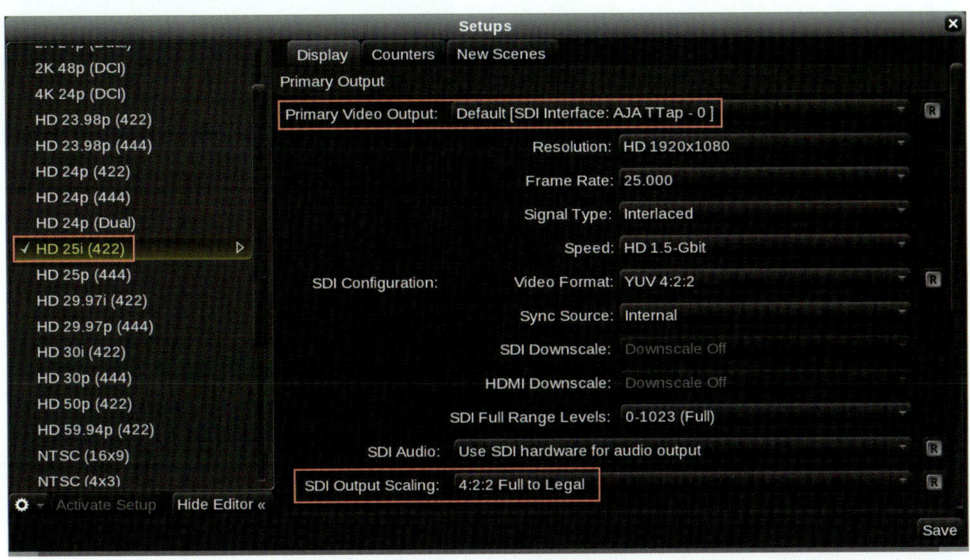

图 6-44　Setups 面板

在 Baselight 中，设置 Cursors 的色彩空间，将 Viewing Colour Space 设置为 Rec.1886: 2.4 Gamma / Rec.709，如图 6-45 所示。

在时间线面板中导航到以下画面，如图 6-46 所示。

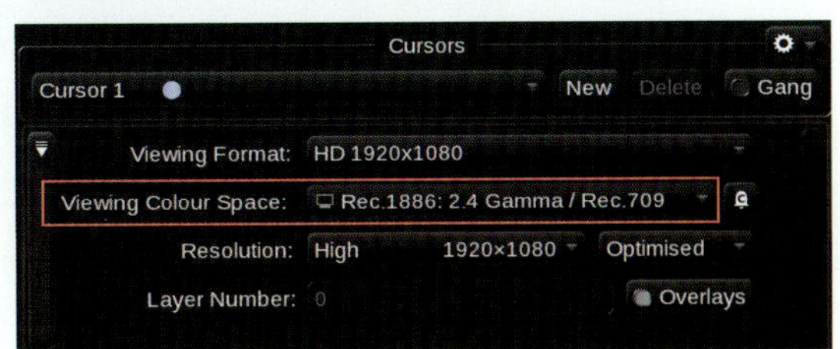

图 6-45　Cursors 面板

图 6-46　导航到相应的画面

在 Display 菜单中选择 SDI Output 子菜单中的 4 ∶ 2 ∶ 2 Full to Legal 命令，如图 6-47 所示。

接着在示波器面板上右击，在弹出的菜单中选择 Video Legal Overlay > Legal 命令，如图 6-48 所示。

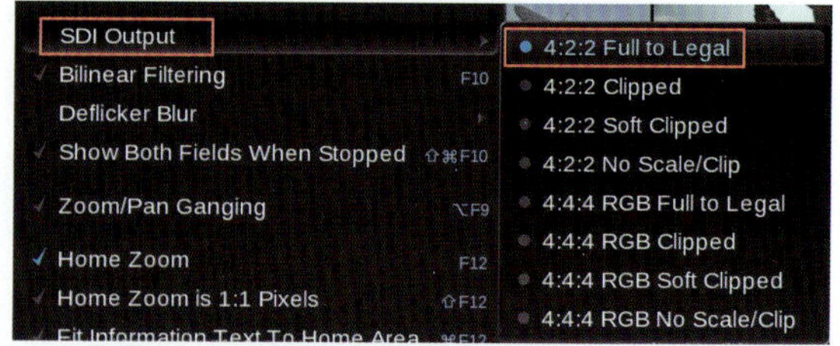

图 6-47　SDI Output 子菜单

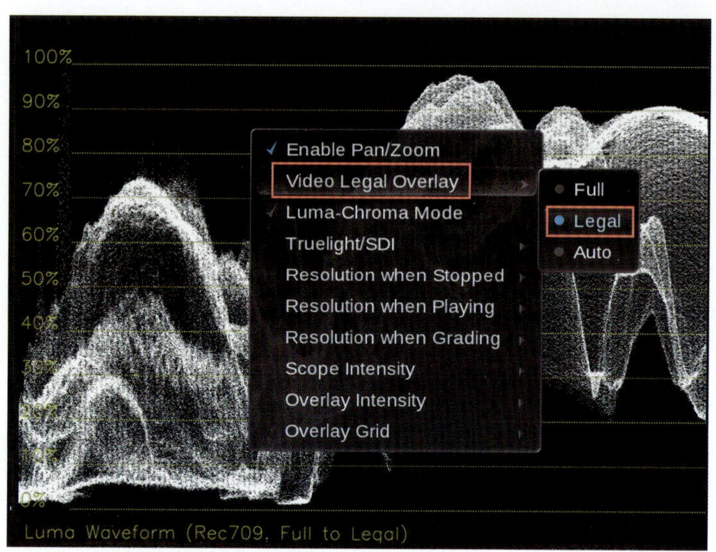

图 6-48　将示波器设置为 Legal

此时，示波器的刻度线会根据 Legal 的范围进行定义，并且可以看到在示波器的底部文字中会出现一个括号，其中写明了 Full to Legal 的字样。波形显示如图 6-49 所示。

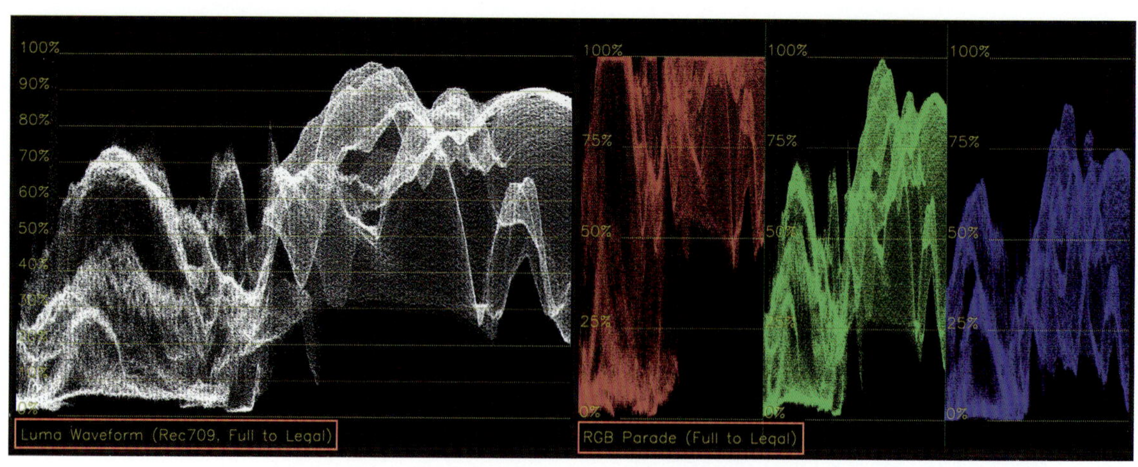

图 6-49　示波器面板上出现 Full to Legal 字样

如果在 Display 菜单中选择 SDI Output 子菜单中的 4 ∶ 2 ∶ 2 No Scale/Clip 命令，这样通过 SDI 输出的就是 Full 信号了，如图 6-50 所示。

如果示波器面板刻度线设置仍然保持为Legal的情况下，本例中的Full信号的波形会放大并且超出刻度范围，超出部分的波形显示为红色。这说明出现了不符合Legal范围的信号，如图6-51所示。

图 6-50　SDI Output 子菜单设置

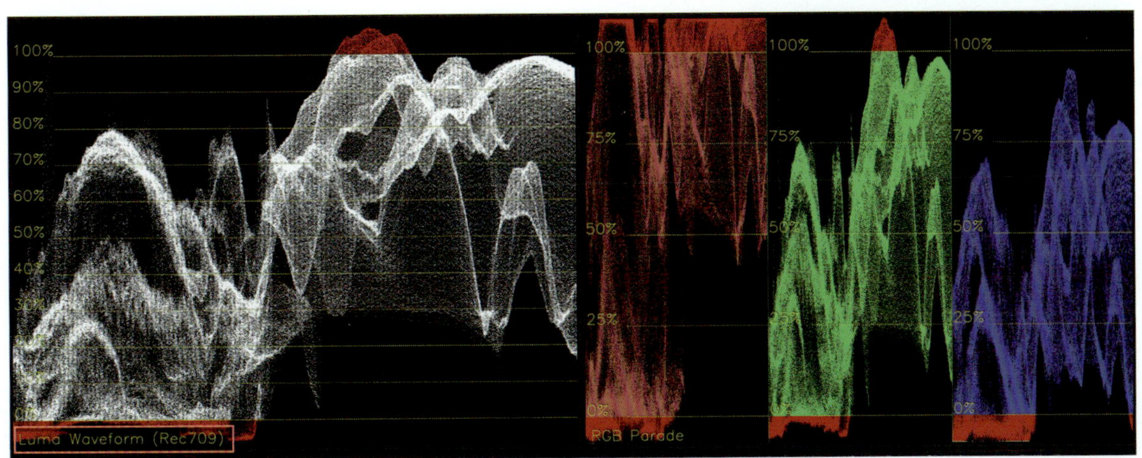

图 6-51　示波器提示不合法信号

如果SDI Output设置为4 ∶ 2 ∶ 2 No Scale/Clip并且示波器面板刻度线设置为Full的情况下，示波器的刻度线和波形如图6-52所示。此时SDI输出的是Full信号，示波器刻度线也显示为Full，二者就是匹配的。必须要强调的是，Baseligth SDI的输出一定要与监视设备的设置一致，Full对应Full，Legal对应Legal，否则就会得到不正确的画面效果。

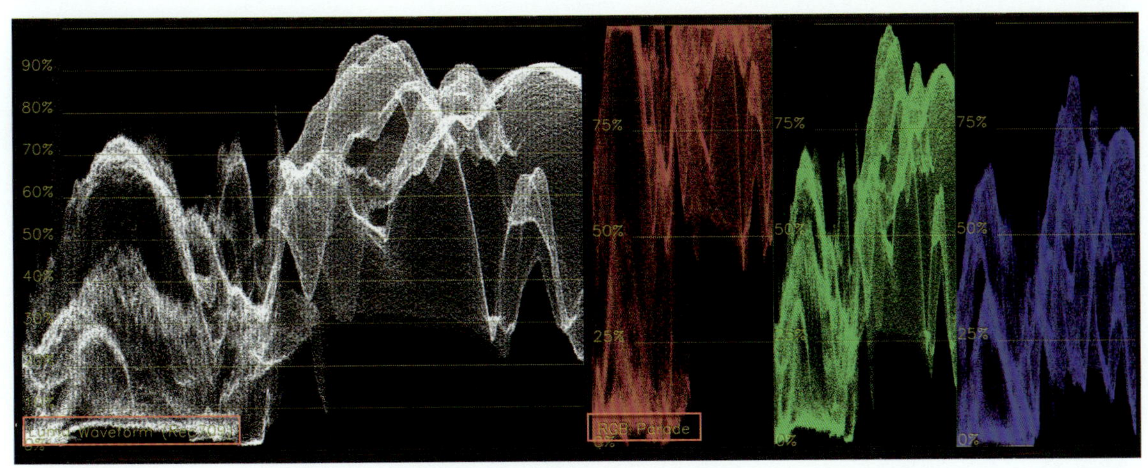

图 6-52　示波器设置为 Full

通过以上测试可以看到，示波器的参数设置要遵循色彩管理的规范。如果要制作符合Rec709标准的影片的时候，建议做如下设置：

（1）在 Cursors 面板中将 Viewing Colour Space 设置为 Rec.1886: 2.4 Gamma / Rec.709。

（2）将 SDI Output 设置为 Full to Legal。

（3）在示波器面板中，将 Video Legal Overlay 设置为 Legal。

经过以上设置，并且在按照 Rec709 标准校准的监视器上才能保证监看到正确的画面颜色和示波器波形。如果在没有外接监视器的情况下，仅使用电脑的显示器来监看调色时，建议使用 Full 信号的方式来调色，但是这样就不能保证所调的颜色符合 Rec709 的标准了。

6.5 本章小结

本章介绍了一级调色的基本概念、理论知识和调色工具。讲解了调色层、Base Grade、Film Grade、Video Grade、Curve Grade、Hue Shift、Gestural Grade 以及示波器的知识。另外，一级调色的平衡画面是调色的基础，是非常重要的知识点，需要我们多加练习，并且需要锻炼眼力，力求在最短的时间内完成平衡画面的工作。

第7章

二级调色

本章导读

一级调色作用于整个画面，通常用来进行颜色还原、镜头匹配和整体风格制作。二级调色作用于局部画面，用于修正一级调色带来的问题或者制作特殊的调色风格。二级调色是很多调色学习者非常感兴趣的内容，它十分强大、灵活、神奇！

学习要点

◇ Shape的使用
◇ Shape的跟踪
◇ Matte Tool
◇ Reference的使用
◇ 组内条带的关系
◇ HueAngle
◇ Dkey
◇ OpenEXR通道的使用
◇ 外部蒙版的使用
◇ KeyFrame的设置

7.1 二级调色的基本概念

一级调色调整的是整个画面，也就是整体调色。二级调色调整的是画面的选定区域，也就是局部调色。随着技术的发展，一级调色和二级调色之间的区别正变得越来越模糊，但是二者始终不能互相取代。

很多调色教程中都会设置给衣服（或汽车漆等）换颜色的案例，实际上这种可能性很低，在前期拍摄中导演很少会把颜色弄错。一般而言，用二级调色的目的主要是为了把画面处理得更加自然，例如调整蓝天、绿树、碧水以及肤色等。因为根据记忆色理论，人们对于常见的物体的颜色都会有一个自然的体会，这种体会一直保存在我们的记忆之中。当进行一级调色的时候，往往会带来画面中某些颜色的改变。例如平衡了天空的偏色，可能会带来草地颜色的变化，这个时候草地的颜色就和我们的记忆色不相符了，那么就需要使用二级调色工具把草地隔离出来，单独调整草地的颜色。

7.2 利用*Shape*进行二级调色

如果对后期合成软件比较熟悉的话，应该知道隔离选区的一种方法是绘制遮罩轮廓线。在 Baselight 中制作遮罩轮廓线的工具叫作 Shape（形状）。可以使用这个工具绘制快速形状和手绘形状。还可以对 Shape 进行形状调整、边缘羽化和跟踪操作，以便于获得更加精确的动态蒙版。

7.2.1 准备素材

01 新建一个 Scene，然后将“Fishes-Alexa.mov”文件放置到时间线上，然后按【P】键或者使用调色台添加一个调色层，默认的名称为 Layer:1，如图 7-1 所示。

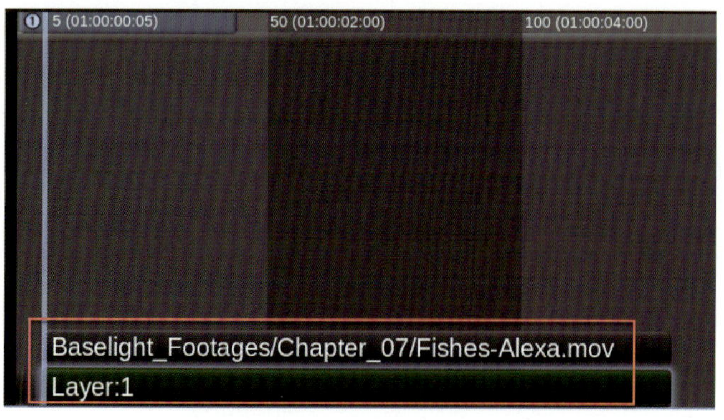

图 7-1 时间线面板

02 可以看到这段素材的内容主体是两只悬吊起来的鱼形木刻。其反差和饱和度较为正常，但是其亮度和饱和度较低，可以使用二级调色的方法来对其进行修整，如图 7-2 所示。

图 7-2　图像与示波器

7.2.2　自由手绘（Freehand）Shape

由于鱼形木刻的外形不是规则图形，要想为其绘制 Shape 的话，可以使用自由手绘（Freehand）的方式。

01 单击黑白色的蒙娜丽莎图标，进入蒙版制作面板。其中有 Reference、Sequence、Shape、Dkey、MatteRGB 和 HueAngle 等工具，如图 7-3 所示。

02 单击 Shape 按钮，在 Layer1 图层条带的上方出现一个 Shape 条带，如图 7-4 所示。

图 7-3　激活 Shape 按钮

图 7-4　时间线面板

★Tips

在不激活黑白色的蒙娜丽莎图标的情况下，按下快捷键【S】也可以添加 Shape。另外，使用调色台也可以快速添加 Shape。在 Baselight 中执行相同的命令有多种操作方法，读者可以根据自己的喜好来选择。

03 在左侧会出现 Shape 面板，该面板拥有五个参数组。第一个是 Shape Management，用于新建 Shape 和管理 Shape。第二个是 Selected Shape Setting，可以对已经选中的 Shape 进行设置。第三个是 Shape Keyframes，用于为 Shape 制作关键帧动画。第四个是 Feathering，用于制作 Shape 的羽化效果。第五个是 Tracking，用于为 Shape 制作跟踪动画，如图 7-5 所示。

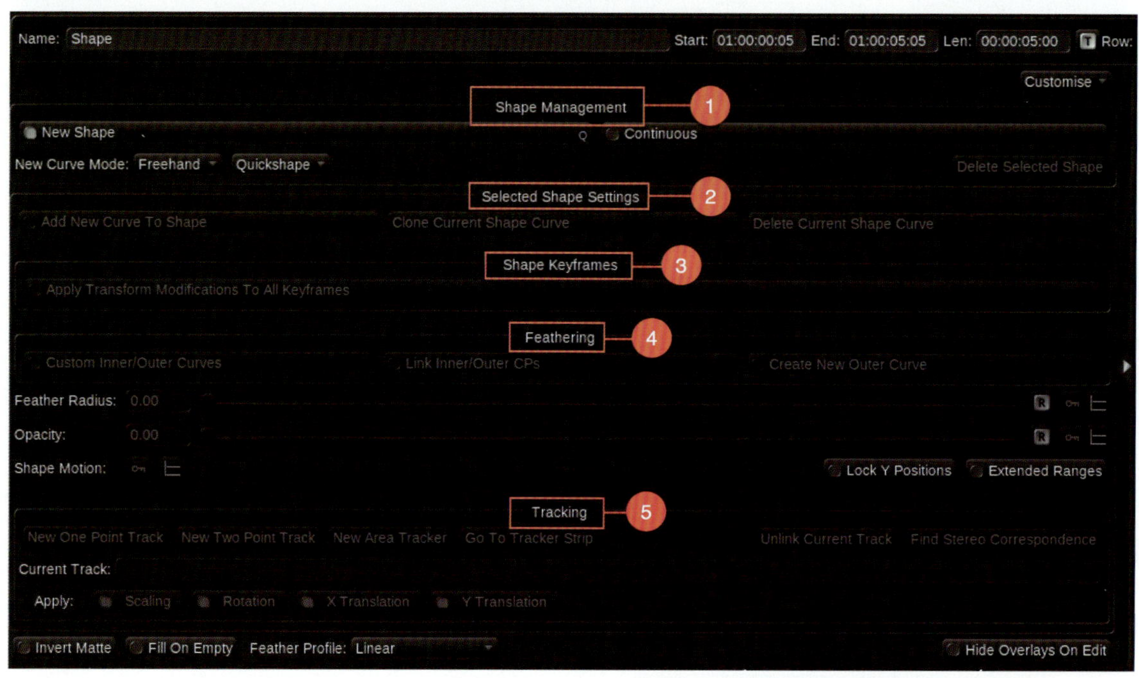

图 7-5　Shape 面板

04 在 Shape Management 参数组中，如果单击 Quickshape 按钮的话会出现一个下拉菜单，其中显示了十种快速 Shape 的图标和名称，如图 7-6 所示。使用快速 Shape 可以迅速制作常用的选区，进而提高工作效率。这些操作也可以通过使用调色台来一键添加。

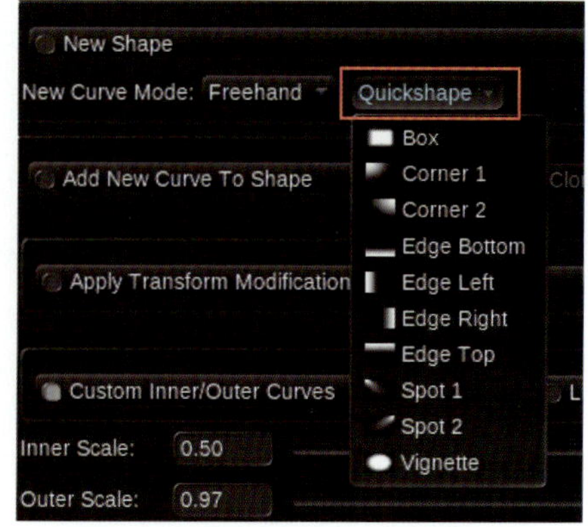

图 7-6　Quickshape 下拉菜单

05 在 Shape Management 群组中，默认激活的是 Freehand 类型的 Shape，可以自由绘制选区路径，类似于 Photoshop 中的钢笔工具。单击一下“New Shape”按钮将其激活，然后就可以在画面上进行路径绘制了。如果同时激活了“Continuous”按钮，则当绘制完一个路径的时候，可以继续绘制下一个路径。单击“Delete

Selected Shape”可以将选中的 Shape 删除。现在开始手绘轮廓线，单击绘制第一个控制点，然后移动鼠标指针到下一个位置，如果单击的话，将会绘制第二个控制点，两个控制点之间用直线连接。如果单击不放并且拖动的话，将会绘制出曲线段。沿着鱼形木刻的轮廓不断绘制线条，最后右击以封闭轮廓线。在绘制过程中，你可以同时按下 Command 键和鼠标中键来放大视图，按住鼠标中键不放来平移视图，如图 7-7 所示。

图 7-7 绘制出的轮廓线

06 第一次绘制的轮廓线可能不够精确，可以拖动控制点上面的手柄让曲线更好地符合鱼形木刻的轮廓。在转折不够顺滑的地方可以添加新的控制点来增加轮廓线的精确度。添加节点的操作是非常简单方便的，只需要用鼠标左键在轮廓线上面单击即可，如图 7-8 所示。图中暗淡的红色线条提示的是轮廓线之前的位置。

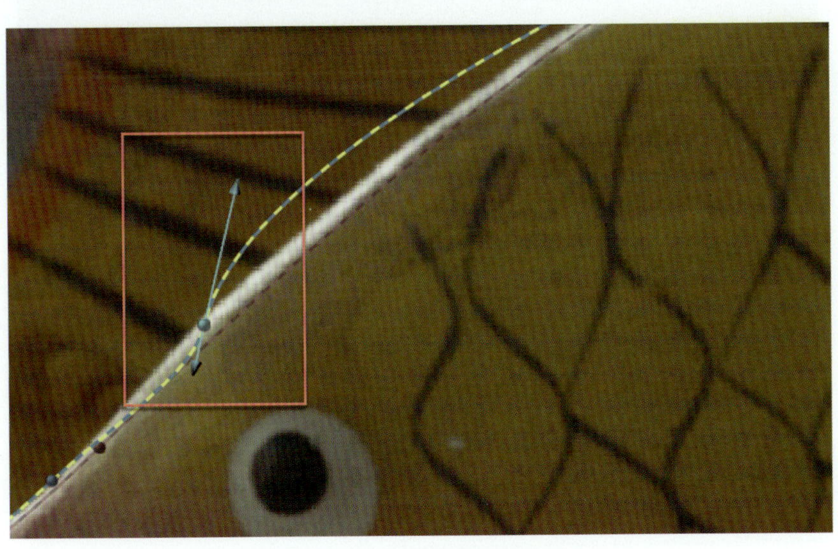

图 7-8 轮廓线的控制手柄

07 如果想要把轮廓线上面的直线转折点变换为曲线转折点的话，可以按住【command】键，然后单击并拖动控制点即可拖动出贝赛尔控制手柄，如图 7-9 所示。不断对轮廓线进行调整以获得最佳的形状。

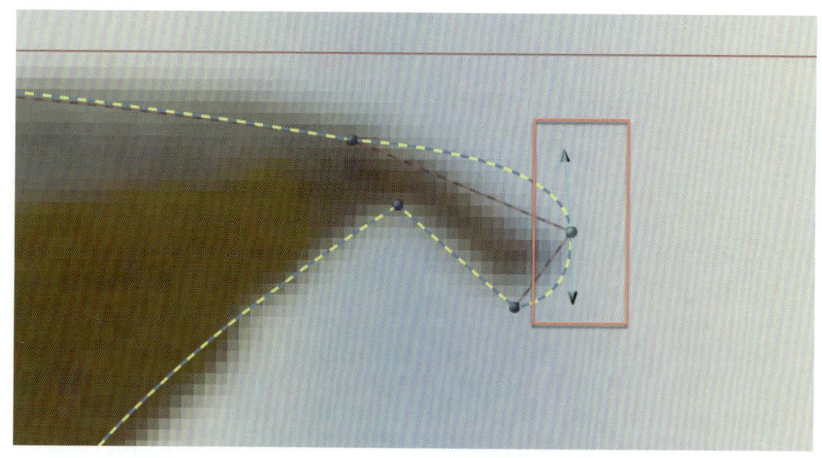

图 7-9 调整轮廓线

08 当调整完轮廓线之后，按下快捷键【O】或者在 Cursor 面板的 Rendering 下拉菜单中选择“Layer Matte”命令，如图 7-10 所示。本操作也可以在调色台上完成。

09 这时将会在视图中看到一个鱼形的黑白蒙版，如图 7-11 所示。在二级调色工作中经常需要查看蒙版的样子，所以应该熟记几个快捷键。

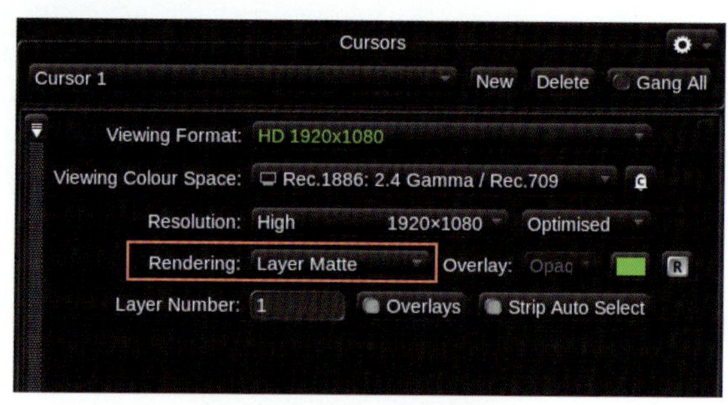

图 7-10 修改渲染模式

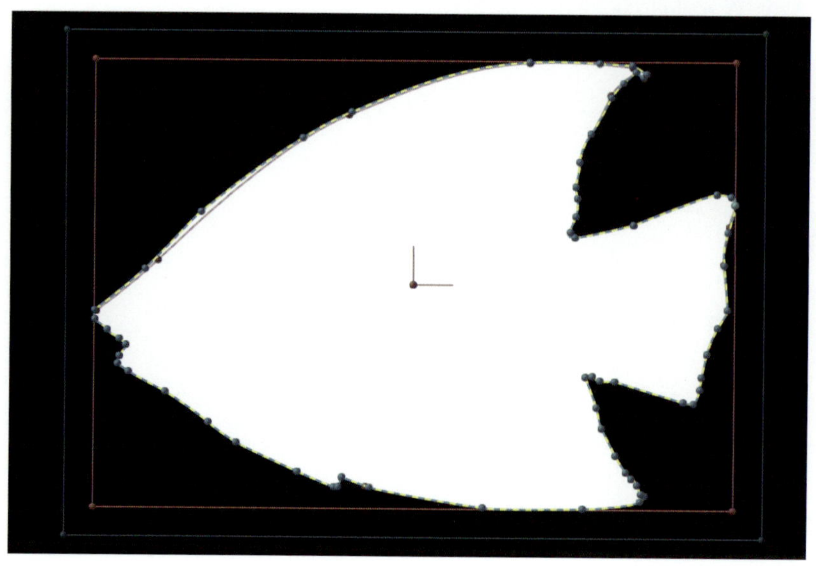

图 7-11 黑白蒙版

10 现在按下快捷键【Shift+O】，或者在 Cursor 面板的 Rendering 下拉菜单中选择“Layer Matte Overlay”命令，如图 7-12 所示。

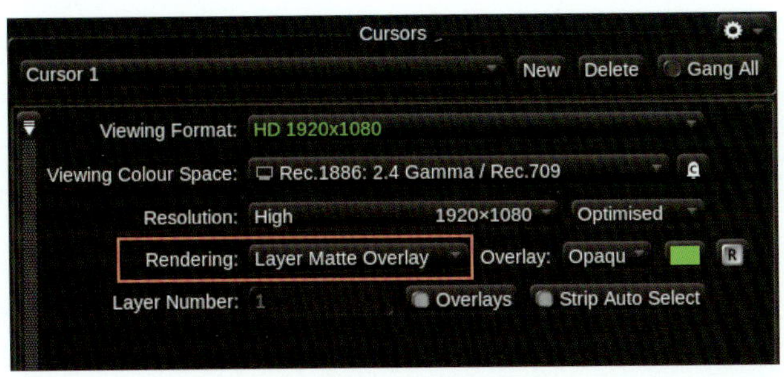

图 7-12 修改渲染模式

11 此时可以看到蒙版显示为绿色，并且这个绿色叠加在原始画面上，如图 7-13 所示。

图 7-13 蒙版显示为绿色

12 再次按下快捷键【Shift+O】或者在 Cursor 面板的 Rendering 下拉菜单中选择“Layer Matte Invert Overlay”命令，如图 7-14 所示。

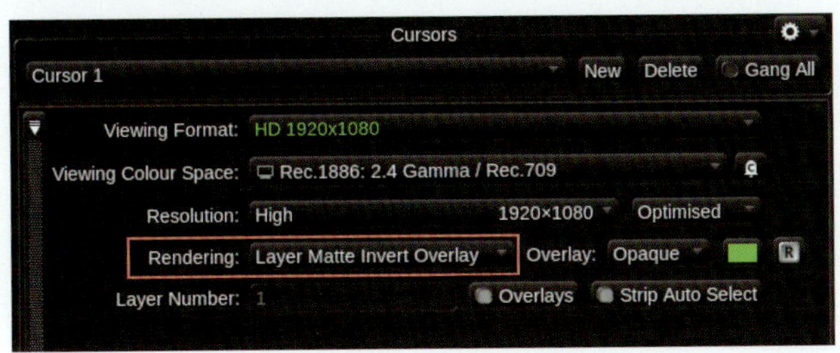

图 7-14 修改渲染模式

13 可以看到蒙版选中的范围突出显示出来了，蒙版外部的区域被填充为灰色，如图 7-15 所示。

图 7-15　突出显示蒙版区域

如果再次按下快捷键【Shift+O】的话，会发现又回到了黑白蒙版模式。通过以上练习，可以掌握显示蒙版的几种方式。如果你熟记键盘快捷键和调色台操作的话，就会提高工作效率。

7.2.3　优化蒙版

用 Shape 来绘制轮廓线是为了获得蒙版。对于视频调色而言，这个蒙版还必须是动态的，能够跟随物体的运动而运动，根据物体形状的变化而变化。

01 上一节课程中我们绘制了鱼形木刻的轮廓线，但是如果仔细观察的话，会发现蒙版的边缘有一些锯齿，如图 7-16 所示。

图 7-16　蒙版边缘有锯齿

02 在 Shape 面板中将 Feather Radius 的数值设置为 0.40，如图 7-17 所示。

03 可以看到蒙版的边缘出现了羽化效果，羽化的数值越高，边缘的柔和过渡就越多，反之亦然。可以拖动一下 Feather Radius 的滑块来看一下效果，如图 7-18 所示。

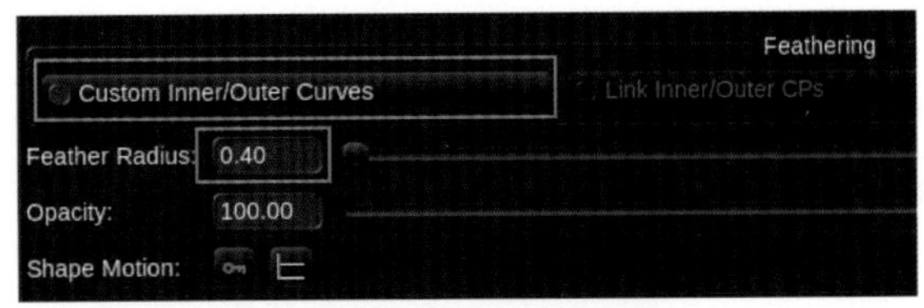

图 7-17　设置羽化数值

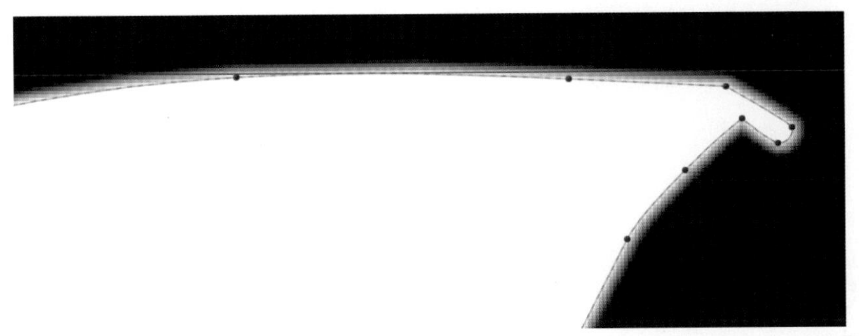

图 7-18　边缘羽化效果

04 现在激活 Shape 面板中的 Custom Inner/Outer Curves（自定义内外轮廓线）按钮，激活内 / 外轮廓线功能。将 Inner Scale 设置为 0.80，Outer Scale 设置为 1.05。然后激活 Link Inner/Outer CPs(连接内外轮廓线控制点)，如图 7-19 所示。

05 可以看到画面上又增加了一条轮廓线，并且两条轮廓线上面相对应的控制点也被蓝色的线条连接起来了，如图 7-20 所示。

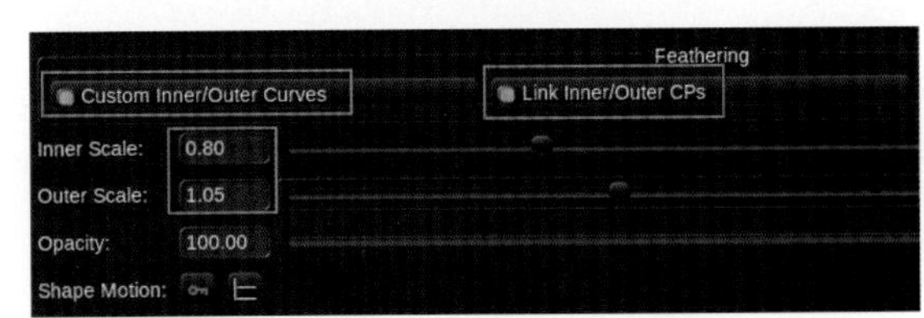

图 7-19　设置内外羽化曲线

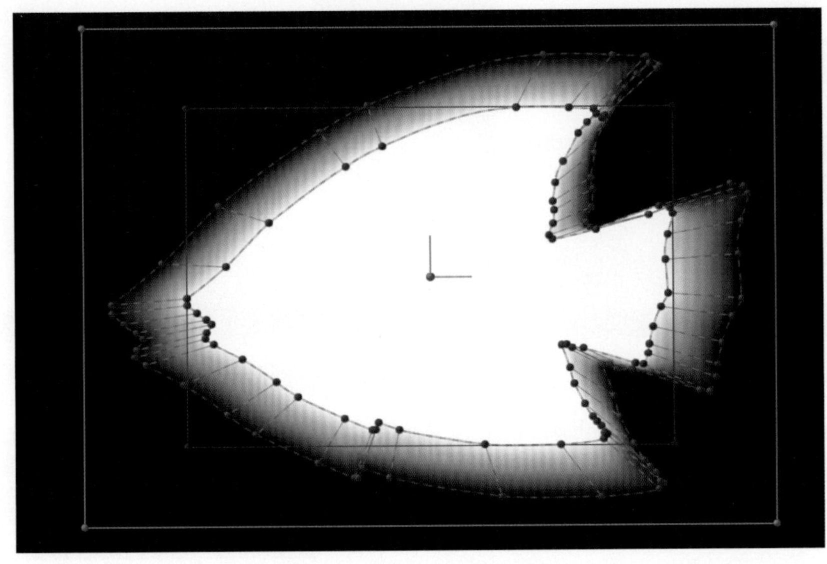

图 7-20　内外羽化效果

06 现在还可以继续对蒙版进行调整，单击黑白色的蒙娜丽莎头像，然后激活面板下方的 Edit Matte Tool 按钮，如图 7-21 所示。

07 在时间线上可以看到在 Layer1 条带上方和 Shape 条带下方出现了一个新的条带，名为 MatteTool，如图 7-22 所示。

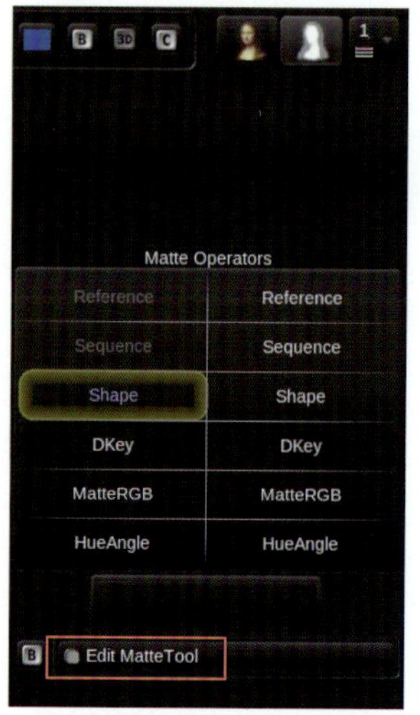

图 7-21　激活 Edit MatteTool 按钮

图 7-22　时间线条带

08 在 MatteTool 面板中激活 Blur 4 标签，将 Radius X 设置为 16.64，默认情况下 Radius Y 的数值也会同时修改，因为二者是绑定状态，如图 7-23 所示。

现在可以看到蒙版的形态过渡更加流畅，边缘也更加柔和，如图 7-24 所示。

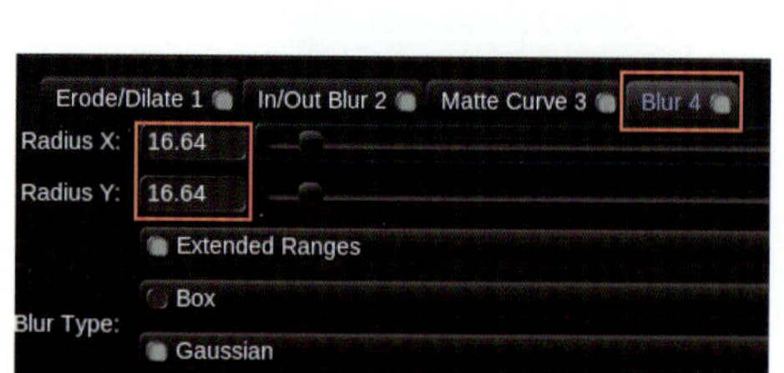

图 7-23　修改模糊参数

图 7-24　模糊后的蒙版

09 激活 Erode/Dilate 1 标签，将 Radius X 和 Radius Y 的数值修改为 -5，如图 7-25 所示。

收缩 Shape 轮廓线的边缘，可以看到蒙版的面积变小了，如图 7-26 所示。

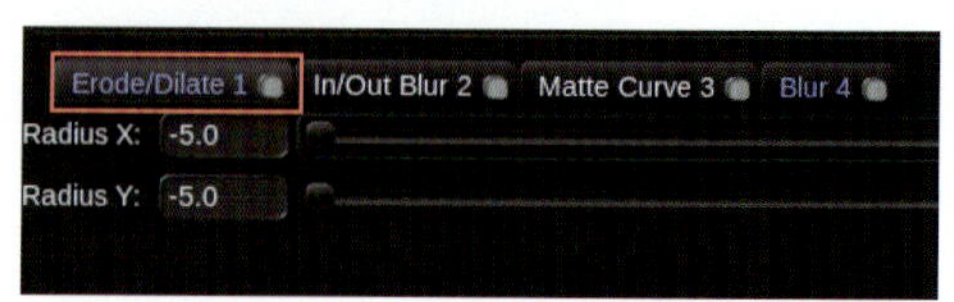

图 7-25　修改侵蚀 / 扩展参数

图 7-26 蒙版叠加显示模式

10 激活 In/Out Blur 2 标签，将 Radius X 和 Radius Y 的数值修改为 -23.41，如图 7-27 所示。

修改蒙版边缘的内 / 外模糊效果，如图 7-28 所示。

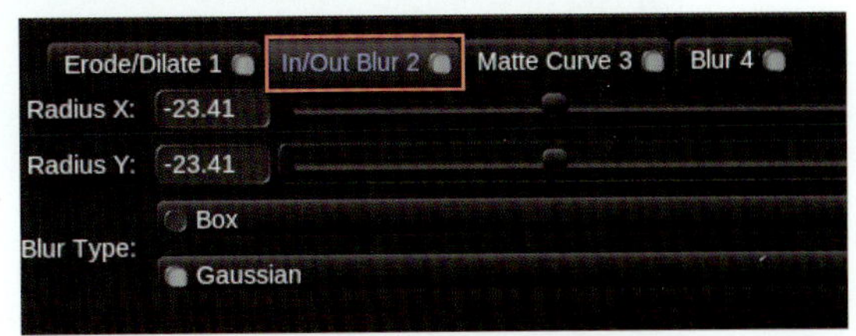

图 7-27 修改内外模糊

图 7-28 蒙版模糊后的结果

11 激活 Matte Curve 3 标签，然后调整曲线形态如图 7-29 所示。可以拖动曲线手柄来调整曲线形态。

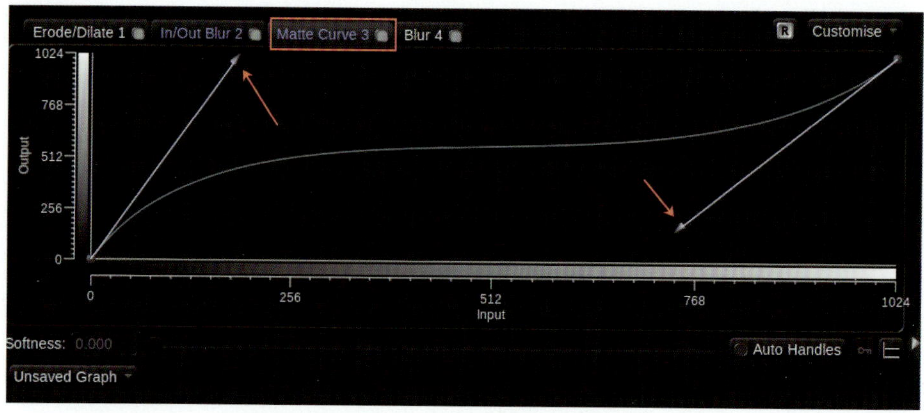

图 7-29　修改蒙版曲线

12 结合使用 Edit MatteTool 上的多种工具对蒙版进行细致的调整，直到得到满意的结果，如图 7-30 所示。

图 7-30　调整后的蒙版

13 单击 Edit MatteTool 面板右上角的 Customise 按钮，可以看到其下拉菜单中还有很多命令可供选用与自定义，如图 7-31 所示。

★Tips

建议读者使用 MatteTool 工具对 Shape 进行虚化处理，尽量不使用 Shape 面板自带的 Feather Radius 工具。因为 MatteTool 工具制作的虚化效果更好。

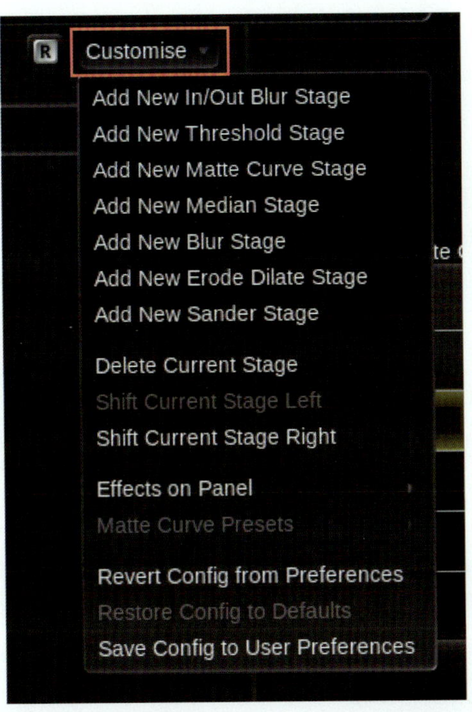

图 7-31　自定义菜单

7.2.4　调色与跟踪

01 下面开始对选区内的鱼形木刻图像进行调色。单击 Layer1 条带，然后激活面板中的 Film Grade 按钮。将 Exposure 的亮度参数调整为 2.33，Contrast 调整为 1.30，Saturation 调整为 1.86，如图 7-32 所示。

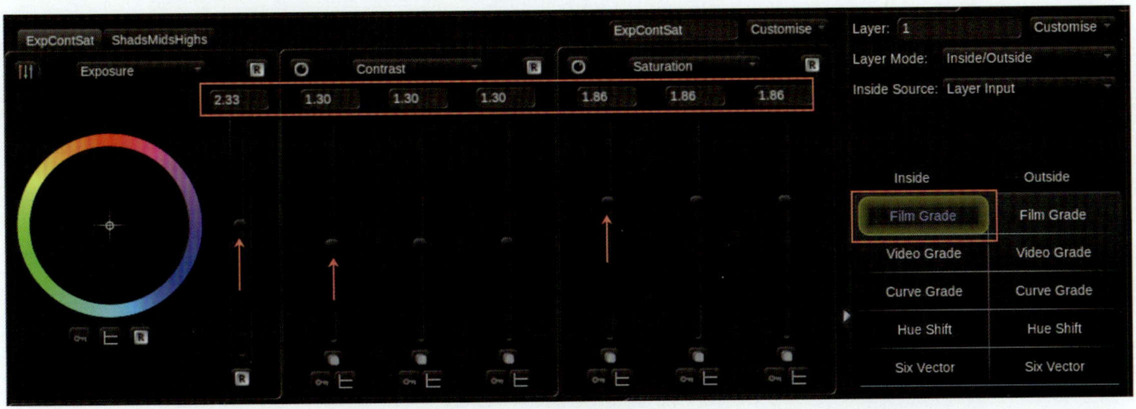

图 7-32　调整 Film Grade

可以看到鱼形木刻的亮度、对比度和饱和度都得到了增加，变得更加突出，如图 7-33 所示。

图 7-33 调色后的结果

02 现在按下空格键播放影片，由于鱼形木刻悬挂在半空中轻轻摇摆，而 Shape 轮廓线是固定的，这就会造成蒙版和鱼形木刻的位置发生错位，如图 7-34 所示。

图 7-34 轮廓线与鱼形木刻错位

03 所以需要对 Shape 轮廓线进行跟踪。在 Tracking 面板上单击 New Area Tracker 按钮，如图 7-35 所示。

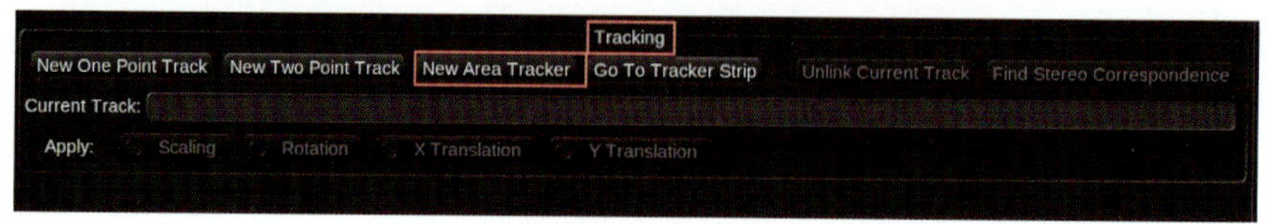

图 7-35 跟踪面板

激活面跟踪功能，可以看到视图上出现了一个红色的方框，如图 7-36 所示。

图 7-36　面跟踪的轮廓线

04 在打开的 Aera Trackers 面板上单击 Track Forwards 按钮进行正向跟踪，如图 7-37 所示。

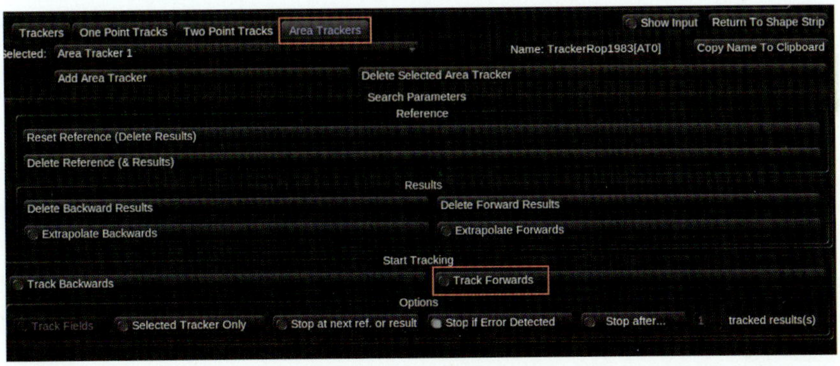

Trackers　One Point Tracks　Two Point Tracks　Area Trackers　Show Input　Return To Shape Strip
Selected: Area Tracker 1　Name: TrackerRop1983[AT0]　Copy Name To Clipboard
Add Area Tracker　Delete Selected Area Tracker
Search Parameters
Reference
Reset Reference (Delete Results)
Delete Reference (& Results)
Results
Delete Backward Results　Delete Forward Results
Extrapolate Backwards　Extrapolate Forwards
Start Tracking
Track Backwards　Track Forwards
Options
Track Fields　Selected Tracker Only　Stop at next ref. or result　Stop if Error Detected　Stop after... 1 tracked results(s)

图 7-37　正向跟踪

红色的方形轮廓线会跟随鱼形木刻的运动而运动，并且其中央的手柄上出现了一条曲线轨迹，如图 7-38 所示。

图 7-38　跟踪后的结果

★Tips

如果发现跟踪结果有错误的地方，还可以通过手动的方式来修改自动跟踪完成的路径。

跟踪完成后来回播放一下视频，发现轮廓线会跟随鱼形木刻运动，但是由于鱼形木刻的运动是带有透视关系的，红色方框却没有进行透视跟踪，所以二者还是会出现错位，如图 7-39 所示。

图 7-39　透视关系不对带来错位

★Tips

Baselight5.0 版本新增了透视跟踪工具，可以方便地对 Shape 进行透视跟踪。本例我们使用面跟踪工具进行讲解。

05 为了让 Shape 轮廓线能够贴合鱼形木刻的运动而运动，需要对其进行动画处理，为 Shape 的控制点制作关键帧动画。单击 Shape Motion 按钮，如图 7-40 所示。

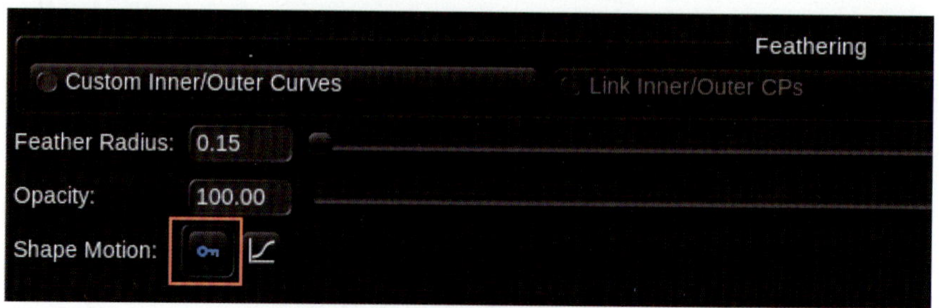

图 7-40　激活 Shape Motion 按钮

在 Keyframes（关键帧）面板上可以看到关键帧显示为发光的三角形，如图 7-41 所示。

图 7-41 关键帧标记

06 导航时间线到错位的帧上，然后挪动轮廓线控制点到正确的位置。Baselight 会自动在时间线上创建关键帧。不断重复这个操作直到得到满意的结果为止。你可以一次移动一个控制点，也可以同时移动多个控制点，如图 7-42 所示。

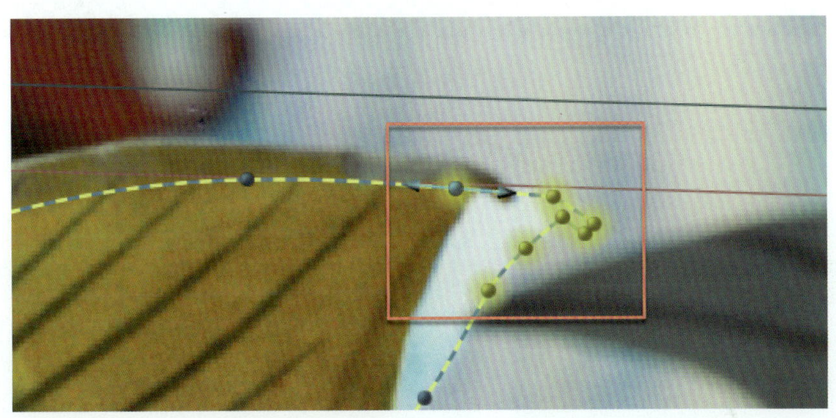

图 7-42 一次移动多个控制点

7.2.5 组内条带的关系

01 现在来观察一下时间线面板。为了对鱼形木刻进行二级调色处理，我们首先创建了一个调色层 Layer1，可以看到 Layer1 的条带是位于素材条带之下的。接着增加一个 Shape 条带，然后绘制 Shape 轮廓线，Shape 条带位于 Layer1 条带之上，素材条带之下。然后使用 MatteTool 的时候又出现了一个新的条带，位于 Layer1 条带之上，Shape 条带之下。对 Shape 做跟踪的时候又增加了一个 Tracker 条带，位于素材条带之下，Shape 条带之上，如图 7-43 所示。

02 Baselight 对于条带的排列顺序是有规则的，在时间线上删除 Shape 条带，会看到素材条带的上方出现了一个暗红色的条带并且有两个红色的问号，如图 7-44 所示。

图 7-43 时间线面板

图 7-44 出现问号条带

这时视图上出现了棋盘格图像，如图 7-45 所示。这表明时间线上的条带关系出现了错误，因而 Baselight 无法计算出正确的图像。在本例中删除了 Shape 条带的话，Tracker 条带和 MatteTool 条带也就失去了意义。

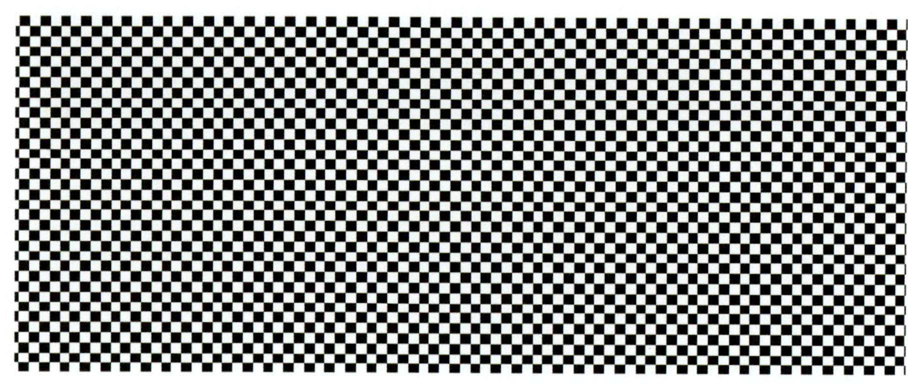

图 7-45 棋盘格图像

03 现在关闭 Layer1 条带的 Use Matte（使用蒙版）中 For Grade（用于调色）按钮，如图 7-46 所示。

此时可以看到带有问号的红色条带消失了，如图 7-47 所示。

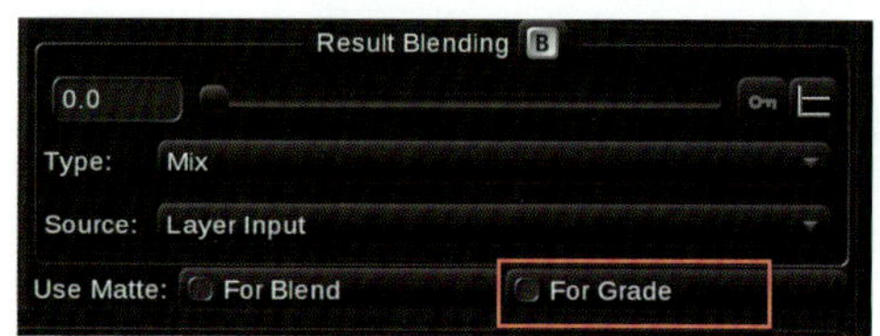

图 7-46 取消 Use Matte 的两个选项

图 7-47 时间线面板

视图上也能够显示正确的画面了，这是因为我们告诉 Baselight 忽略掉蒙版信息。因此 MatteTool 的羽化操作和 Layer1 的调色操作就全部作用到整体画面上了，如图 7-48 所示。Layer 与 Shape 的关系就是通过 Use matte for grade 而建立起来的。这种关系在其他的操作中也会存在，比如使用 Shape 和 Dissolve 进行合成，对画面进行抠像调色等，当然，我们也可以手动添加条带之间的关系。

图 7-48 调色后

7.2.6　完成最终效果

01 下面来制作一种特殊的调色风格，保持鱼形木刻本身的颜色而把其他区域的颜色都变为黑白。按下快捷键【P】添加一个新的调色层 Layer2。如图 7-49 所示。

图 7-49　添加新的调色层

02 如果想要在 Layer2 上面获得 Layer1 的选区，可以添加 Reference 层。单击黑白色的蒙娜丽莎图标，然后单击其中的 Reference 按钮，如图 7-50 所示。

在时间线面板上可以看到，Reference 层出现在 Layer1 和 Layer2 条带之间，如图 7-51 所示。

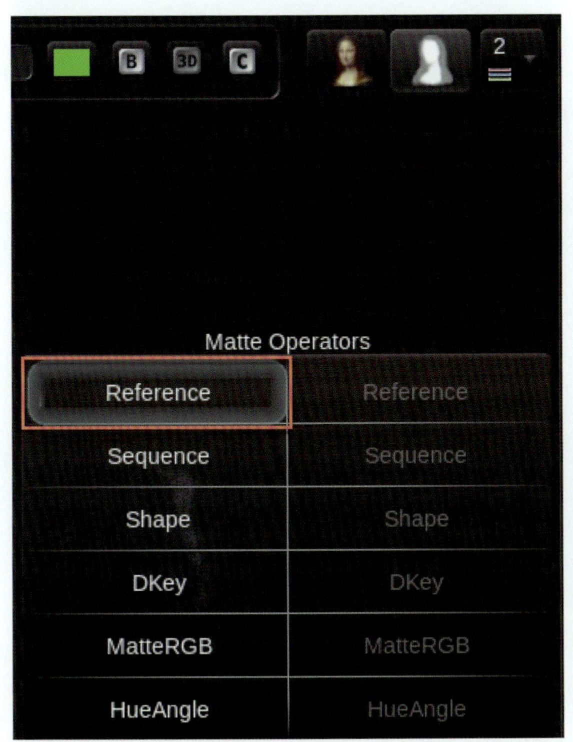

图 7-50　Reference 按钮

图 7-51　时间线面板

03 在 Reference 面板上单击如图 7-52 所示的下拉菜单，然后单击 Layer1 中的蒙版。

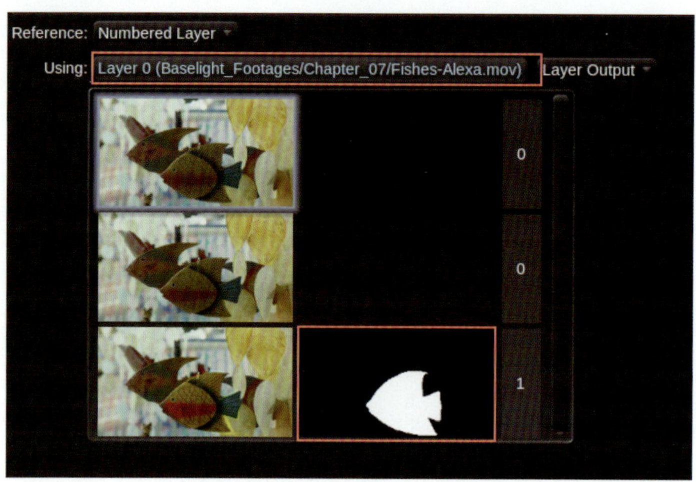

图 7-52　调用图层 1 的蒙版

04 然后激活 Inverted（反向）按钮，如图 7-53 所示。把 Layer1 的蒙版反向后传递给 Layer2。

05 在时间线面板上选中 Layer2，然后在 Film Grade 面板中将 Saturation 的数值修改为 0.00，如图 7-54 所示。

图 7-53　反向按钮

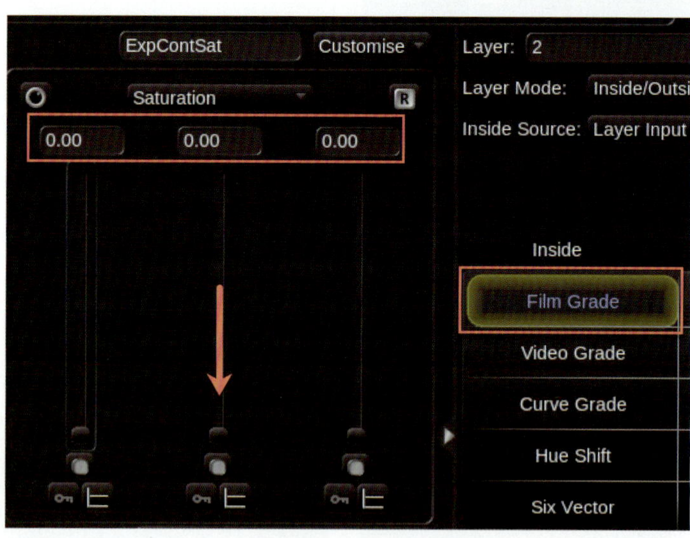

图 7-54　降低饱和度

这里可以看到鱼形木刻保持彩色而周围都是黑白的效果，如图 7-55 所示。读者可以活用 Reference 工具来引用调色堆栈之前的任何一个图层的图像信息，Reference 是一个非常有用的工具，可以跳过顺序的层级关系对之前的素材进行通道或者其他信息的引用。

★Tips

Shape 也拥有图像引用功能，详情请看本章视频教程。

图 7-55 调色后的画面

至此，通过一个完整的小案例介绍了 Baselight 中使用 Shape 进行二级调色的方法。可以使用 Quickshape 来快速获得蒙版区域，也可以通过手绘的方式制作自定义的蒙版区域。当 Shape 轮廓线绘制完成之后还要进行形状调整甚至进行跟踪和动画操作，因为视频调色的一大特点就是每一帧画面都在变化。在对 Shape 的蒙版进行优化的方面，Baselight 提供了多种工具，你既可以调整边缘的羽化效果，也可以使用 MatteTool 工具进行更加丰富的蒙版精调。

7.3 HueAngle

HueAngle 直译过来是色相角度的意思，实际上这个工具可以综合使用色相、饱和度和亮度进行抠像处理。HueAngle 是 Baselight 制作蒙版的常用工具之一。在实际工作中可以使用这个工具来对天空、绿植和皮肤等的颜色进行抠像操作，以便于进行二级调色处理。

01 首先导入并打开本章所需的素材，这是一段关于赛车的视频。其图像和示波器效果如图 7-56 所示。

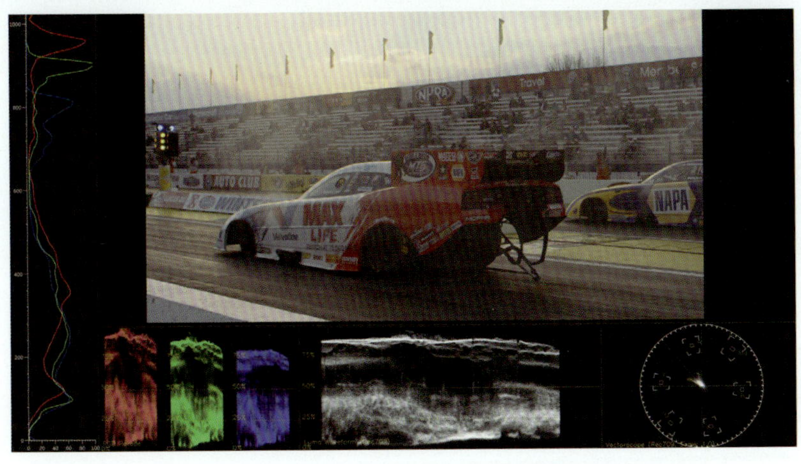

图 7-56 赛车画面与示波器

★Tips

在不激活黑白色的蒙娜丽莎图标的情况下，按下快捷键【H】也可以添加HueAngle。另外，使用调色台也可以快速添加HueAngle。

02 添加一个调色层Layer1，单击黑白色的蒙娜丽莎图标，激活其中的HueAngle按钮，如图7-57所示。

03 想要把画面中的天空部分抠取出来，由于天空的亮度比较高并且色彩比较均匀，所以可以只使用亮度信息来抠像。在HueAngle面板中仅激活Value按钮。

04 然后调整Value的数值为0.629，Range的数值为0.077，Rolloff Low和Rolloff High的数值为0.109，如图7-58所示。此时得到的抠像结果如图7-59所示。以上数值仅供参考，读者可根据情况自行调整。

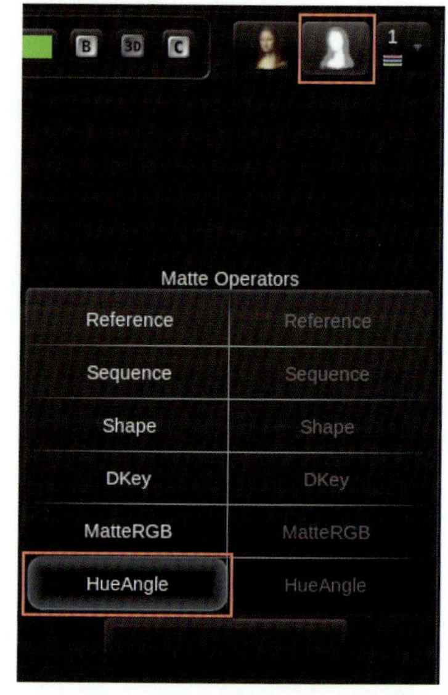

图7-57 激活HueAngle按钮

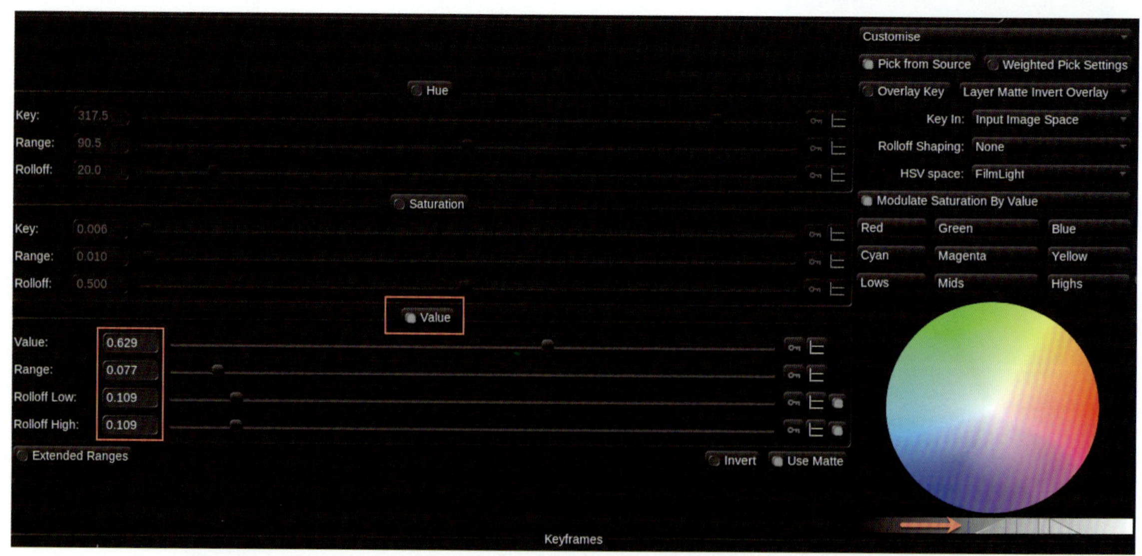

图7-58 使用亮度进行抠像

05 为Layer1层添加一个Shape层，然后绘制一条如图7-60所示的轮廓线，把不需要的抠像区域隔离掉，这种遮罩也被称为“垃圾遮罩”。

06 选择Layer1调色层，进入Film Grade面板，在Exposure的色轮上增加橘红色。然后把Contrast的数值调整为0.83，如图7-61所示。

图 7-59　黑白蒙版

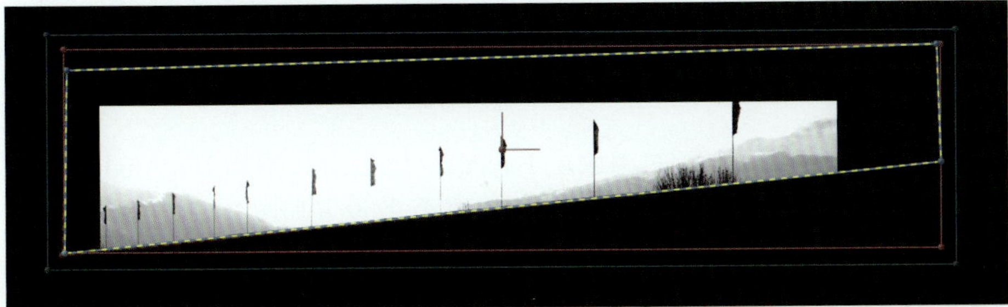

图 7-60　使用 Shape 隔离不需要的区域

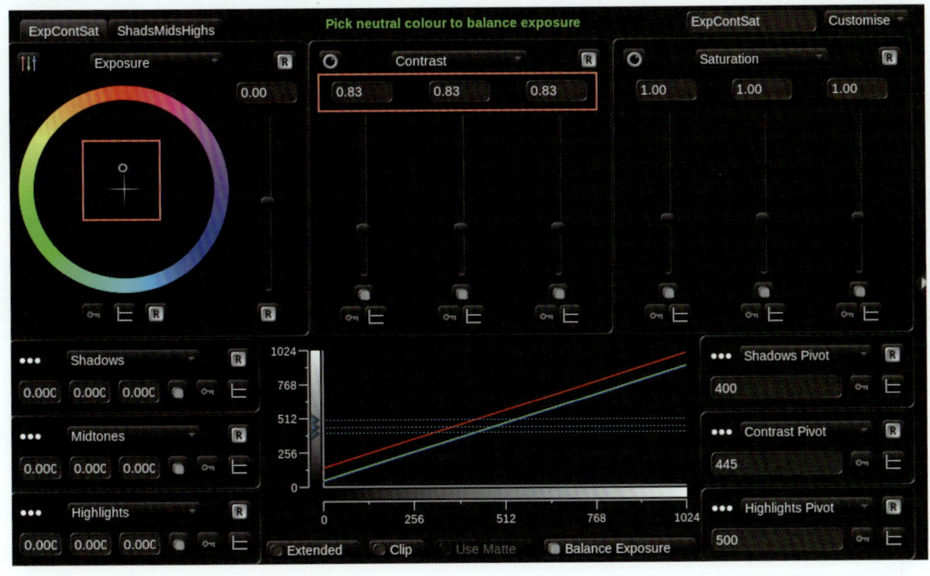

图 7-61　使用 FilmGrade 调色

07 图像中，天空的颜色变得更加橘红，霞光的效果更加突出（图中颜色仅作示意，读者可根据自己喜好自行调整），如图 7-62 所示。

图 7-62　调色后画面

08 按下快捷键【P】添加一个新的调色层 Layer2，然后为其添加 HueAngle 工具。在这个图层中我们想要抠取赛车身上的红色。HueAngle 的参数设置如图 7-63 所示。

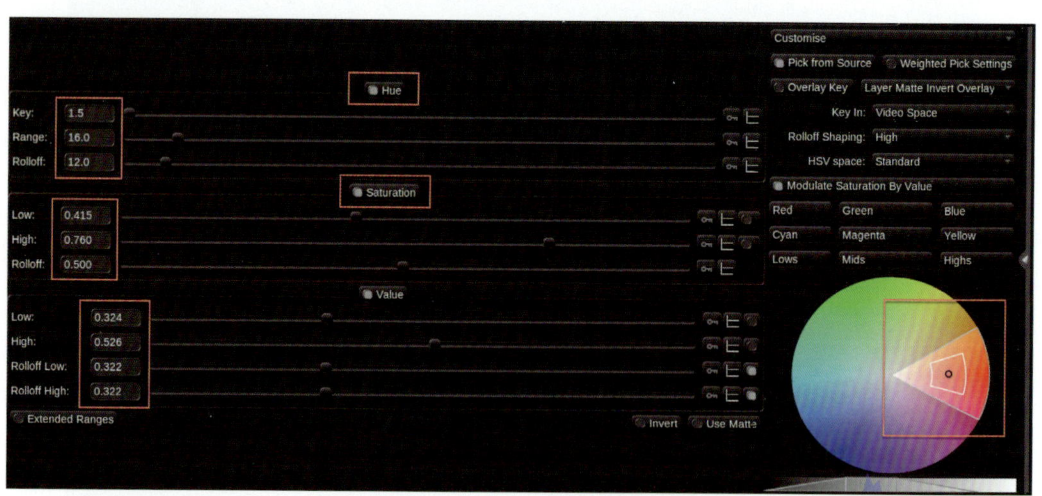

图 7-63　HueAngle 面板

09 不断调整 HueAngle 的参数以获得最佳抠像效果。不过在一些情况下紧靠 HueAngle 的默认参数难以得到非常干净的蒙版，如图 7-64 所示。

10 这需要进入 Edit MatteTool 面板对蒙版进行更加细致的调整，如图 7-65 所示。

综合使用 MatteTool 面板中的多项工具来调整蒙版，将白色区域和黑色区域调整得更加干净，如图 7-66 所示。

图 7-64　黑白蒙版

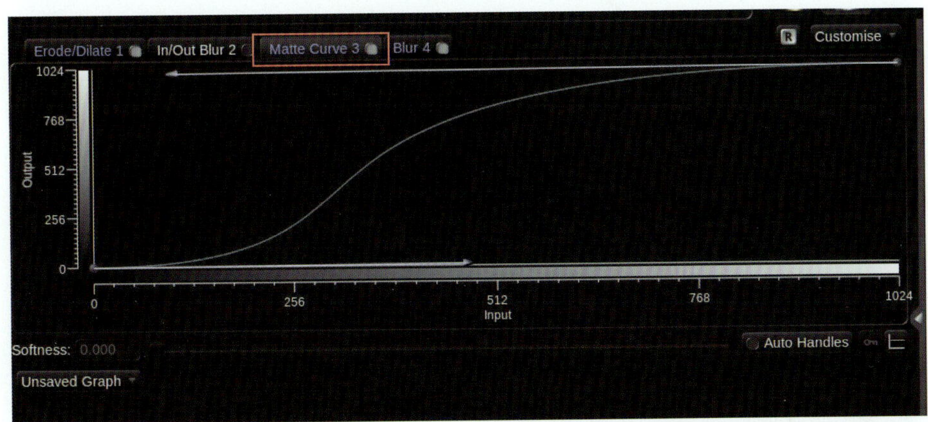

图 7-65　调整蒙版曲线

图 7-66　调整后的蒙版

11 红色车漆外部的区域仍然存在难以去除的瑕疵，可以使用 Shape 工具隔离掉不想要的蒙版区域，如图 7-67 所示。

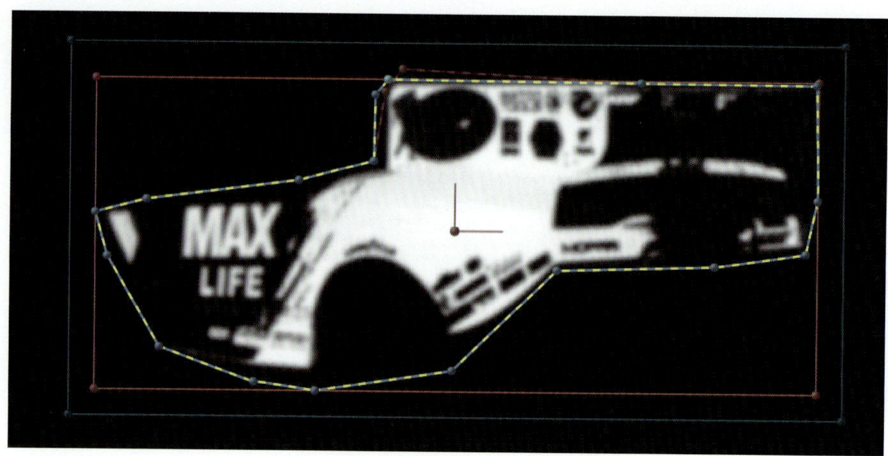

图 7-67　绘制 Shape 轮廓线

12 选择 Layer2 调色层，使用 LiftGammaGain 调色工具，把 Gamma 色轮的控制点拉向蓝色，如图 7-68 所示。

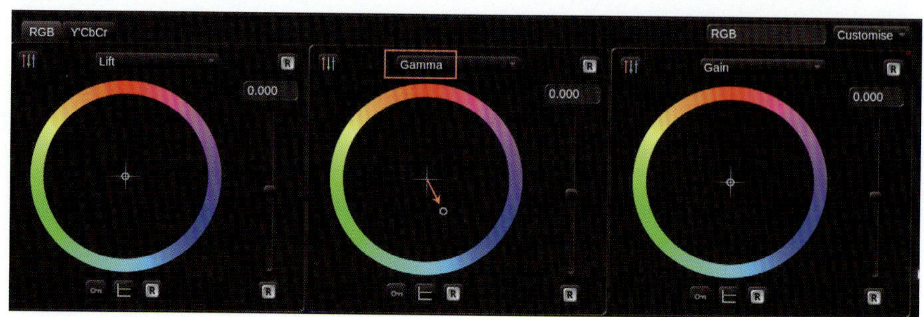

图 7-68　使用 LiftGammaGain 工具调色

可以看到红色的车漆变为了蓝色。播放这段画面看效果，如果汽车是运动的话，还需要对 Shape 进行跟踪制作，如图 7-69 所示。

图 7-69　调色后画面

本案例介绍了 HueAngle 工具的使用方法，对于亮度比较高色彩比较均匀的天空区域，使用了亮度抠像的方法，对于红色的车漆需要综合使用 Hue、Saturation 和 Value 三个参数来进行抠取。对于蒙版区域的精修本例也给出了解决方案。

★Tips

HueAngle 的知识点较为丰富，书中未涉及的内容请参阅本章对应的教学录像。

7.4 Dkey

在 Baselight 中，除了使用 HueAngle 抠像之外，还有一个叫作 Dkey 的抠像工具。HueAngle 使用 Hue（色相）、Saturation（饱和度）和 Value（亮度）这三个参数作为筛选条件。而 Dkey 则使用了一种比较独特的算法来进行抠像。

01 再次导入赛车素材到时间线上。然后为其添加调色层 Layer1。单击黑白色的蒙娜丽莎图标，激活 Dkey 按钮，如图 7-70 所示。

在时间线面板上可以看到在 Layer1 和素材条带之间出现了一个名为 DKey 的条带，并且其上方自动增加了一个 Reference 条带，如图 7-71 所示。

图 7-70　激活 DKey 按钮

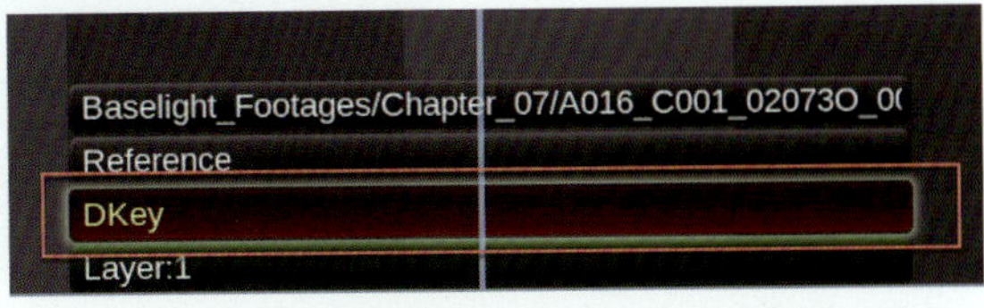

图 7-71　时间线上的 DKey 条带

★Tips

在不激活黑白色的蒙娜丽莎图标的情况下，按下快捷键【U】也可以添加 Dkey。另外，使用调色台也可以快速添加 Dkey。

02 在 DKey 面板上激活 Pick from Source 按钮，然后用鼠标在画面中赛车的红色车漆上拖动出一个矩形框，如图 7-72 所示。

图 7-72　拾取颜色按钮

03 在 3D Colour Space View 面板上可以看到一个彩色立方体框架，其中出现了一些圆点组成的形状，如图 7-73 所示。可以根据需要用鼠标继续拾取新的颜色进来。

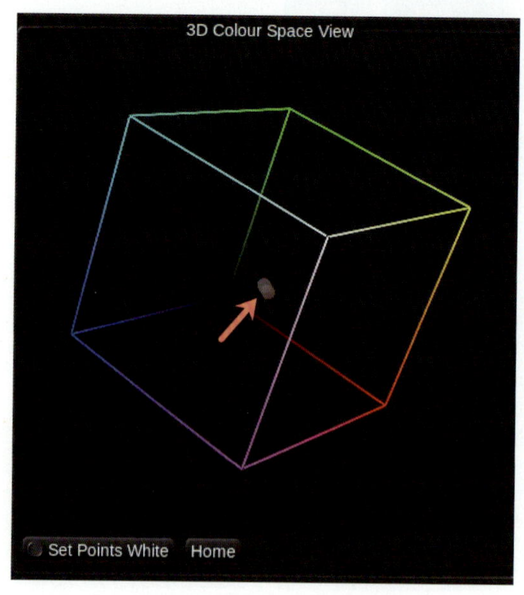

图 7-73　色立体轮廓线

04 按下快捷键【O】，突出显示蒙版区域，如图 7-74 所示。

05 在 DKey 面板上可以继续修改参数，将 Start Offset（起始偏移）修改为 0.07，End Offset（结束偏移）修改为 0.11，Radius（半径）修改为 0.03，Softness（柔化）修改为 0.02，如图 7-75 所示。

图 7-74 蒙版叠加显示为绿色

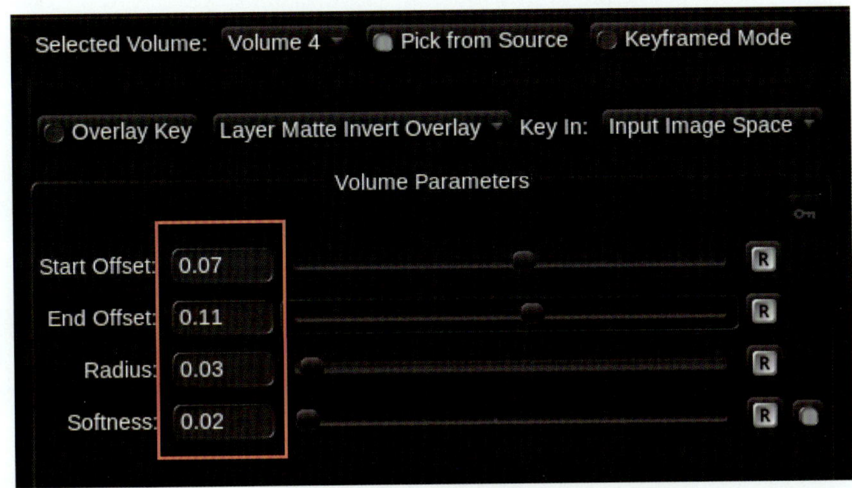

图 7-75 修改参数

06 激活 Edit MatteTool 工具，然后进入 MatteTool 面板进行蒙版精修，如图 7-76 所示。

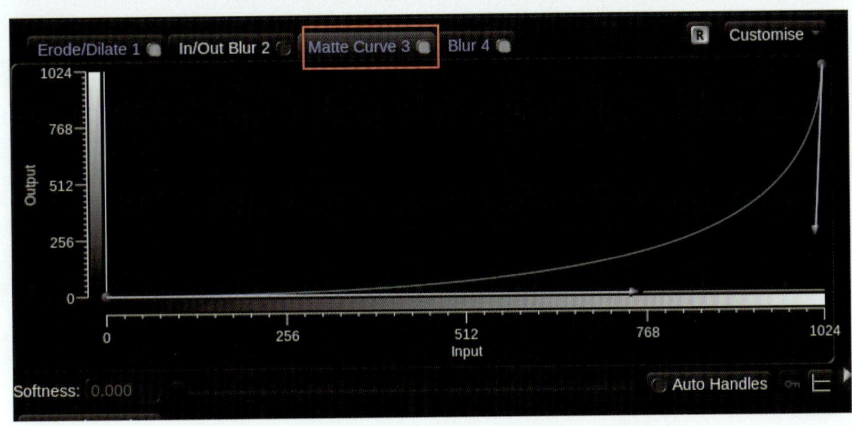

图 7-76 调整蒙版曲线

此时得到的抠像效果如图 7-77 所示。可以看到赛车周围还有一些不需要的蒙版区域。

图 7-77 突出显示

07 添加一个 Shape 层，然后绘制一条轮廓线，将不需要的蒙版区域隔离在外，如图 7-78 所示。

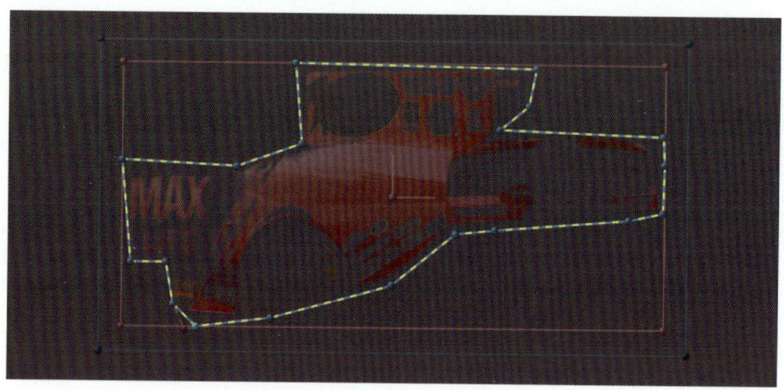

图 7-78 使用 Shape 隔离颜色

08 在本例中想要修改车漆的颜色，选中调色层 Layer1，然后激活 Hue Shift 面板，进入 Global 标签页，将 Hue Shift 的数值修改为 160，将 Val Scale 的数值修改为 95，如图 7-79 所示。

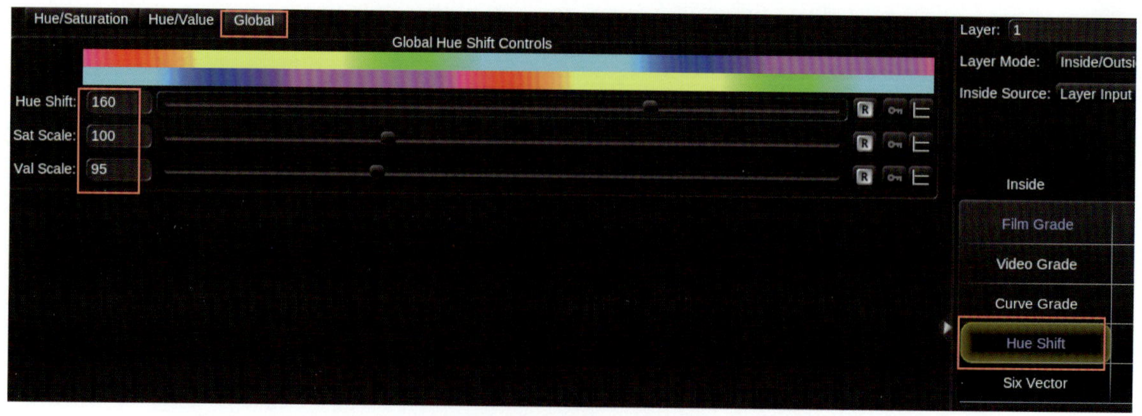

图 7-79 调整色相偏移

此时得到的结果如图 7-80 所示。可以看到车漆已经变为暗绿色。

图 7-80 调色后的画面

Dkey 抠像和 HueAngle 抠像的原理是不同的，DKey 是在 RGB 所构成的色立体当中进行抠像处理，可以同时抠取色相差异很大的颜色。而 HueAngle 主要用于抠取色相比较接近的颜色。在实际工作中，也可以尝试和比较这两种抠像工具的效果，根据具体情况去选择合适的抠像工具。

★Tips

Dkey 的知识点较为丰富，书中未涉及的内容请参阅本章对应的教学录像。

7.5 OpenEXR通道的使用

OpenEXR 文件格式是由工业光魔公司（ILM）经过多年努力开发出来的，并于 2003 年作为开源软件发布。它很快就得到了视觉效果业界的拥护，现在已经成为大多数公司最主要的文件格式。

OpenEXR 图像文件包含一个或多个图像通道，例如红、绿、蓝通道、Alpha 通道和深度通道等。每个通道都具有一个数值类型，它决定了通道中每个像素是如何进行表示的。

OpenEXR 支持三种通道类型：16 位的浮点类型（HALF）、32 位的浮点类型（FLOAT）以及 32 位的无符号整型（UINT）。Baselight 可以提取和使用 OpenEXR 所携带的各种通道信息，并将这些信息用于二级调色处理。

★实操演示：

本节内容的具体操作请参看随书教学录像。

7.6 外部蒙版的使用

有时候还会遇到蒙版素材独立存在的情况，如图 7-81 所示。这两段素材一段是带有蓝色背景的彩色视频，另一端是黑白色的蒙版视频。蒙版视频没有嵌入彩色视频的内部而是作为独立的文件存在。对于这种情况，Baselight 也可以调用蒙版视频以获得所需的蒙版。

图 7-81　前景视频与蒙版视频

★实操演示：

本节内容的具体操作请参看随书教学录像。

7.7 keyframe（关键帧）的设置

在调色工作中难免会遇到需要制作动画的情况，要制作动画就离不开关键帧技术。在 Baselight 的主参数控制面板的下方就是关键帧面板。在关键帧面板的时间线条带上，关键帧被显示为三角状的凹痕。关键帧条带上的时间线是相对的，关键帧条带的长度会自动适应，并且其颜色和时间线中所选条带的颜色相同，如图 7-82 所示。

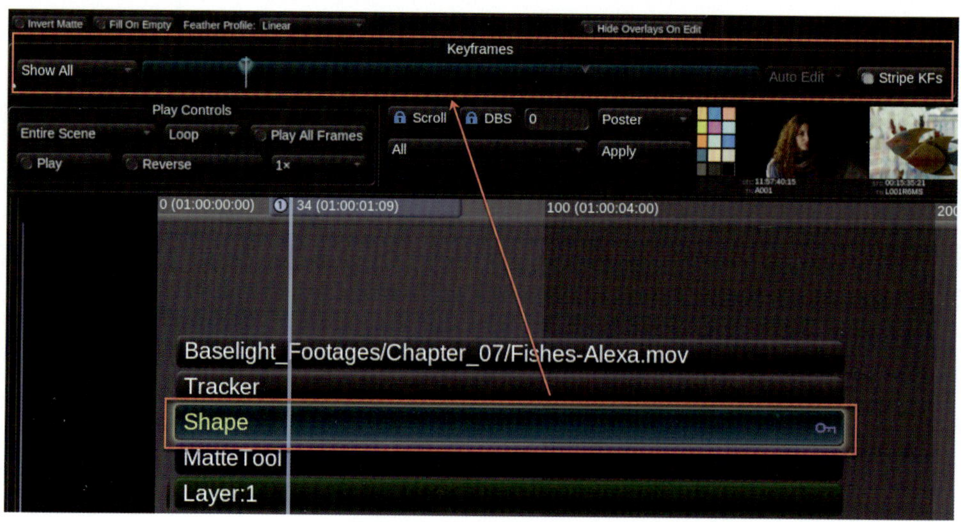

图 7-82　关键帧面板

★实操演示：

本节内容的具体操作请参看随书教学录像。

7.8 Compisite（合成）操作

调色层可以被用来进行合成操作。也就是说，不仅可以使用 Baselight 来调色，还可以用 Baselight 来进行合成操作。这极大地扩展了 Baselight 的功能，从而也给调色师带来了更高的自由度，意味着调色师可以处理更加复杂的镜头。

01 下面通过一个小案例来演示一下如何使用 Baselight 进行合成。在本章素材文件夹中找到 Matte 文件夹，然后把其中的 Picture.mov 文件导入时间线上，如图 7-83 所示。

图 7-83　导入背景素材

可以看到时间线面板中新增了一个条带，如图 7-84 所示。

图 7-84　时间线面板上新增了条带

02 单击彩色的蒙娜丽莎图标，然后单击Layer Mode下拉菜单，选择其中的 Matte From Forground Alpha 命令，如图 7-85 所示。

下拉菜单中主要选项的解释：

（1）Inside/Outside（内 / 外）：这是用来对蒙版的内部和外部进行调色处理的标准模式。

（2）Background Replacement（背景替换）：使用背景图像来替换前景素材中使用抠像或者 Shape 制作的蒙版区域。

（3）Composite（合成）：添加一个前景层，其透明区域可以通过 Shape、抠像和 Alpha 通道来定义。

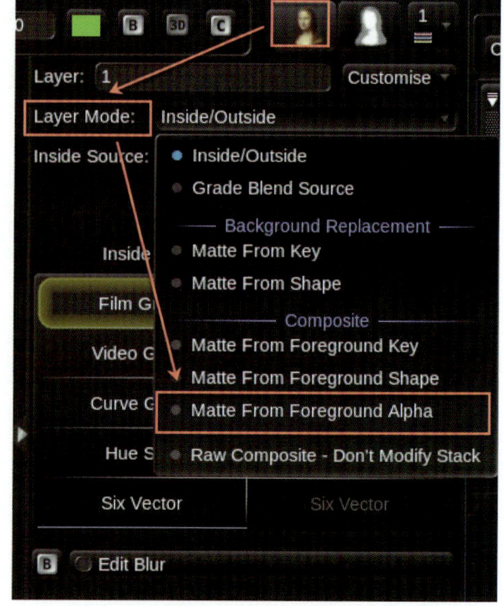

图 7-85　图层模式菜单

03 在弹出的面板中选择 LittleGirl.mov 文件，如图 7-86 所示。

04 观察时间线上的条带排列如图 7-87 所示。在 Layer1 条带上方又出现了两个条带。

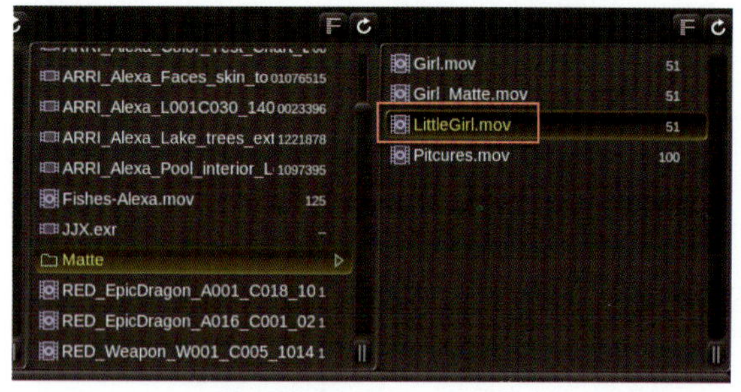

图 7-86　导入素材

图 7-87　时间线条带

05 前景的 LittleGirl 素材已经合成到了背景上，如图 7-88 所示。

图 7-88　合成结果

06 在时间线中选择 FG Alpha Reference 层，在其面板中可以看到 Alpha Channel 默认就是被选中的状态。说明 LittleGirl 素材的 Alpha 通道被直接识别了，如图 7-89 所示。

图 7-89　Alpha Reference 面板

07 观察到小女孩头发边缘和身体边缘还是不够完美，这需要进入 MatteTool 面板修改参数。将 Erode/Dilate 的参数修改为 -2.1，如图 7-90 所示。这样操作会收缩蒙版的边缘。

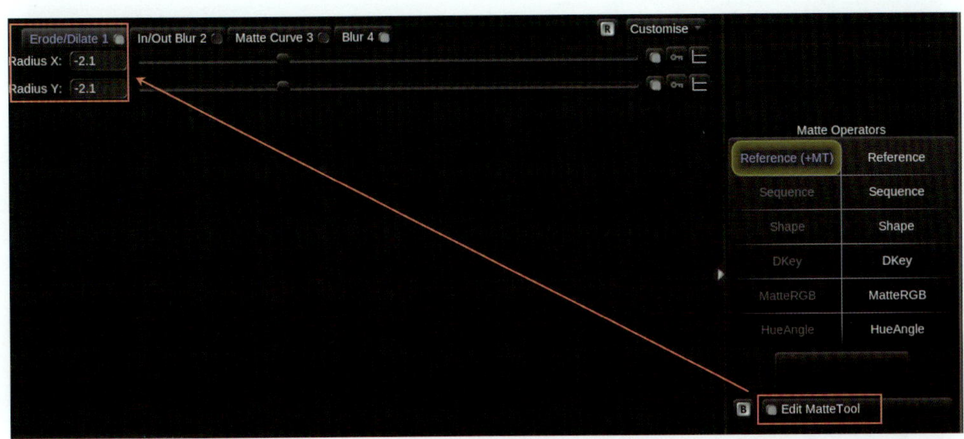

图 7-90　修改 MatteTool 参数

08 在彩色蒙娜丽莎面板中可以看到工具分为 Foreground（前景）组与 Background（背景）组，如图 7-91 所示。这意味着可以在一个调色层上同时为前景和背景调色。

09 想要调亮前景中小女孩的皮肤颜色，可以激活前景组中的 Hue Shift 工具，将红色的 Value 数值提升，如图 7-92 所示。

皮肤中的红色成分比较多，所以红色的亮度得到提升，皮肤显得更加明亮、干净，如图 7-93 所示（读者可在此基础上继续进行调色处理）。

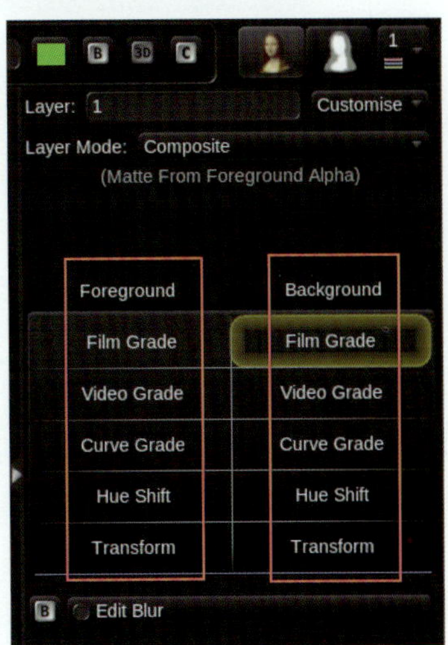

图 7-91　Foreground（前景）组与 Background（背景）组

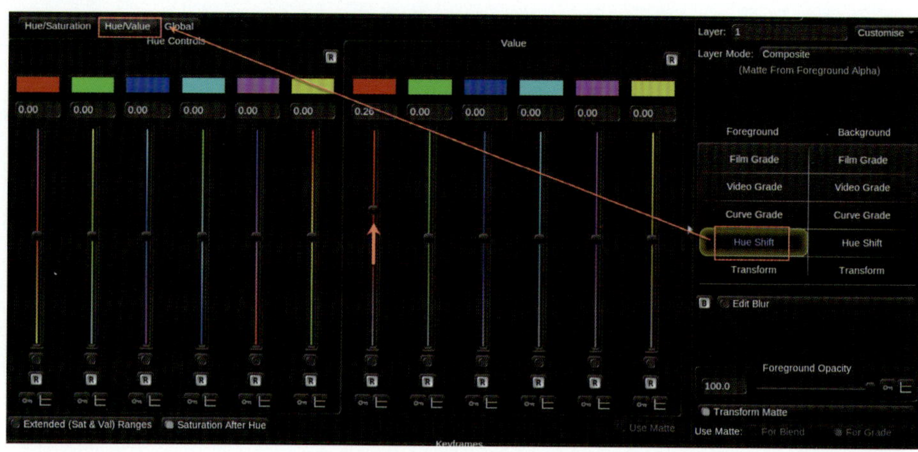

图 7-92 Hue Shift 面板

图 7-93 最终结果

本节讲解了使用 Baselight 进行合成的知识。由于 Baselight 采用了图层的形式来工作，所以和 After Effects 之类的图层合成软件的原理是类似的，学习起来也会比较容易理解。

7.9 本章小结

本章讲解了二级调色的基本概念以及二级调色的常用工具，并且还介绍了关键帧与合成的相关知识。Shape 通过绘制轮廓线来创建蒙版，要想制作精确的动态蒙版，还需要掌握跟踪与 ROTO 的知识。二级调色中抠像可以说扮演了非常重要的角色，Baselight 中常用的抠像工具是 HueAngle 和 DKey，二者各有优缺点。为了获得最佳的抠像效果，需要进行大量的抠像训练。要记住，过硬的技术是通过日复一日年复一年的刻苦训练得到的。

第8章

Multi-Paste及BLG

本章导读

本章主要讲解Baselight的Multi-Paste工具，并介绍Baselight的数据交换文件BLG 的定义和作用，BLG文件是FilmLight免渲染流程的核心，理解和充分利用BLG的功能将为使用FilmLight的全线产品带来极大的方便。Multi-Paste也是功能强大的调色信息赋予工具，可以为多版本调色带来很多方便。

学习要点

◇ Multi-Paste
◇ BLG的概念和作用

8.1 Multi-Paste

Multi-paste 是粘贴复制 Layer0 设置参数和调色信息的工具，主要用于将之前场景中修改过的 Layer0 设置和对镜头的各个调色操作和其他效果通过复制粘贴的方式自动赋予给新的剪辑时间线，节省手工赋予的工作量。Multi-paste 界面如图 8-1 所示。界面里的选项很多，用户可以根据实际情况进行调整。也可以将常用的设置利用对话框右边的 Customise 建立自定义预设，下次可以直接调取。

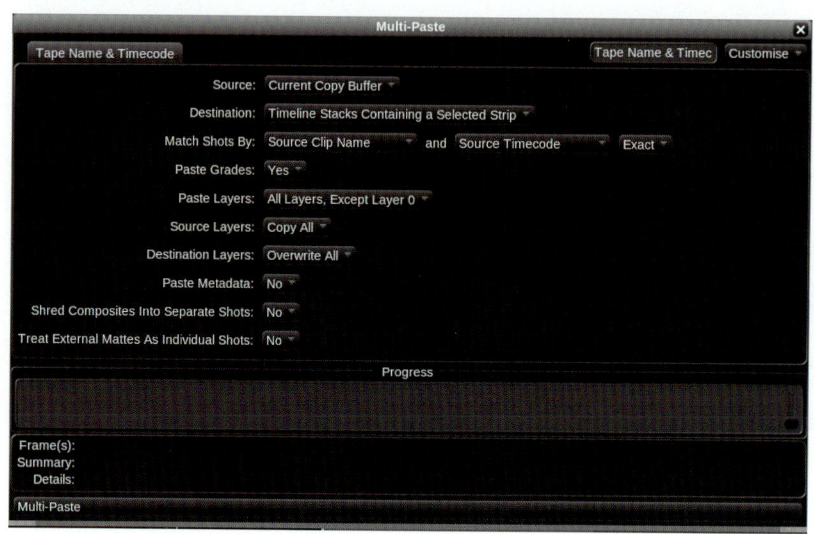

图 8-1　Multi-Paste 界面

（1）Source：指不同的粘贴源，Current Copy Buffer，Multiple Scenes，BLG files 等。

（2）Destination：Timeline Stacks Containing a Selected Strip 对用户在时间线上所选镜头进行粘贴；Selected Shots in Shot View/Cuts View 对用户在 Shot View 和 Cuts View 中的所选镜头进行粘贴。

（3）Match Shots By：设置通过什么元数据匹配镜头。

（4）Paste Grades：是否粘贴调色层，如果选择 No，则 Paste Layers，Source Layers 和 Destination Layers 三个选项全部关闭。

（5）Paste Layers：设置不同的粘贴层，分为 Layer0，不包含 Layer0 的所有层和包含 Layer0 的所有层。

（6）Source Layers：选择复制源的所有层，或者只复制定义为某些 Category 之外的层，或只复制定义为某些 Category 的层。

（7）Destination Layers：选择对目标层全部覆盖或者全部保留，以及根据 Category 定义的层进行排除操作。

（8）Paste Metadata：是否粘贴素材的元数据信息，如果选择 Yes，则用户可以选择需要的信息内容，并选择是增加还是覆盖原有信息内容。

（9）Shred Composites into Separate Shots：是否将合成镜头拆除为独立镜头。

（10）Treat External Mattes as Individual Shots：是否将外部导入的遮罩文件作为独立的镜头处理。

通过 Source 选取 Current Copy Buffer 或者 Multiple Scenes 的方式基本一样，Current Copy Buffer 需要先打开源场景，选取所有的镜头或者部分镜头，执行快捷键【Ctrl+C】，将镜头内容复制到当前的缓存中，然后再打开目标场景，选取需要粘贴的镜头，打开 Multi-Paste 设置相关选项，执行该命令。此时，系统将符合条件的调色信息从缓存中赋予到目标场景中，并会在 Progress（进程）栏中显示粘贴过程中是否有匹配的问题。

使用 Multiple Scenes 需要用户首先选取不同的源场景，将需要的场景加载到选择列表中，然后打开 Multi-Paste 设置的相关选项，执行该命令。此时，系统将依次打开这些源场景，将符合条件的调色信息赋予到目标场景中，并会在 Progress（进程）栏中显示粘贴过程中是否有匹配的问题。

Current Copy Buffer 适合对单个场景进行复制，Multiple Scenes 适合对多个场景的操作，比如说，当用户完成分为 5 本的电影调色，需要制作一个预告片，预告片的镜头来自这 5 本的不同位置，用户就可以用 Multiple Scenes 让系统自动将调色信息从这 5 个场景中赋予到预告片里。

8.2 BLG的概念与作用

在 Multi-Paste 中，还有一种 BLG 的方式。首先我们先了解一下什么是 BLG 文件。BLG 是 Baselight Linked Grade 的缩写，它记录了 Baselight 以及其他 FilmLight 产品对单个镜头的调色操作和色彩转换信息，文件以 OpenEXR 的格式记录，如图 8-2 所示。

图 8-2　BLG 文件范例

（1）BLG 文件包含：

◎带有单个镜头的调色效果比较的参考画面，以 OpenEXR 的格式记录。参考画面分辨率可以设置得很小，缩减文件大小，方便远距离传输数据。

◎摄影机原数据，如时间码、片断 / 卷号、用户自定义信息等。

◎Baselight 的调色信息，如无限的调色层、遮罩、跟踪、关键帧和 Truelight 色彩管理。图 8-3 只是记录了一部分的元数据信息。

（2）BLG 文件是 FilmLight 免渲染流程的核心，共享无须渲染的调色信息。

（3）系统将调色信息通过 BLG 文件流转，令流程控制灵活自如。

（4）可从 Daylight，Baselight Edition（Avid/Nuke）中直接生成，无须返回调色部门修改。

（5）可使用智能的镜头匹配工具（Multi-Paste/Lens）将所属调色信息准确赋予对应镜头。

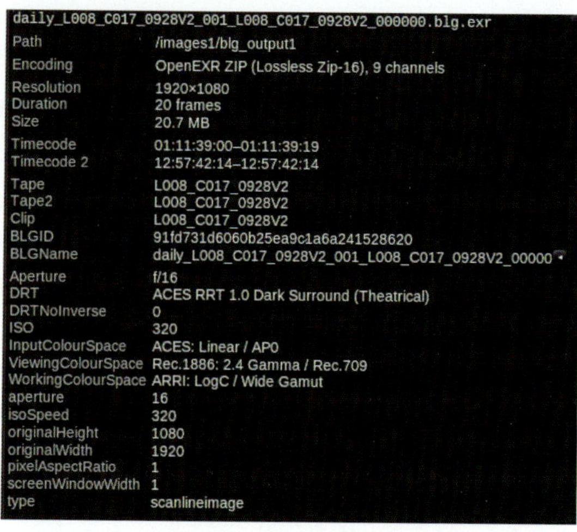

daily_L008_C017_0928V2_001_L008_C017_0928V2_000000.blg.exr

Path	/images1/blg_output1
Encoding	OpenEXR ZIP (Lossless Zip-16), 9 channels
Resolution	1920×1080
Duration	20 frames
Size	20.7 MB
Timecode	01:11:39:00–01:11:39:19
Timecode 2	12:57:42:14–12:57:42:14
Tape	L008_C017_0928V2
Tape2	L008_C017_0928V2
Clip	L008_C017_0928V2
BLGID	91fd731d6060b25ea9c1a6a241528620
BLGName	daily_L008_C017_0928V2_001_L008_C017_0928V2_00000
Aperture	f/16
DRT	ACES RRT 1.0 Dark Surround (Theatrical)
DRTNoInverse	0
ISO	320
InputColourSpace	ACES: Linear / AP0
ViewingColourSpace	Rec.1886: 2.4 Gamma / Rec.709
WorkingColourSpace	ARRI: LogC / Wide Gamut
aperture	16
isoSpeed	320
originalHeight	1080
originalWidth	1920
pixelAspectRatio	1
screenWindowWidth	1
type	scanlineimage

图 8-3　BLG 元数据

（6）BLG 比 CDL/LUT 功能更强大：

◎包含摄影机和用户的原数据。

◎所有的色彩管理和调色过程直观可见，方便分析调色过程。

◎支持 HDR 工作流程。

◎可锁住调色层，避免误操作。

◎可包含多个输入项。

（7）可以用 FilmLight 的所有产品导入 / 导出，共享调色信息。

图 8-4 为 FilmLight 官方对 BLG 工作流程的功能描述，由图 8-4 可以看到，颜色信息都是通过 BLG 文件在各个 FilmLight 产品中流转，用户可以将色彩管理和色彩处理与原始拍摄数据分开处理，保证了快捷高效的色彩还原以及对拍摄素材的无损应用。

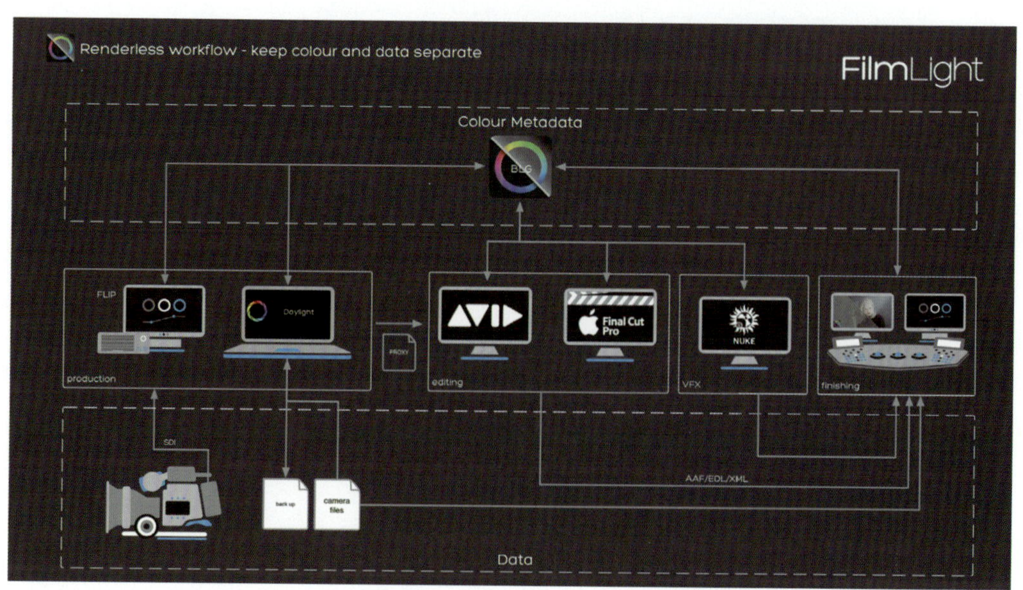

图 8-4　BLG 免渲染工作流程（摘自 FilmLight 官方教程）

FilmLight 的所有产品均支持 BLG 的工作流程，拍摄阶段可以使用 Prelight，剪辑阶段可以使用 Baselight Edition for Avid，特效阶段可以使用 Baselight Edition for Nuke/Flame，调色完成阶段使用 Baselight。FilmLight 通过 BLG 文件将 Truelight Colour Space 色彩管理系统贯穿画面制作的始终，在电影画面制作的各个部门做到色彩的统一。

8.3 Multi-Paste BLG

了解了 BLG 的基本情况，就可以利用 BLG 文件和 Multi-Paste 功能为不同剪辑片段赋予调色信息。

首先要生成 BLG 文件，当某个场景的调色完成之后，就可以生成 BLG 文件。Export BLGs 在 Views 菜单下的 Shots 里，如图 8-5 所示。

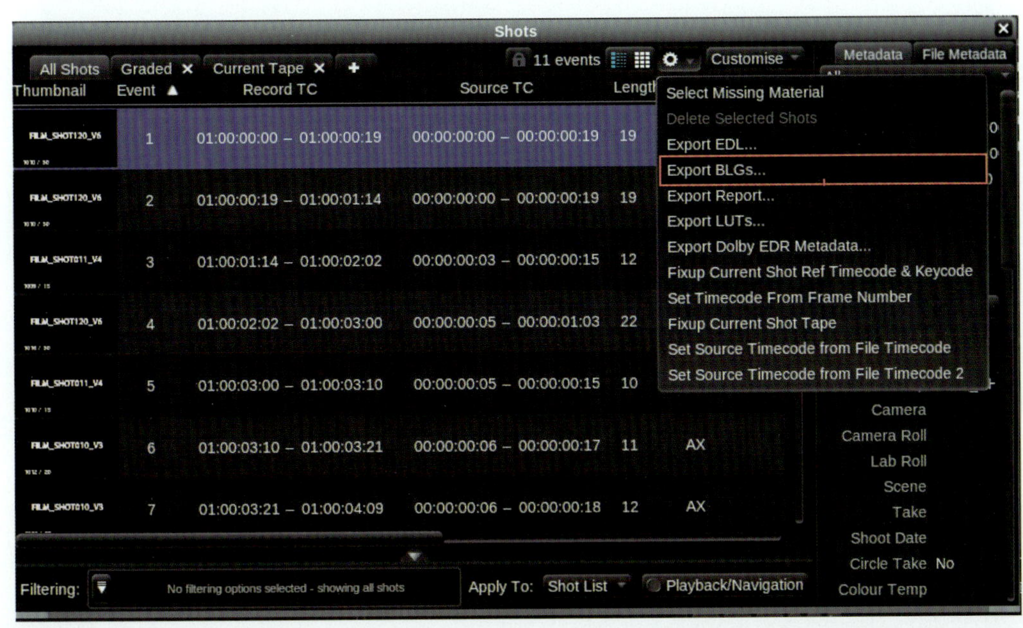

图 8-5　导出 BLG

首先要在时间线上选取需要输出 BLG 的镜头，然后执行 Export BLG，如图 8-6 所示。

在这个对话框里可以定义 BLG 文件的输出路径、镜头的选取、BLG 文件命名模版、参考画面的分辨率、参考画面的取自哪一格、是否可以输出多个输入（Input）文件、是否包含关键帧、是否锁定调色层以及预览图像转换。

当 BLG 文件生成完毕之后，就可以打开新的剪辑场景，使用 Multi-Paste 工具，如图 8-7 所示。

图 8-6　输出 BLG

图 8-7　Multi-Paste 界面

首先要指定 BLG 的路径（BLG Directory）。第三项 Resolve BLG Resource Conflicts By 是指当 BLG 文件里包含有 Truelight LUT、cubes、looks 等 Resource（资源）文件，如果在本地没有找到匹配的资源文件系统应该如何处理，如果导入的文件与本地的同名，但是内容不同，用户可以根据下列选项进行处理。

（1）Replace Existing Resources with BLG Versions：用 BLG 文件里的替代现存资源。

（2）Use Existing Resources with the Same Name：使用现存资源。

（3）Import BLG Resource Under a New Name：将导入的资源命名为新文件，并使用它。

其他的设置与之前讲过的一样，这里不再重复。

★实操演示：

本节内容的具体操作请参看随书教学录像。

8.4 BLG文件的其他用法

除了通过 Multi-Paste 将 BLG 自动根据元数据信息赋予到场景中的镜头上，还可以将 BLG 文件包含的调色信息直接赋予到时间线上的某个镜头上，即使用 FLUX Manage 选取 BLG 文件，单击右下角的 Insert BLG Grade Below 即可。也可以直接将 BLG 文件导入时间线上。这种方法在某种程度上可以作为将自己喜欢的调色效果保存出来在其他影片中使用的替代方法，如图 8-8 所示。

图 8-8　直接赋予 BLG 文件

8.5 本章小结

本章通过 Multi-paste 工具讲解了 Baselight 免渲染流程的核心 BLG 文件的定义和功能，以及如何生成 BLG 文件。Multi-paste 工具可以快速为镜头赋予包括调色操作，色彩空间流转等信息，非常适合多个调色版本的操作，更为重要的是，它可以用来在不同 FilmLight 产品之间交换 BLG 数据，在不同的 FilmLight 产品中均会用到类似的功能，请结合视频教程掌握并灵活运用 BLG 和 Multi-paste。

第9章

调色及效果工具

本章导读

在调色工作中，除了常规的调色工作之外，调色师还会接触到一些调色以外的效果制作工作。也就是说调色师也要进行一部分合成和效果制作，例如为场景添加镜头光斑、辉光、模糊、锐化和磨皮等效果，还有可能对画面重新进行构图、变形以及变速等处理。在Baselight中，这些操作要借助于Insert菜单中的工具来实现，Insert菜单里包含了所有可以在Baselight里使用的效果工具。

学习要点

◇ Compress Gamut
◇ Look
◇ Truelight
◇ Paint
◇ Boost Range
◇ Shader
◇ Texture Equalizer
◇ Denoise
◇ Retime
◇ Matte Xyz
◇ Grid Warp
◇ Pan&Scan
◇ Transform
◇ Perspective

9.1 Insert菜单分组简介

使用 Insert 菜单可以把各种各样的工具添加到时间线堆栈中。在 Baselight5.0 版本中，这些工具名称被按照分类的方式进行组织。例如 Colour 子菜单里面的主要是一些和调色相关的工具，Spactial 子菜单里面是一些和空间算法相关的工具，如图 9-1 所示。

如果勾选菜单中的 Change To Alphabetic Insert Menu 命令的话，Insert 菜单的所有命令将会按照字母表的顺序进行排列。这个时候整个菜单会非常大。是使用分类排列的方式还是使用字母表顺序的排列方式完全取决于用户的选择。有些用户喜欢字母表顺序的方式，因为这种方式可以更快地找到想要的命令，如图 9-2 所示。

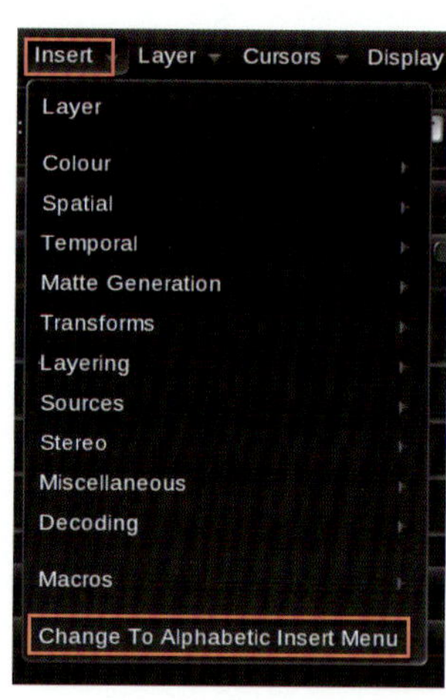

图 9-1　分类显示的 Insert 菜单

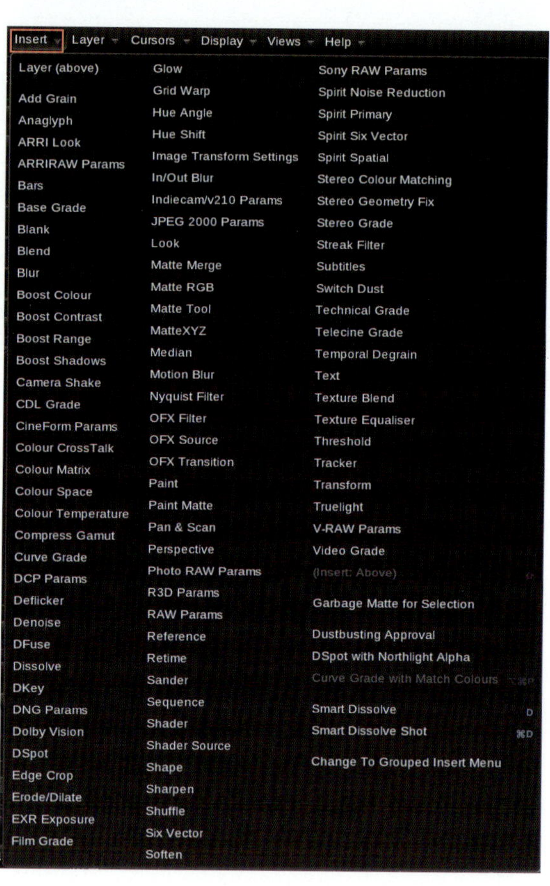

图 9-2　按照字母表顺序显示的 Insert 菜单

9.2 Color菜单组

1. ARRI Look（阿莱影调）

ARRI Look 工具可以导入 ARRI Look 的 xml 文件。可以在 ARRI Look 面板上设置 Colour space，Saturation，printer lights 以及 CDL 等参数，如图 9-3 所示。

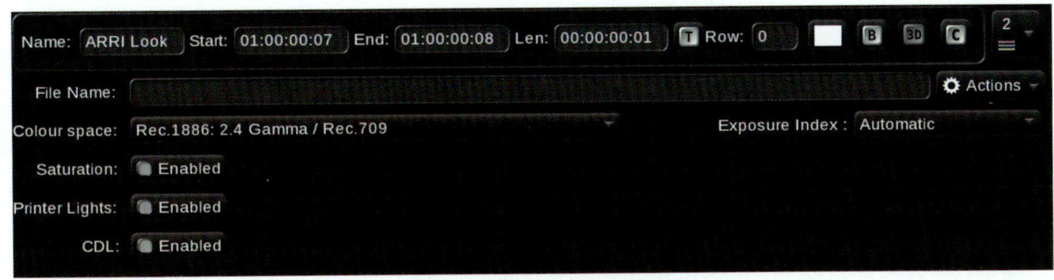

图 9-3　ARRI Look 面板

2. BaseGrade

Base Grade 是 Fimlight 公司推出的一个全新的调色工具。Base Grade 既不是以视频信号也不是以胶片素材作为基础的调色方式，而是以人眼感知算法模型为基础的新工具，Base Grade 的动态范围不再受限于 Rec709 或者 Cineon 编码，而是面向 HDR。

Base Grade 的界面设计沿袭了 Video Grade 和 Film Grade 的布局，由三个主要的调整项对应到调色台的三个轨迹球和亮度环，下面是一个当前色调曲线的视觉化参考图，图的周围是额外的参数比如轴点定义值。开发者将 Base Grade 分为两个标签面板，第一个是 Dim/Bal/Light，第二个是 Dark/Balance/Bright。最重要的调整项是 Balance，对应到调色台中间的轨迹球和亮度环上，Flare、Contrast、Saturation 在两个页面上都可以调整，如图 9-4 所示。

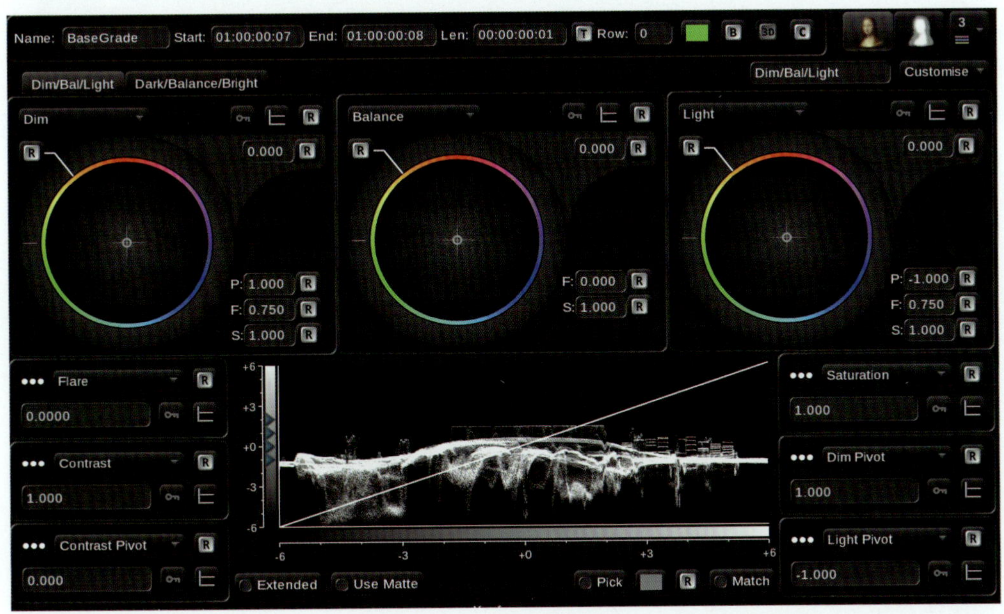

图 9-4　BaseGrade 面板

★Tips

本小节的详细知识请参考本书第 6 章相关内容。

3. BoostColour（提升颜色）

Boost Colour 工具可以更加智能地提升画面的饱和度。常规的提升饱和度的方法可能会造成某些色彩的饱和度超标。Boost Colour 工具采用了一种更好的算法来降低那些即将超出色域的颜色的饱和度，这样在高光、亮的颜色和肤色上就能得到更加真实的饱和效果。例如在调整带有人物肤色画面的时候，使用 BoostColour 工具可以隔离保护肤色，只增强其他颜色的饱和度。BoostColour 面板如图 9-5 所示。

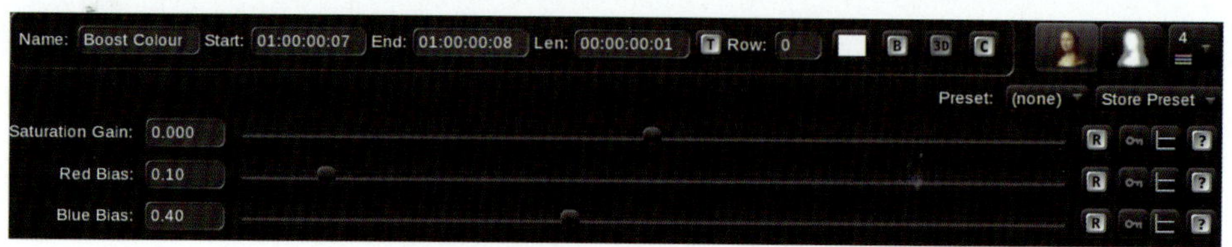

图 9-5 Boost Colour 面板

4. CDL Grade（CDL调色）

CDL 是 Colour Decision List 的缩写，直译过来就是颜色决策列表的意思。CDL 标准是由 ASC 组织来制定的。CDL 调色工具主要用来对画面进行一级调色处理。CDL 有四个可以调整的参数，分别是 Slope、Offset、Power 和 Saturation。在 Baselight 中，CDL 有三个不同的调色面板，分别是 CDL、Film Grade 和 Video Grade，如图 9-6 所示。

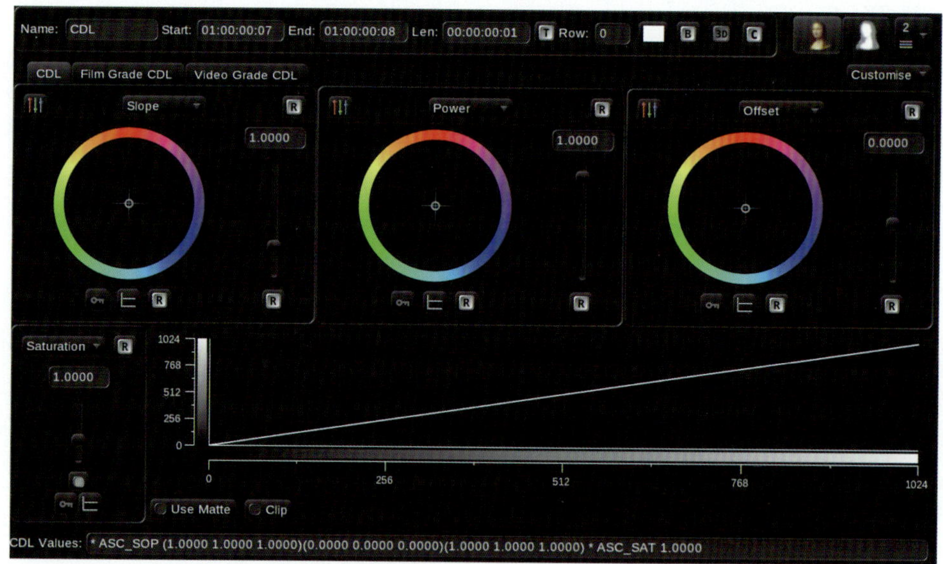

图 9-6 CDL 面板

5. Colour Cross Talk（颜色交叉对话）

绝大多数数字摄影机采用了拜耳阵列滤光的方式来记录图像。拜耳阵列上面的红、绿、蓝像素是交替出现的。如果奇偶行的数模转换出现误差就可能在解拜耳后的图像上出现迷宫一样的图案。Colour Cross Talk 工具可以用来消除这种不需要的图案。当然这个工具也可能会把正确的图像上的一些细节移除，如图 9-7 所示。

图 9-7　Colour Cross Talk 面板

6. Colour Matrix（颜色矩阵）

Colour Matrix 工具使用 RGB 矩阵算法来调整图像。其公式如下：

R=Rr*r+Rg*g+Rb*b+Roffset

G=Gr*r+Gg*g+Gb*b+Goffset

B=Br*r+Bg*g+Bb*b+Boffset

其中 rgb 代表输入，RGB 代表输出。Offset 代表偏移。Colour Matrix 的面板如图 9-8 所示。

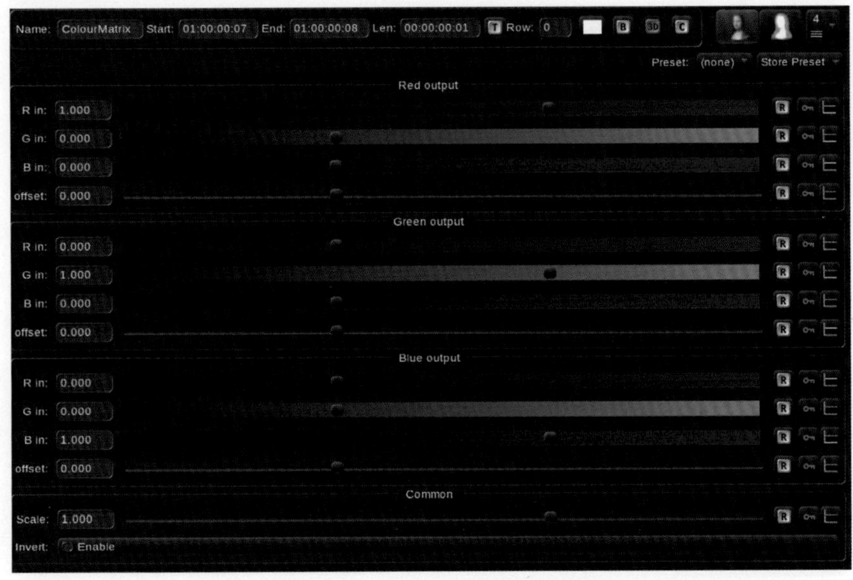

图 9-8　Colour Matrix 面板

7. Colour Space（颜色空间）

Colour Space 工具可以起到两种作用。一种是“色彩空间转换”，另一种是“标注色彩空间”。Colour Space 是在时间线上进行色彩空间转换的工具，具体应用请见相关章节，如图 9-9 所示。

图 9-9 Colour Space 面板

8. Colour Temperature（色温）

Colour Temperature 是色温调整工具。它通过缩放 Bradford LMS 数值将 Old Temp（旧白点色温值）变换为 New Temp（新白点色温值）。增加 New Temp（新白点色温值）会让白点变得更蓝，增加 Old Temp（旧白点色温值）会让白点变得更黄。Colour Temperature 的调整原理不同于通过改变色彩空间来改变白点，因为色彩空间的白点切换修改的是 RGB 值而不是 LMS 数值。LMS 是由人眼的三种锥体的响应表示的颜色空间，以其在长波长、中波长和短波长处的响应度（灵敏度）峰命名。Magenta bias 滑块用来调整绿品偏移，Exposure 用来调整曝光值，Flare 用来设置暗部的最黑值。如图 9-10 所示。

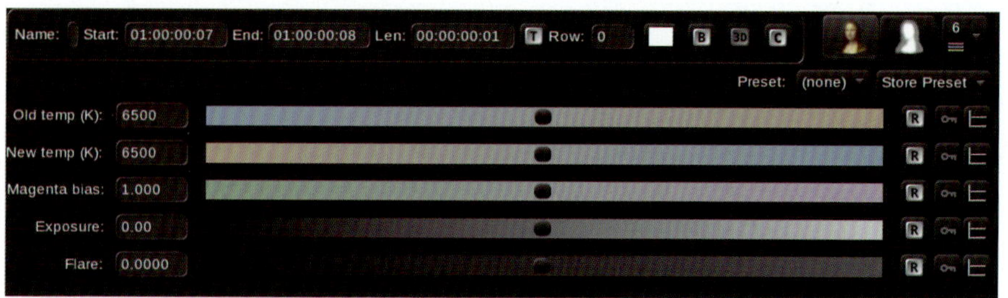

图 9-10 Colour Temperature 面板

9. Compress Gamut（压缩色域）

Compress Gamut 工具可以修正色域错误，用于修正来自于非常小的或者负的 RGB 值在高饱和区域里出现的怪异颜色。拖动 Chroma Threshold 的数值就可以得到较好的效果，0.2 是一个比较典型的数值，也可以根据具体情况对其他 3 个值进行进一步的调整，如图 9-11 所示。

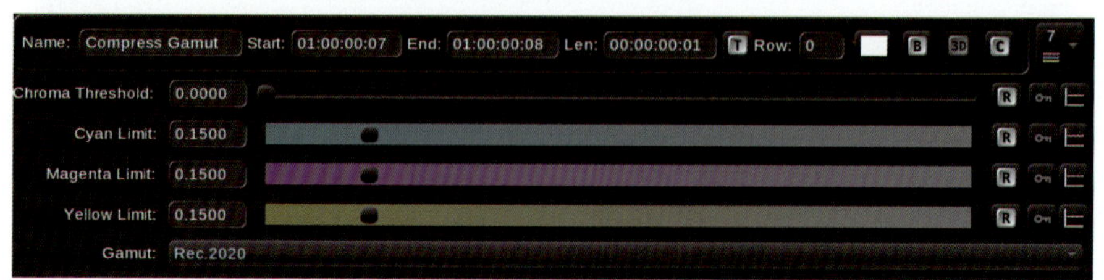

图 9-11 Compress Gamut 面板

★实操演示：

本节内容的具体操作请参看随书教学录像。

10. Curve Grade（曲线调色）

曲线调色提供了一种基于样条线编辑的调色方式，让用户可以按照 RGB 或者 HSL 模式进行曲线调色。可以通过拾取图像上的像素点或者范围来增加曲线控制点。在曲线面板右侧还有一个放大的曲线精调面板，如图 9-12 所示。

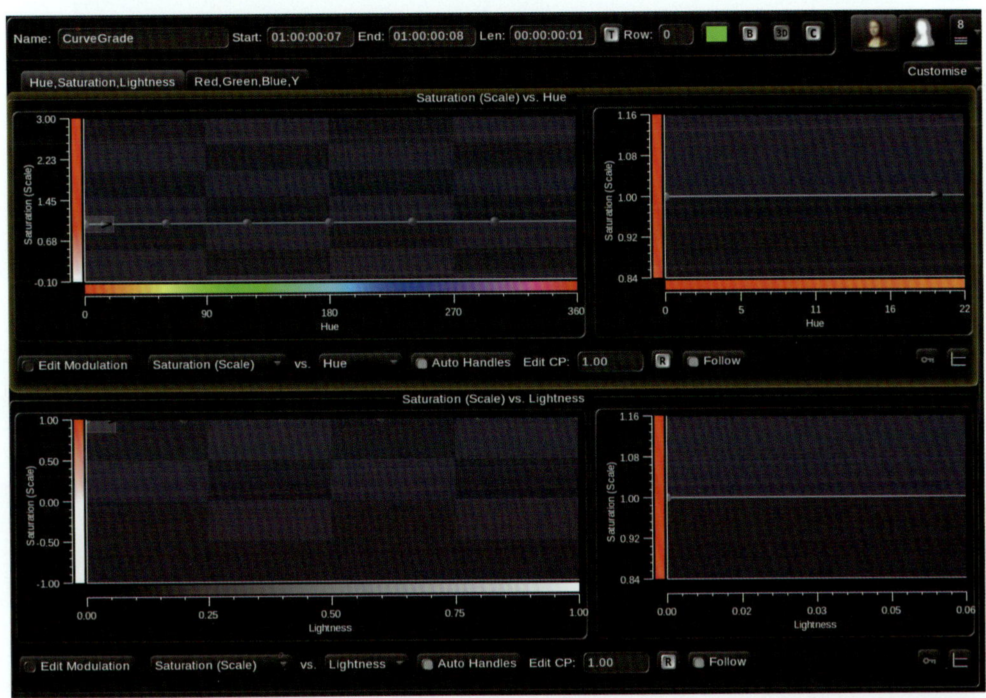

图 9-12 曲线调色面板

★Tips

本小节的详细知识请参考本书第 6 章相关内容。

11. EXR Exposure（EXR曝光）

当处理 OpenEXR 文件的时候，可以使用 EXR Exposure 工具来控制其曝光程度。当把 OpenEXR 文件添加到时间线上的时候，EXR Exposure 会被自动添加到输入层上，如图9-13所示。

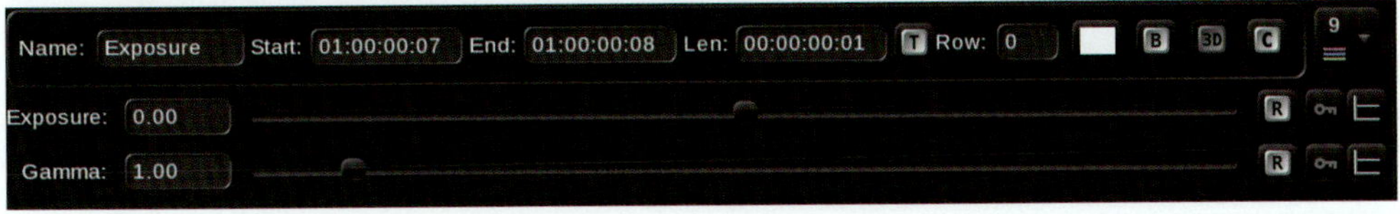

图 9-13 EXR Exposure 面板

12. Film Grade（胶片调色）

Film grade 控制工具是按照电影胶片的特性来调整参数的，符合胶片配光师的工作习惯。要想使用 Film Grade 需要新增一个图层并且选中 Film grade 工具。Film grade 有两个标签面板，一个叫作 ExpConSat（Exposure/Contrast/Saturation 的缩写），另一个叫作 ShadsMidsHighs（Shadows/Midtones/Highlights 的缩写），如图 9-14 所示。

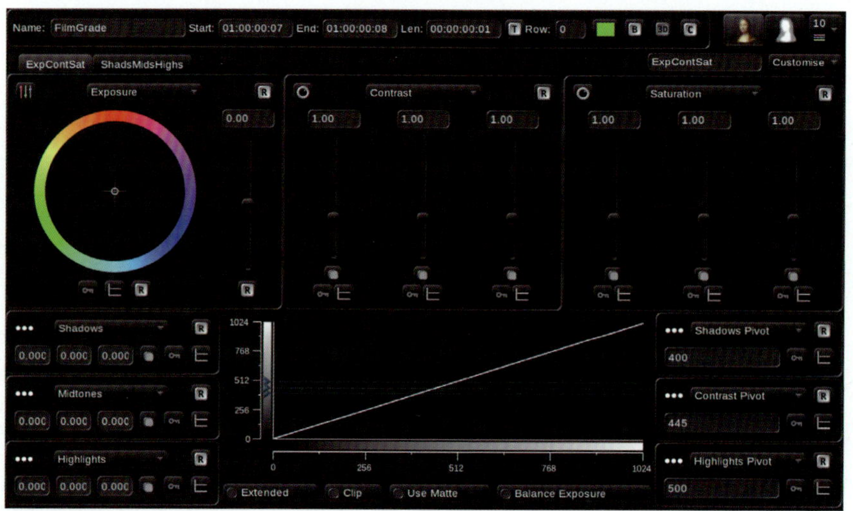

图 9-14　FilmGrade 面板

★Tips

本小节的详细知识请参考本书第 6 章相关内容。

13. Hue Shift（色相位移）

色相位移具体操作在 6.2.5 中已经讲过，这里不再过多阐述，Hue Shift 面板如图 9-15 所示。

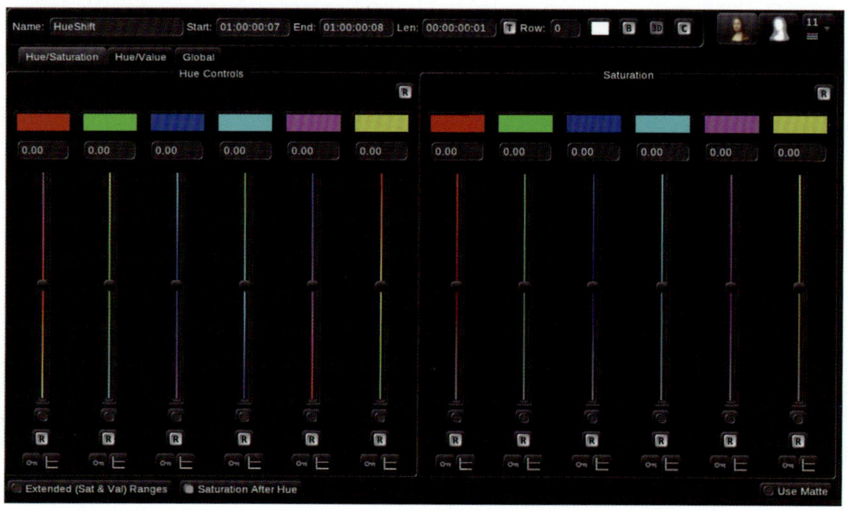

图 9-15　Hue Shift 面板

14. Look（风格）

Look 工具可以把基于 Truelight 的风格滤镜添加到图像上。例如 bleach bypass（跳漂）等。Look 工具读取自 /usr/fl/truelight/profiles/looks 目录，Baselight5.0 增加了 Scene Looks，用户可以使用官方提供的可以在 HDR 流程下使用的 Look，如图 9-16 所示。

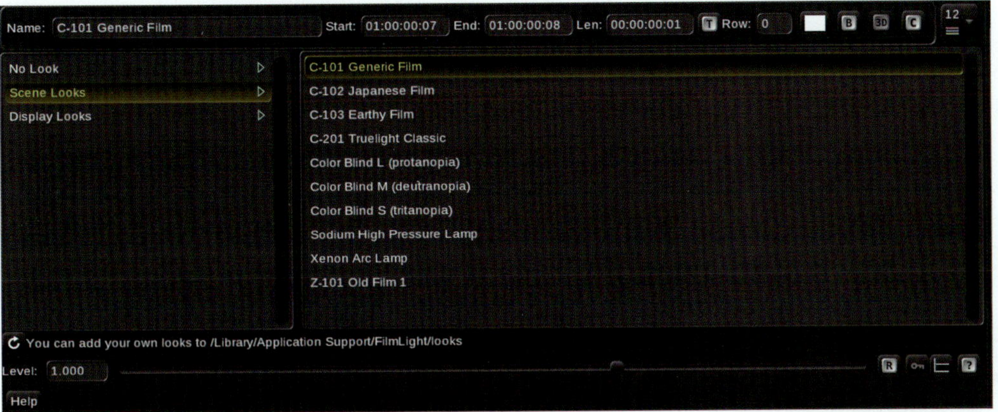

图 9-16 Look 面板

★Tips

本小节的详细知识请参考本书第 5 章相关内容。

15. Shuffle（重组）

Shuffle 工具允许你重新排列 RGB 颜色通道的输出方式，这可以带来特殊的色彩风格。例如可以把红色通道的信息输出给绿色通道，或者使用黑白两色来填充输出通道，甚至反转输出通道的信息，如图 9-17 所示。

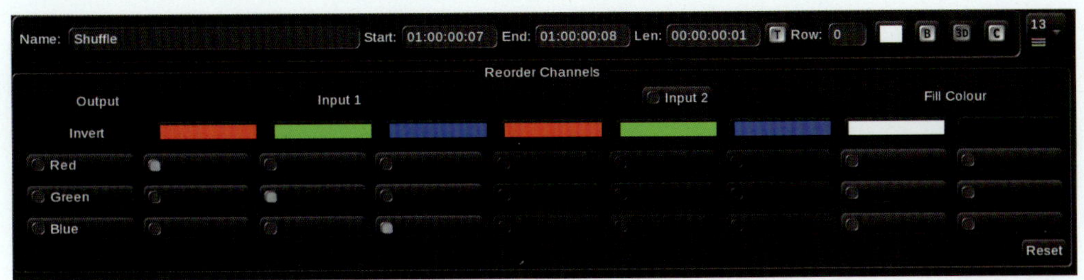

图 9-17 Shuffle 面板

16. Six Vector（六矢量）

Six Vector 工具将色轮均分为六种颜色，让你可以迅速地获得六种选区并对选区进行调色处理。例如想要调整蓝色天空的颜色可以为素材添加 Six Vector 工具并且激活 Blue 标签面板就可以。使用 Qualifier 参数组来修改蒙版，使用 Modifier 参数组来修改颜色的色相、饱和度和亮度，如图 9-18 所示。

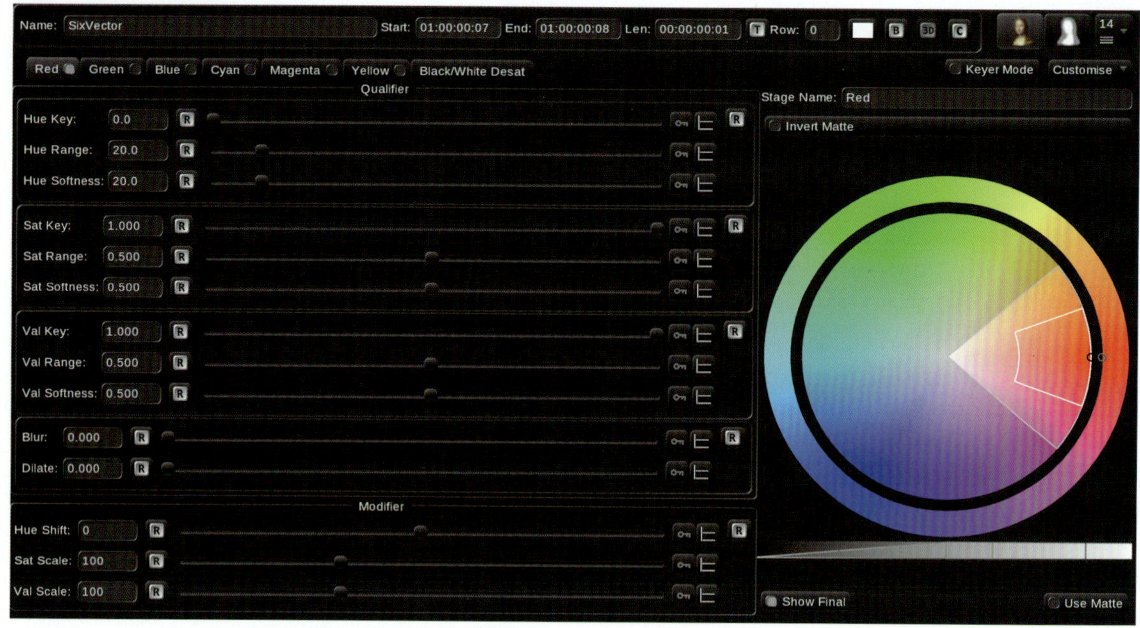

图 9-18　Six Vector 面板

17. Technical Grade（技术调色）

Technical Grade 调色工具用于把 Log 素材转换为 Video 素材。即使 Baselight 可以自动把插入场景中的 Log 源图像转换为 Video 格式，但是默认的转换设置并不总是恰当的。例如 Log 源图像的动态范围超过了 95 到 685 的标准值的话，自动转换就会导致高光和阴影的细节被剪切掉。这就需要使用 Technical Grade 工具来进行调整，如图 9-19 所示。

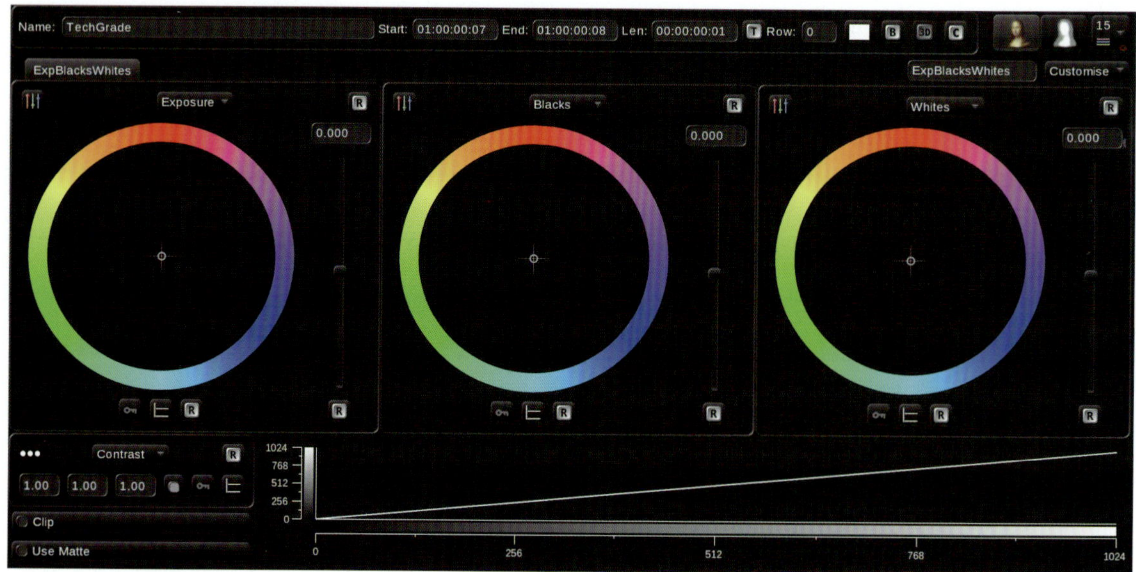

图 9-19　Technical Grade 面板

18. Telecine Grade

Telecine Grade 可以提供与传统的 telecine 颜色校正器相似的作用于 Shadows、Midtones 和 Highlights 区域的调色控制。除了三个主要的色轮之外，Telecine 还提供了独立的 RGB 通道的饱和度调整，如图 9-20 所示。

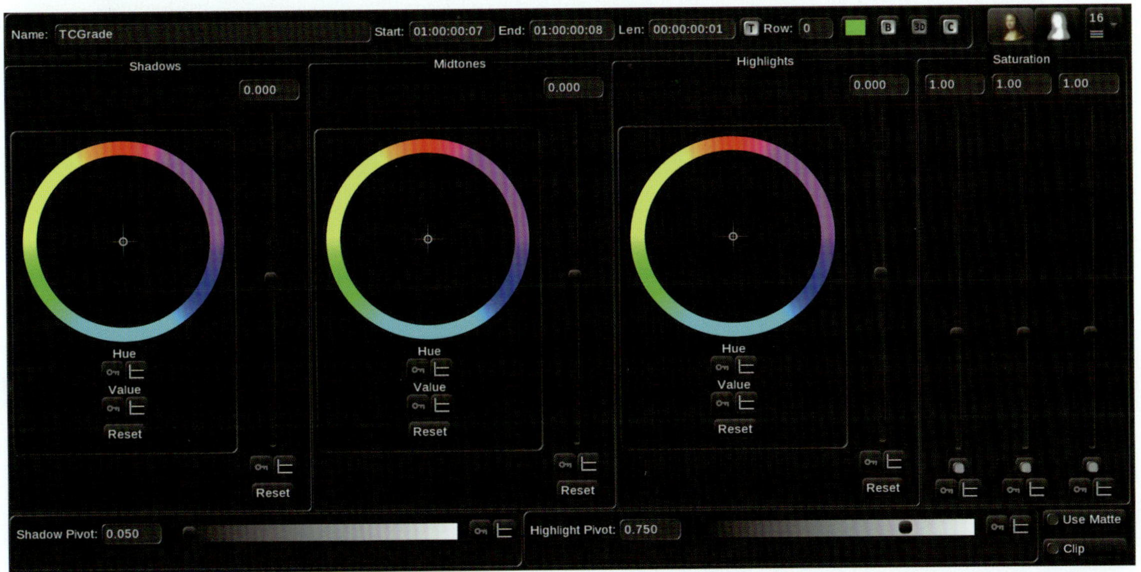

图 9-20　Telecine Grade 面板

19. Truelight

Truelight 工具可以把多种多样的 LUT 或者描述文件添加到图像上。在 Baselight 中 Truelight 扮演着非常重要的角色，你可以用它进行色彩管理与风格化制作等多种操作。

Truelight 读取自 /usr/fl/truelight/cubes 目录，如图 9-21 所示。

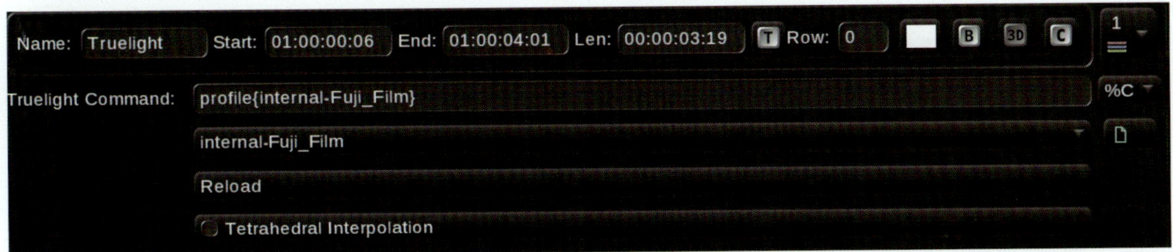

图 9-21　Truelight 面板

20.Video Grade（视频调色）

Video Grade 工具是 Telecine Grade（旧版的 Baselight 提供的一级调色工具）的增强版，Telecine Grade 使用的是 HSV 色彩空间，而 VideoGrade 使用了 RGB 和 Y’CbCr 两种模式。VideoGrade 也提供了 LUT Graph（查找表图），可以选择不同的 LUT Graph 来工作甚至自定义 LUT Graph，如图 9-22 所示。

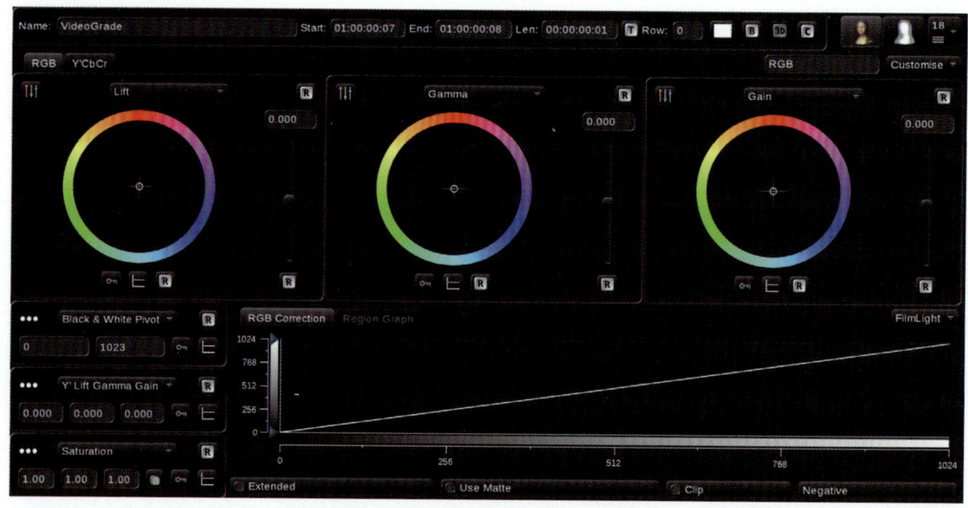

图 9-22　Video Grade 面板

★Tips

本小节的详细知识请参考本书第 6 章相关内容。

9.3 Spatial菜单组

1. Add Grain（添加颗粒）

Add Grain 工具提供了一种快速而真实的模拟胶片负片或者正片的彩色或者黑白色颗粒的效果。Grain Controls 参数组用来控制颗粒的强度、尺寸和比例。Film Controls 参数组用来设置胶片相关的数值，如图 9-23 所示。

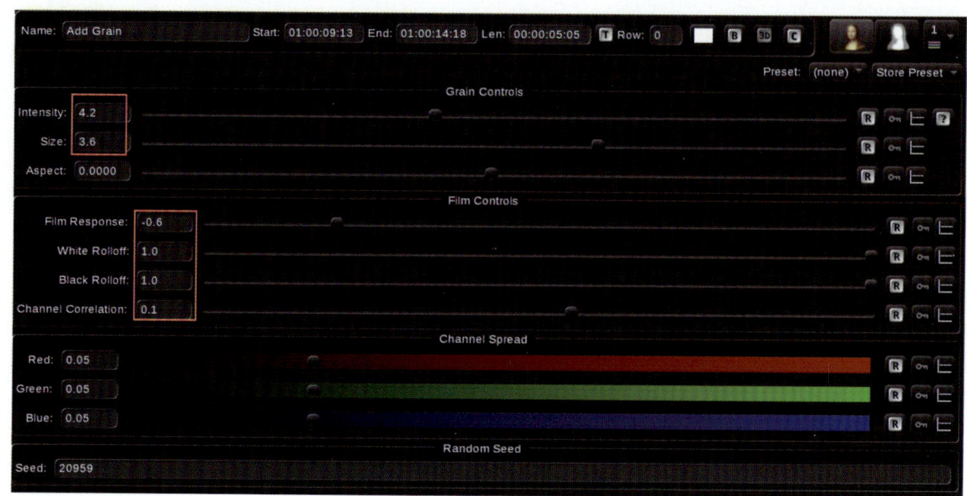

图 9-23　Add Grain 面板

设置完成后可以看到 Add Grain 可以非常逼真地模拟胶片颗粒效果，并且还可以通过 Seed（种子随机数）来获得各种随机的颗粒效果，如图 9-24 所示。

图 9-24　右侧为添加颗粒后的结果

2. Blur（模糊）

Blur 可以被添加到图像自身或者是蒙版上。它的作用就是把图像变得更加虚化或者让蒙版更加柔和。模糊的类型有两种，一种叫作 Box（盒子）模糊，另一种叫作 Gaussian（高斯）模糊，如图 9-25 所示。

图 9-25　Blur 面板

3. Boost contrast（提升对比度）

Boost Contrast 工具会增强画面的中间调部分的反差，和常规的锐化工具不同的是，Boost Contrast 使用的锐化半径比较大，并且能够让高光和阴影区域的色调平滑，令边缘的色域不超标。使用 Gain 参数可以修改锐化的程度。0 值不产生效果，负值起到柔化作用。在高级设置群组中，还可以修改 Scale 的数值。Anamorphic 参数可以起到非等比缩放的作用，如图 9-26 所示。

4. Boost Range（提升范围）

Boost Range 工具可以提升 SDR 图像转换到 HDR 图像的动态范围，如图 9-27 所示。使用范例如下：

01 使用 FilmLight Scene Template 创建一个场景。

02 设置 Cursor 的色彩空间以匹配监视设备的（最好是 HDR 监视器）色彩空间。

03 插入 SDR 视频素材，将其输入色彩空间进行正确设置为 Rec.1886，输入 DRT 设置为 None。

04 添加 Boost Range 工具，设置 Boost 数值为 1.0。

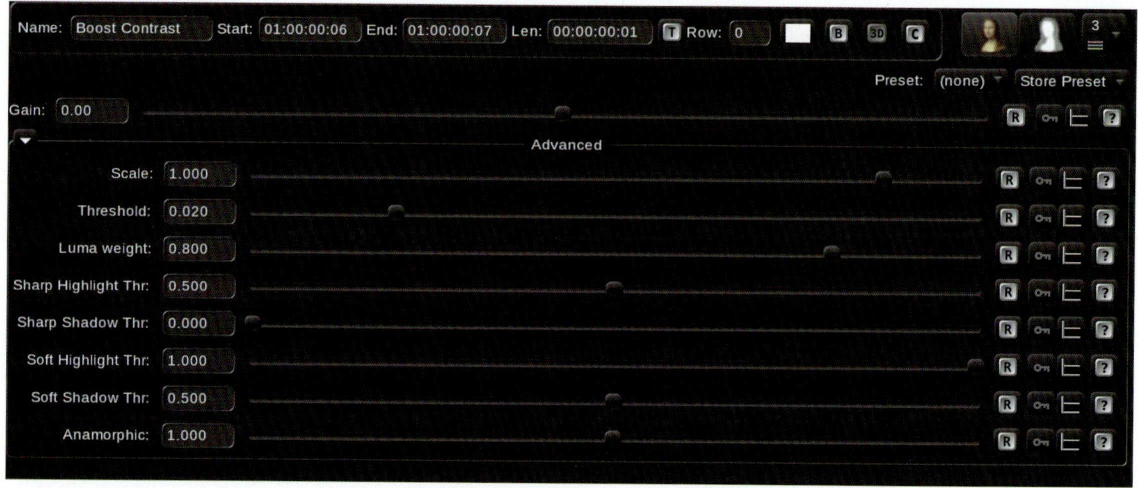

图 9-26　Boost Contrast 面板

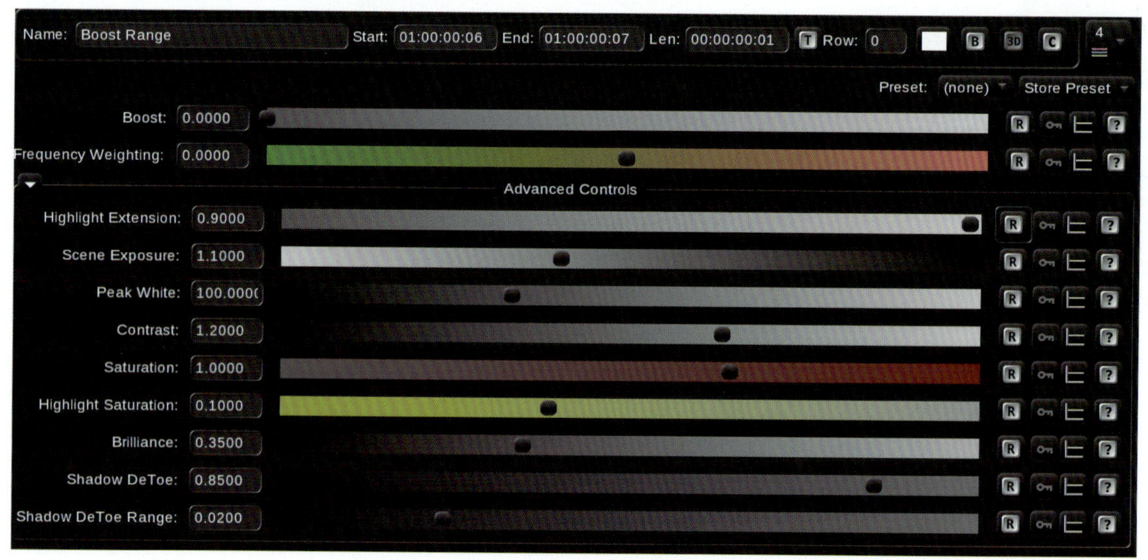

图 9-27　Boost Range 面板

5. Boost Shadows（提升阴影）

Boost Shadows 工具可以将画面中阴影的亮度数值进行扩展，把图像的暗部提亮。这样的操作可以模拟人眼对真实场景的观察。因为人眼拥有非常宽的动态范围，让你可以在观察到高光部分的同时看清阴影部分。但是从另一个角度来说，对于周围有高光区域的阴影区来说，Boost Shadow 工具并不能提升太多的亮度。因为人眼无法同时在看到亮部的同时又看到其相邻的暗部的细节。如图 9-28 所示。注意左上角靠在窗户的黑衣人的暗部。

© Channel 5
Elephant House Studios
© Channel 5
Elephant House Studios

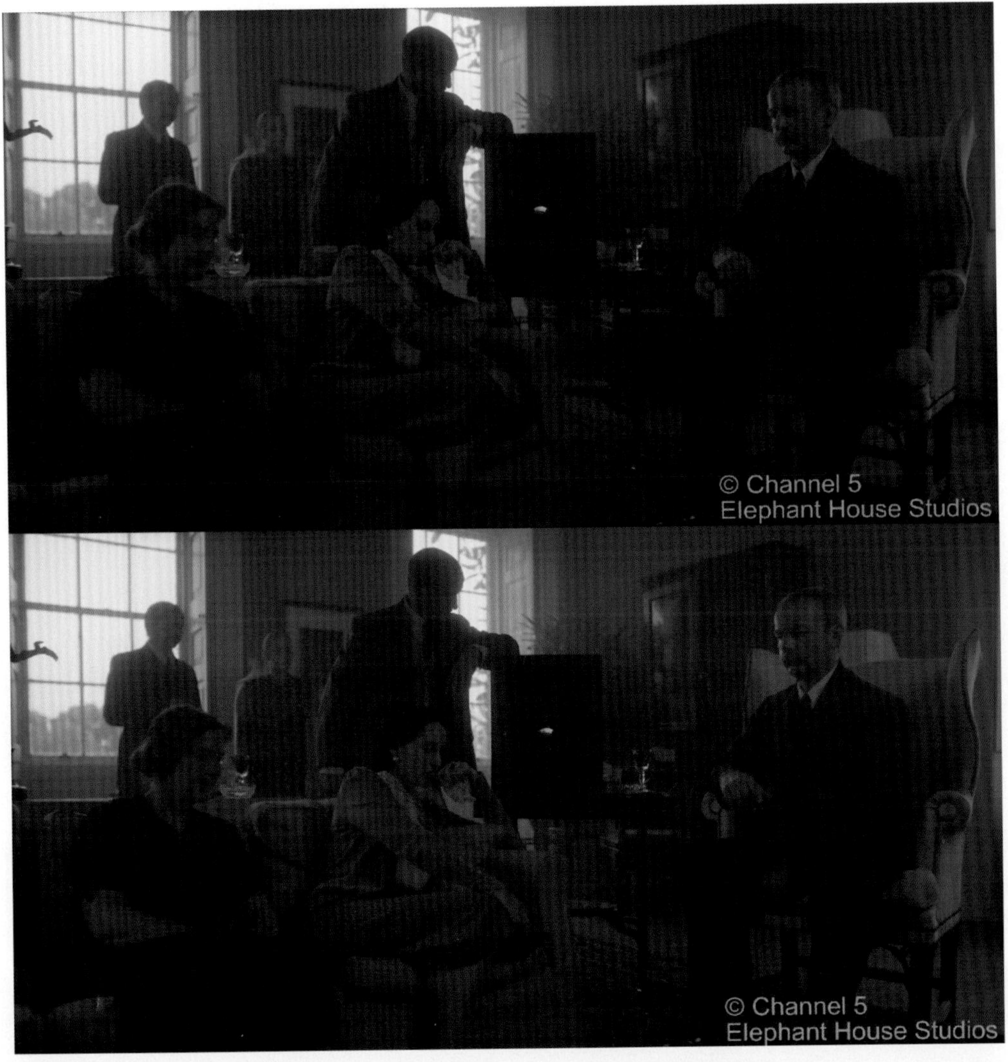

图 9-28 下图为增加 Boost Shadows 的画面

Boost Shadows 的主要参数是 Boost，其默认数值为 1.0。如图 9-29 所示。

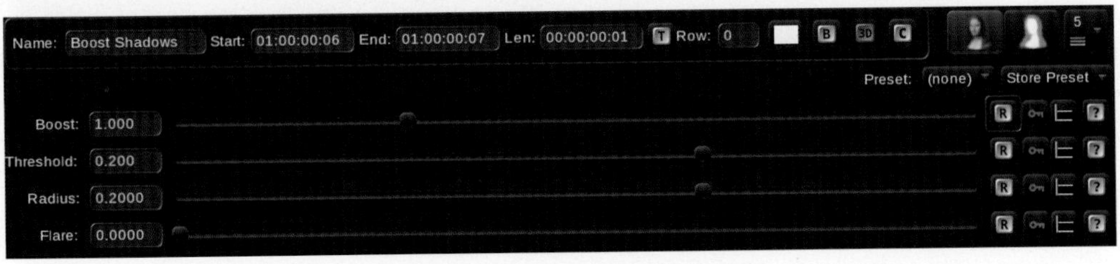

Name: Boost Shadows
Start: 01:00:00:06
End: 01:00:00:07
Len: 00:00:00:01
Row: 0
Preset: (none)
Store Preset
Boost: 1.000
Threshold: 0.200
Radius: 0.2000
Flare: 0.0000

图 9-29 Boost Shadows 面板

6．DFuse（柔光扩散）

DFuse 可以为图像添加一个扩散滤镜效果。这个滤镜把一个黑白图像与原始图像进行混合来产生柔化的风格，如图 9-30 所示。

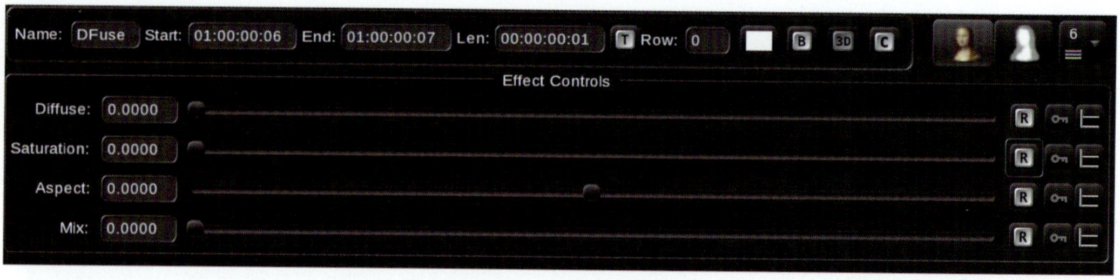

图 9-30　DFuse 面板

想要制作这种风格，需要把Diffuse和Mix的数值提高。添加DFuse前后的效果如图9-31所示。

图 9-31　右侧为 DFuse 效果

7. Dspot

DSpot 可以用于去除胶片画面上的细小划痕、斑点和发丝。该工具使用了时间算法来检测与修正瑕疵。在添加 DSpot 工具后需要在有瑕疵的图像区域绘制一个方框，然后调整参数查看结果，如图 9-32 所示。

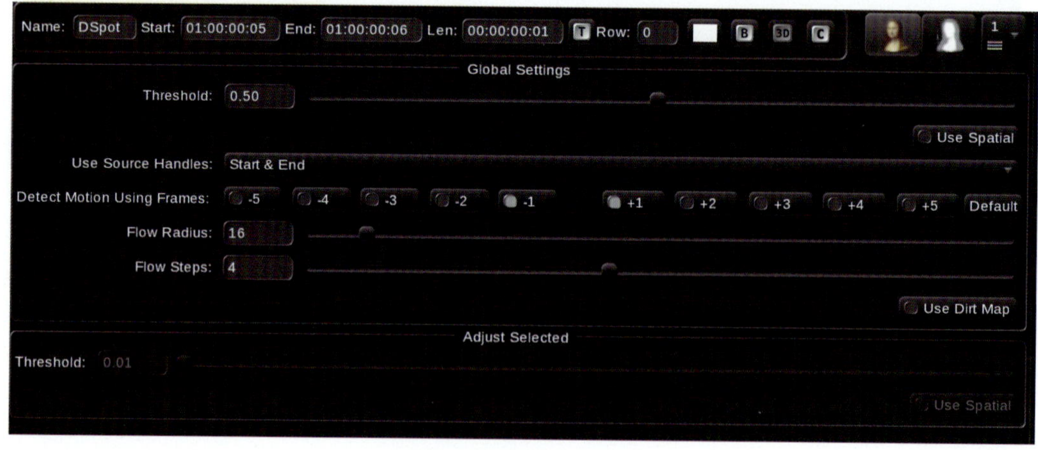

图 9-32　DSpot 面板

8. Glow（辉光）

Glow 制作的是影视后期制作中常见的辉光效果。辉光效果可以作用于全局也可以作用于局部，通过蒙版来控制，如图 9-33 所示。

Name: Glow
Start: 01:00:00:06
End: 01:00:04:01
Len: 00:00:03:19
Row: 0
Effect: Bright Glow
Glow Controls
Glow Opacity 0.4490
Light Threshold: 0.6040
Light Range 0.1581
Glow Size 63.4
Glow Colour
Custom Colour: Use custom colour
Red: 0.5243
Green: 0.4724
Blue: 0.4245
Glow Boost: 0.0000

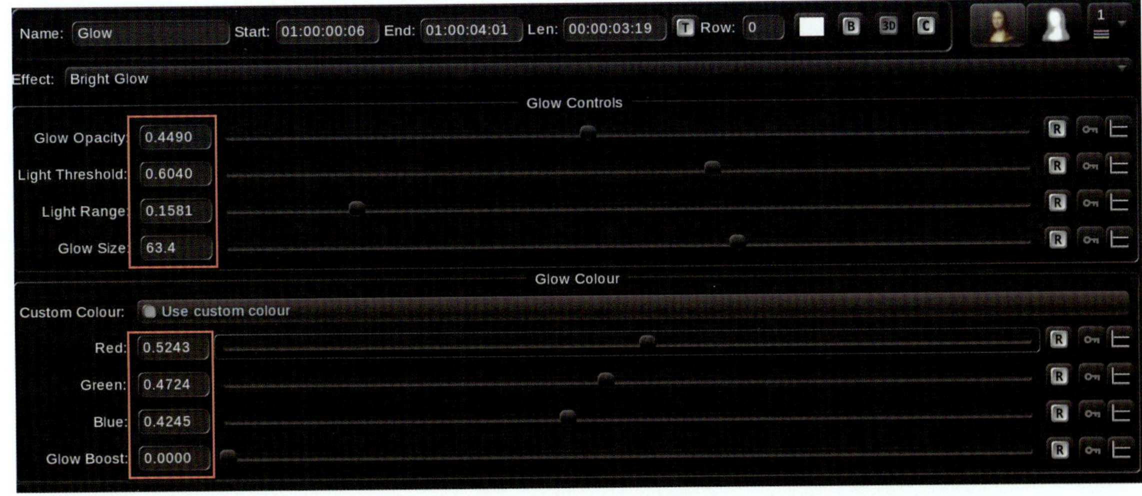

图 9-33　Glow 面板

辉光的颜色也可以通过 Glow Colour 来控制。调整后的辉光效果如图 9-34 所示。

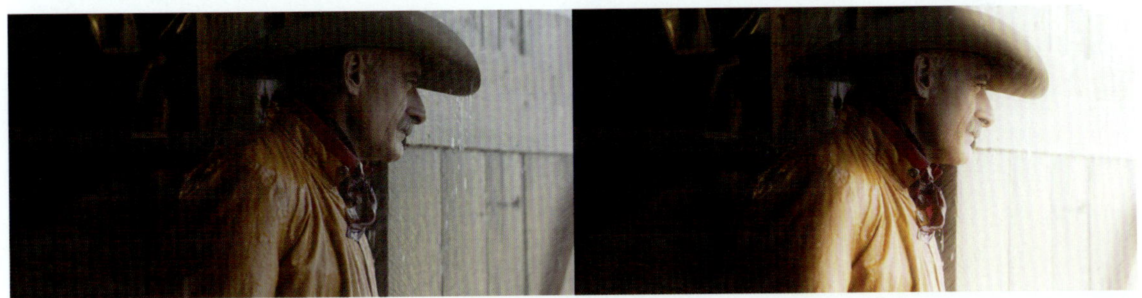

图 9-34　右侧为 Glow 效果

9. Nyquist Filter（奈奎斯特过滤器）

反拜耳运算所得的图像在高光部分可能会显示出色彩错误以及锐化的边缘。Nyquist Filter 可以帮助修正这些错误。但是也可能带来不必要的细节损失，因此在使用该工具的时候要注意时刻观察画面，适可而止，如图 9-35 所示。

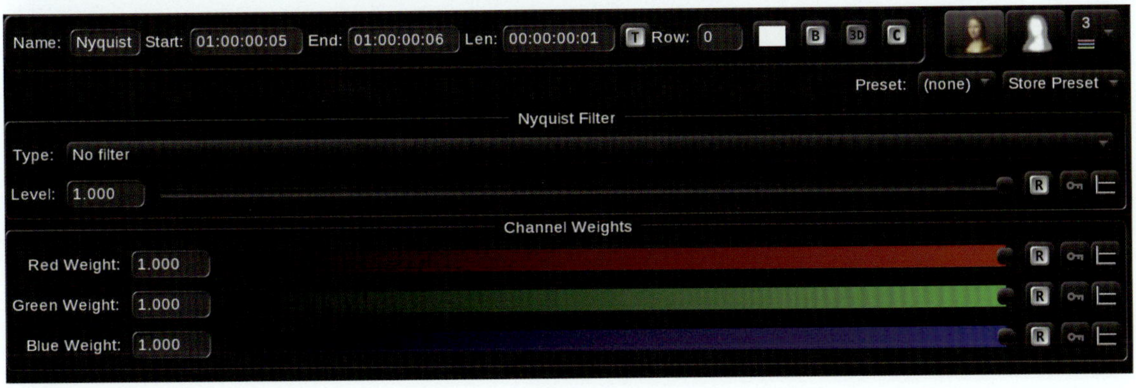

Name: Nyquist
Start: 01:00:00:05
End: 01:00:00:06
Len: 00:00:00:01
Row: 0
Preset: (none)
Store Preset
Nyquist Filter
Type: No filter
Level: 1.000
Channel Weights
Red Weight: 1.000
Green Weight: 1.000
Blue Weight: 1.000

图 9-35　Nyquist Filter 面板

Nyquist（奈奎斯特）是美国物理学家。1917 年获得耶鲁大学工学博士学位。曾在美国 AT&T 公司与贝尔实验室任职。奈奎斯特为近代信息理论做出了突出贡献。他总结的奈奎斯特采样定理是信息论、特别是通信与信号处理学科中的一个重要基本结论。

10．OFX Filter

OFX 的全称是 OpenFX，是面向视觉特效与合成的插件设计的一个开放式标准，符合这个标准的软件都可以安装 OFX 类型的插件。如果 Baselight 安装了 OFX 插件的话，就可以在这个菜单中看到相应的滤镜命令了。

11．Paint（描绘）

Baselight5.0 版本新增了 Paint 工具，可以用来进行蒙版制作与合成制作。可以使用笔刷在蒙版上面进行绘制以添加或者去除部分蒙版区域。也可以在画面上直接进行文字与图案绘制，还可以使用克隆笔刷来去除掉画面中不需要的元素，如图 9-36 所示。

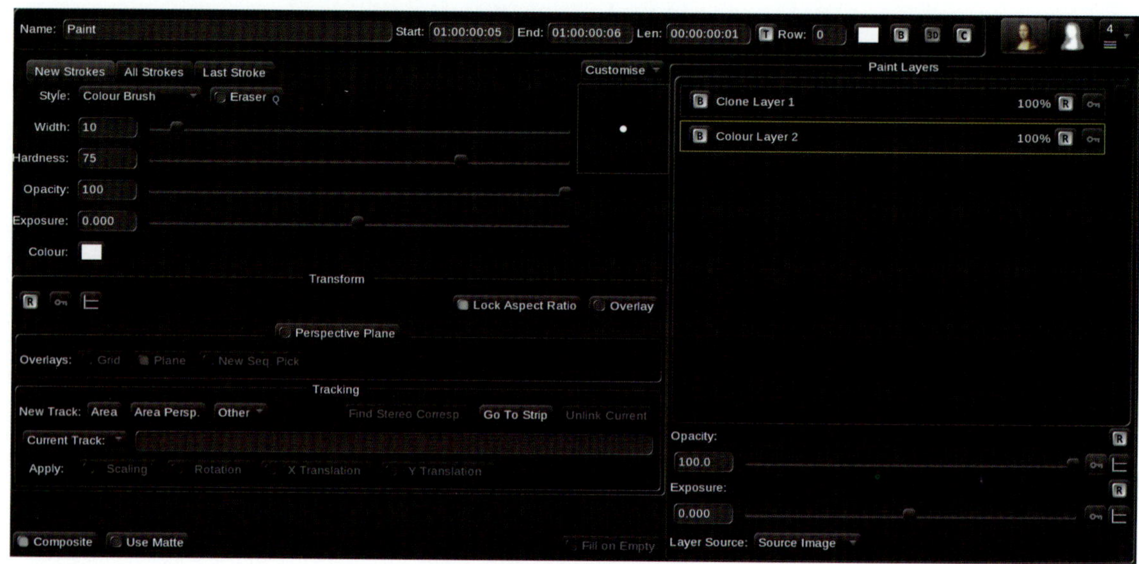

图 9-36　Paint 面板

★实操演示：

本节内容的具体操作请参看随书教学录像。

12．Sharpen（锐化）

Sharpen 工具是用来锐化图像中的边缘的。它可以快速调整图像边缘细节的对比度，并在边缘的两侧生成一条亮边缘和一条暗边缘，从而使边缘的对比度增加，进而使画面整体更加清晰，如图 9-37 所示。

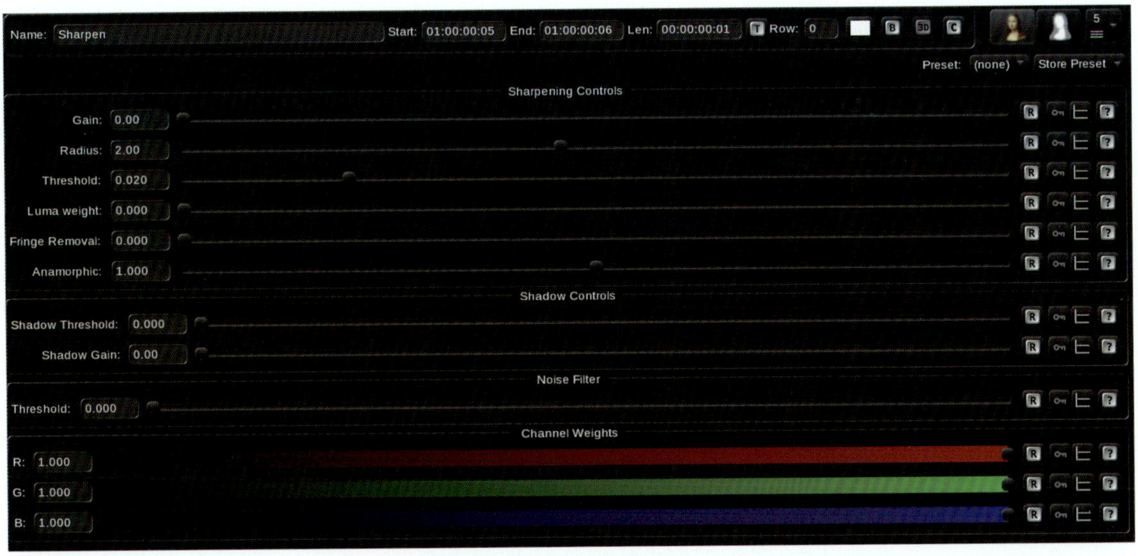

图 9-37 Sharpen 面板

Baselight 的锐化工具调整了锐化效果之后还可以进行 Shadow Controls（阴影控制），如图 9-38 所示。

图 9-38 阴影控制

13. Soften

Soften 工具是一个扩散柔化滤镜，其主要的设计目的是用来对皮肤进行柔化处理，也就是“磨皮”。Detail 参数可以在柔化的同时仍然保留画面的部分细节，如图 9-39 所示。

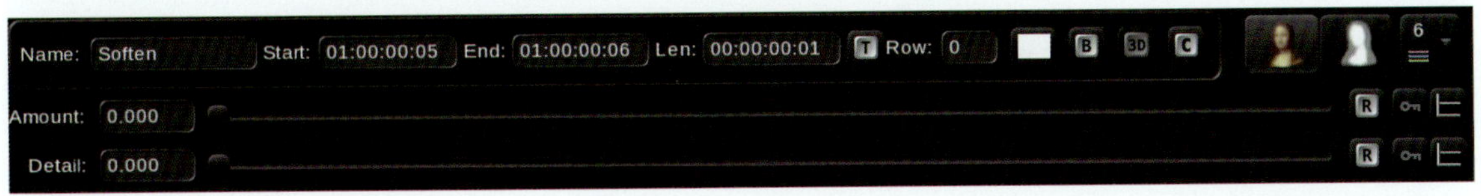

图 9-39 Soften 面板

增加 Amount 的数值来制作磨皮效果，增加 Detail 的数值来回收细节。为了得到更好的效果，还可以把皮肤隔离出来单独进行磨皮处理，如图 9-40 所示。

图 9-40　右侧为磨皮效果

14. Streak Filter（条纹过滤器）

Streak Filter 工具可以用来去除画面曝光不足部分的条纹状噪点。虽然 Streak Filter 可以放在时间线堆栈的任意位置，但还是建议紧挨着源素材条带放置 Streak Filter 条带。也就是先对画面进行降噪处理再进行调色。降噪都会让画面变得更加模糊，所以你可以按照需要添加锐化工具，如图 9-41 所示。

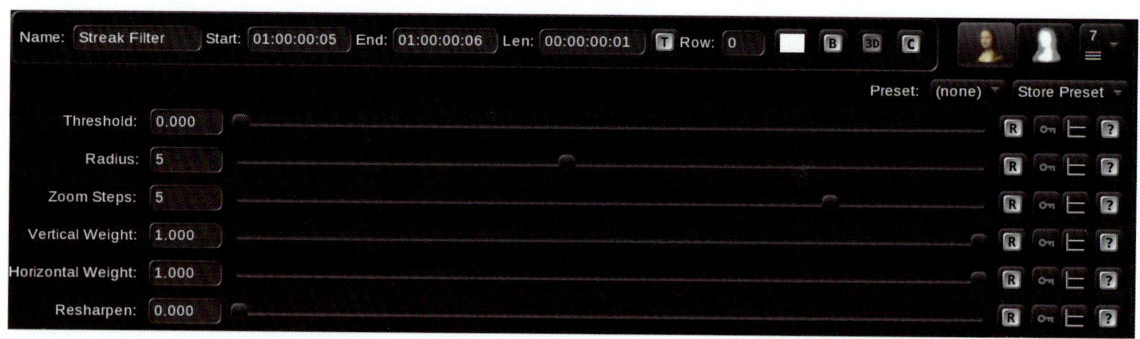

图 9-41　Streak Filter 面板

15. Switch Dust（交换除尘）

Switch Dust 工具需要结合图像和蒙版一起来工作，它可以用来去除画面上的灰尘和瑕疵，如图 9-42 所示。

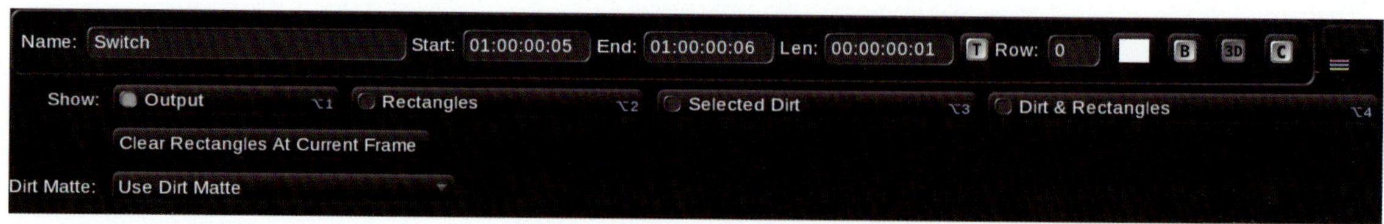

图 9-42　Switch Dust 面板

16. Texture Equaliser（纹理均匀化）

Baselight5.0 新增了 Texture Equaliser 工具，它可以把图像按照空间算法分成不同的频率级别。这样就可以对画面进行高低频柔化处理了。使用 Texture Equaliser 工具可以在对低频画面进行柔化处理的同时保留高频画面的细节，如图 9-43 所示。

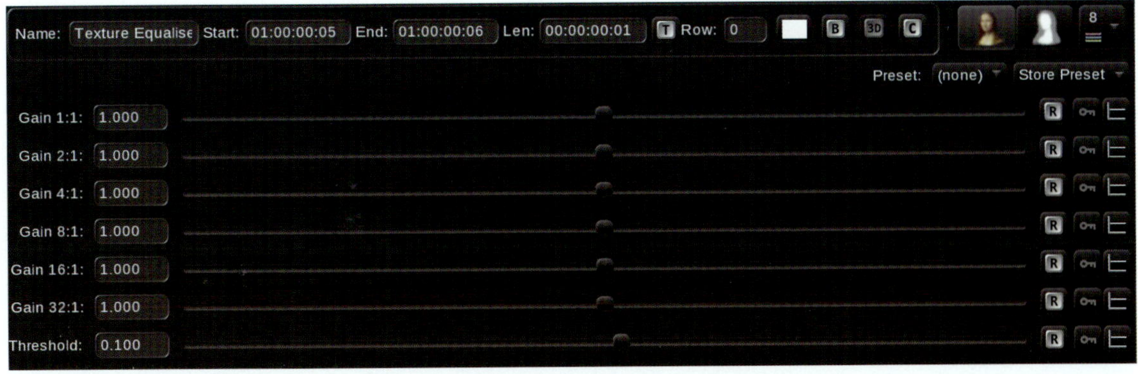

图 9-43　Texture Equaliser 面板

9.4 Temporal菜单组

1. Deflicker（去闪烁）

在拍摄延时视频或者高速升格视频的时候往往会带来画面闪烁，想要去除这种闪烁可以使用 Deflicker 工具，如图 9-44 所示。当然，市场上也有一些第三方的去闪烁 OFX 插件可以供 Baselight 使用。

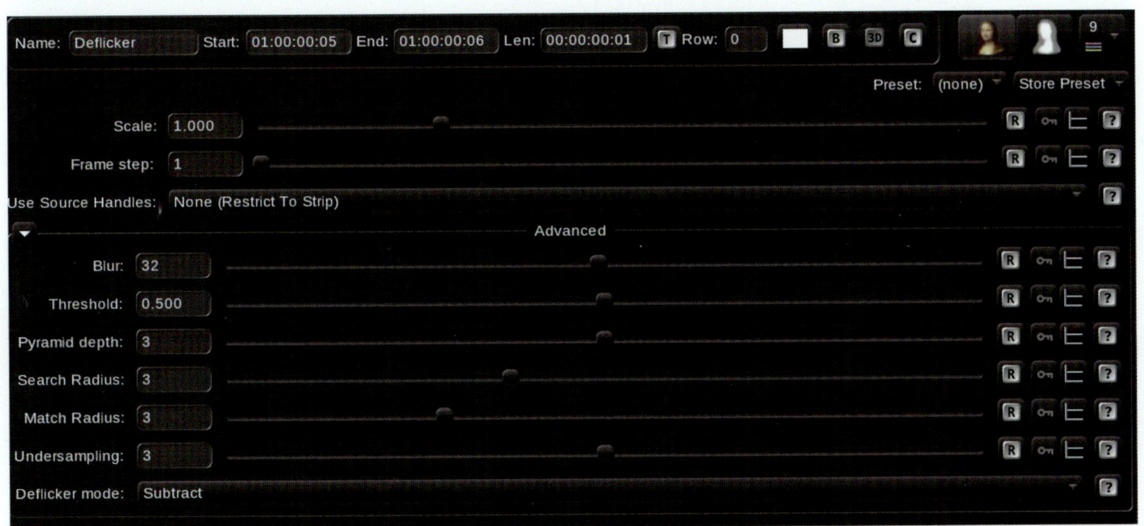

图 9-44　Deflicker 面板

2. Denoise（去噪点）

Denoise 工具用来去除画面中的噪点。该工具需要通过前后帧的信息来计算降噪效果，因为首尾帧没有足够的相邻帧，所以设置参数的时候，推荐把播放头放置在序列文件的中间。虽然 Denoise 可以放在时间线堆栈的任意位置，但还是建议你紧挨着源素材条带放置 Denoise 条带。也就是先对画面进行降噪处理再进行调色，如图 9-45 所示。

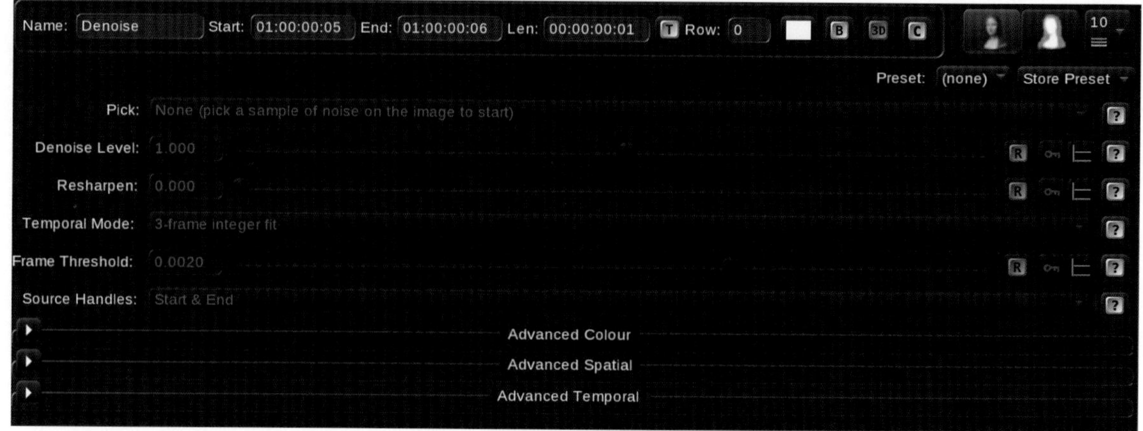

图 9-45　Denoise 面板

3. Retime（重新定时）

Retime 工具直译为重新定时，但是通俗的叫法是变速。使用这个工具可以对素材进行变速处理，它支持 Velocity VS. Time（速度对时间）和 Time VS. Time（时间对时间）两种方式，如图 9-46 所示。

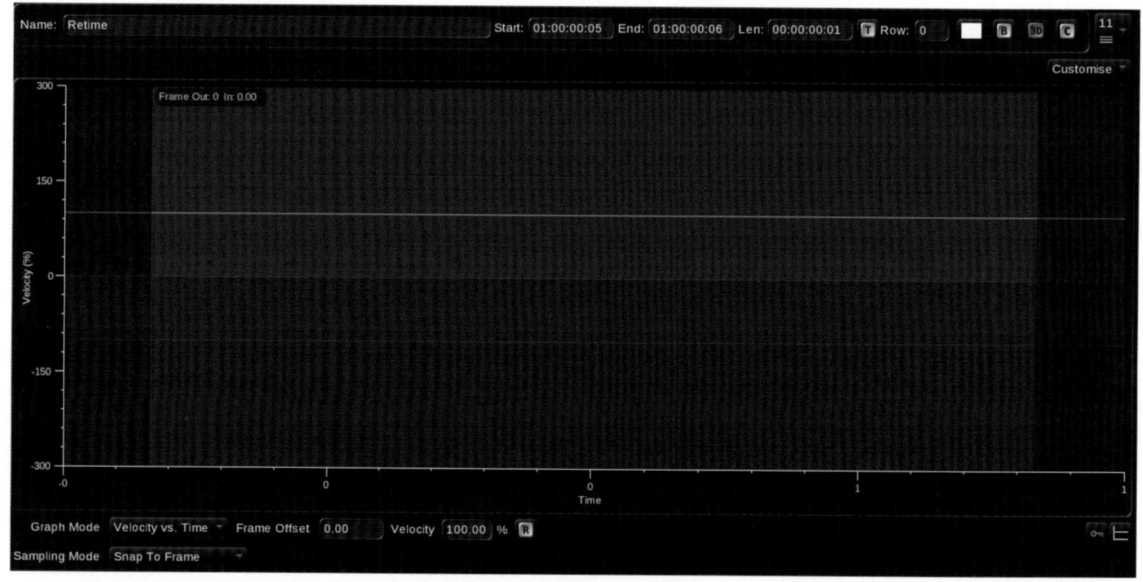

图 9-46　Retime 面板

4. Temporal Degrain（时域降噪）

Temporal Degrain 是一个基于时域算法的降噪工具。时域算法与空域算法不同，空域算法在每一帧之间进行孤立处理，而时域算法会考虑前后帧之间的关系，如图 9-47 所示。

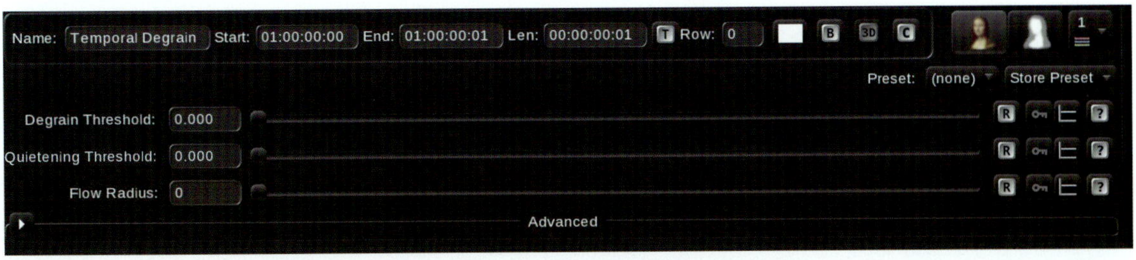

图 9-47　Temporal Degrain 面板

9.5 Matte Generation 菜单组

1. DKey

Dkey 在 7.4 中已介绍过，这里不再过多陈述，Dkey 面板如图 9-48 所示。

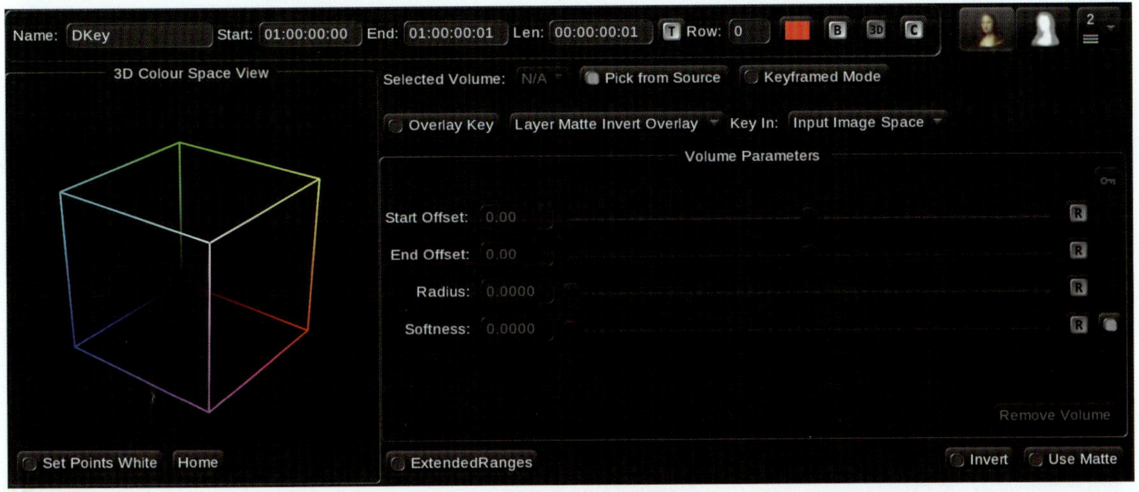

图 9-48　Dkey 面板

2. Erode/Dilate（侵蚀/扩展）

Erode/Dilate 工具可以对蒙版的边缘进行处理。Erode 可以收缩蒙版的边缘，Dialte 可以扩大门板的边缘。其参数非常简单，只有 Radius X 和 Radius Y 两个，如图 9-49 所示。

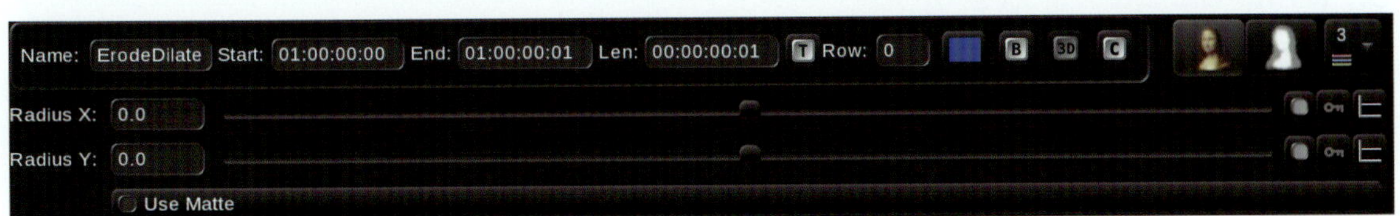

图 9-49　Erode/Dilate 面板

3. Hue Angle（色相角度）

Hue Angle 在前面 7.3 已介绍过，这里不再过多陈述，Hue Angle 面板如图 9-50 所示。

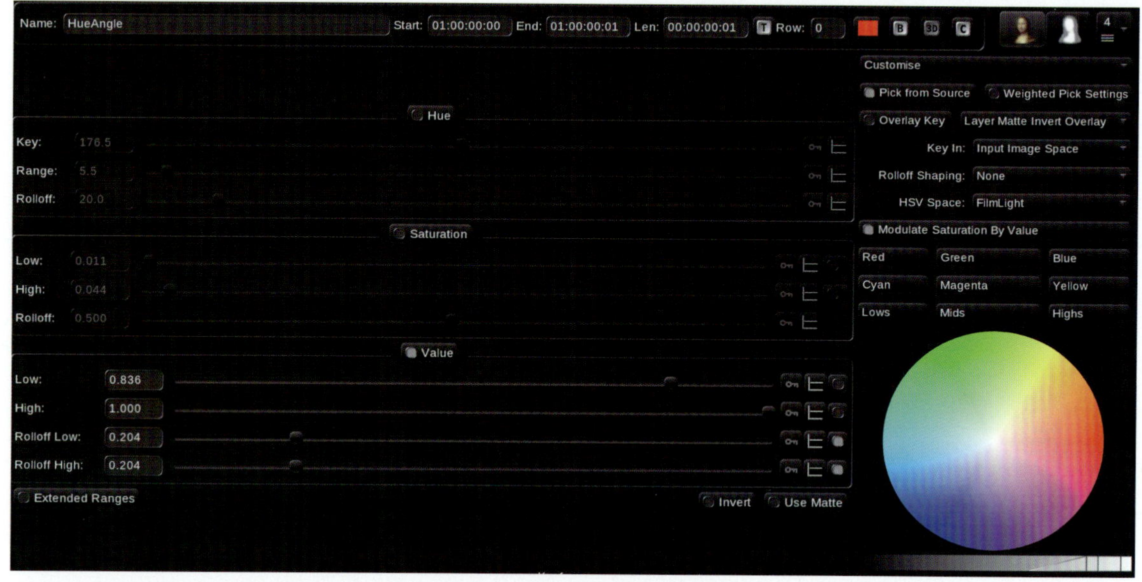

图 9-50 Hue Angle 面板

4. In/Out Blur（内/外模糊）

In/Out Blur 工具可以向内或者向外对蒙版的边缘进行模糊。这样可以让用户处理蒙版的时候得到更加精细的模糊效果，如图 9-51 所示。

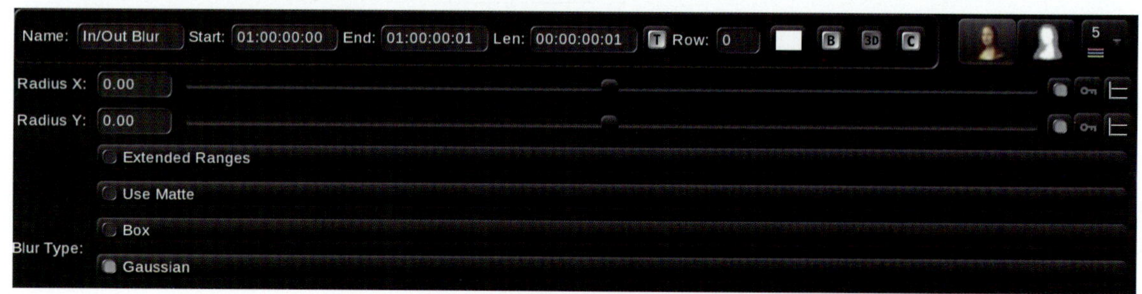

图 9-51 In/Out Blur 面板

5. Matte Merge（蒙版合并）

Matte Merge 工具可以将两个或者多个蒙版合并为一个蒙版，这个工具通常由系统自动添加。有三种布尔运算方式可以选择，分别是 Intersection、Union 和 Difference。每一个输入都可以被反向并且合并后的整体蒙版也可以反向输出，这带来了更多灵活性，如图 9-52 所示。

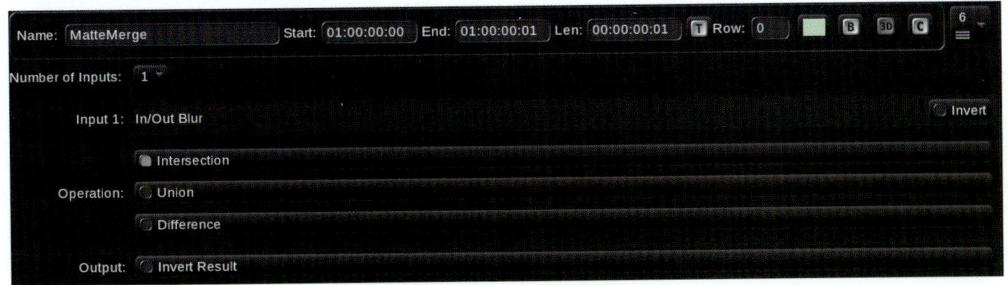

图 9-52　Matte Merge 面板

6. Matte RGB（蒙版RGB）

Matte RGB 工具使用 RGB 通道的数值来制作蒙版。它拥有四个参数组，分别是 Rolloff Low、Range Low、Range High 和 Rolloff High，如图 9-53 所示。

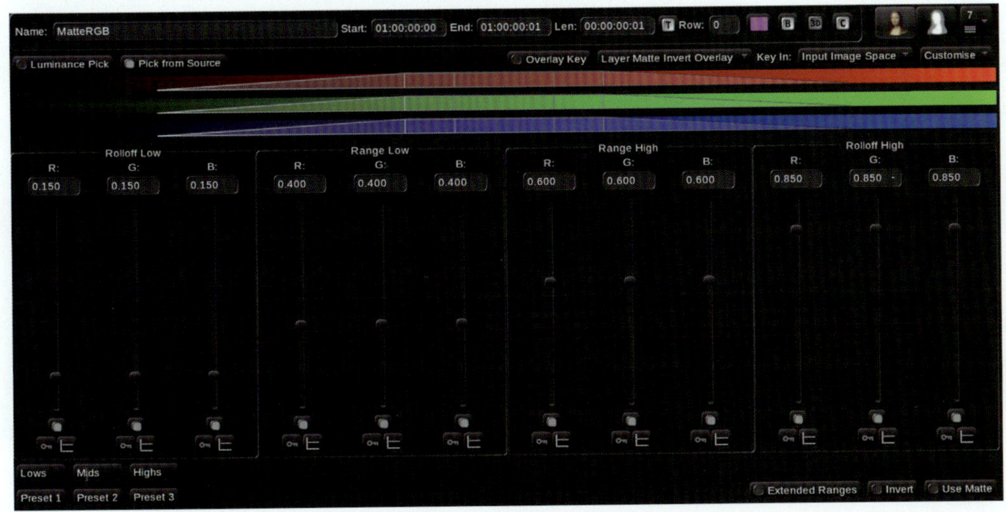

图 9-53　Matte RGB 面板

7. Matte Tool（蒙版工具）

Matte Tool 可以提供多种蒙版处理工具供选择和组合，可以说是蒙版调整的整合。在这个面板中默认添加了四个蒙版工具，分别是 Erode/Dilate、in/out Blur、Matte Curve 和 Blur。除此之外你还可以通过自定义菜单添加更多的蒙版工具，如图 9-54 所示。

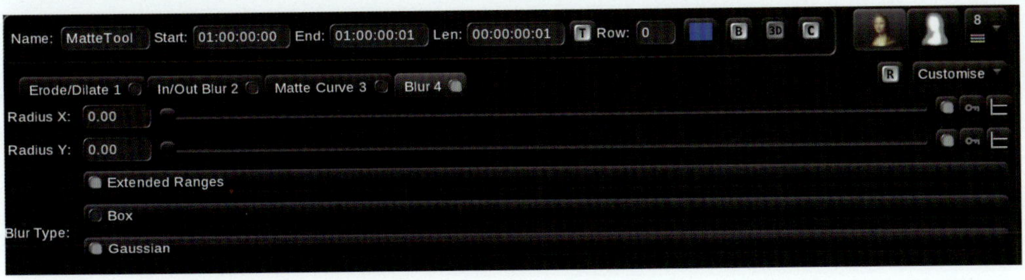

图 9-54　Matte Tool 面板

★Tips

当你制作 Shape 的时候，推荐使用 Matte Tool 工具中的 Blur 工具进行蒙版模糊处理，而不是使用 Shape 面板自带的 Feather Radius 工具。

8. Matte XYZ（蒙版XYZ）

Matte XYZ 是使用 3D 空间中的色彩坐标信息来创建蒙版的工具。对于三维软件渲染出的浮点格式的 CG 图像来说，Matte XYZ 的效果比较理想。可以使用四个视图来标定色彩范围，如图 9-55 所示。

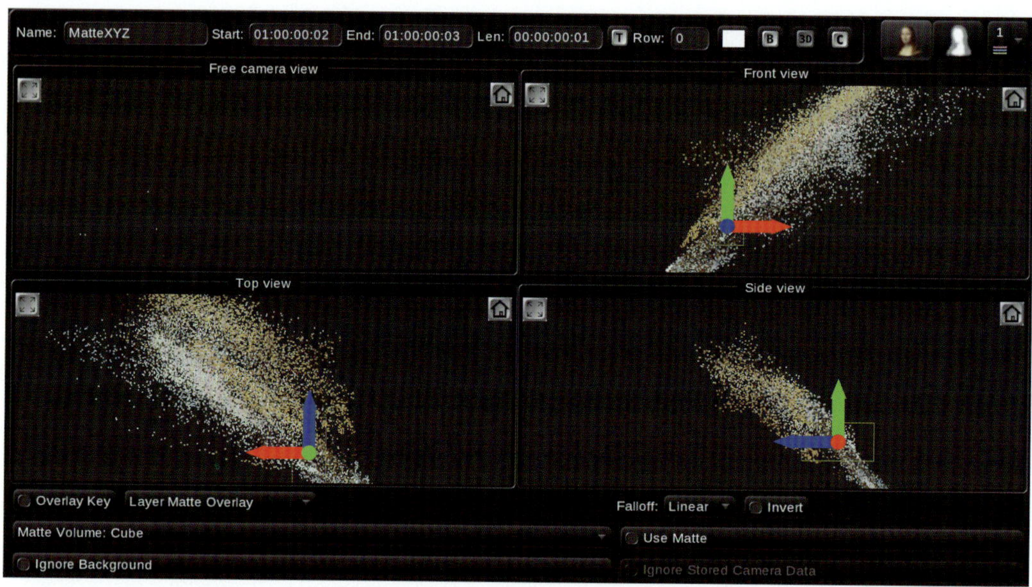

图 9-55　Matte XYZ 面板

9. Median（中间值）

Median 工具用于去除画面的噪点。其算法是把每个像素的数值和其周围像素的数值做平均化处理。由于其降噪算法非常简单，所以降噪效果也比较普通，如图 9-56 所示。

图 9-56　Median 面板

10. Sander（打磨器）

Sander 工具可以优化蒙版上的斑点和孔洞，本工具可以被加入 Matte Tool 面板上，如图 9-57 所示。

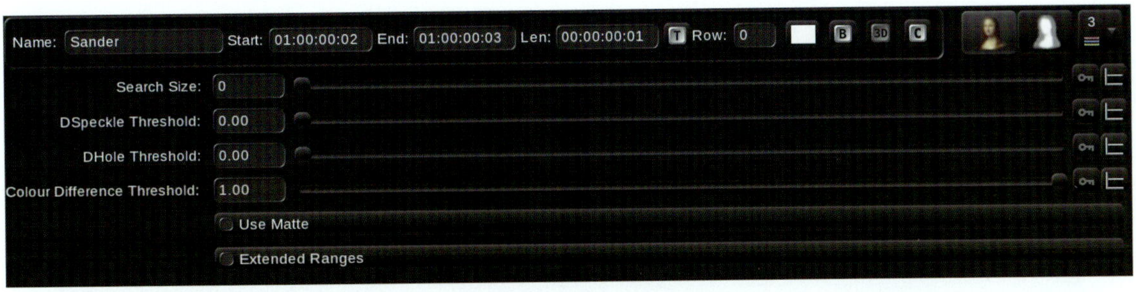

图 9-57　Sander 面板

11. Threshold（阈值）

Threshold 是基于图像的亮度信息来创建蒙版的工具。Lo 代表低范围，其数值默认为 0，Hi 是高范围，默认值为 1，如图 9-58 所示。

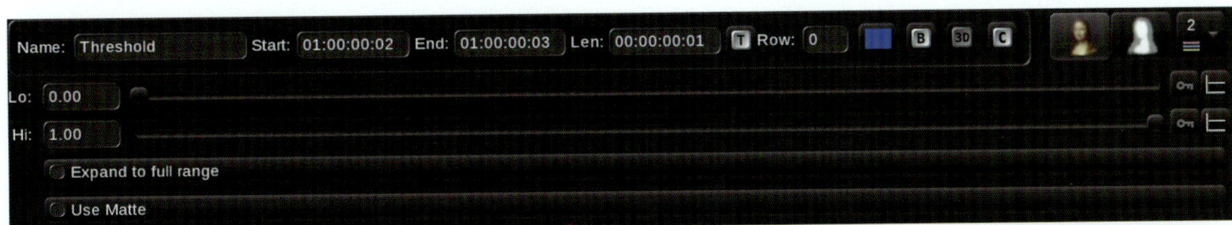

图 9-58　Threshold 面板

9.6 Transforms（变换）菜单组

1. Camera Shake（摄影机晃动）

Camera Shake 工具用来模拟手持摄影机（或者没有固定在三脚架上的摄影机）所造成的晃动效果。通过调整参数还可以制作出多种晃动效果，如图 9-59 所示。

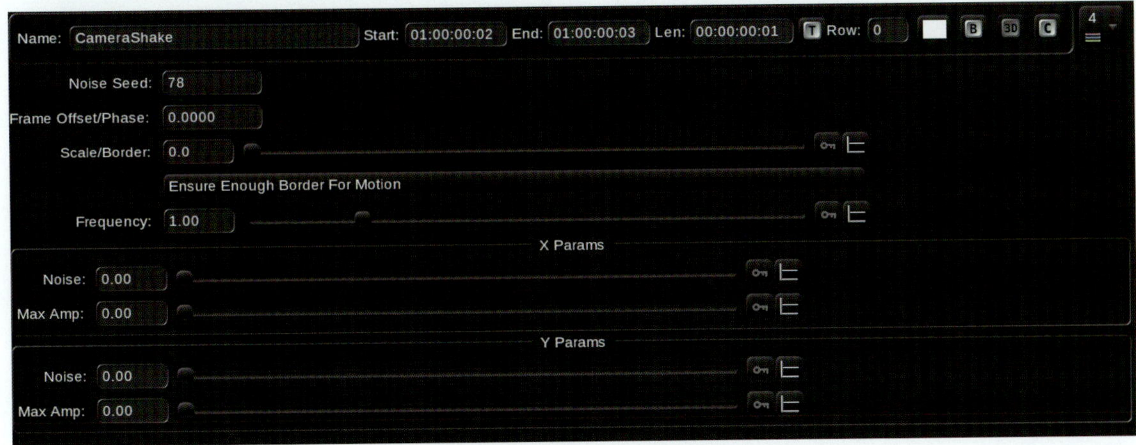

图 9-59　Camera Shake 面板

2. Edge Crop（边缘剪切）

Edge Crop 可以剪切掉图像的边缘像素。Left Side 控制左边缘，Right Side 控制右边缘，Top 控制上边缘，Bottom 控制下边缘，可以用来制作立体电影的 Floating Window，如图 9-60 所示。

图 9-60 Edge Crop 面板

被裁切掉的像素用黑色填充，黑色预设可以选择 Hard Black、Video Black 和 Film Black 三种，如图 9-61 所示。

图 9-61 右侧为剪切后的效果。

3. Grid Warp（网格变形）

Grid Warp 是通过网格控制点来弯曲或者扭曲图像的工具。Baselight5.0 新增的这个工具可以制作瘦脸功能或者让水面波动起来等效果。可以说是一个非常实用的工具，如图 9-62 所示。

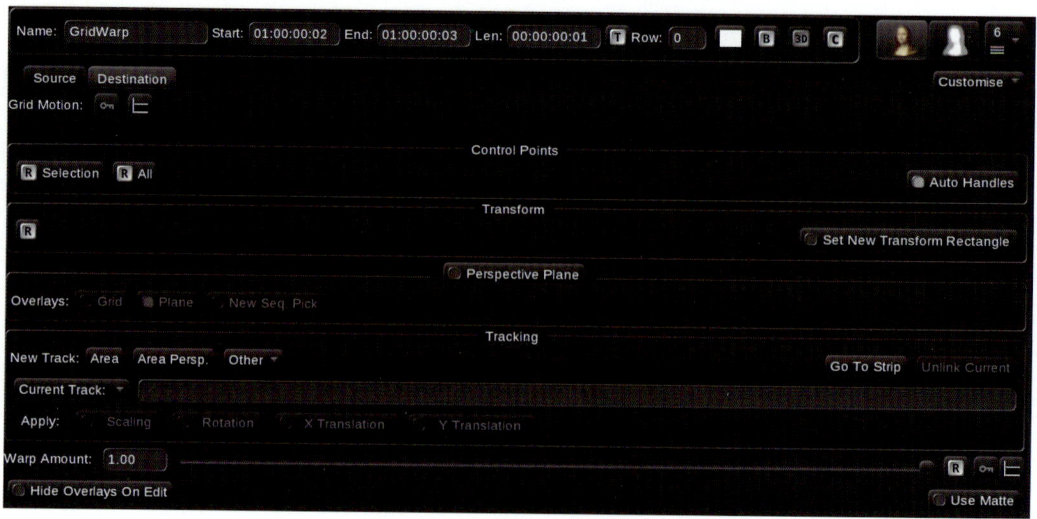

图 9-62 Grid Warp 面板

★实操演示：

本节内容的具体操作请参看随书教学录像。

4. Image Tranform Settings（图像变换设置）

Image Transform Settings 决定了当图像缩放的时候低通过滤器（Low - Pass Filtering）的数量，用户可以使用不同的算法比如 Composite 来得到更平滑的画面效果。这个工具以前只在序列输入图层即 Layer0 的参数面板中存在，如图 9-63 所示。

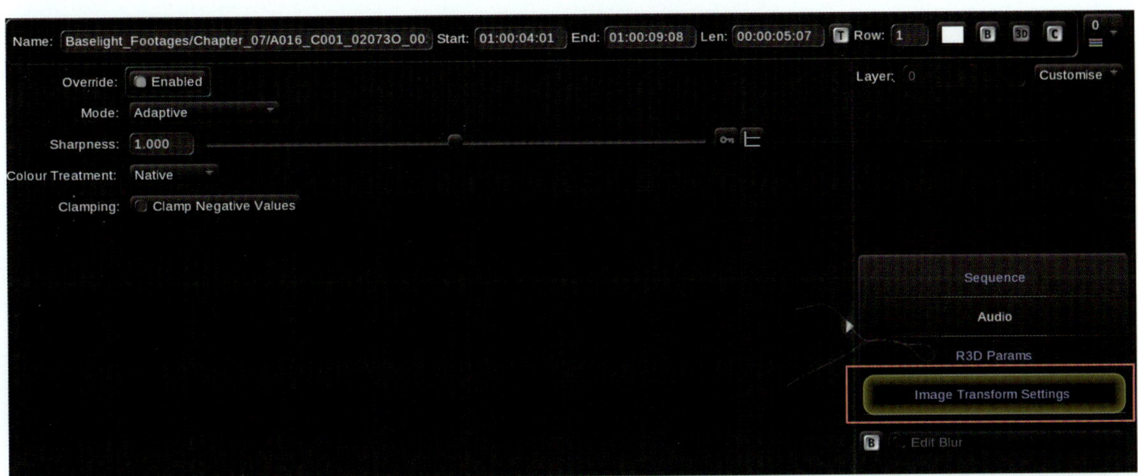

图 9-63 Image Transform Settings 面板

现在已经成为一个单独的面板并且可以被添加到时间线堆栈的任意位置，如图 9-64 所示。

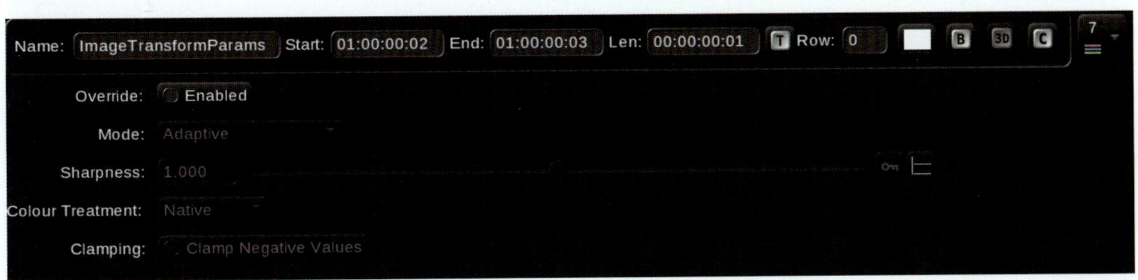

图 9-64 独立的 Image Transform Settings 面板

5. Motion Blur（运动模糊）

Motion Blur 可以把一定时间段里面的帧进行画面叠加来创建运动模糊效果。其参数面板如图 9-65 所示。

利用这种方法可以制作简单的运动模糊效果，这种制作运动模糊的算法不是基于光流（Optical Flow）技术生成的，所以效果一般，如图 9-66 所示。

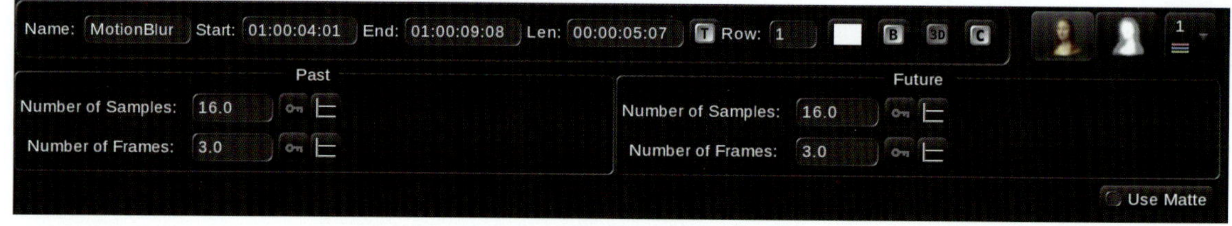

图 9-65　Motion Blur 面板

图 9-66　右侧画面为运动模糊效果

6．Pan & Scan（平移与扫描）

Pan & Scan 工具用来把输入图像的格式转换为不同的格式。例如你可以用这个工具把 2K 的电影画面转换为 PAL 制式的 4 ∶ 3 画面，主要用于制作不同宽高比的输出物料，如图 9-67 所示。

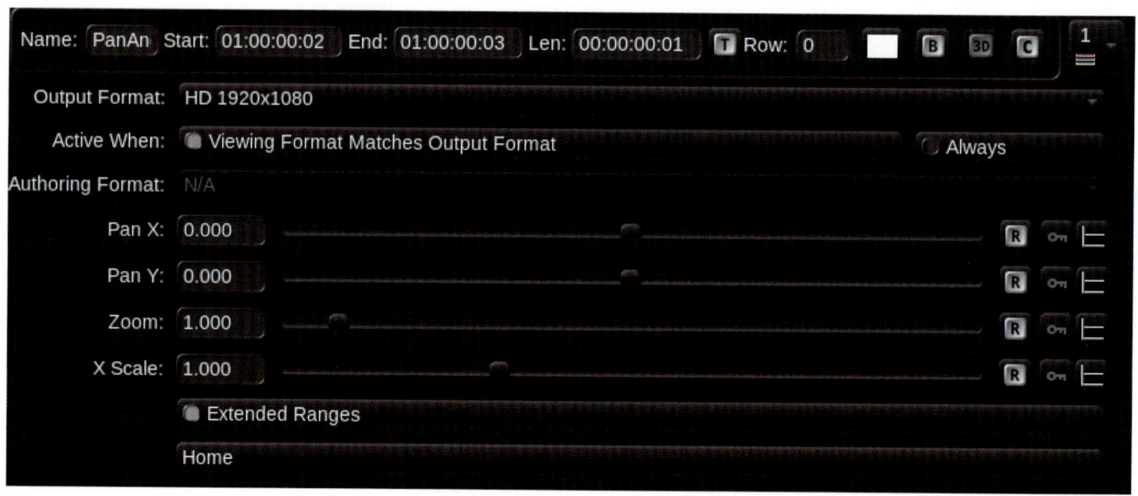

图 9-67　Pan & Scan 面板

7．Perspective（透视）

通过定位图像的四个角的位置，Perspective 工具可以制作出画面的透视效果，如图 9-68 和图 9-69 所示。

Name: Perspective Start: 01:00:00:02 End: 01:00:00:03 Len: 00:00:00:01 Row: 0
Customise
In Corners Transform Out Corners
Perspective Transform
Out X Position 1 0.0
Out Y Position 1 0.0
Out X Position 2 0.0
Out Y Position 2 1080.0
Out X Position 3 1920.0
Out Y Position 3 1080.0
Out X Position 4 1920.0
Out Y Position 4 0.0
New Rect New Seq. Pick
Tracking
New Track: 4 point persp. Area Persp. Go To Strip Unlink Current
Current Track:
Options
Crop to Out Rectangle Show Grid
Motion Blur: 0.000
Use Matte Hide Overlays On Edit

图 9-68 Perspective 面板

图 9-69 右侧画面为透视效果

8. Tracker（跟踪器）

Tracker 工具可以根据图像中像素的运动位置制作出跟踪数据。跟踪数据可以关联到 Shape 层也可以关联到需要进行画面稳定的图层。Baselight 的 Tracker 工具可以进行点跟踪、面跟踪以及透视跟踪等操作，功能丰富而强大，是调色师必须熟练掌握的工具之一，如图 9-70 所示。

9. Transform（变换）

Transform 工具可以对图像执行平移、缩放和旋转等操作。也可以和跟踪器配合使用来制作画面稳定效果。Transform 包括两种工具：Image 和 Camera，如图 9-71 所示。

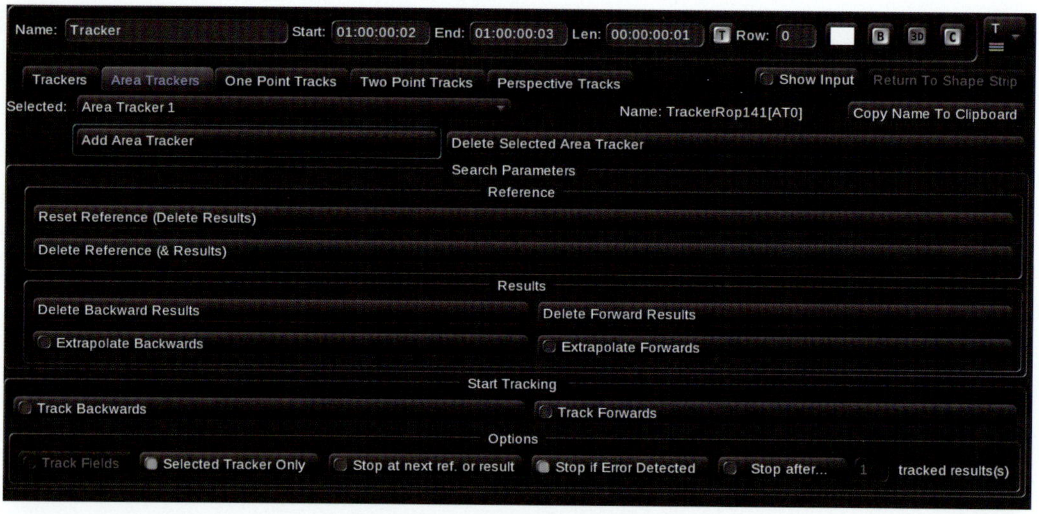

图 9-70　Tracker 面板

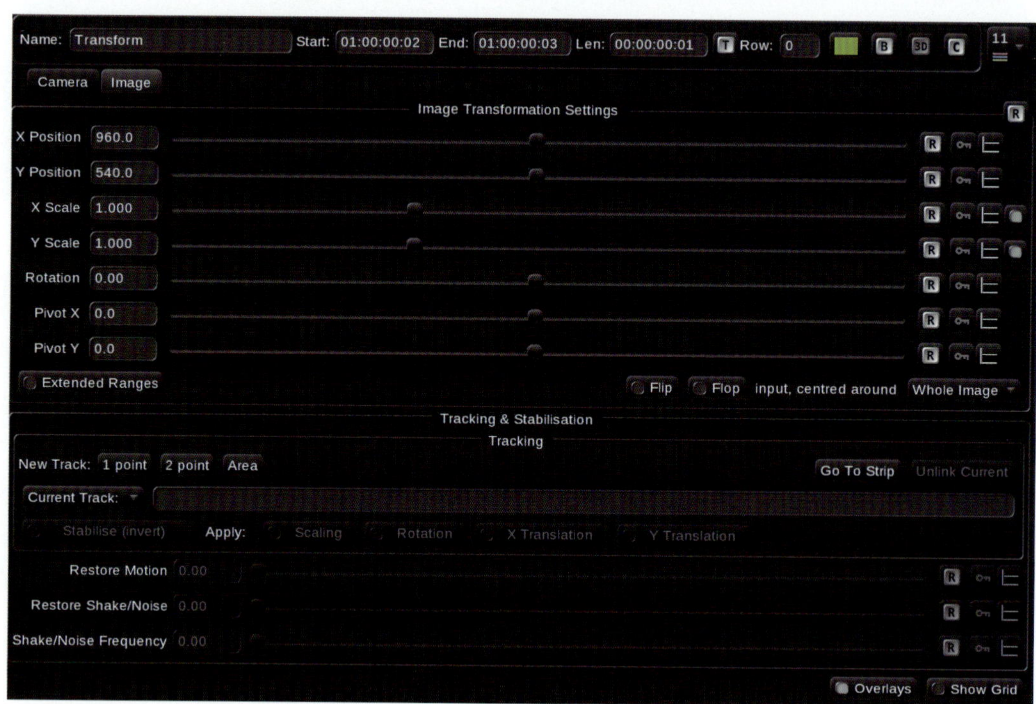

图 9-71　Transform 面板

9.7 Layering菜单组

1．Blend（混合）

Blend 工具可以提供把两个图层进行混合的多种方式，Normal 是正常方式，也就是不混合。Add 是相加，会让图像变亮。如果你拥有影视后期合成知识的话就很容易理解这些混合模式的含义，如图 9-72 所示。

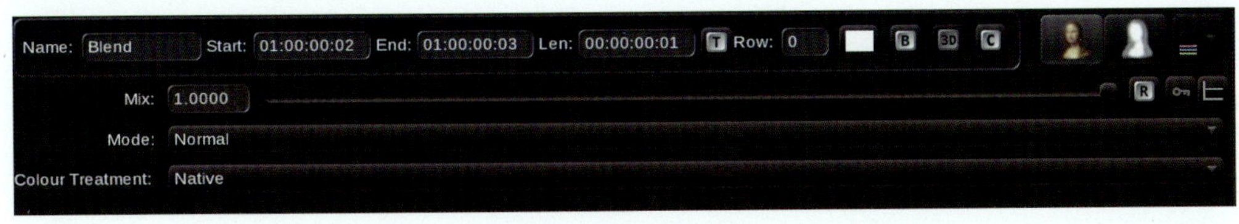

图 9-72　Blend 面板

2. Dissolve（溶解）

Dissolve 工具可以为时间线堆栈上的两个堆叠在一起的图像创建溶解过渡效果。有时候，Dissolve 也被翻译为叠化。如果配合 Matte 来使用的话，Dissolve 工具还可以制作出划像转场或者抠像转场的合成效果，如图 9-73 所示。

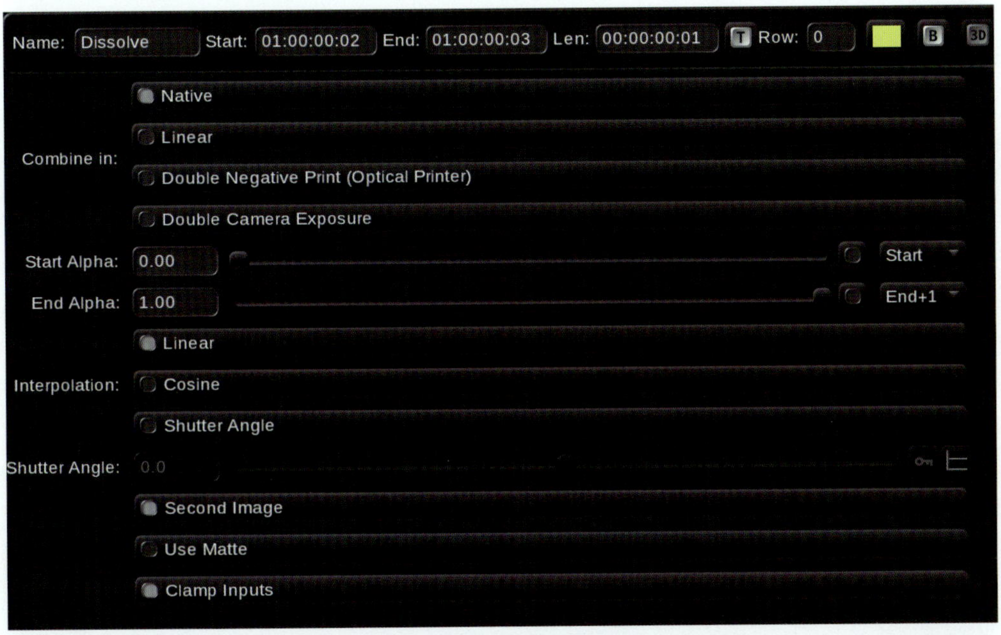

图 9-73　Dissolve 面板

3. OFX Transition

OFX 的全称是 OpenFX，是面向视觉特效与合成的插件设计的一个开放式标准，符合这个标准的软件都可以安装 OFX 类型的插件。如果 Baselight 安装了 OFX 插件的话，就可以在这个菜单中看到相应的滤镜命令了。OFX Transition 指的是插件版的过渡转场效果。

4. Texture Blend（纹理混合）

Texture Blend 工具可以把图像按照空间算法分成不同的频率级别。每一个频段都拥有独立的混合数值，当需要把带有硬边缘蒙版的两张图像进行混合的时候就可以获得更加细腻的结果，如图 9-74 所示。

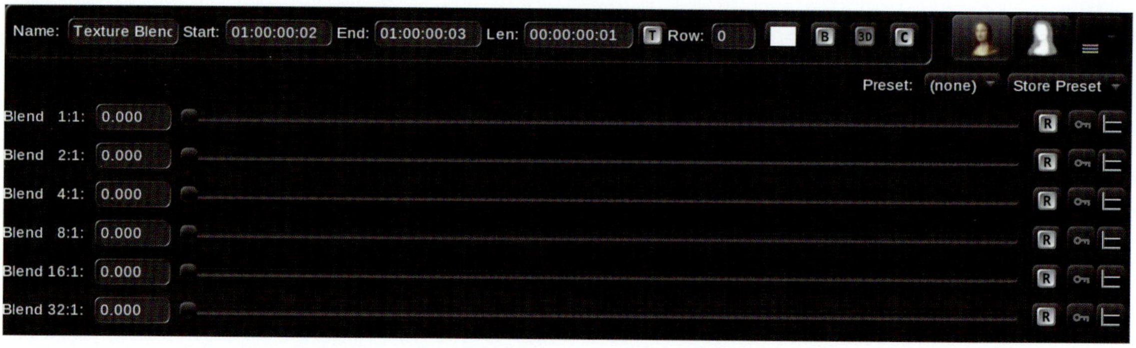

图 9-74　Texture Blend 面板

9.8 Sources菜单组

1. Bars（彩条发生器）

Bars 工具用来产生彩条或者灰阶视频信号。在 Bars Type（彩条类型）中可以选择 SMPTE、Grey 和 RGB and Grey 三大类型的彩条或者灰阶，如图 9-75 所示。

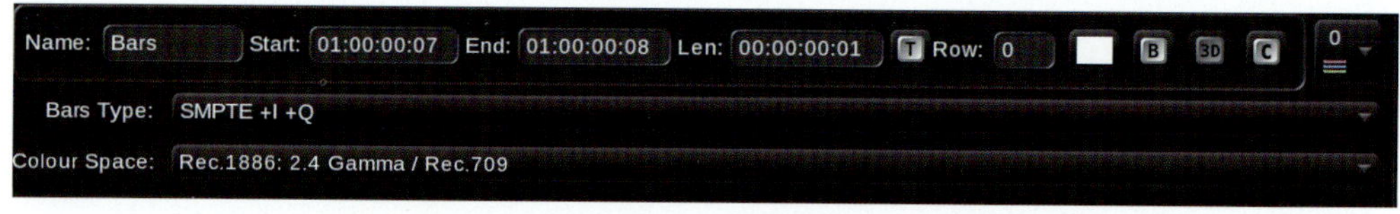

图 9-75　Bars 面板

SMPTE +I +Q 彩条效果如图 9-76 所示。

图 9-76　SMPTE +I +Q 彩条

2. Blank（纯色发生器）

在选中了时间线素材条带的情况下，添加 Blank 可以产生和素材长度一样的纯色条带。如果没有选中任何条带的话，纯色条带将拥有 100 帧的时长，如图 9-77 所示。

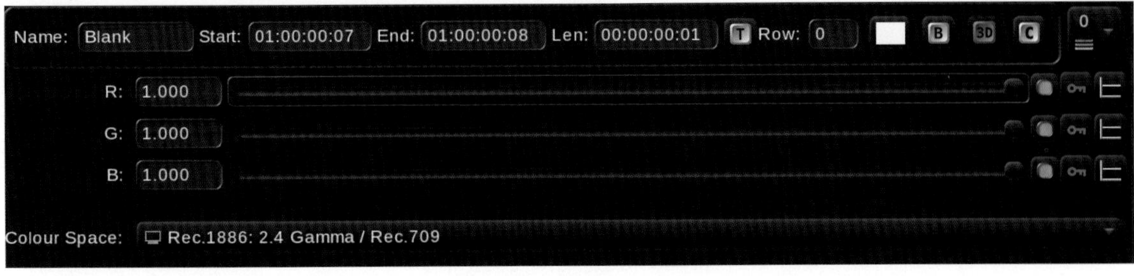

图 9-77 Blank 面板

3. OFX Source

OFX Source 指的是插件版的视频源发生器。

4. Paint Matte（描绘蒙版）

Paint Matte 工具可以使用笔刷直接绘制出调色师想要的蒙版，因此具有很大的自由度和灵活性。绘制得到的蒙版可以给其他工具使用，如图 9-78 所示。

图 9-78 Paint Matte 面板及手绘蒙版

5. Sequence（序列）

添加 Sequence 工具将会打开序列浏览器面板以让你选择想要插入时间线上的序列文件。新添加的序列第一帧会和时间线上原有的条带的第一帧对齐，如图 9-79 所示。

6. Shader Source

Baselight 新增的 Shader 工具可以调取 Autodesk Matchbox Shaders 来使用，这给 Baselight 带来了强有力的扩展。默认情况下你会找到一组名为“crok”的 Shaders，如图 9-80 所示。

图 9-79 Sequence 浏览器面板

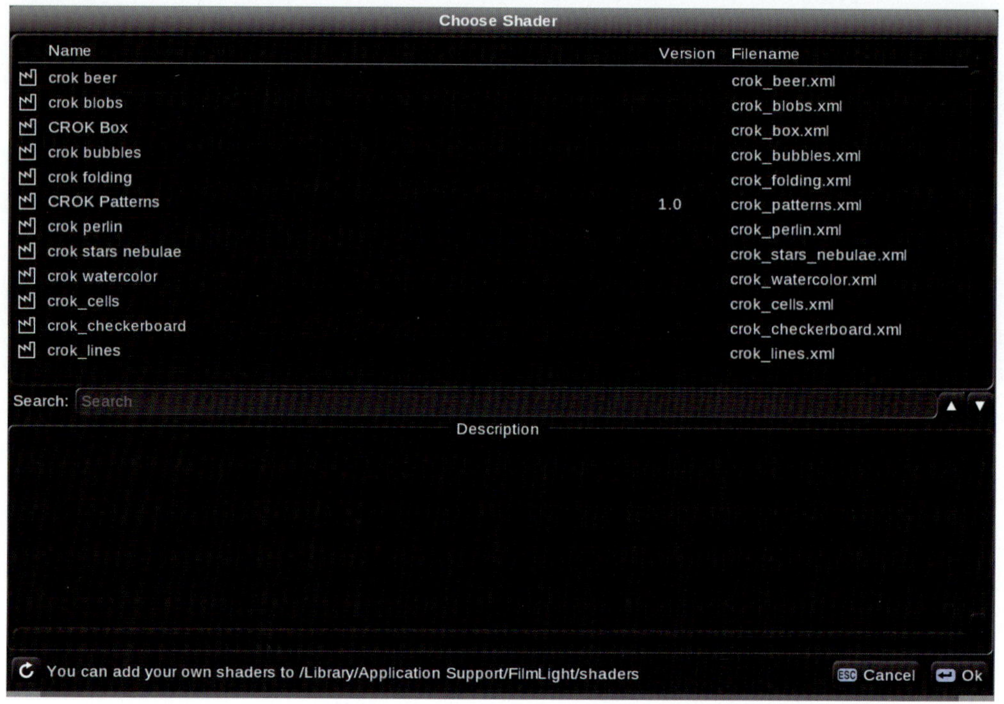

图 9-80 Choose Shader 面板

选择其中的 Crok bubbles 会出现一个面板供你调整参数，如图 9-81 所示。

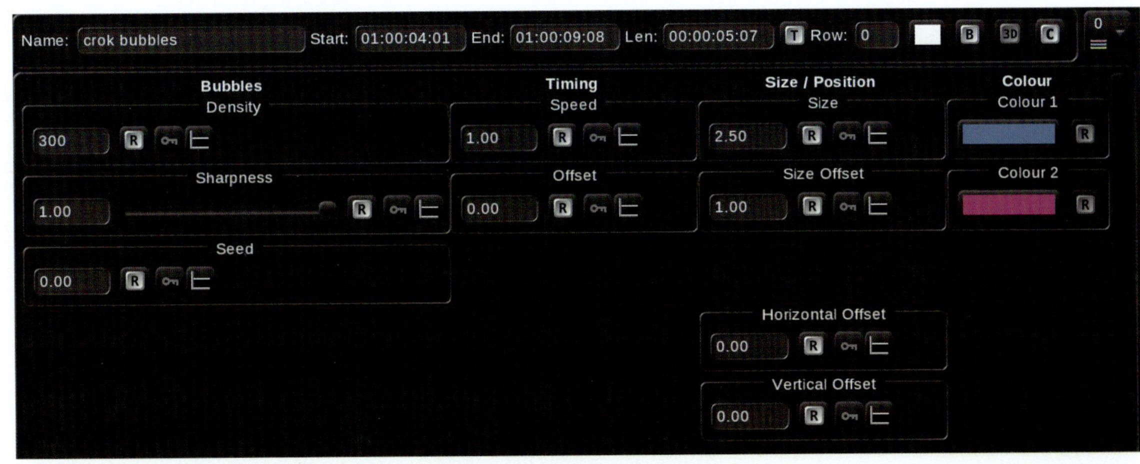

图 9-81　Crok bubbles 面板

Crok bubbles 用来产生彩色的气泡图案效果，如图 9-82 所示。

图 9-82　制作出的气泡效果

7. Shape（形状）

Shape 工具的主要工作是创建黑白蒙版以便于进行二级调色处理。当然你也可以用它来制作黑白色的图案，如图 9-83 所示。

★Tips

本小节的详细知识请参考本书第 7 章相关内容。

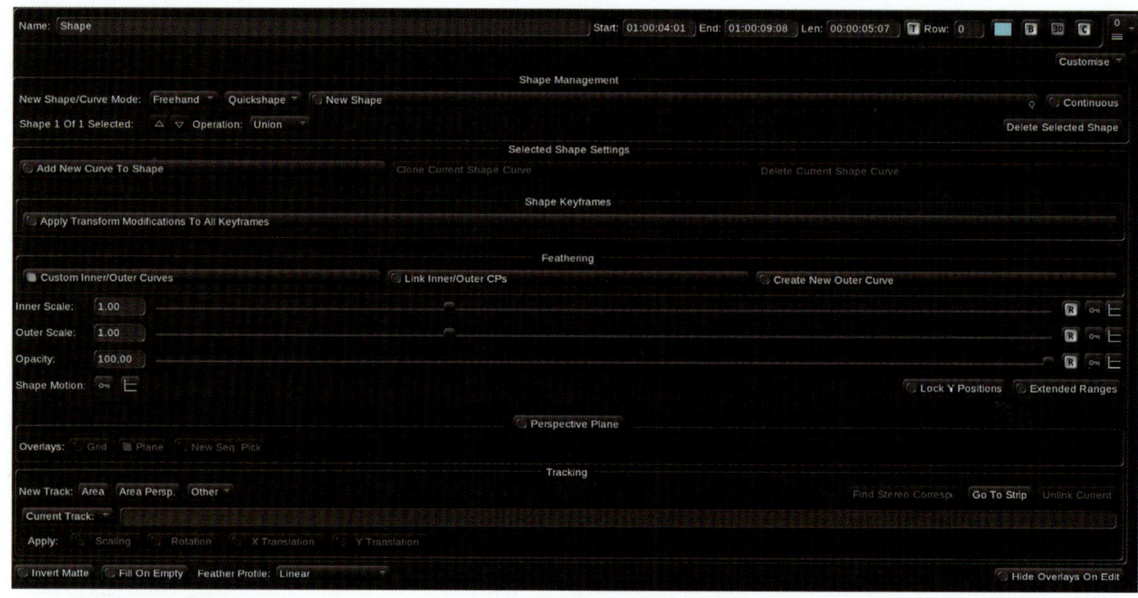

图 9-83　Shape 面板

8. Subtitles（字幕）

Baselight 的 Subtitles 工具可以读取 Digital Cinema Interop (CineCanvas(TM)) version 1.1 版本的标题文件 (XML)，如图 9-84 所示。

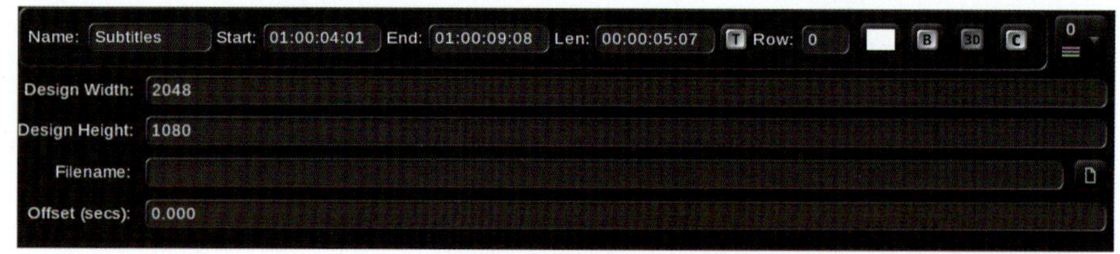

图 9-84　Subtitles 面板

9. Text（文本）

Text 工具可以创建自定义文本或者时间码等信息。在 Text 文本框中可以输入想要呈现的文本，然后就可以设置字号大小、字体颜色以及对齐方式等信息，如图 9-85 所示。

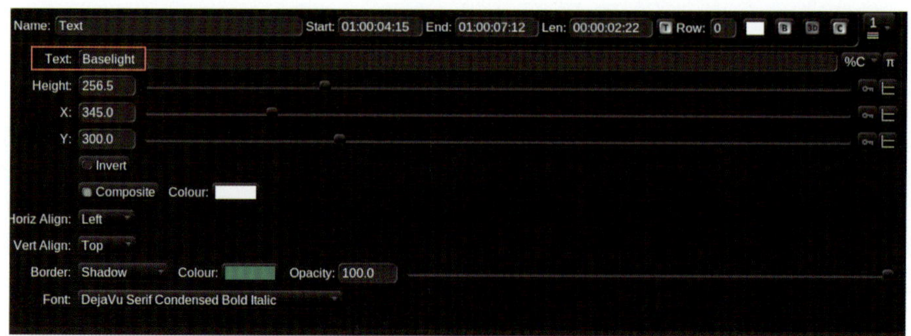

图 9-85　Text 面板

制作出的文本会叠加在画面上，如图 9-86 所示。可以看到白色的文字带有绿色阴影的效果。

图 9-86　文字叠加在图像上

9.9 Stereo菜单组

1. Anaglyph（补色立体）

Anaglyph 允许你创建一个镜头的补色立体版本，以便于检查。本工具适用于 3D 立体场景，如图 9-87 所示。

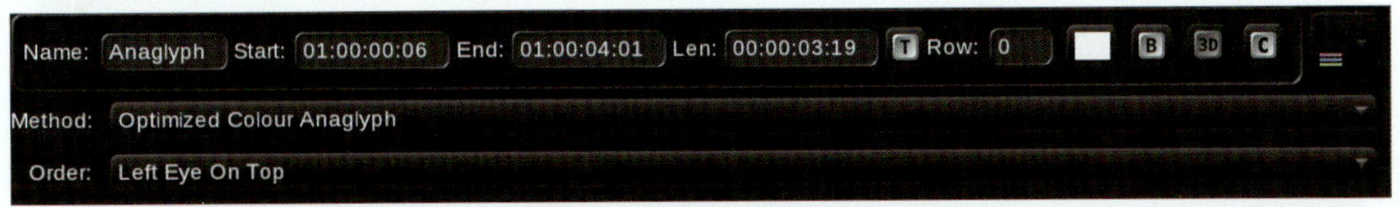

图 9-87　Anaglyph 面板

2. Stereo Colour Matching（立体颜色匹配）

立体电影的左眼素材和右眼素材往往会有色差差异，为了得到更好的立体效果，需要匹配左右眼的颜色。Stereo Colour Match 工具就是来匹配左右眼素材色差的，如图 9-88 所示。

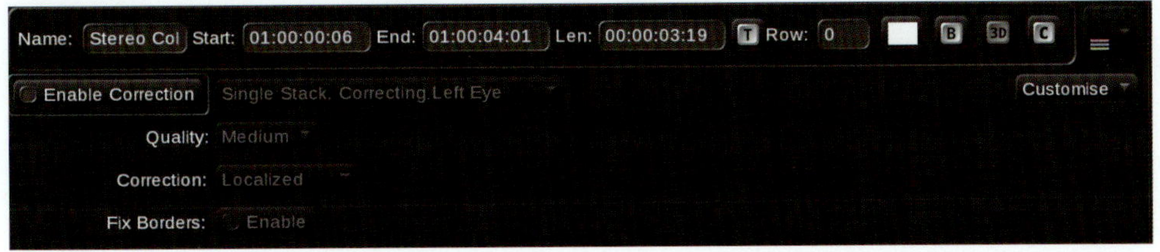

图 9-88　Stereo Colour Match 面板

3. Stereo Geometry Fix（立体电影几何修正）

Stereo Geometry Fix 工具可以用来修正左右眼素材中垂直视差、旋转或者透视偏移误差的问题。修正的过程可以是自动的也可以是半自动的，如图 9-89 所示。

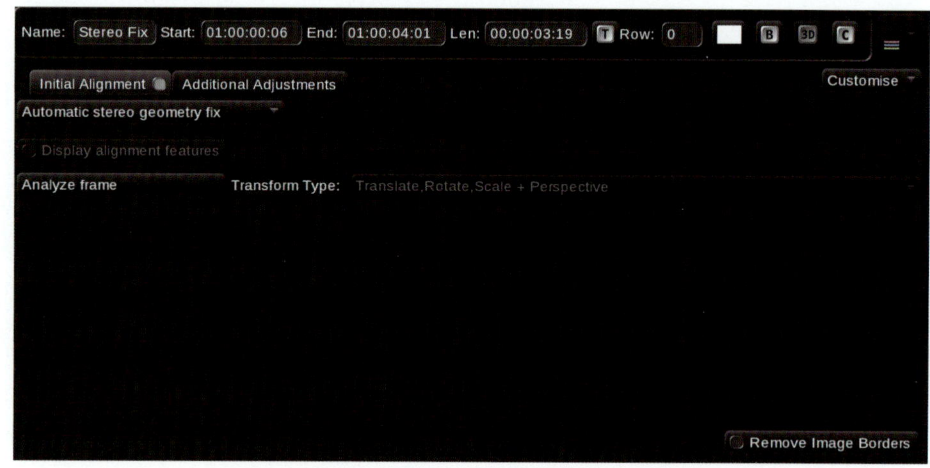

图 9-89　Stereo Geometry Fix 面板

4. Stereo Grade（立体调色）

Stereo Grade 工具可以进行汇聚点调整和添加浮动窗口操作。Stereo Grade 应该添加到几何修正之后，如图 9-90 所示。

图 9-90　Stereo Grade 面板

9.10 Miscellaneous菜单组

1. Dolby Vision（杜比视界）

2007 年杜比实验室收购了一家名叫 BrightSide Technologies 的公司，并且制作了第一个

HDR 显示屏的原型。从那时开始，杜比不断投入于这项技术，并在 2014 年 CES 上将其正式命名为 Dolby Vision（杜比视界）。这项技术的核心是一项叫作 Perceptual Quantizer（简称 PQ，感知量化）的电光转换函数，由此催生并定义了更高的动态范围。

这项技术将最高的亮度标准定义在 10000 尼特，尼特是一个亮度单位。普通的电视亮度峰值仅有 100 尼特左右。但是，目前还没有显示设备能达到 10000 尼特的亮度，因此目前 Dolby Vision 的亮度目标是更实际的 4000 尼特。

Dolby Vision（杜比视界）通过令人叹为观止的亮度、对比度和色彩，彻底改变您在影院和电视上的观看体验。Baselight 完全支持 Dolby Vision 影片的调色与制作，该工具只有在连接杜比的 CMU 后才会产生作用（最新版的 Baselight5.1 版本已经支持软的 CMU 处理，前提是得到杜比的许可），如图 9-91 所示。

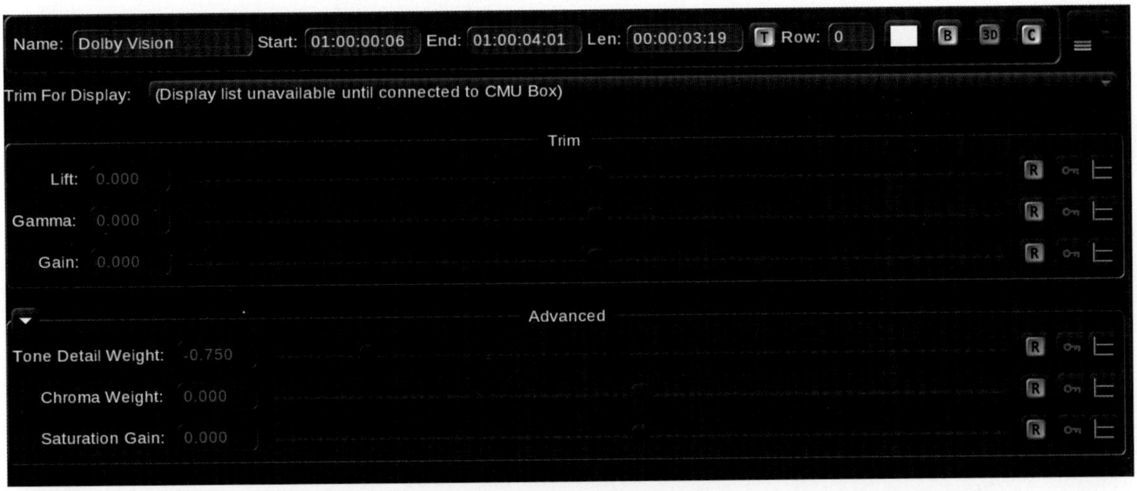

图 9-91　Dolby Vision 面板

2. Reference（引用）

Reference 工具可以引用时间线堆栈之上某一层的输入信息。例如可以让 layer3 引用 layer1 的蒙版信息来进行二级调色处理，也可以引用图像的 RGB 信息用于图层混合，这是一个非常有用的工具，可以打破层级条带线性的内容传递，如图 9-92 所示。

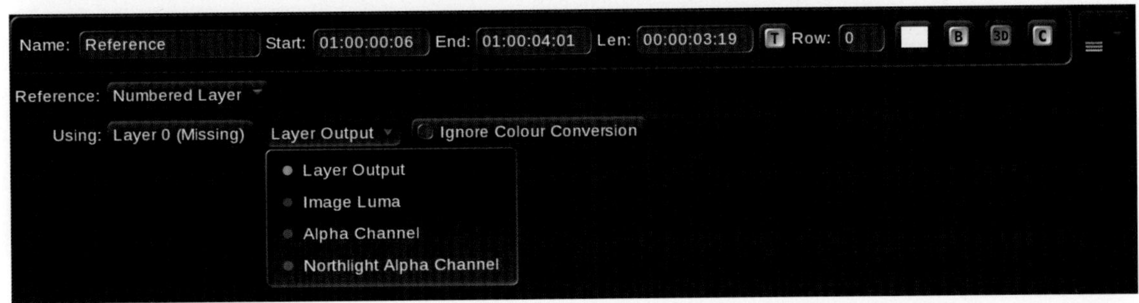

图 9-92　Reference 工具

2. Spirit Noise Reduction（Spirit降噪）

Spirit Noise Reduction 工具可以对 Spirit telecine 素材进行降噪处理，如图 9-93 所示。

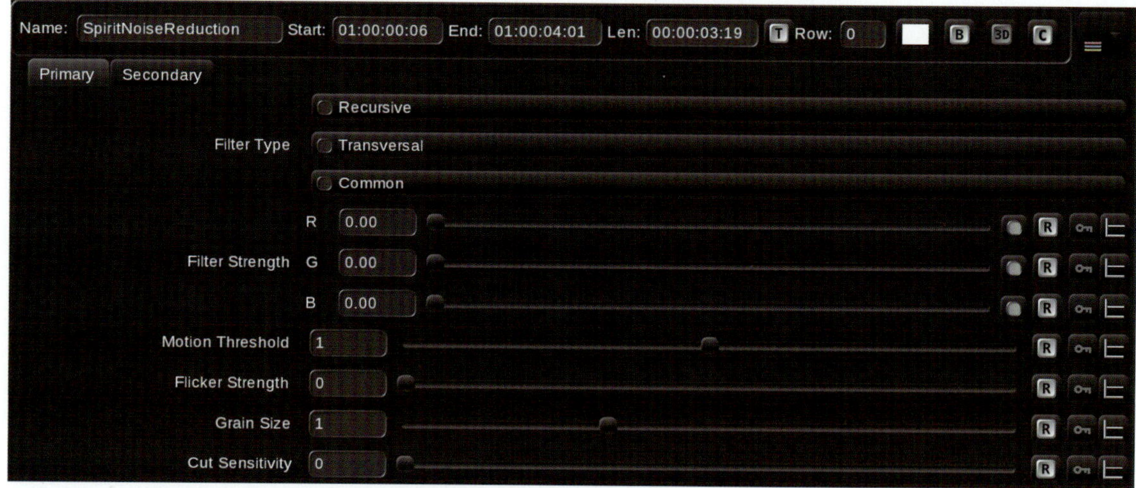

图 9-93　Spirit Noise Reduction 面板

3. Spirit Primary

Spirit Primary 工具可以对 Spirit telecine 素材进行一级调色处理，它提供了诸如 Lift Gamma Gain 这样的工具，如图 9-94 所示。

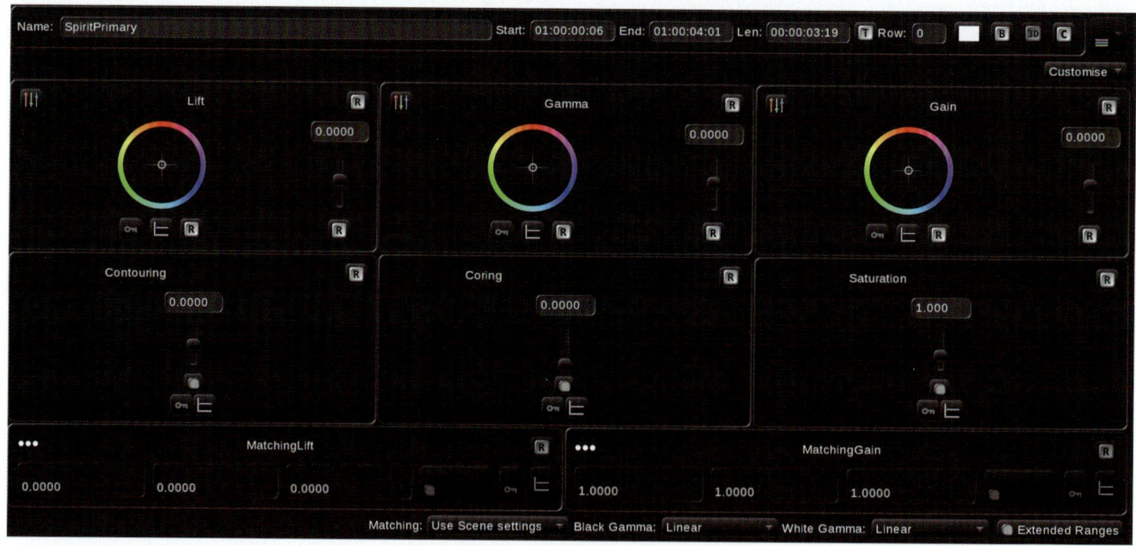

图 9-94　Spirit Primary 面板

4. Spirit Six Vector

Spirit Six Vector 工具提供了六矢量校正器，如图 9-95 所示。

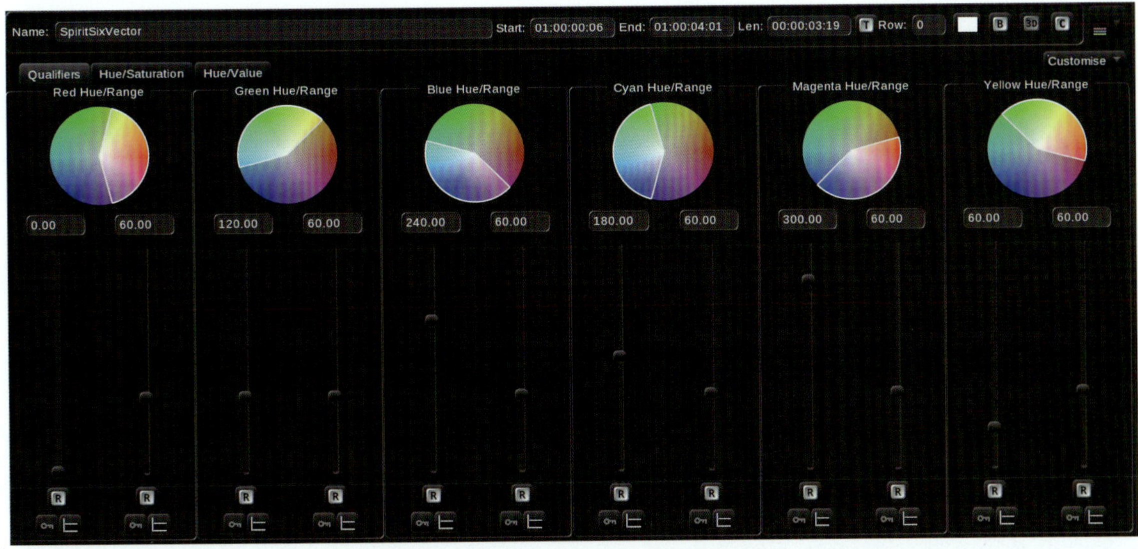

图 9-95　Spirit Six Vector 面板

5. Spirit Spatial

Spirit Spatial 工具可以调整画面的横移、竖移、缩放和旋转，如图 9-96 所示。

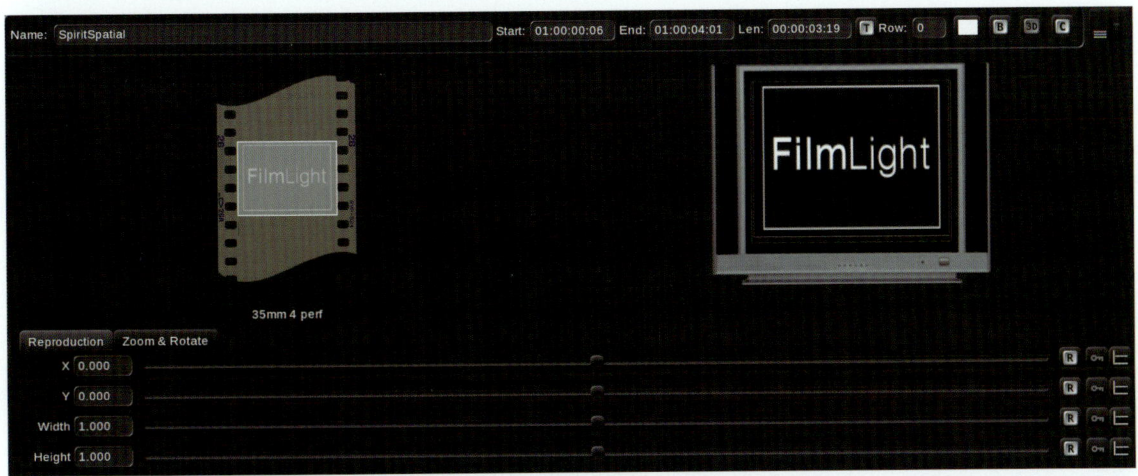

图 9-96　Spirit Spatial 面板

9.11 Decoding菜单组

1. ARRIRAW Params

ARRIRAW Params 工具提供了对 ARRIRAW 素材进行解码的多种参数设置，例如 ISO、白平衡、绿品平衡以及色彩空间等，如图 9-97 所示。

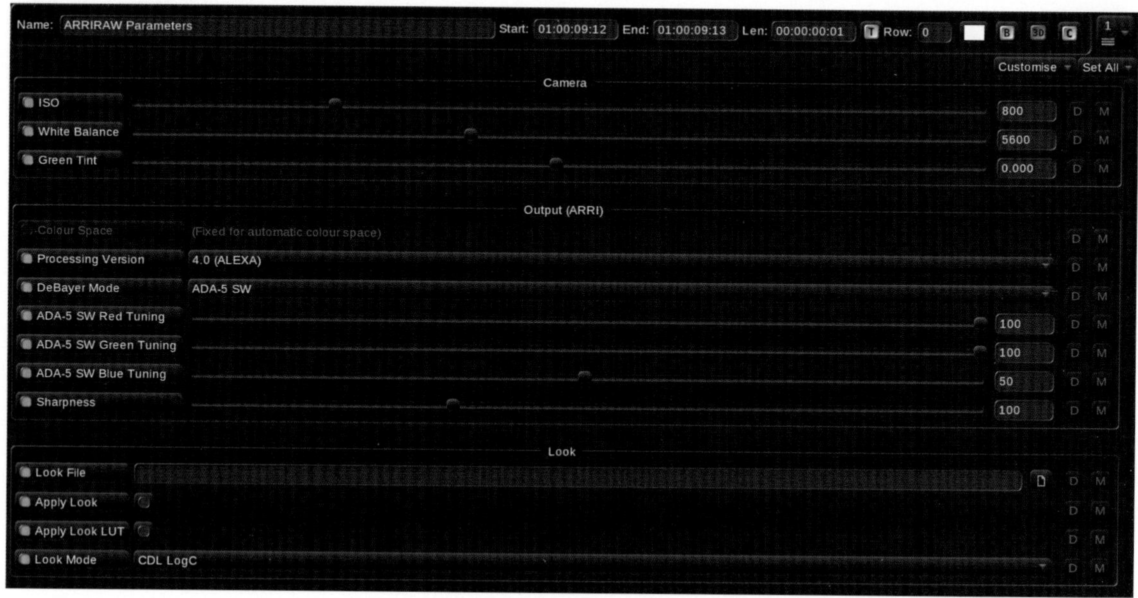

图 9-97　ARRIRAW Params 面板

2．CineForm Params

CineForm Params 工具用来调整 CineForm QuickTime 与 AVI 影片以及 CineForm DPX - C 文件的解码参数。D 按钮复位到解码器的默认设置，M 按钮复位到文件的元数据设置，如图 9-98 所示。

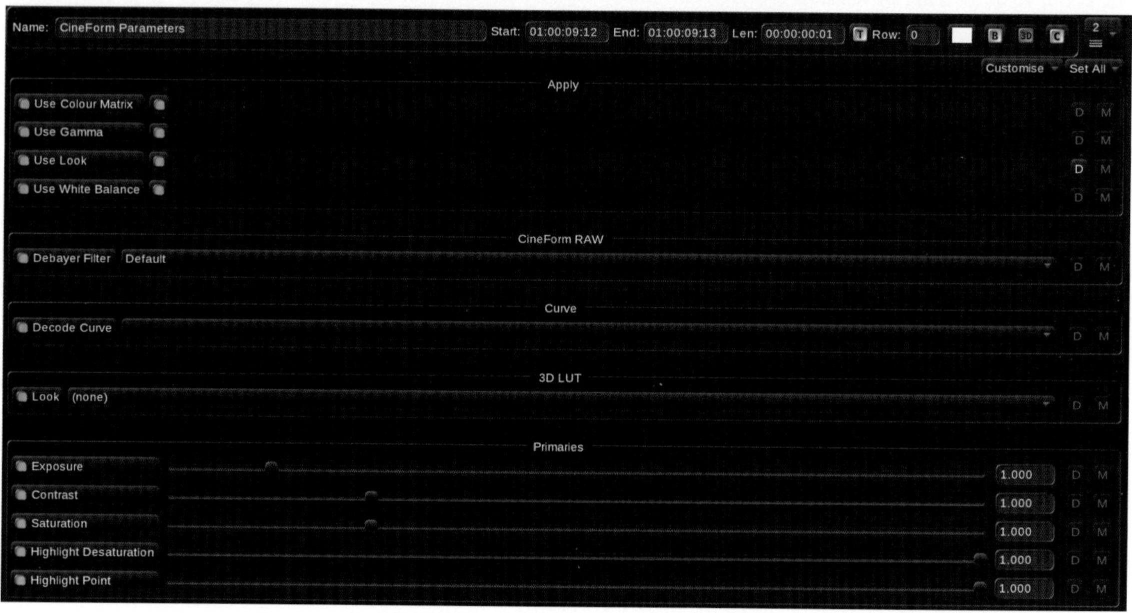

图 9-98　CineForm Params 面板

3．DCP Params

DCP Params 工具可以设置 DCP 文件的秘钥文件，比如添加 KDM 和设置 CPU 或 GPU 加速，如图 9-99 所示。

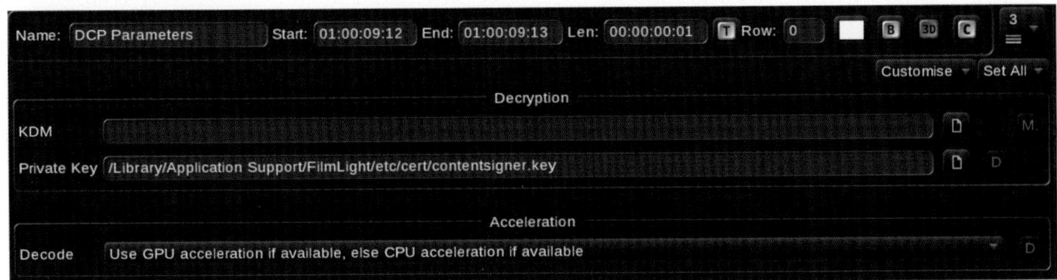

图 9-99　DCP Params 面板

4．DNG Params

DNG（Adobe Digital Negative，奥多比数字负片）文件使用 Adobe reference SDK 进行解码。DNG Params 工具可以用来调整 DNG 文件的白平衡、曝光和调性曲线等参数，如图 9-100 所示。

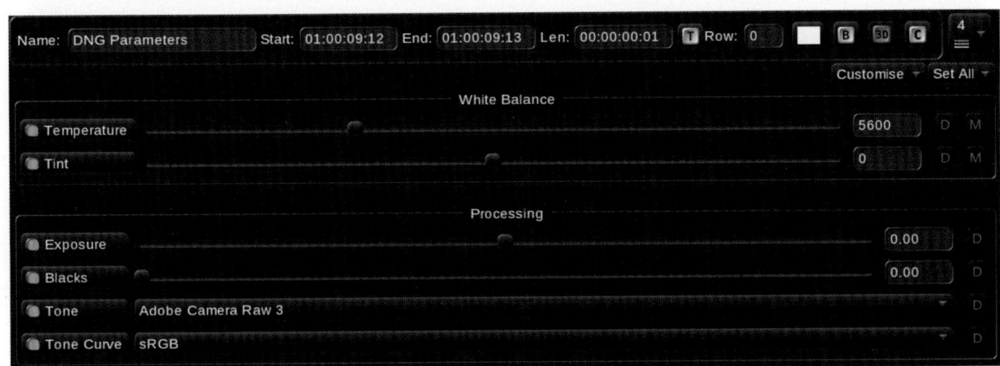

图 9-100　DNG Params 面板

5．Indiecam/v210 Params

Indiecam/v210 Params 面板工具用来调整 Indiecam/v210 文件的参数，如图 9-101 所示。

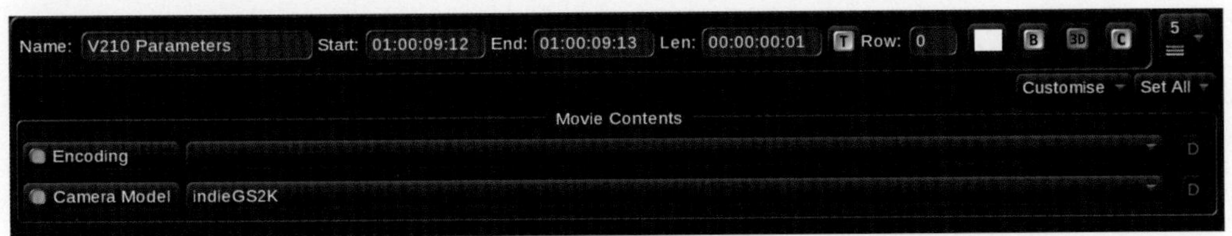

图 9-101　Indiecam/v210 Params 面板

6．JPEG 2000 Params

当添加 JPEG 2000 编码的文件或者 MXFs 文件的时候，JPEG 2000 Params 条带会被自动添加，可以设置 CPU 或 GPU 加速，如图 9-102 所示。

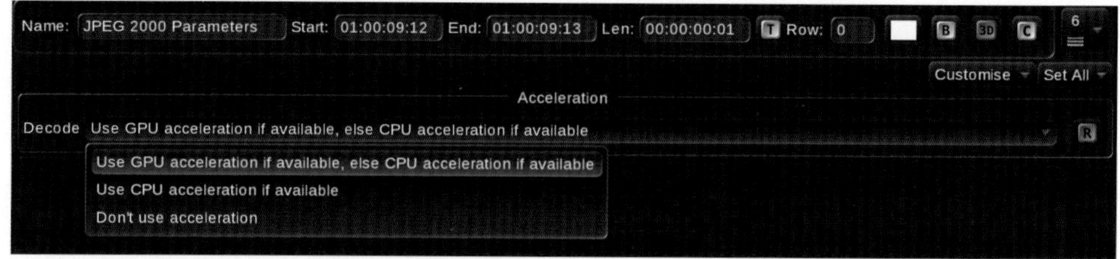

图 9-102 JPEG 2000 Params 面板

7．Photo RAW Params

Photo RAW Params可以调整照片RAW文件的曝光、白平衡和色彩空间等参数，如图9-103所示。

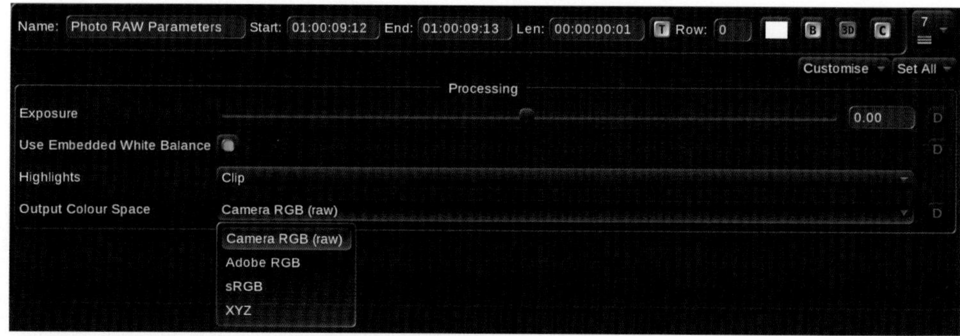

图 9-103 Photo RAW Params 面板

8．R3D Params

R3D Params 工具提供了对 R3D 素材进行解码的多种参数设置，拥有 Decode、Exposure、Color、IPP2 和 Lift/Gamma/Gain 这五个标签面板，如图 9-104 所示。

图 9-104 R3D Params 面板

9. RAW Params

RAW Params 工具提供了对 RAW 素材进行解码的参数。特定类型的 RAW 文件（例如 ARRIRAW、CineForm 和 DNG 等）Baselight 提供了专用的 RAW 调整工具，如图 9-105 所示。

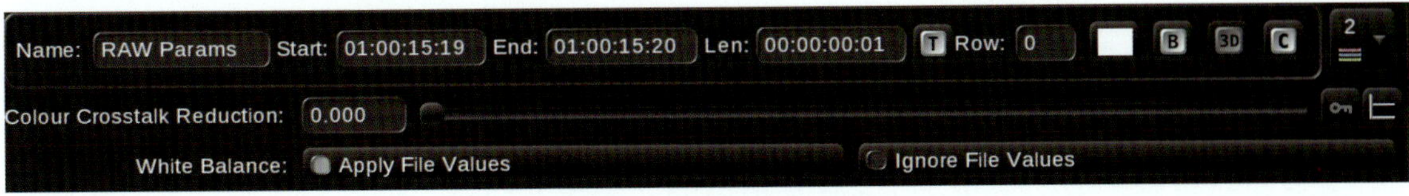

图 9-105 RAW Params 面板

10. Sony RAW Params

Sony RAW Params 工具提供了对 Sony RAW 素材进行解码的多种参数设置，如图 9-106 所示。

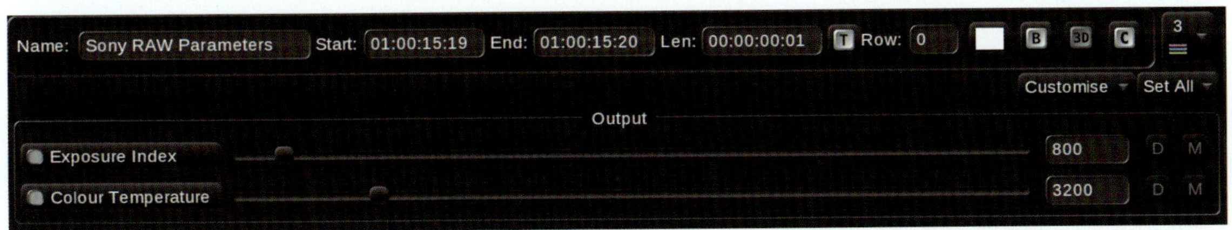

图 9-106 Sony RAW Params 面板

11. V-RAW Params

V-RAW Params 工具提供了对 Panasonic（松下）Varicam RAW 素材进行解码的多种参数设置，如图 9-107 所示。

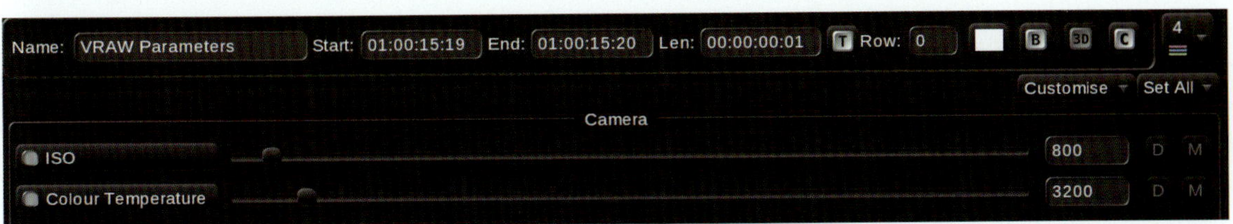

图 9-107 V-RAW Params 面板

9.12 Macros菜单组

Macros 菜单组包含了五个宏命令，可以执行一些复杂的操作，限于篇幅，在此就不一一介绍了。

（1）Garbage Matte for Selection。

（2）Dustbusting Approval。

（3）DSpot with Northlight Alpha。

（4）Smart Dissolve。

（5）Smart Dissolve Shot。

9.13 本章小结

本章简要讲解了 Baselight 的 Insert 菜单中的几乎所有命令，这些命令所代表的有些是调色工具，有些是特效工具，还有些是宏命令。可以说只要掌握其中的主要工具就可以无障碍地进行调色处理了。如果再学会更多合成和特效工具的话，你的创作自由度也将大大提升。

第10章 合成操作

本章导读

本章主要讲解Baselight的合成操作，Baselight是调色系统，但是也提供了基本的合成工具，在调色系统中加入合成工具会提高完成片制作的工作效率，避免在紧张的调光调色制作阶段因为镜头的小瑕疵花费时间和特效部门进行大量的数据交换，在调光调色系统就可以快速地解决一些合成问题。

学习要点

◇ Dissolve合成
◇ Layer合成
◇ Result Blending结果融合
◇ Blend混合
◇ Grade Blend Source调色层作为混合的源

10.1 Dissolve合成

在 Baselight 系统中，用于叠化操作的 Dissolve 也是合成的基本工具，Dissolve 通常需要两个不同的素材作为前景和背景。可以通过添加 Shape 或者抠像工具，HueAngle 或 Dkey 对两个镜头进行区域的合成。图 10-1 是一种 Dissolve 合成的条带层级图，显示了用 HueAngle 对前景画面进行抠像，然后施加 Shape 将抠像限制在一定的区域（垃圾遮罩），利用结合之后的通道（Matte）将前景合成在背景画面上。条带的摆放和调色层类似，只是因为合成的原因存在前景背景两个素材和 Dissolve 条带。

可以通过 Dissolve 合成在 Baselight 里制作换天合成，也可以制作划像叠化和画中画。Dissolve 的另一个用法是合成片间字幕或者对白字幕，如图 10-2 所示。

图 10-1 Dissolve 合成条带层级图

图 10-2 Dissolve 字幕合成层级图

Blank 是通过菜单 Insert 插入的色底，Subtitle 层是通过其他软件制作的带通道的字幕文件，Dissolve 通过这个通道将色底合成在背景画底上，实现字幕合成的效果。Subtitle 中最好已经包含了字体阴影的 Alpha 通道，如果没有，用户也可以通过类似的方法自己在 Baselight 里制作假阴影，实现文字投影效果。

★实操演示：

本节内容的具体操作请参看随书教学录像。

10.2 Layer合成

Baselight 从 4.3 版本开始提供了通过普通调色层 Layer 进行合成的方式，单击 Layer Mode 即可打开相关界面，如图 10-3 所示。

合成方法分为两类：Background Replacement（背景替换）和 Composite（合成）。如果没有勾选 Foreground/Background From Stack Above，系统会打开素材导入窗口请求用户导入前景或者背景素材，如果前景或者背景已经被导入当前时间线上，请先勾选这个选项。

（1）Background Replacement（背景替换）的 Matte From Key 是指使用抠像工具（HueAngle 或 Dkey）对两个素材进行合成，Matte From Shape 则是使用 Shape 对两个素材进行合成。

（2）Composite（合成）的 Matte From Foreground Key 和 Matte From Foreground Shape

与前面讲到的 Background Replacement（背景替换）的作用类似，Matte From Foreground Alpha 是通过前景自带的 Alpha 对背景进行合成。使用这个功能也可以实现制作字幕和其他效果，如图 10-4 所示。

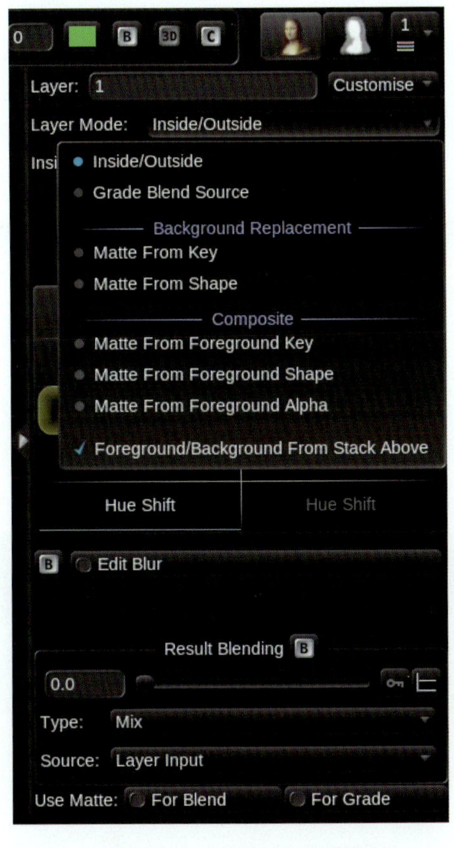

图 10-3　Layer 合成界面

图 10-4　Layer 字幕合成

★实操演示：

本节内容的具体操作请参看随书教学录像。

10.3 Result Blending（结果融合）

Result Blending（结果融合）位于 Layer 的右下角，是一个类似于 Photoshop 的层融合工具，用户可以通过它制作许多调色无法实现的效果，如图 10-5 所示。

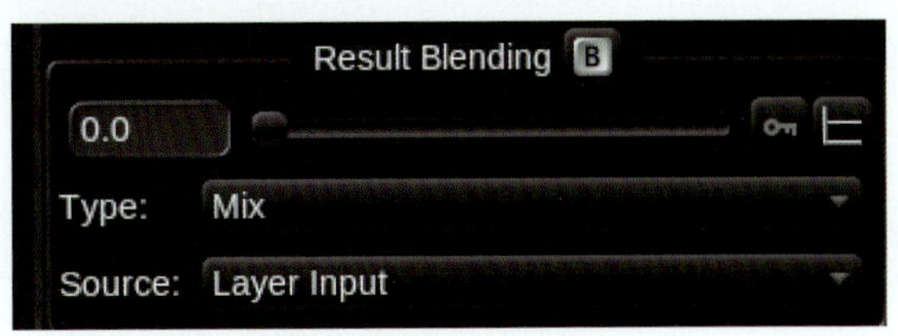

图 10-5　结果融合

用户可以设置融合的程度，不同的融合类型以及与当前层（Layer）相融合的源（Source），默认的源为 Layer Input（当前层的输入，即上一层的输出），也可以选择为 Raw Image（Layer0），或者 Second Input（额外导入的素材作为源），最常用的是 Numbered Layer（选取的层），即用户可以自己指定所需要的源，如果选择 Numbered Layer，在此选项的右侧就会出现带缩略图的可选列表。

Result Blending 最直接的用法就是让当前调色层与之前调色层按照指定的融合模式和融合程度进行融合，得到一个独特的效果。也可以通过指定 Second Input 加入一个 Blend Source（额外导入的素材作为源）进行融合，比如加入一个带纹理的底纹，呈现老照片做旧的效果。

★实操演示：

本节内容的具体操作请参看随书教学录像。

10.4 Blend（混合）

Baselight 还提供了对两层素材进行混合的工具，通过菜单 Insert 加入 Blend 进行混合，用户可以设置混合的程度、混合的类型和对色彩的处理算法，当然也可以为 Blend 加入 Shape 或者是抠像，如图 10-6 所示。Blend 这个方式也可以在套底的时候检查剪辑画面和套底素材是否正确。

图 10-6　混合条带

10.5 Grade Blend Source（调色层作为混合的源）

用户可以把 Layer 的模式设置为 Grade Blend Source（默认为 Inside/Outside）将调色层指定为用于图像混合的源。比如下面的例子，Layer1 对画面颜色进行了调整（使用默认的 Inside/Outside 模式），然后新建一个 Layer2，将 Layer2 设置为 Grade Blend Source 模式，此时 Layer2 调色层就被设置为用于混合的源，然后可以对它进行颜色处理或者其他处理，比如模糊，调整完之后是看不到画面的变化的，需要通过调整 Result Blending 值和混合模式看到画面的混合效果，如图 10-7 所示。

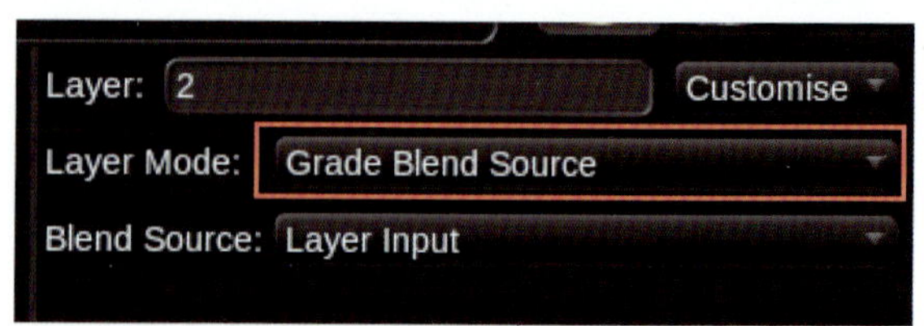

图 10-7　设置 Layer2

★实操演示：

本节内容的具体操作请参看随书教学录像。

10.6 本章小结

本章讲解了如何通过 Dissolve 和 Layer 在 Baselight 进行基本的合成操作，也介绍了结果融合的使用，结果融合对于制作复杂的视觉效果尤其重要。通过这些合成工具，我们可以在 Baselight 完成片间字幕、画中画、闪白隐黑和划像等操作。本章的合成概念仅针对基本的合成方法，Baselight 还提供了许多诸如网格变形，面跟踪、绘画笔等其他合成工具，请结合相关章节和视频教程学习掌握这些工具。

第11章

镜头比较与复制影调

本章导读

在调色工作中调色师需要处理数量巨大的镜头，一部90分钟电影的镜头数量往往会超过1000甚至更多。为了提高工作效率，相同场景的画面可以套用同一个影调然后再进行独立调整，这就需要掌握Baselight画廊（Gallery）的用法。当处理镜头匹配的时候还需要掌握多画面模式、划像对比和快照等功能。

学习要点

◇ Multiple-View多画面模式
◇ Wipe划像对比
◇ DBS比较
◇ Snapshot快照
◇ Gallery画廊
◇ Cutview
◇ Scratchpad草稿

11.1 Multiple-View多画面模式

当开启多画面模式后，在图像显示窗口中最多可以同时显示 9 个 Cursor 所对应的图像并同时进行播放。想要开启多画面模式可以使用调色台也可以执行菜单 Display 中的相应命令，如图 11-1 所示，其中 Butterfly 模式常用于两个近似镜头的细节比较。

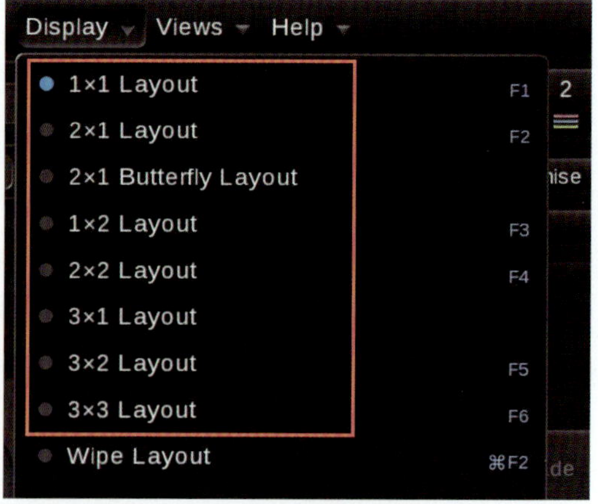

图 11-1　图像显示窗

打开本书第 2 章的项目，在 Cursors 面板中使用 New 命令新建三个 Cursor，如图 11-2 所示。

让 Cursor 1 和 Curosr 2 在时间线标尺的同一帧上重合，将 Cursor2 的横向指示线移动到 Layer0 的位置上。将 Cursor 3 的时间线播放头移动到镜头 2 上，Cursor 4 的时间线播放头移动到镜头 3 上。当前被激活的 Cursor 是蓝色的，如图 11-3 所示。

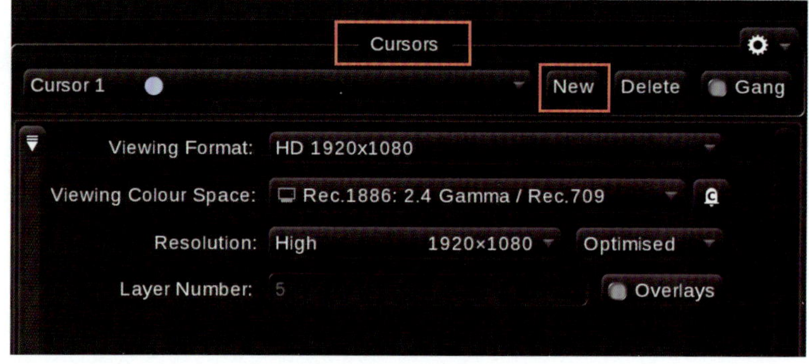

图 11-2　新建 Cursor

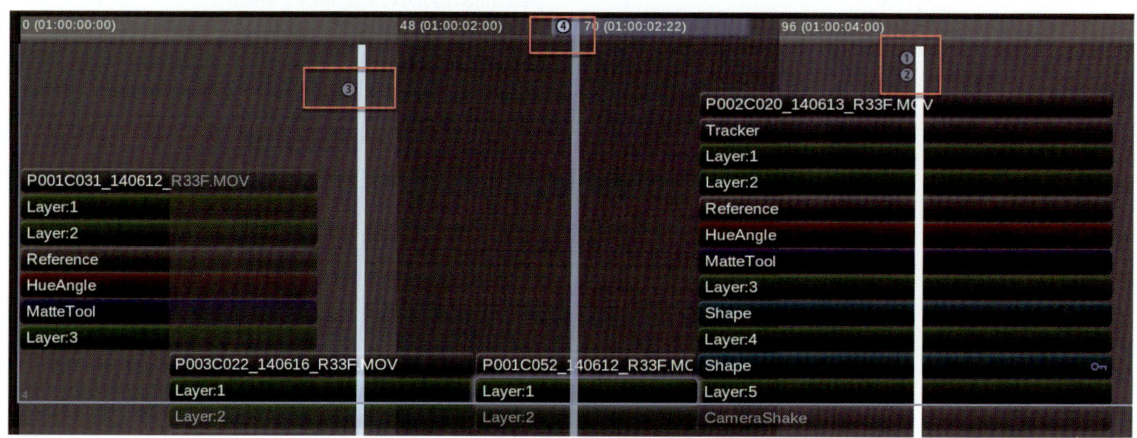

图 11-3　在时间线标尺上操作

执行菜单命令 Display - 2x2 Layout，在图像显示窗口中可以看到对应着四个 Cursor 的画面。其中带有蓝色边框的画面说明这个 Cursor 是处于激活状态的，如图 11-4 所示。

图 11-4　图像显示窗口中的 Cursor 画面

使用多画面模式可以方便地比较不同场景的颜色或者同一个场景在不同调色层上面的颜色差异。每一个 Cursor 所对应的画面都可以单独进行缩放与平移操作。

★Tips

当 Display 菜单中的 Zoom/Pan Ganging 选项被激活的时候，多画面视图中的画面缩放与平移将会处于绑定状态。

11.2 Wipe划像和DBS

使用多个 Cursor 的时候，可以激活划像对比模式以便于比较同一场景的两个不同的帧或者不同场景之间的色彩差异，甚至还可以比较同一个时间线堆栈中不同调色层之间的调色差异。播放的时候可以打开 Cursor 面板右上角的 Gang 按钮对不同的 Cursor 进行同步播放。

激活 Cursor 1，并且在 Cursors 面板中删除掉 Cursor 3 和 Cursor 4。单击 Gang 按钮将 Cursor 1 和 Cursor 2 同步，如图 11-5 所示。

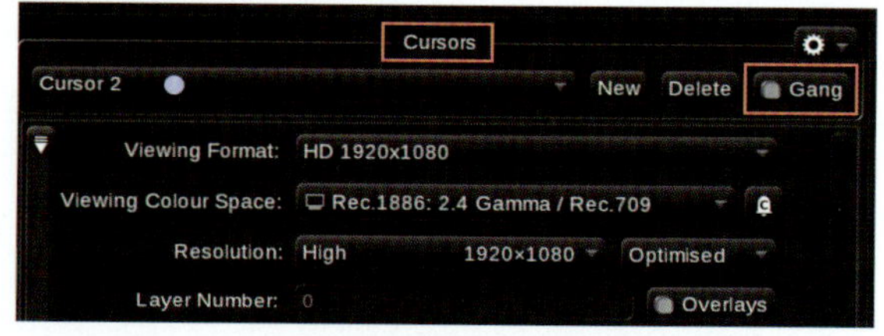

图 11-5　Cursors 面板

然后执行菜单命令 Display - Wipe Layout。可以看到图像显示窗口中出现了调色前和调色后的划像对比效果，如图 11-6 所示。当鼠标指针接近划像分割线的时候会出现一个绿色的图标，拖动其中的圆点可以执行平移操作，拖动绿色线条则可以改变划像对比的角度。

图 11-6　划像控制图标

在常规情况下，划像是把不同 Cursor 所指示的镜头进行对比，其实也可以和时间线上的其他镜头进行对比。你可以按下快捷键【Ctrl+Alt+4】来启用这个功能，在调色台上是【View+4】键。使用鼠标单击不同镜头的缩略图可以看到其周围有一个暗蓝色的方框，这个方框被称为 DBS（Dark Blue Square），这样就可以让 Cursor 所指示的镜头和 DBS 所指示的镜头进行划像对比了。DBS 可以在 Gallery 和 Cutview 中使用，通过蓝色的框对镜头进行选取。使用 DBS 的好处是你不需要建立第二个 Cursor，就可以直接让当前 Cursor 所指示的镜头和 Gallery 保存的影调进行对比，也可以和 Cutview 中的其他镜头进行对比，如图 11-7 所示。

图 11-7　和 DBS 镜头进行划像对比

在 Cutview 中使用右键执行 Select 可以对当前缩略图进行选取，也可以多选其他的缩略图，这时就会出现红色的框，表示这个镜头是在选状态，用户可以按下快捷键【Ctrl+G】对所选镜头进行打组操作，如图 11-8 所示。

图 11-8　红色方框

Baselight 的划像操作结合快捷键或者调色台使用的时候会更加高效。调色师在工作中使用划像功能可以方便地进行镜头匹配工作或者向客户展示调色前后的差异。

11.3 Gallery画廊

画廊的面板像是一个用来存储影调的文件夹。画廊的内容是独立于场景内容而存在的，因此可以被任意一个场景调用。画廊中的每一个镜头看上去就是一个静帧（海报图）。这张海报图的颜色就是镜头在抓取时 Cursor 所在位置的渲染颜色。

11.3.1 画廊的管理

在 Baselight 中，当用户新建一个项目（Job）并且新建了一个场景（Scene），本例中创建了一个叫 gallery_test 的项目和一个叫 test1 的场景，将该场景工作格式（Working Format）设置为 HD 1920×1080，系统会提示用户系统将创建一个用该 Job 命名的 Gallery，并提示选择对应的格式（Format），如图 11-9 所示。

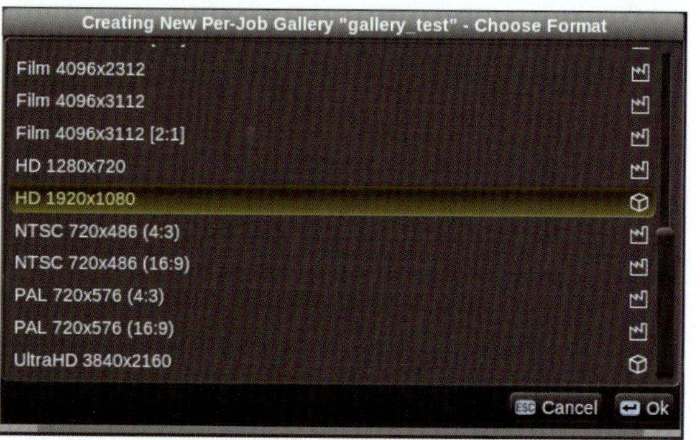

图 11-9 创建画廊提示面板

然后在 Baselight 专门用于管理 Gallery 的项目中，即 baselight_gallery 中就会出现一个叫作 gallery_test 的场景，这个场景的名称和之前建立的项目名称相同，这个场景就用来存储这个项目进行中所保存的 Gallery 影调，场景中镜头的顺序就是抓取 Gallery 的时间顺序，用户可以单独打开存储在 baselight_gallery 下的这个场景，将里面的镜头，也就是之前抓取的 Gallery 渲染出来，或者导出 BLG 文件作为影调保存。图中场景带锁表示该场景正在被系统使用，不能打开。通常，Baselight 也会为当前用户建立一个保存 Gallery 的场景，如本例中的 Apple 用户，或者是 Linux 系统中的 filmlight 用户，如图 11-10 所示。

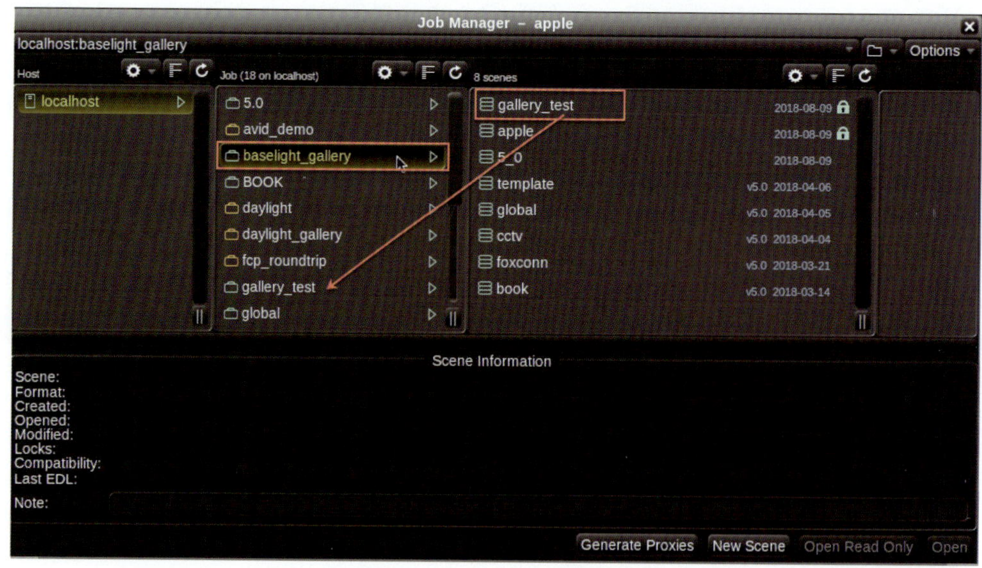

图 11-10 项目管理器面板

用户在调色过程中，可以通过 Gallery 面板的菜单打开其他项目保存在 baselight_gallery 下的 Gallery 场景，将之前保存的 Gallery 影调罗列在面板中调用。当然，也可以打开其他项目的实际调色场景调用，不过这种方式会打开时间线上所有的镜头缩略图，如图 11-11 所示。

为了更好地理解和使用 Gallery，还需要看一下 Baselight 的系统预设（Preference），如图 11-12 所示。

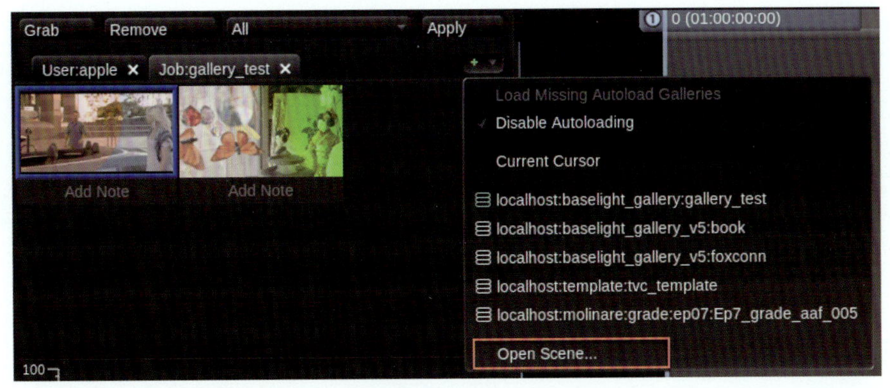

图 11-11　画廊面板

Gallery		
Display UI Controls	No	Yes
Prevent Transitions from being grabbed to gallery	No	Yes
Gallery Directory	/Library/Application Support/FilmLight/Gallery/baselight-gallery-%U	
Gallery Job	localhost:baselight_gallery	
Allow Drag-and-Drop Shot Movement	Yes	

图 11-12　系统预设中的 Gallery 路径和项目

在 Gallery 项下，Gallery Directory 用来额外保存影调所调用的原素材，即便用户将存储中的素材删除，也仍然可以将影调显示出来。路径通常由系统自动设置，用户可以在 FLUX Manage 中通过显示隐藏的路径查看到。Gallery Job 就是之前讲的 Baselight 专用于管理 Gallery 的预设项目，必要的时候，用户可以使用 Job Manager 将 baselight_gallery 删除或者自定义名称，强制系统重新建立 baselight_gallery 或者使用不同的名字（如存在多个 Baselight 版本），如图 11-13 所示。

图 11-13　在 FLUX Manage 中显示隐藏的 gallery 目录

另外，如果连接了 Baselight 调色台，用户还可以使用本章后面提到的 Scratchpad 功能。实际上，Baselight 也将 Scratchpad 设置为 Gallery 下的一个场景，这个场景的名称由系统自动命名，该场景专门保存用户使用 Scratchpad 抓取的影调。请注意，为了让 Scratchpad 功能起作用，务必要确认 Scratchpad scene 中对应的 baselight_gallery 的名称与 Gallery 项下的 Gallery Job 名称一致，否则无法让两者产生联系，无法使用 Scratchpad，如图 11-14 所示。

Scratchpad		
Flush scratchpad between sessions	No	Yes
Grab always tries to find last free slot	No	Yes
Grab new poster frame on original version grab	No	Yes
Grab/recall includes input layer operators	No	Yes
Scratchpad scene	localhost:baselight_gallery:%U_%Vscratchpad	
Shuffle slots on grab when full	No	Yes

图 11-14　系统预设中的 Scratchpad scene 的设置

11.3.2　画廊的基本操作

在 Baselight 中可以拥有两个画廊视图，在每个画廊视图中又可以容纳多个以标签页显示的画廊。想要添加一个新画廊视图可以按住快捷键【Ctrl】然后右击当前画廊，在弹出的菜单中选择 Insert - Gallery 2，如图 11-15 所示。

这样就会添加一个新的画廊视图，单击右上角的绿色加号按钮可以调用其他的 Gallery 场景或者是整个时间线的镜头，如图 11-16 所示。

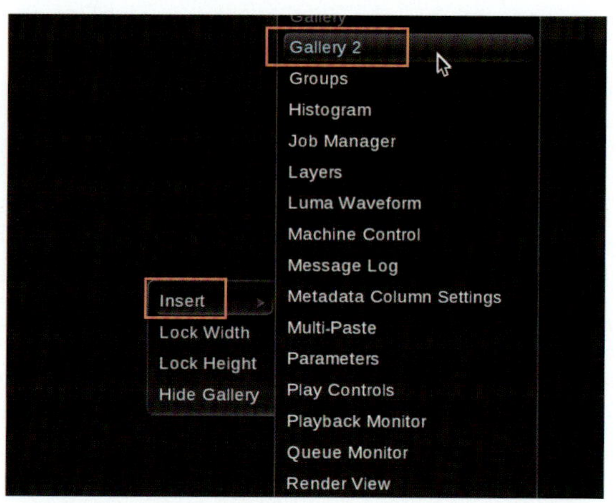

图 11-15　添加 Gallery 2

图 11-16　同时显示两个画廊视图

在画廊中可以通过拖放（Drag and drop）的方式重新排列静帧图，使用鼠标左键按住静帧不放然后拖动就可以看到效果了，如图 11-17 所示。

用户还可以使用拖放（Drag and drop）的方式将静帧的调色信息复制给想要调色的镜头，如图 11-18 所示。

图 11-17 拖放静帧图

图 11-18 拖放静帧图以复制调色信息

每一个画廊顶部都有一个标签，单击这个标签就可以激活该画廊，单击叉号可以将其关闭，如图 11-19 所示。

图 11-19 画廊标签

可以单击 Add Note 文字区域来为静帧图添加注释，这样便于用户识别静帧的特点和用途，如图 11-20 所示。

图 11-20　添加注释

11.3.3　添加镜头到画廊

想要将时间线上的镜头及其调色抓取到画廊中可以执行以下操作：

01 将时间线 Cursor 移动到想要抓取的镜头的相应的帧位置。

02 使用 Blackboard 调色台可以按下 Grab to Gallery 按钮。使用其他输入设备的情况下可以按下快捷键【Shift+G】或者直接单击画廊面板中的 Grab 按钮，如图 11-21 所示。

图 11-21　画廊面板中的 Grab 按钮

★Tips

在 Baselight 中还可以使用拖放的方式将多个镜头从 Cutview 面板中直接拖放到画廊面板中。

11.3.4 从画廊中应用调色

要将画廊中的调色信息应用给时间线中的镜头，可以执行以下操作：

01 在画廊中选择源镜头静帧，被选中的镜头缩略图周围会出现 DBS 方框。

02 在时间线上移动 Cursor 到目标镜头的任意一帧的位置上即可。

03 单击 All 按钮或 Primaries 按钮以选择用户所需要执行的方式，也可以在 DBS 上按右键菜单选取，Primaries 只调用一级调色，Layer 0 Ops 只调用 Layer0 的操作，All 调用所有的操作信息，如图 11-22 所示。

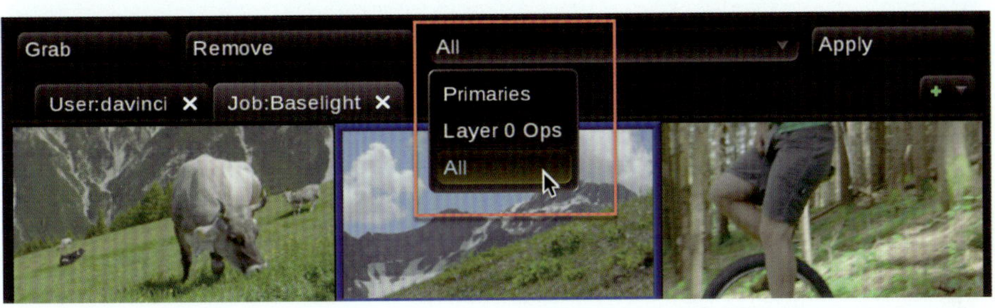

图 11-22 执行方式

04 执行菜单命令 Edit-Copy-Paste / Apply Options 命令，然后选择合适的执行方式，Below 为追加、Replace 为替换、Merge 为合并，如图 11-23 所示。

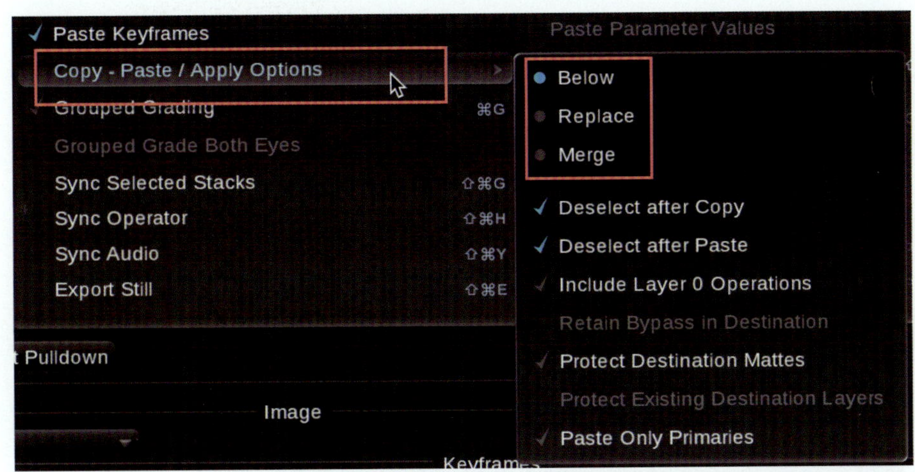

图 11-23 执行方式

05 最后，单击 Apply 按钮以执行应用调色的命令，如果使用 Baselight 调色台，这些操作都有对应的按钮，可以一键完成。

11.3.5 搓擦预览

在画廊中如果将鼠标指针放到镜头缩略图的顶部边缘的时候就会看到一个黄色的搓擦条。单击并拖动这个搓擦条就可以对镜头进行搓擦预览了，如图 11-24 所示。

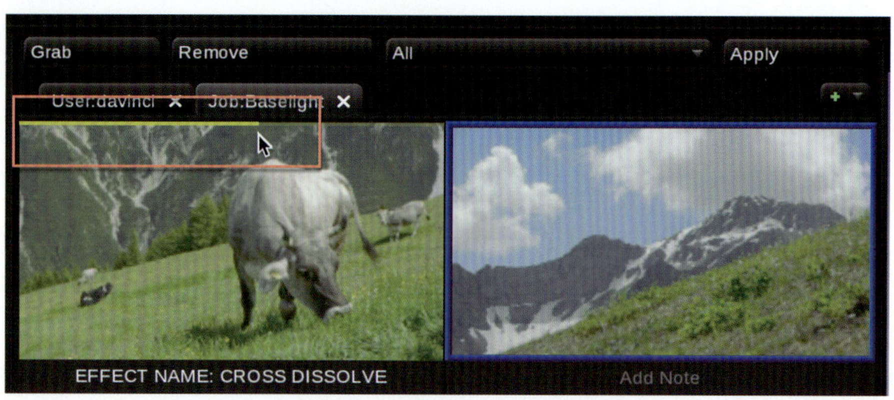

图 11-24　搓擦预览画廊镜头

如果希望将画廊镜头的调色信息暂时应用到时间线镜头上，可以在按住【Shift】键的同时单击黄色的搓擦条，释放鼠标则还原。如果按住【Shift】单击 DBS 框内的镜头，则将调色信息直接赋予到时间线上的镜头。

11.3.6　画廊层视图

画廊层视图可以显示所选镜头的所有调色层和蒙版的缩略图。想要打开层视图只需要双击画廊中的镜头缩略图即可，如图 11-25 所示。

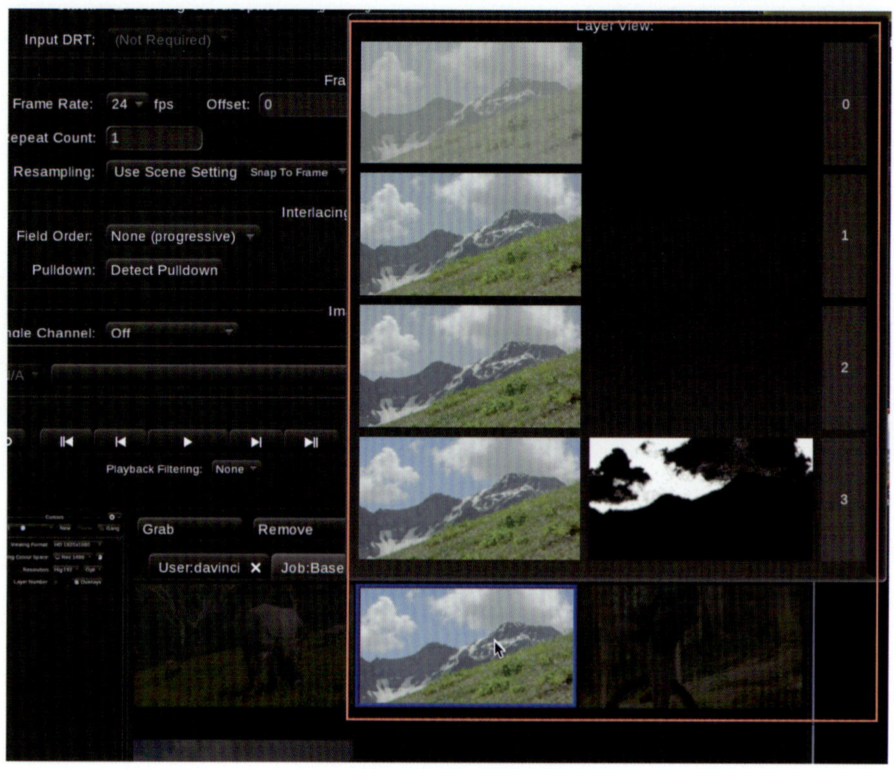

图 11-25　画廊层视图

在层视图中，左侧一栏显示的是每一层的调色的渲染结果，中间侧一栏显示的是蒙版信息。最右侧是层编号。想要关闭层视图可以单击层视图之外的任意区域或者按下快捷键【Esc】。

★Tips

关于画廊管理的其他操作请看本章相关教学录像。

11.4 Cutview故事版

Cutview 是 Baselight 调色界面中非常重要的一个面板，通常它以行的方式显示整个场景中所有镜头的缩略图，用户也可以通过使用 Large Cut View 的工作区（Workspace）扩大 Cutview 的显示区域。在 Cutview 面板中可以快速导航、搓擦以及复制调色信息，也可以浏览影片的影调走向，当然还可以执行一些其他操作。Cutview 面板如图 11-26 所示。

图 11-26 Cutview 视图

在 Cutview 面板中，可以使用最简便的颜色赋予方法，就是选择一个缩略图，将其拖动到其他的镜头缩略图之上松开即可完成颜色的赋予，如图 11-27 所示。

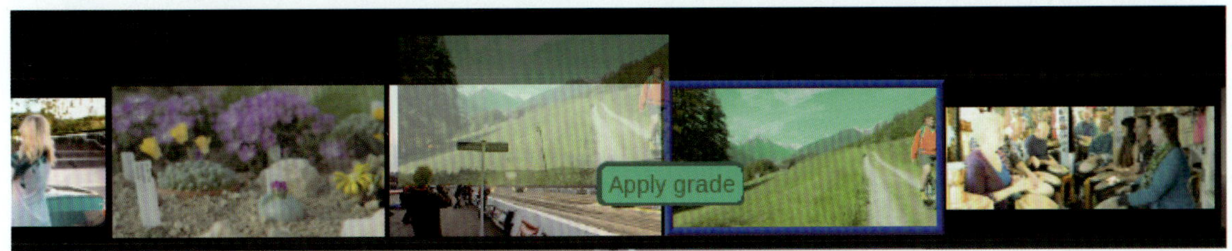

图 11-27 Cutview 视图，赋予镜头影调

还可以双击缩略图显示层视图，然后选取某一个调色或者效果层并将其拖动到其他的镜头缩略图上实现单层赋予。同样，颜色的赋予需要结合右键菜单中的 Primaries，Layer 0 Ops、All 和 Edit 菜单中的 Copy- Paste/Apply Options 来使用，如图 11-28 所示。

图 11-28 Cutview 视图，赋予单个层影调

用户也可以用 DBS 选取某个镜头，然后单击 Cutview 面板左侧的 Apply 将影调赋予到 Cursor 所指向的镜头上同时指定想要赋予的内容，同样这些操作也要结合 Edit 菜单中的 Copy- Paste/Apply Options 来使用，如图 11-29 所示。

图 11-29　Cutview 视图

在 Cutview 中，用户也可以改变镜头的顺序，如图 11-30 所示。

图 11-30　在 Cutview 中移动镜头位置

默认的时候这个功能是关闭的，用户可以通过系统预设开启这个功能，如图 11-31 所示。

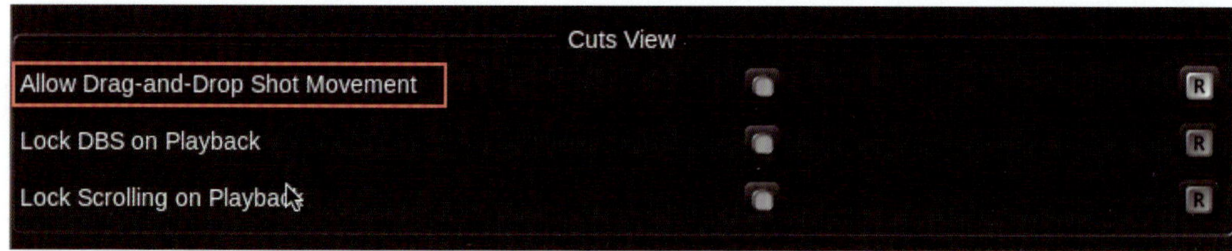

图 11-31　打开可移动预设

★实操演示：

关于 Cutview 的详细信息请看本章相关教学录像。

11.5 Snapshot快照

当需要匹配不同镜头的颜色时，Baselight 还提供了一种 Snapshot 快照模式。将 Cursor 移动到镜头 1 想要的帧的位置，如图 11-32 所示。然后按下快捷键【A】或者执行菜单命令 Display-Take Snapshot。这样会把这一帧图像抓取到缓存中。注意，即使图像被执行过视图操作中的缩放或平移处理，系统所抓取的也是完整的画面。

图 11-32 导航到镜头 1

把 Cursor 移动到想要和快照图像进行对比的帧位置上，按住快捷键【Ctrl】(注意在 Mac 电脑上要按下 Command 键）播放的同时用鼠标绘制一个矩形框，框内所显示的就是缓存中的部分快照图像了，如图 11-33 所示。你还可以尝试按照这种办法绘制多次矩形框以得到自己想要对比的画面局部。

图 11-33 快照图像显示出来

想要清除快照，可以按下快捷键【Shift+A】。快照模式方便于进行画面局部的对比，要想对两幅图像进行完整对比可以考虑使用划像功能或者多画面功能。

11.6 Scratchpad（草稿）

Baselight 还有一个便捷的存储影调并进行赋予的功能，叫作 Scratchpad（草稿）。它可以让用户快速的保存多达 20 个影调，然后方便地赋予到其他镜头上，而且还可以观看比较不同的影调版本，但是这个功能只能通过 Baselight 调色台来实现，如图 11-34 所示。

图 11-34　Scratchpad（草稿）功能

11.7 多版本调色的处理

多版本调色是调色师经常要用到的功能，可以使用上面提到的不同方法进行多版本调色的处理，除了利用 Cursor、Gallery、DBS、Snap Shot 和 Scratchpad 功能之外。也可以简单地将同一个镜头的不同版本的条带堆栈进行复制，罗列在时间线上，然后通过 Ctrl 键＋ Page Up/Down 或者是调色台的按键进行快速地翻阅比较，在之后的 Baselight 版本中，时间线的堆栈将可以以 Layer 为基础进行合并，这样会大量节省时间线空间，让镜头和调色层的组织更高效，如图 11-35 所示。

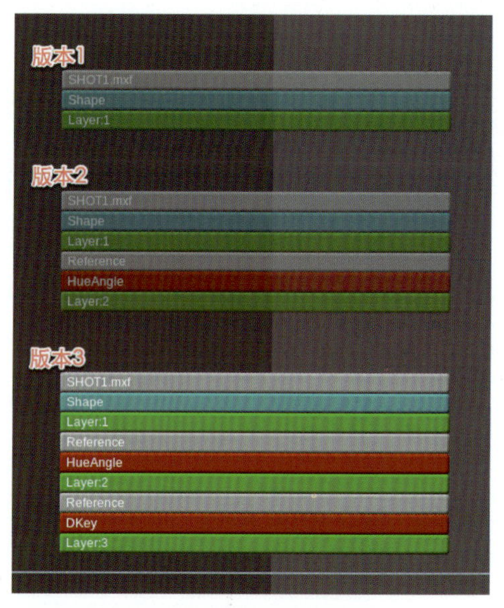

图 11-35　版本显示

11.8 本章小结

本章介绍了多画面模式、划像对比、DBS 比较、快照以及画廊的使用方法和技巧，这些工具极大地方便了调色师的调色工作，提高了调色师的工作效率。希望读者在实际工作中活学活用本章所讲的内容，建议使用 Baselight Student 版本进行学习和工作的读者多记忆一些相关快捷键，因为它会让你事半功倍。

第12章

渲染输出

本章导读

本章主要讲解Baselight的渲染输出，任务管理器，导出调色后的单帧，以及如何生成DCP，还介绍了如何在Baselight设置场景模版，方便用户使用规范简化的制作流程，本章最后也介绍了如何改写XML实现与剪辑的互通。

学习要点

◇ 渲染设置即任务队列
◇ 批渲染设置
◇ 导出单帧
◇ DCP制作
◇ 场景模版
◇ 改写XML

12.1 渲染设置（Render）

Baselight 的渲染是一个功能强大的可高度自定义的工具。为了方便用户的使用，Baselight 的开发工程师已经简化了 Render 的初始界面，只显示最基本的设置，隐藏了不经常改变的设置项。Baselight 按照功能对 Render 对话框进行了合理的分类，下面我们分三部分进行讲解。

第一部分主要设置时间线渲染的长度，文件类型，文件封装格式，文件的编码方式以及设置渲染预设和渲染组，如图 12-1 所示。

图 12-1　渲染界面

（1）Frames to Render：设置渲染的长度，默认为 All Frames（场景所有帧），也可以根据系统提供的不同设置选择不同的段落，具体设置如下：

◎Graded Shots：只选取调过色的镜头渲染。

◎Select Shots：只选取当前选择的镜头渲染。

◎Timeline-Marked Frames：只选取时间线 Mark 的帧进行渲染，只适用于时间线 Mark，用户可以通过 Select All Marked Frames 选取所有的 Mark 类型，也可以先选取某类 Mark，再通过 Select Marks with These Categories 选取该类 Mark 指定的帧。用户可以通过这个功能对特定的 Mark 区域设置渲染长度（将“,”改为“-”）。

◎Strip-Marked Frames：只选取 Shot Mark 或者是 Grade Mark，他们同属于 Strip（条带）Mark，使用方法与时间线的 Mark 相同。

◎Poster Frames：只选取将时间线上的镜头的中间帧（Poster）渲染输出，即 Cut View（故事版）的中间帧。

◎Shots Containing Categories：只选取不同的 Category（类别），用户可通过指定不同的 Shot 或者 Grade 类别选取特定的范围。

最右侧的 Show 用来切换显示帧和时间码，入点和出点。

默认的渲染预设是一个 Untitled（未命名）的 Preset（预设）。右侧的 Deliverable Preset（This Deliverable）是指用户可以将之前定义好的渲染设置保存为一个 Preset，之后可以直接调用，用户可以设置保存不同的 Preset。Deliverable Set 是指用户可以设置带有不同 Preset（预设）的组，将常用的输出物料定义为组，输出的时候直接选取这个组即可调出不同的 Preset（预设）。

如果你使用系统提供的场景模版（ACES Template 或 FilmLight Template）建立的场景，你会看到一大组预设，这些都是 Baselight 开发工程师事先定义好，方便用户直接调用的渲染预设，如图 12-2 所示。

图 12-2 渲染预设

（2）Output：选取不同的输出文件类型，序列帧、视频或者音频，也可以渲染到缓存。渲染到缓存的速度要比播放一遍的速度快很多，可以在客户看片之前的进行这个操作，如图 12-3 所示。

图 12-3 渲染到缓存

（3）File Type：选取具体的文件封装格式及编码方式。会根据 Output 的不同采用不同的 File Type 以及编码方式。

（4）Render All Files：渲染所有文件为默认设置，对没有任何改变的镜头渲染可以只建立链接，而不渲染。

渲染的第二部分主要设置具体的渲染选项，如图 12-4 所示。

图 12-4 渲染界面

◎Render Format：设置渲染输出的格式，可以选取原始素材的分辨率（Use Import Format）和其他分辨率（Format）。

◎Resolution：定义输出质量，默认为最高质量。

◎Render Colour Space：设置输出色彩空间，可以选取 Stack Output Space 即时间线堆栈的色彩空间或者素材本身的 Input Colour Space 色彩空间，也可设置其他的色彩空间。

◎Render Frame Rate：设置渲染速率。

◎Layer/Track：设置输出所有的操作层还是 Layer0 层或者指定某一层。Track 模式通常使用于立体场景，渲染左眼，右眼或者某种立体模式。

◎Mask：设置从属于 Render Format 的遮幅。

◎Truelight：设置渲染施加的 LUT。

◎Burnin：设置从属于 Render Format 的水印。

◎Video LUT：设置 Full / Legal 的视频适配模式。

◎Metadata：设置渲染文件所包含的元数据：时间码，卷号和剪辑名等。

◎Cache：设置是否调用缓存，如果需要渲染文件超过缓存设置（Scene settings / General）的色深和大小，系统自动不使用缓存，全部重新渲染。

◎Incomplete Stack：对于不完整的堆栈的渲染处理方式，可选择停止渲染，输出棋盘格或者黑场，不完整的堆栈指不成立的堆栈，此类堆栈通常在时间线上以带“？”的红色表示。

◎Gaps in Timeline：对于时间线上的空缺的处理方式，可选择停止渲染，输出棋盘格或者黑场。

渲染的第三部分主要设置渲染路径和文件名选项，目前常见的物料渲染主要是序列帧和媒体文件，下面分别进行说明。

序列帧的渲染，如图 12-5 所示

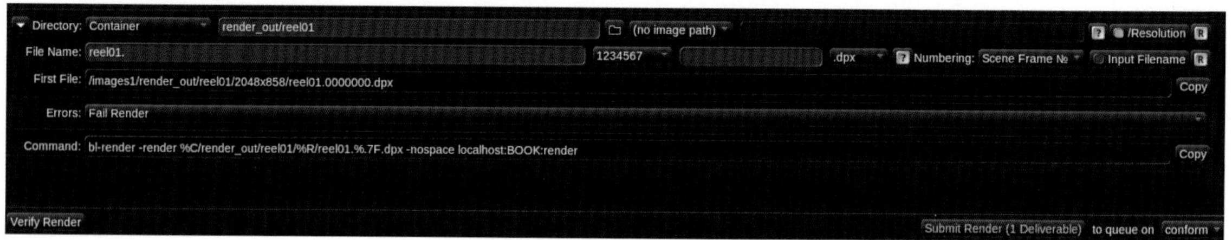

图 12-5　渲染界面

◎Directory：设置文件的输出路径，可以直接输入路径，也可以通过单击右侧的文件夹按钮指定路径。默认为 Scene settings 中的 Container 下的路径。用户也可以单击 Directory 左侧的小箭头，通过输入通配符的模版（Template）方式设置输出路径和文件名。

◎Image path：用户可以根据原始素材的路径设置输出路径并进行截选，也可以通过在 Directory 中输入 %I 进行截选。

◎Resolution：系统根据输出文件的分辨率自动创建分辨率子目录。

◎File Name：设置文件名，设置序列号的位数，设置序列号之后的文件名，Numbering 用于设置序列号的来源。

◎Scene Frame No. 以当前帧是整个场景中的第几帧作为输出序列帧的序列号。

◎Shot Frame No. 以当前帧是该镜头的第几帧（如 ProRes）或者以该镜头本身当前序列号作为输出序列帧的序列号（如 ARRIRAW）。

◎Rec Timecode：以当前时间线的时间码换算成帧数作为输出序列帧的序列号。

◎Shot Timecode：以当前镜头的原始时间码换算成帧数作为输出序列帧的序列号。

◎Input Filename：点按此按钮则直接使用原始素材的文件名作为输出文件的文件名，相当于 %W。

◎First File：根据之前的设定系统模拟出一个输出范例，用户在生成之前就可以测试输出的文件夹及文件名是否正确。

◎Error：总体控制有问题的时间线的渲染处理，包括停止渲染、跳过、渲染黑场或棋盘格。

◎Command：根据以上的设置系统生成一个命令行，用户可以点按右侧的 Copy 将其复制到命令行窗口（Terminal）执行命令行渲染。这个工具多用于多个不同场景的批渲染。

◎Verify Render：用户可以利用这个工具在渲染前验证渲染是否有错误。

◎Submit Render：提交渲染到不同的主机，并在 Queue Monitor（队列监视器）里排队渲染，如果用户有多个 Baselight 主机联网，用户可以将渲染任务提交给其他主机。Submit Render 可以一次提交多个渲染，即前面讲过的不同预设（Preset）。用户如果同时提交多个 Preset 同时进行渲染，比如将时间线上的 R3D 素材输出为 EXR 序列帧，ProRes422 和 H264 文件（Submit Render 3 Deliverable），系统只需执行一遍 R3D 解码，就可以将不同编码的物料输出，节省渲染时间。

媒体文件的渲染，如图 12-6 所示。

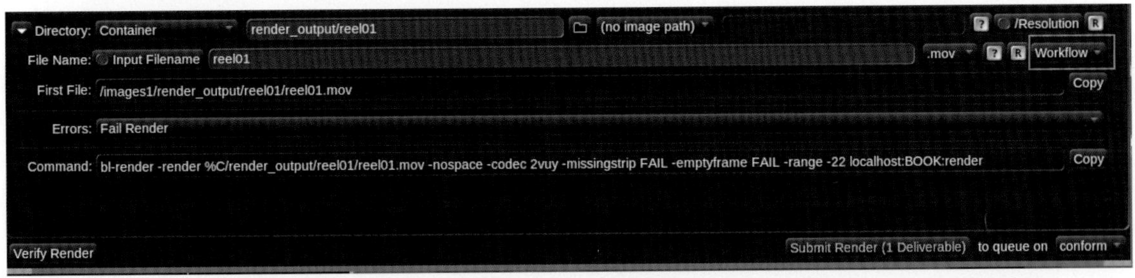

图 12-6　渲染界面

媒体文件的渲染和序列帧类似，唯一不同的就是右侧的 Workflow/Movie Per Shot，当用户单击此按钮，系统会在 File Name 填写 %N_%.7E，这就是 Baselight 中经常会使用的通配符组合，%N_%.7E 实际的意思是以 Tape Name（%N：卷号）作为文件名，以 7 位的序列号（E：当前帧是整个时间线的第几帧）作为文件的序列号。

Baselight 的通配符看上去有些复杂，它提供给用户最大的命名自由度，用户可以根据自己的情况组合设置符合需要的文件夹和文件名，如 %N_%.7E，Baselight 的渲染特别适合有系统开发能力的公司和个人根据生产流程编写脚本文件，如图 12-7 所示。

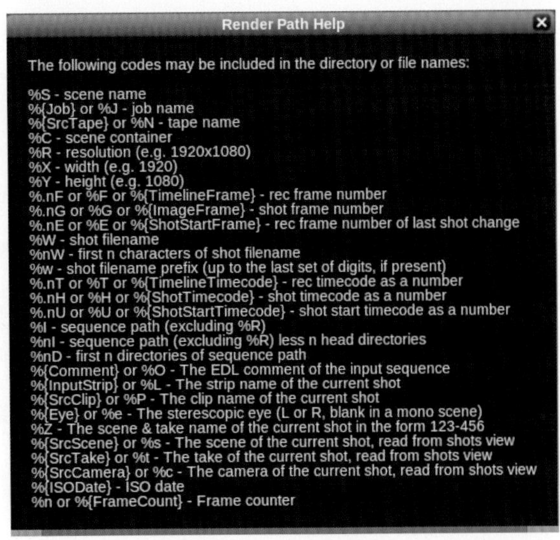

图 12-7　渲染用通配符

最常用的通配符有：

（1）%S：场景名称；

（2）%E：当前帧是时间线第几帧；

（3）%W：镜头的 Filename；

（4）%N：镜头的卷号；

（5）%P：镜头的 Clipname；

（6）%{Event}：镜头在时间线的顺序。

用户还可以利用通配符编写表达式，渲染出符合自己需要的文件形式，图 12-8 中显示了将不同的 ProRes 视频文件按照其在时间线顺序上的顺序渲染文件序列的过程，%03{Event} 代表以镜头在时间线上的顺序命名文件夹，3 代表 3 位数字，%N. 代表使用视频文件的卷号作为序列文件的名称，F-E+1001 表达式代表文件的序列号从 1001 开始，First File 显示了将要输出的文件名的示例。

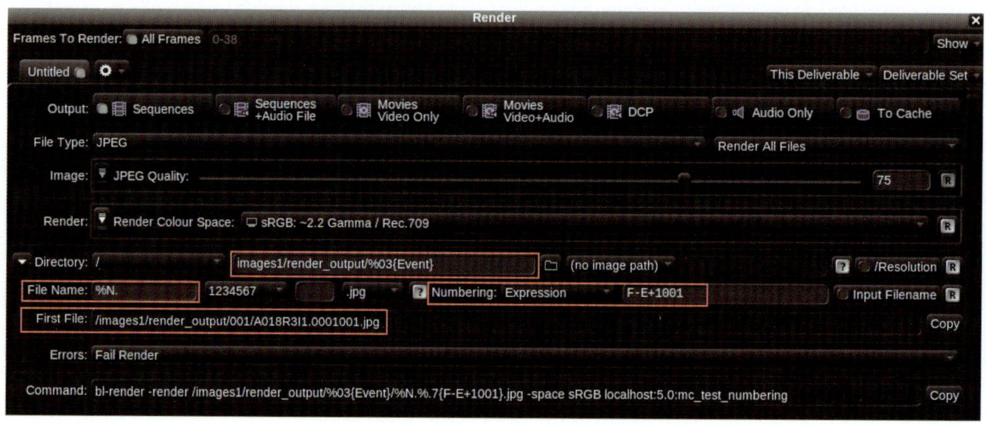

图 12-8 顺序渲染文件序列

下面列举几个表达式的例子，序列的位数由用户直接设置：

（1）F+2000：时间线第一帧为第 2000 帧，之后顺延；

（2）F-E：每个镜头从 0 开始命名；

（3）F-E+1：每个镜头从 1 开始命名；

（4）F-E+1001：每个镜头从 1001 开始命名。

★实操演示：

本节内容的具体操作请参看随书教学录像。

12.2 任务队列监视器（Queue Monitor）

渲染请求提交之后，系统会打开任务队列监视器（Queue Monitor），显示任务日志，如图 12-9 所示。

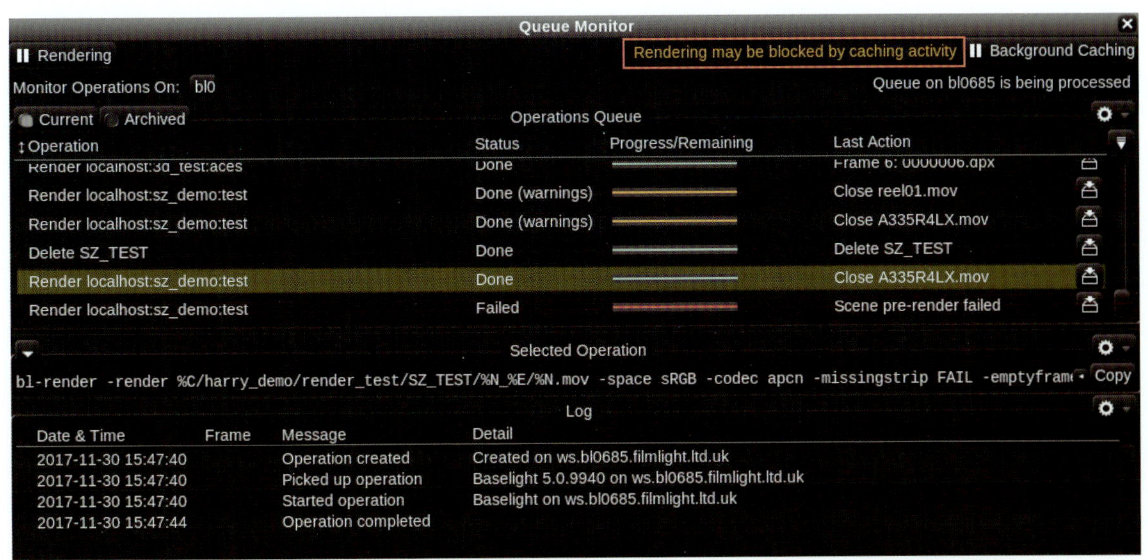

图 12-9　任务队列

任务队列监视器是将 Baselight 中的任务，如复制任务、渲染任务以独立的快照方式发送到这里（用户可以继续修改当前场景，甚至删除当前场景，都不会影响当前渲染），并将每一个任务列在表中，并提示渲染过程所花费的时间，如果任务有问题或者没有完成，系统会警告或者提示失败的原因，用户可根据提示对渲染设置进行排查或者修改。

任务完成之后，用户也可以双击某一个任务打开渲染界面，进行修改或者再次提交渲染，用户也可以点按右侧的存档（Archive）保存到 Archive 历史记录里，方便下一次调用，或者直接删除这个记录。

有的时候用户提交渲染，系统没有马上开始渲染，此时要注意画面右上角的橘黄色提示：Rendering may be blocked by caching activity，由于 Baselight 系统对时间线的缓存处理优先于渲染，系统会等待缓存完成之后再进行渲染，此时就需要点按右上角的 Background Caching 将缓存过程暂时停止，系统才可以开始渲染。

用户需要学会分析 Baselight 渲染给出的提示和警告，排查问题，掌握其中的规律，积累经验。

12.3 命令行批渲染

用户可以利用 Baselight 的渲染命令行设置执行不同场景的批渲染。首先要打开场景，设置渲染的各项参数包括输出路径和文件名，然后将系统生成的命令行复制，如图 12-10 所示。

Command: bl-render -render %C/render/mov1/mov1.mov -space DCI_XYZ -codec apcn -missingstrip FAIL -emptyframe FAIL -range 101-116 localhost:BOOK:render　Copy

图 12-10　渲染命令行

打开一个新的 Terminal（Linux 系统），粘贴命令行并以分号结尾，再打开另外一个场景，可以是不同 Job 的场景，将命令行复制粘贴到 Terminal 中并以分号结尾，退出 Baselight 程序之后回车执行命令。此功能通常在结束调色工作之后使用，设置好批渲染，第二天就可以得到渲染好的文件，命令行渲染也会将渲染中遇到的问题花费的时间都罗列出来，用户可以检查并替换有错误的部分，如图 12-11 所示。

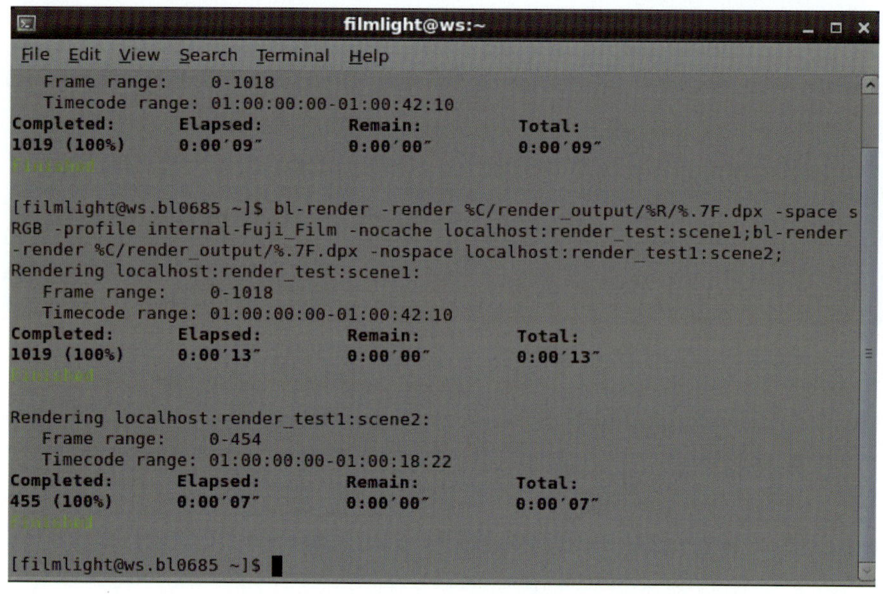

图 12-11　渲染命令行

★实操演示：

本节内容的具体操作请参看随书教学录像。

12.4 导出单帧（*Still Export*）

Baselight5.0 提供了导出单帧的工具，在 View 菜单下的 Still Export，如图 12-12 所示。

用户可以选择导出的镜头，导出文件类型、导出路径、导出文件名、导出文件所用色彩空间、导出分辨率、是否带遮幅水印和 LUT。该工具主要用于为客户导出调色后的影调参考图。

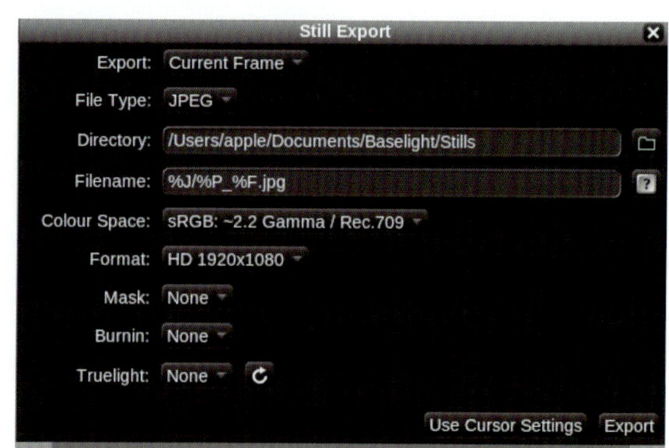

图 12-12　导出单帧

12.5 DCP制作

Baselight 从 4.4 版本开始支持加密 DCP 的制作，用户可以利用 CPU 压制 DCP，Baselight 也提供给用户使用 GPU 进行超实时 DCP 制作的收费许可选择，它采用 Comprimato JPEG 2000 的 GPU 编解码技术，该功能只限于配有 Titan X 显卡的第五代和第六代 Baselight 硬件系统。

Baselight 提供了全套的加密 DCP 的制作工具，作为 Render 的一个 Preset 位于 Render 界面之中，如图 12-13 所示。

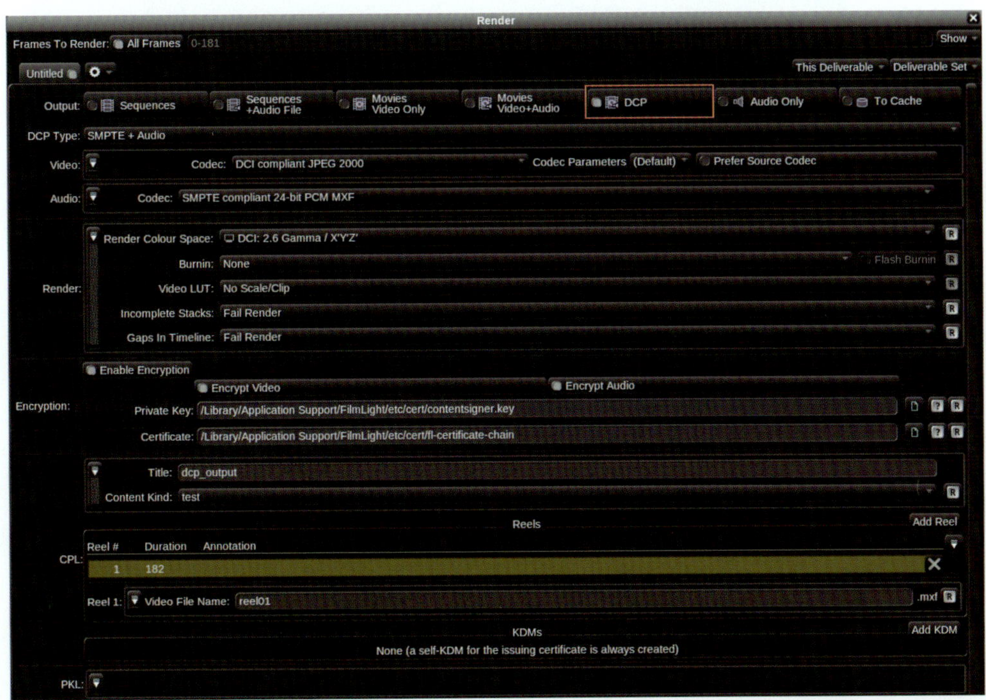

图 12-13　DCP 生成界面

★实操演示：

本节内容的具体操作请参看随书教学录像。

12.6 渲染模版（Render Template，即场景模版）

大家也许会发现，自己打开的渲染界面并没有显示那么多的内容，只显示少量设置，因为 Baselight 已经对界面进行了一些精简。实际上，用户可以将不常用或者不需设置的选项关闭，每次打开渲染界面时只显示与场景制作目的相关的选项，比如说对于电影项目，可以设置不同的渲染 Preset（预设）和渲染 Set（组），对于广告或视频项目，可以设置与之对应的预设和组。

Baselight 提供了场景模版的设置功能，场景模版除了可以对渲染界面进行预设，也可以对其他 Baselight 工具设置预设，形成一套完整的符合项目特点的预设组，提高工作效率。

模版场景需要先在 Job Manager 里建立一个名称为"template"的 Job，然后在这个 Job 之下创建自己的场景，比如 tvc_template 或者 film_template，如图 12-14 所示。

图 12-14　模版场景

模版场景创建之后，用户就可以在这些场景中对渲染及其他工具面板进行预设，关闭不需要的选项，设置完成之后保存关闭当前空的模版场景。当用户新建场景的时候，就可以从 Template 列表中选取之前定义的模版，套用之前设定好的各项预设，如图 12-15 所示。

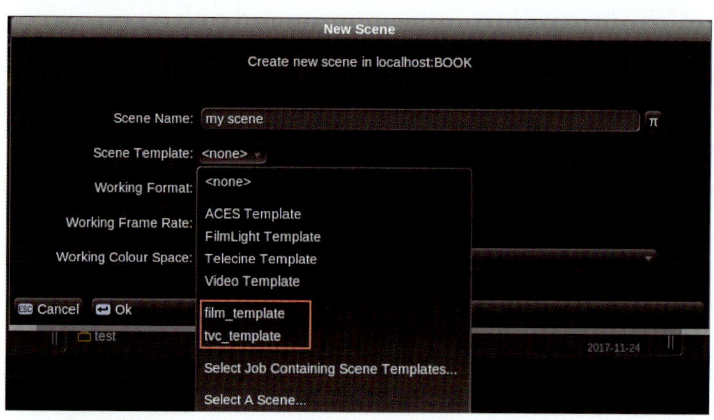

图 12-15　可选模版

★实操演示：

本节内容的具体操作请参看随书教学录像。

12.7 Modify XML（改写XML）

Baselight 除了提供多种的渲染方式，也提供改写 XML 文件给剪辑，同时将调色后的镜头生成为独立文件的功能，剪辑可以利用这个 XML 回批调色后的镜头。

这个功能只限于以 XML 或者 AAF 文件套底的场景，只有这种场景的渲染设置中才具有修改 XML（Modify XML）的功能，如图 12-16 所示。

图 12-16　改写 XML

当用户单击 Modify XML 后，系统会自动命名渲染文件名，以 Input Filename ＋系统自动生成的后缀给每个镜头命名，形成新的独立的文件名，系统渲染完成之后，同时生成新的 XML 表，Baselight 将表中的引用的视频文件修改成 Baselight 生成的文件，如图 12-17 所示。

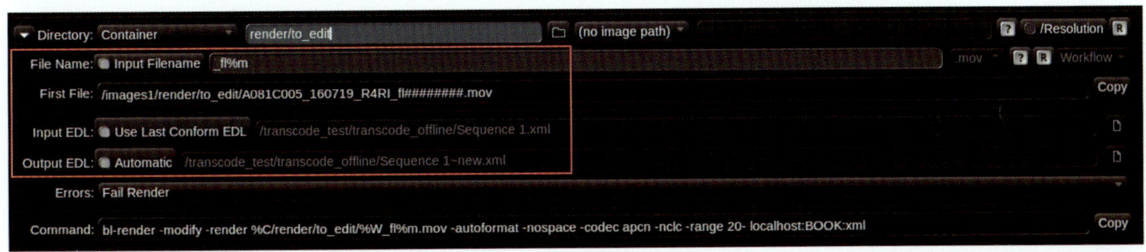

图 12-17　改写 XML

剪辑可以用新 XML 表对调完色的镜头进行回批，得到调色后的时间线。

必须要说明的是，在设置渲染之前，用户需用 Timeline Sort 功能先对时间线进行整理，即将叠化拆除，将变速还原，并设置相应的富余帧（Handle），时间线整理完成之后再进行对每个镜头的渲染，输出完成之后，用户可以使用 undo 回退到 Timeline Sort 整理之前的时间线或者提前保存一个新的时间线版本。

使用 Avid 生成的 AAF 进行套底的 Baselight 时间线也可以使用 Modify AAF 的方式执行相同的操作，相关内容请参考相关章节。

★实操演示：

本节内容的具体操作请参看随书教学录像。

12.8 本章小结

本章详细讲解了如何在 Baselight 进行渲染设置和输出，也介绍了如何使用命令行设置批渲染，以及如何快速导出单帧画面，Baselight 也提供了完整的 DCP 输出解决方案。为简化场景设置，提高工作效率，我们还应该学会如何设置场景模版。另外，我们也介绍了如何与剪辑进行双向的修改 XML/AAF 的操作，建议大家尽量在 Baselight 完成最终的成片输出，或者使用更先进的 BLG 方式和剪辑进行数据交换。这章的视频教程较多，请大家学习掌握好 Baselight 的渲染输出操作。

第13章

音频处理

本章导读

本章讲解如何在Baselight里设置音频，以及对音频的操作。由于Baselight是调色软件，专注于画面的制作，音频只是作为一个辅助的功能。Baselight支持不压缩的WAV和AIFF音频文件。本书只对常用的功能做讲解。

学习要点

◇ 如何使用视频文件中的音频
◇ 如何导入音频文件
◇ 如何设置整个场景的音频
◇ 如何调整音频的通道输出
◇ 如何进行自动音、视频合板

13.1 使用视频文件中的音频

用户可以在时间线上导入视频文件，如果该视频文件包含音频信息，Layer0 的 Audio 会呈现蓝色，用户可以对 Audio 中所包含的音频进行设置，如图 13-1 所示。

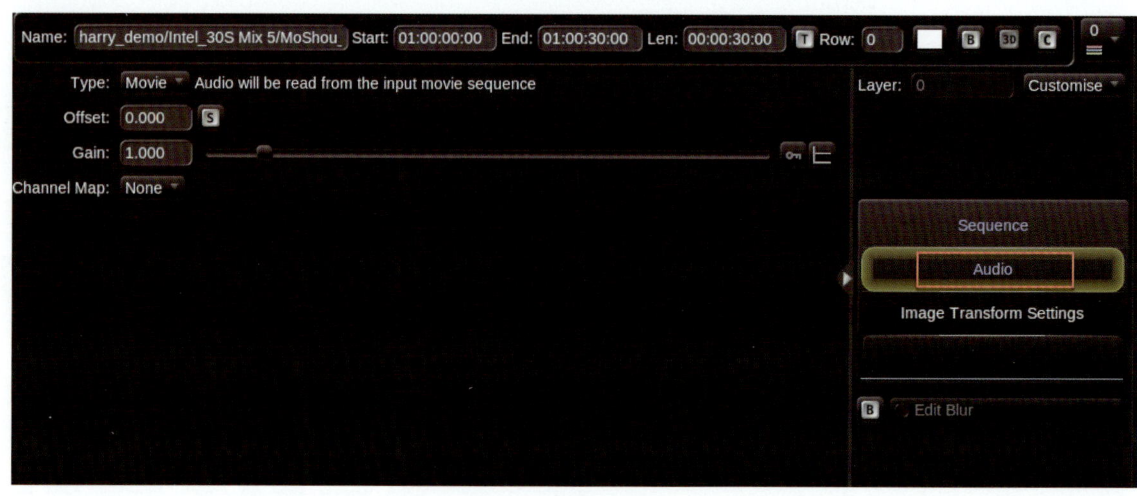

图 13-1 视频的音频导入

默认的类型（Type）是 Movie，即来自于当前视频，Offset 可以对音频的播放时间进行偏移，Gain 可以对音频的增益进行调整，调整数值可以消除爆音，Channel Map 可以设置音频的输出，默认是 None。

类型（Type）中有不同的选项，选择 No Audio 可以关闭视频中的音频，选择 File 可以选取某一个 WAV 或其他视频文件作为播放源。选择 Stems 可以引用多轨音频，比如 5.1。选择 Tone 可以设置播放千周声。

用户可以打开菜单 Views 下的 Audio Waveform 查看音频的波形。Baselight 不能对音频进行直接剪辑，可以通过视窗查看音频文件的波形变化，如图 13-2 所示。

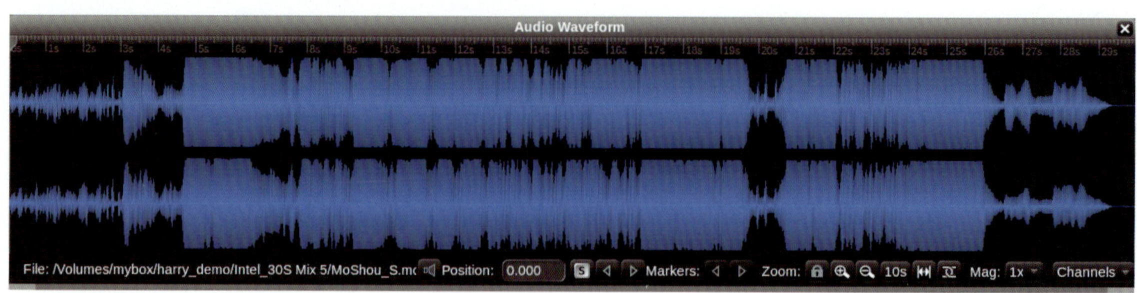

图 13-2 音频波形图

13.2 导入音频文件

除了使用视频文件本身的音频，用户还可以直接通过 FLUX Manage 导入某个 WAV 文件，系统会自动在时间线上添加一个 Blank，命名为 Layer0，它其实是一个带有 Audio 信息的 Blank 色层，如图 13-3 所示。

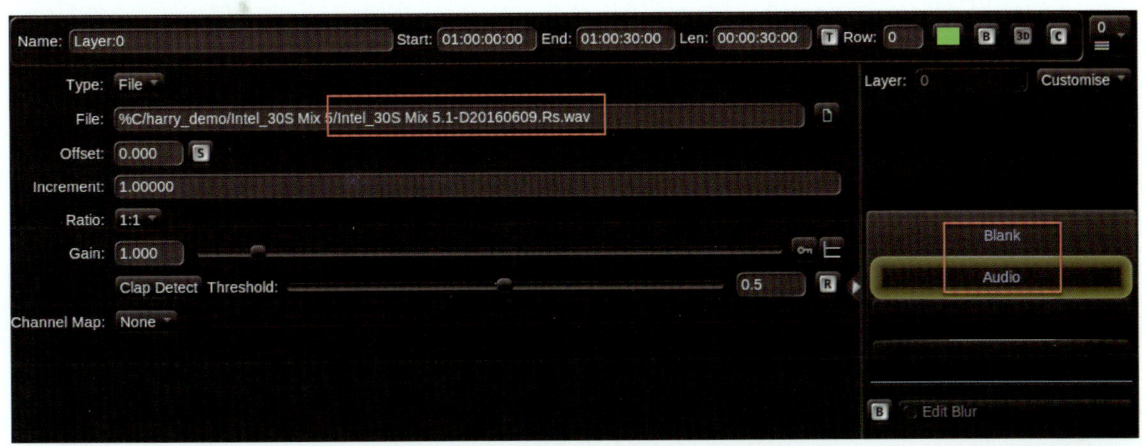

图 13-3　通过 BLANK 导入音频

用户可以将 File 类型选择为 Stems，然后逐个添加 5.1 音轨，如图 13-4 所示。

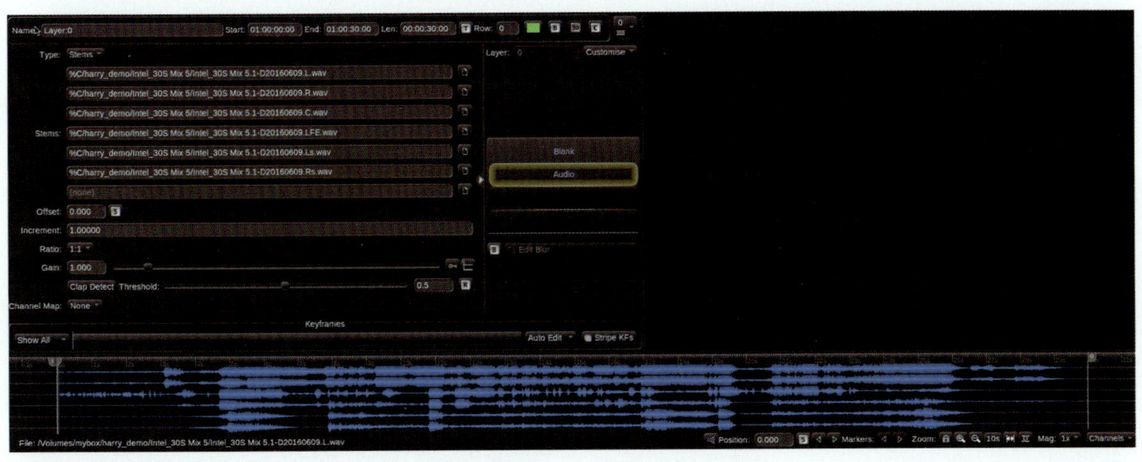

图 13-4　BLANK 导入 5.1 声轨

用这种方式在时间线上插入音频条带可以弥补 Baselight 不能在时间线上对音频进行剪辑的缺点。比如一部由五本组成的电影，每本都带有前后 Leader 片，调色完成之后需要接成全片播放。用户可以先将五本生成序列帧，然后导入一个新的全片时间线，将五本画面首尾相接，再将不同本的音频（也带有相同长度的前后 Leader 片）通过上述方法以 Blank 的形式导入，5 个 Blank 首尾相接，然后根据画面对 Blank 层进行剪切，去除前后 Leader 片，让视频和音频对齐，从而将五本画面和声音拼成一个完整的全片。

13.3 设置整个场景的音频

除了通过在时间线导入素材的方式以外，Baselight 还提供了在 Scene settings/Scene Audio 为整个场景设置音频的方法，其设置方法与前面提到的方法一致。其中 Ratio 设置的是音频速率和场景速率不一致时的变换方式，用户可以根据实际情况选取不同的播放比率。比如说，音频使用 23.976 速率记录，但是场景速率是 24，可以将 Ratio 设置为 1000 ∶ 1001。需要注意的是，如果在 Scene settings 里设置了音频，单个镜头本身所携带的音频将失效，全部以场景设置的音频为准，如图 13-5 所示。

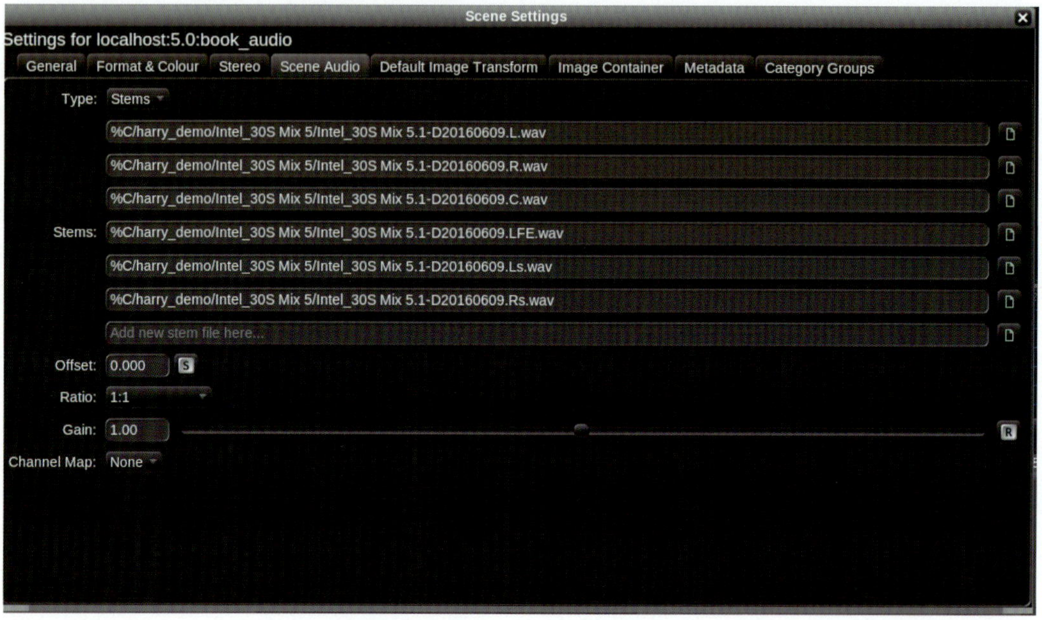

图 13-5　场景设置的 5.1 音轨导入

13.4 调整音频的通道输出

在 Baselight 界面的右上角，用户可以通过点按喇叭图标调出音频播放设置，Mute 可以关闭音频输出，Play during Scrub 设置是否在拖动播放头时也播放声音，用户可以拖动滑杆减小或增大音量，如图 13-6 所示。

用户也可以通过打开 Monitor Channels 对音频的输出进行设置，系统提供了 4 个基本的预设，用户也可以打开 Edit Channel Mappings 对通道输出进行自定义设置，如图 13-7 所示。

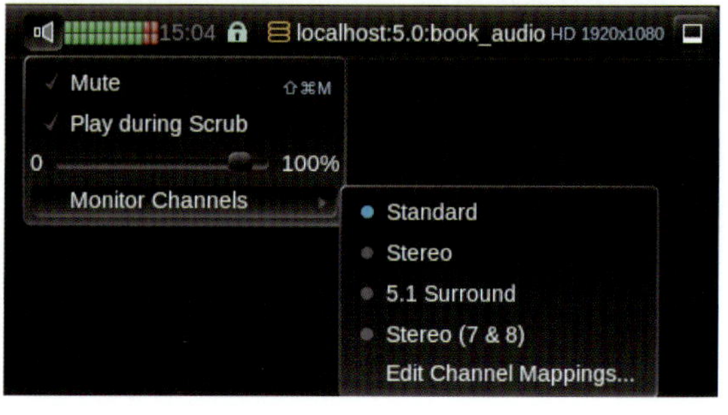

图 13-6　音频音量控制

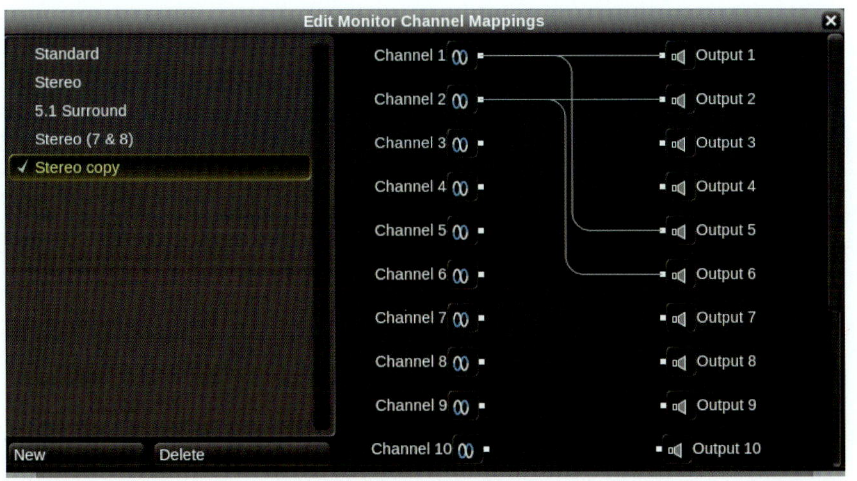

图 13-7　音频通道映射

在图 13-7 中，对默认的 Stereo 进行了复制，然后编辑通道的输出设置，将左右通道分别输出到左右声道输出和左环和右环输出上，得到与默认设置不同的音频输出模式。这个功能也可以用来检测调色棚音频输出设置是否正确。

13.5 进行自动合板

Audio Sync 这个功能实际是从 Daylight 近场调色转码软件移植到 Baselight 里的，主要用于对画面和声音进行自动合板载入处理。用户只需要在场景中选取所有的视频文件，然后指向到音频目录，并对参数进行设置，系统就会检索视频和音频的元数据信息进行匹配，并将音频文件导入 Layer0 的 Audio 之中，如图 13-8 所示。

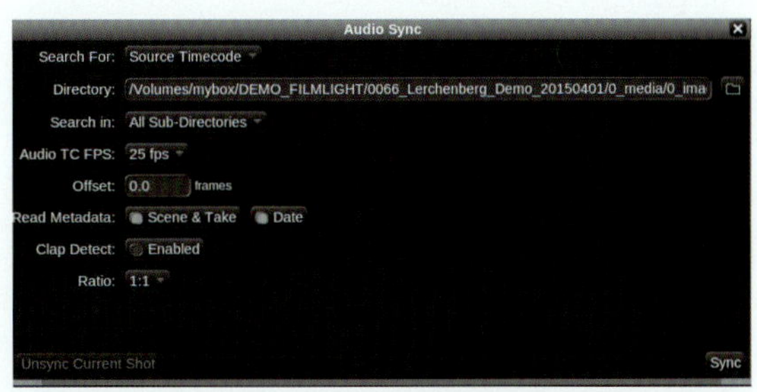

图 13-8　自动合板

★实操演示：

本节内容的具体操作请参看随书教学录像。

13.6 本章小结

本章讲解了如何在 Baselight 处理声音文件，用户可以采用不同的办法在 Baselight 设置声音，也可以通过 Baselight 进行合板操作，以及设置不同的音频输出通道。

第14章 立体调色

本章导读

本章主要讲解Baselight的立体调色，Baselight提供了完整的立体节目制作工具，包括立体的bl-setups、双眼立体校正颜色校正、立体调色、深度调整、字幕制作、渲染输出等。

学习要点

◇ 立体的bl-setups和Scene setting
◇ 立体工程在Baselight里的设置步骤
◇ 立体电影的调色步骤
◇ 立体电影的深度调整
◇ 立体电影的字卡调整
◇ 立体电影的渲染输出

14.1 立体场景的bl-setups和Scene settings

Baselight 立体场景的建立首先需要设置 bl-setups，目前 Baselight 提供了两种用于立体场景的预设，即 2K 24p（Dual）和 HD 24p（Dual），Dual 就是指双眼的立体模式，用户需要根据显示设备的实际情况定义适合的立体 Setup，如图 14-1 所示。

图 14-1　立体的 Setup

正确使用立体的 Setup 建立的场景会在 Display 菜单下出现不同的立体显示模式，并且在 Cursor 会出现显示左右眼的按钮，在整体界面的右上角会显示 3D 按钮，表示当前为立体观看模式，如图 14-2 所示。用户可以使用 Command（Ctrl）+` 键（Tab 键之上键）切换左右眼的显示，1×1 Stereo Layout 模式是立体画面正常显示模式，其他的立体模式均为辅助立体分析模式，如图 14-3 所示。

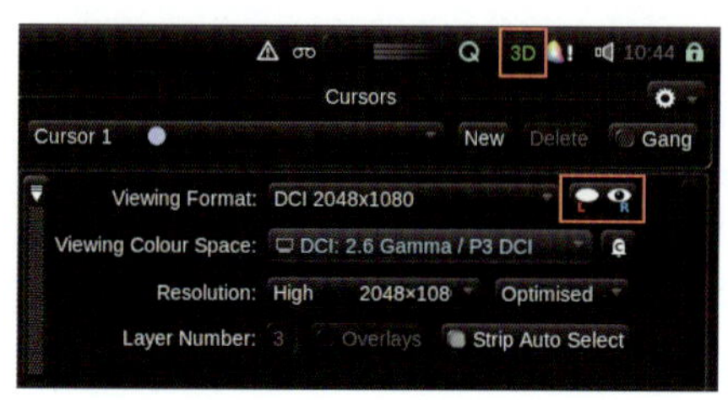

图 14-2　立体模式

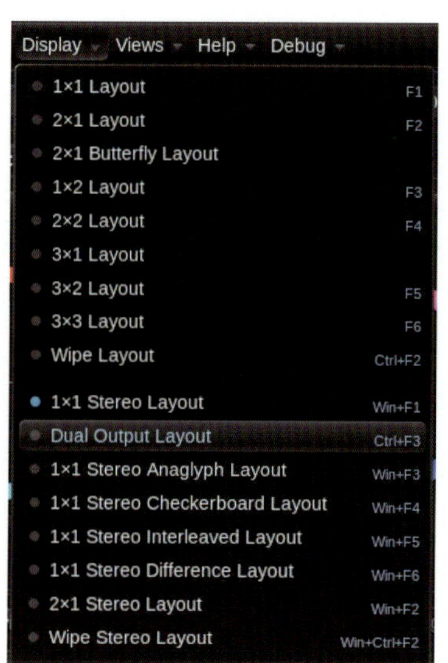

图 14-3　立体显示模式

设置完成 Setup 之后，就可以建立立体场景，并打开 Scene settings 查看 Stereo 的设置情况，如图 14-4 所示。

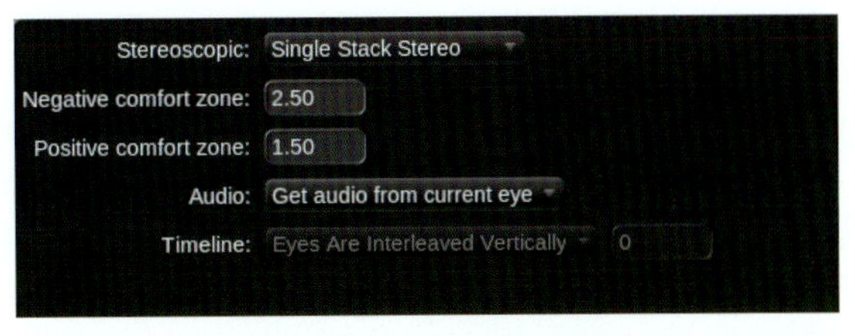

图 14-4　立体场景设置

Stereoscopic：提供了 Single Stack Stereo、Left Eyes Are on Top、Right Eyes Are on Top 的不同左右眼排布方式，在 Baselight 之前的版本中，要将双眼分开排布，左眼在上或者右眼在上，这里的设置要与素材在时间线的实际摆放一致，否则立体画面就会反转。在下面的通常为主眼，即没有因为立体支架的反射导致颜色变化的那个摄影机所拍摄的素材，由于这个素材还原现场的颜色更准确，该素材通常作为 2D 版本的调色素材。Baselight4.4 之后，系统提供了左、右眼合并为一条的功能，官方建议使用合并为一条的立体模式，这种方式时间线排布简单而且可以满足所有的立体制作需求。

如果用户设置为 Single Stack Stereo，将左、右眼合并之后（执行菜单 Edit>Combine/Separate Stereo Stacks），用户将不能再使用该命令将合并之后的条带拆为左右眼，必须选择设置 Left Eyes Are on Top 或者 Right Eyes Are on Top 之后，才能将左、右眼分开排列，在 Left Eyes Are on Top 或者 Right Eyes Are on Top 模式下，可以同时使用合并模式和分开模式。只要画面立体的效果是正确的，用户可以根据情况随时切换这个设置。用户可以选择 Not Stereo 暂时关闭场景的立体模式。

Negative comfort zone 和 Positive comfort zone 代表的是立体出屏和入屏的舒适范围，默认为 2.5 和 1.5 之间，2.5% 和 1.5% 即画面像素宽度的百分比，用户可以结合 Disparity Histogram 观看当前镜头的出入屏程度，并使用菜单 Insert>Stereo Grade 对画面的汇聚，Floating Window 等立体参数进行调整。Disparity Histogram 需要使用 Control 键（Linux Win 键）＋鼠标右键执行 Insert>Disparity Histogram 打开，如图 14-5 所示。

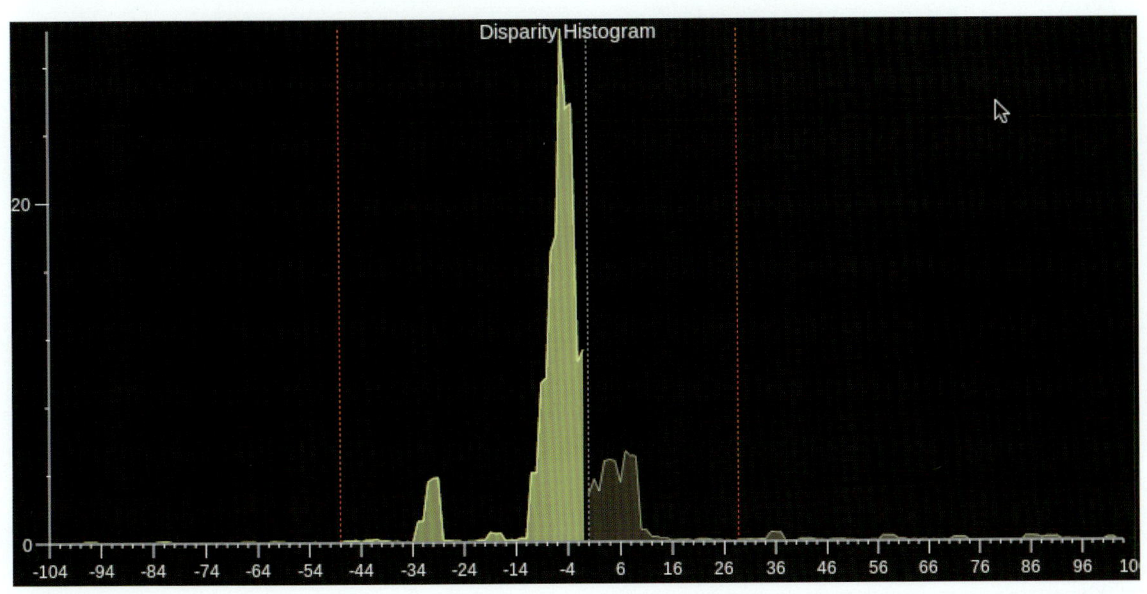

图 14-5　立体深度直方图

在立体深度直方图中，横坐标代表深度空间，纵坐标代表此深度空间上的像素分布数量，横坐标左侧代表负视差，即出屏靠近观众的程度，右侧代表正视差，即入屏远离观众的程度。

Timeline 是指使用左右眼分开的模式下的左右眼排布方式，通常使用 Eyes Are Interleaved Vertically，如果使用双眼合并模式，这个选项是失效的。

14.2 立体工程在Baselight里的设置步骤

1. 立体场景的套底、画面反转、同步

立体的套底与单眼的套底基本相同，但是需要对左、右眼分别进行套底，剪辑会出具左、右眼的 EDL 表，也可以根据左眼的 EDL 表进行关键字符的修改替换直接对右眼素材进行套底。套底完成之后首先要调整某一只眼的画面翻转，使用 Layer0 内的 Orientation（Flip/Flop）对上下或者左右翻转的画面进行调整，用户也可以结合 Shots 的筛选功能（Baselight 5.0）选出特定的镜头并使用 Group 的方式对画面进行统一翻转。

画面翻转完成之后，还需要检查左右眼的同步问题，由于立体拍摄的延迟问题，升格拍摄的素材会有几帧画面不同步的现象，需要进行手动修正，或者通过剪辑修正之后，用正确的 EDL 表套对正确的画面。确认画面翻转和左右眼画面同步，这是所有工作的基础。

2. 立体场景的合并

同步调整完成之后，就需要将左右眼使用菜单 Edit>Combine/Separate Stereo Stacks 工具进行合并操作，合并之后，时间线的单个镜头的条带右侧会出现一个 3D 的圆形标志，代表这是一个包含左、右眼素材的立体条带，如图 14-6。

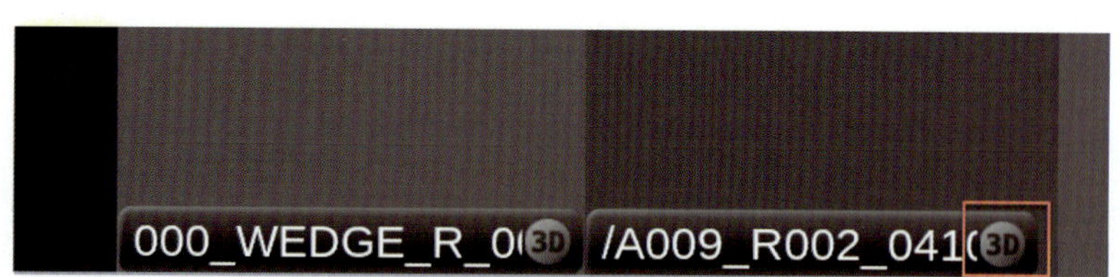

图 14-6　立体场景合并

3. 立体场景的左、右眼几何校正

同步完成之后，首先要对左、右眼进行几何校正，修正诸如垂直视差的立体拍摄问题。左、右眼合并之后的 Layer0 的 Sequence 按钮右侧的 3D 圆形标志表示此序列包含左、右眼两段素材。Layer0 的 Actions 中提供了快速对左、右眼素材进行反转调换的工具，即 Swap Left/Right Eye Sequences，如图 14-7 所示。

合并之后，可以使用 Stereo Geometry Fix 对画面进行几何校正，Baselight 提供了自动（Automatic stereo geometry fix）和半自动（Semi automatic stereo geometry fix）的校准模式，如图 14-8 所示。

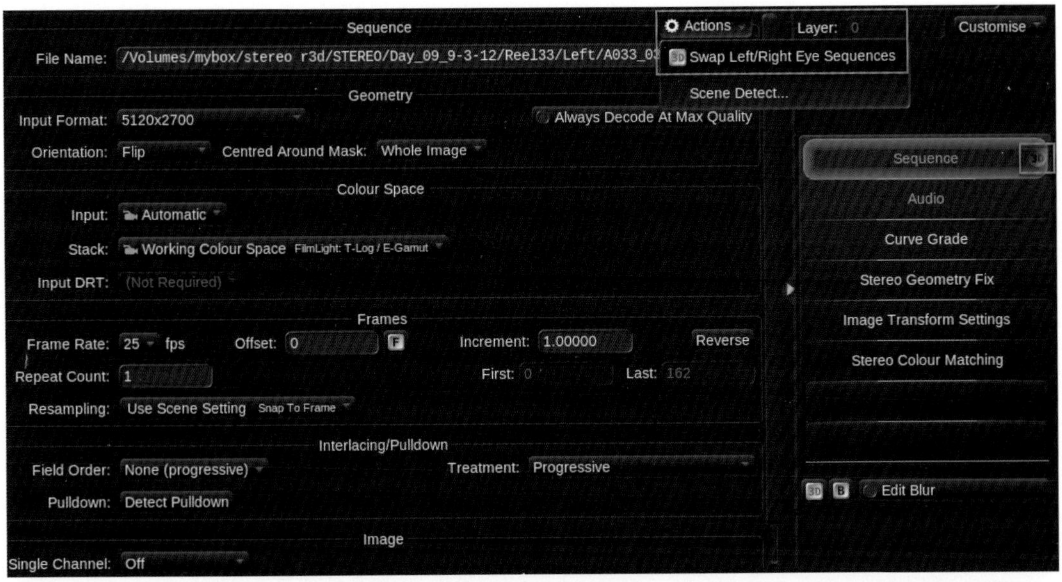

图 14-7　立体几何校正（1）

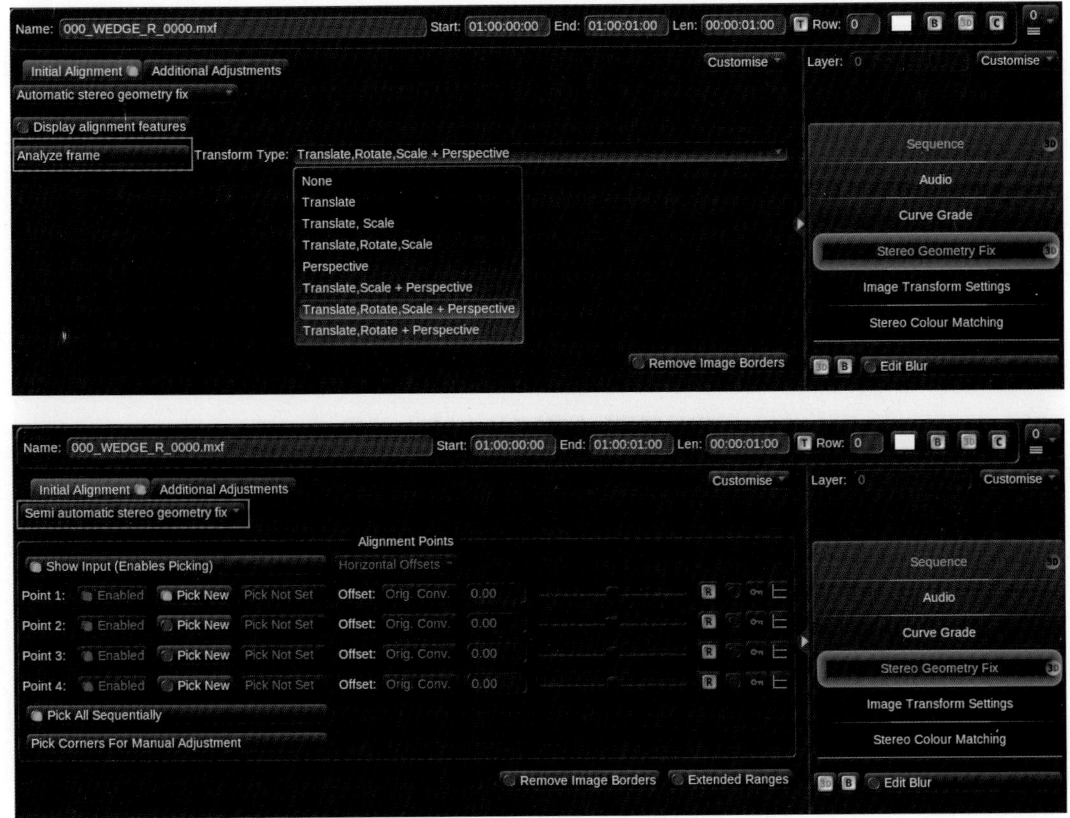

图 14-8　立体几何校正（2）

如果对分析结果不满意，也可以再使用 Additional Adjustments 手动对画面进行进一步修正，如图 14-9 所示。

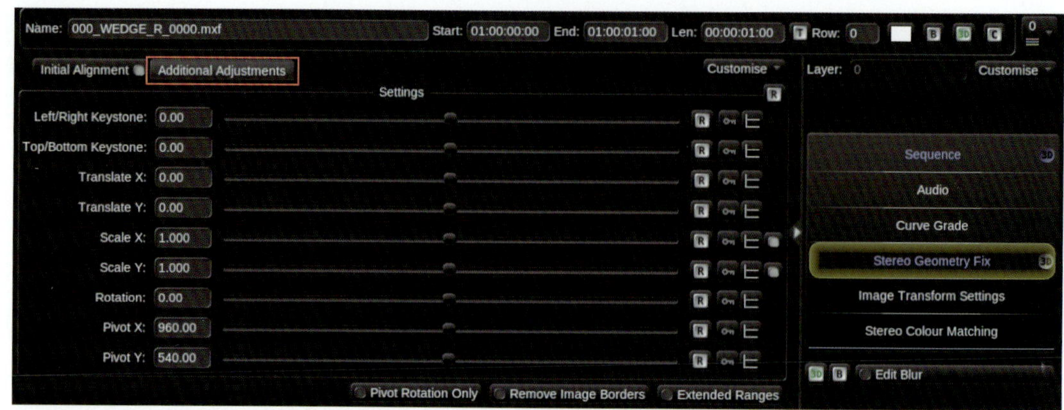

图 14-9　进一步修正

4. 立体场景的左、右眼颜色校正

几何校准完成之后，就可以进行颜色校正。用户可以点选 Single Stack. Correcting Right Eye 和 Single Stack. Correcting Left Eye 对左眼或者右眼进行校正，还可以对校正的质量（Quality）、校正的计算区域（Correction）进行设置得到最好的结果，用户还可以打开 Fix Borders，使用框选工具对画面有效范围进行框定，对框定的范围进行色彩校正，此功能适用于左、右眼画面边缘有差异的素材。由于色彩校正的计算耗时，用户可以打开 Layer0 右上角的 Strip Cache“C”按钮对校正结果进行条带缓存，如图 14-10 所示。

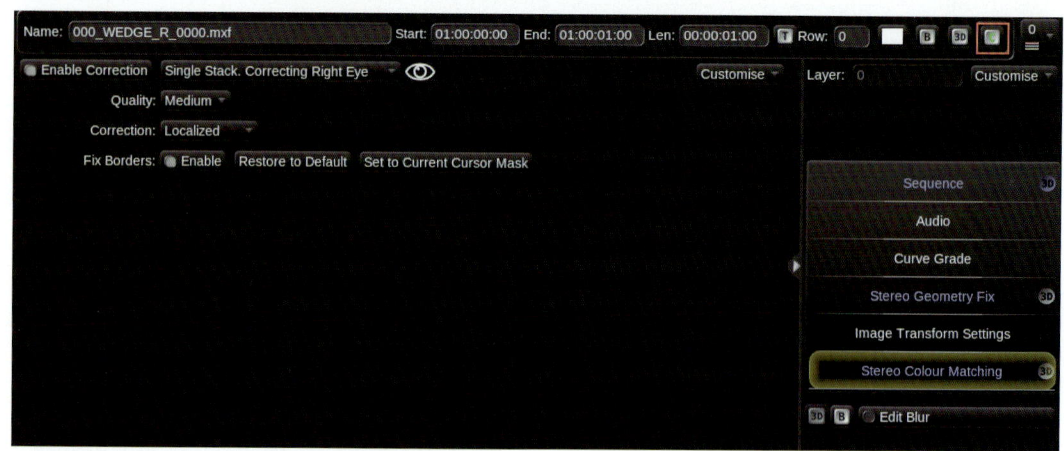

图 14-10　立体颜色校正

14.3 立体电影的调色步骤

以上的步骤完成之后，就可以进行立体场景的调色操作了。立体调色通常是先完成 2D 版本的调色，立体电影一般都需要 2D 版本的物料，另外因为立体播放系统不同，立体眼镜也有色偏，只有进行裸眼的 2D 调色才能完成最基础、最准确的调色，立体的版本就是在 2D 版本的基础上对立体播放系统做一个整体的亮度调整和色彩偏移，使立体版本尽量接近 2D 版本的色彩和反差。用户可以在 2D 场景中完成调色，再将 2D 版本的调色信息通过 Multi-paste 功能赋予到合并为一条的立体场景之中。用户也可以根据项目实际情况使用不同的立体调色流程。

Baselight 提供了非常灵活方便的立体调色工具，用户可以对合并为一条的双眼素材使用统一的调色层，也可以在调色层上打开 3D 按钮对左右眼分别调色或者进行其他操作。对于 Shape，用户也可以打开 3D 按钮设置不同的调整区域，可以使用 Shape 面板中的 Find Stereo Corresp（4.4m1 是 Find Stereo Correspondence）让系统自动将另外一眼的 Shape 对应到相应的位置点，而不需要手工移动，时间线上左侧的镜头 Shape 和 Layer1 都打开了 3D 模式，表示对左、右眼使用不同的 Shape 和调色设置，右侧的镜头只是因为 Layer0 双眼合并打开了 3D 模式，而 Shape 和 Layer1 没有 3D 模式，也就是说 Shape 和调色结果统一作用在 Layer0 的左、右眼之上，如图 14-11 所示。

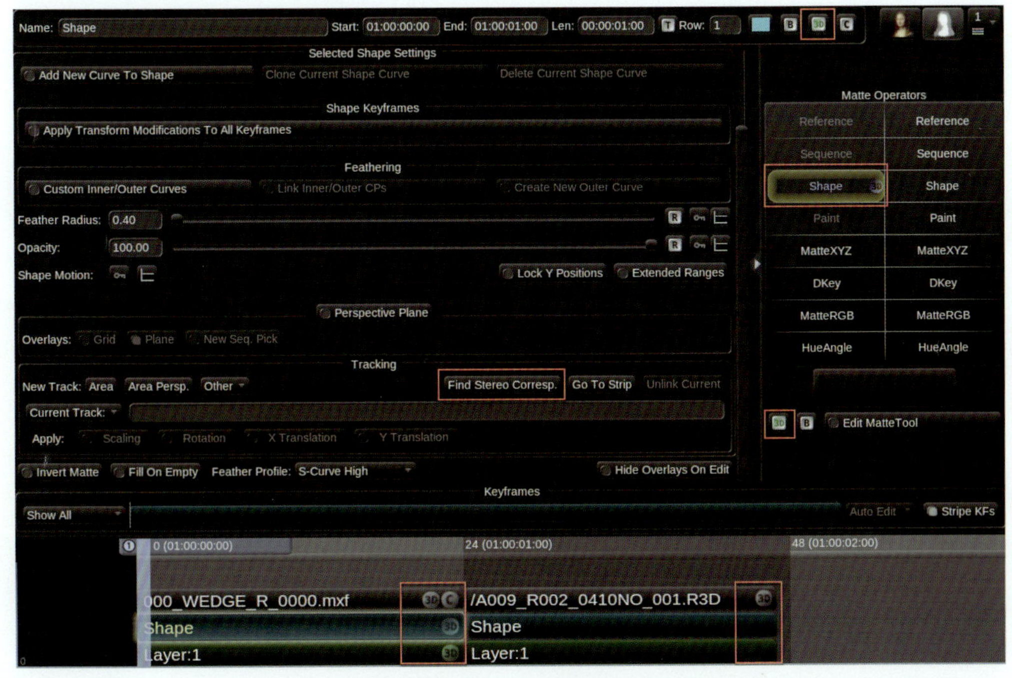

图 14-11　立体调色

14.4 立体电影的深度调整

立体的深度调整可以使用菜单 Insert>Stereo Grade 工具，对镜头的立体深度，零平面、出屏入屏的幅度进行调整，也可以对 Convergence 设置关键帧让镜头之间的立体感过渡自然平顺。用户可以通过鼠标直接在画面中点选零平面的位置（Zero convergence plane），系统会自动进行画面深度的偏移，并自动计算合适的 Floating Window，默认情况下，Floating Window 会根据 Convergence 的调整而发生变化，用户也可以在 Customize 中打断这个关系，用户自己设置左右 Floating Window 的程度（Floating Window 也可以通过 Insert 菜单中的 Edge Crop 实现）。Edge Softness 用来设置 Floating Window 的边缘柔化程度。Baselight 也提供了不同的边缘处理的预设（Window Presets），用户可以直接对左、右眼进行预设的调整，如图 14-12 所示。

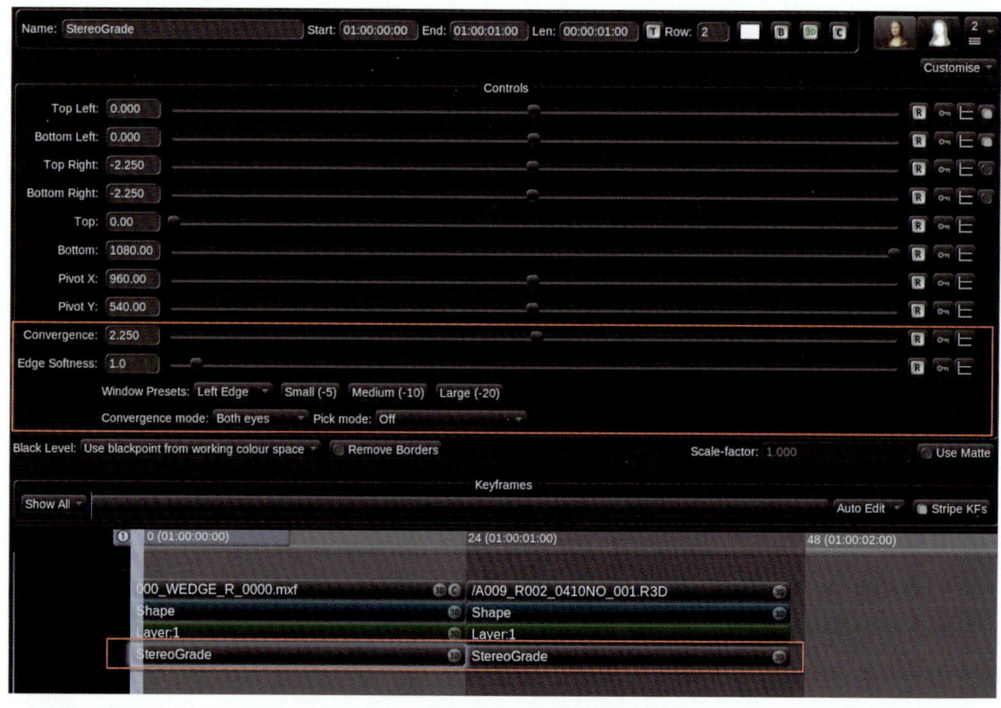

图 14-12　立体深度调整

14.5 立体电影的字卡调整

立体的深度设置完成之后，定义了画面内容的出屏入屏幅度之后，就可以进行字卡和对白字幕的合成和立体深度设置，用户可以根据画面的深度情况设置字幕的深度位置，如图 14-13 所示。

图 14-13　立体字卡制作

① 对画面的调色和立体调整。

② 将字卡合并之后通过字卡自带的通道使用 Layer3 的合成功能将字卡合成在画面上，两个 Stereo Grade 分别给到字卡素材和系统自动生成的 FG Alpha Reference 之上，FG Alpha Reference 是对字卡素材的通道索引（使用方法详见［合成操作］章），两个 Stereo Grade 进行了动态关联，调整其中一个会直接影响另一个的数值。这样就可以对字卡的深度进行调整，而不会影响到画面的深度。

③ 使用另外一种合成方式，将字卡素材、Blank 和 Dissolve 将字卡合成在画面上，由于直接调取字卡的 Alpha 通道，只需要一个 Stereo Grade 就可以对字卡的深度进行调整。

14.6 立体电影的渲染输出

立体的渲染和普通 2D 渲染基本一致，用户可以在渲染路径中加入“%e”通配符，自动生成 left/right 的文件夹，用户也可以在 Layer/Track 中选择不同的立体输出模式，比如 Both Eyes、Muxed Side By Side、Muxed Anaglyphic 等模式，如图 14-14 所示。

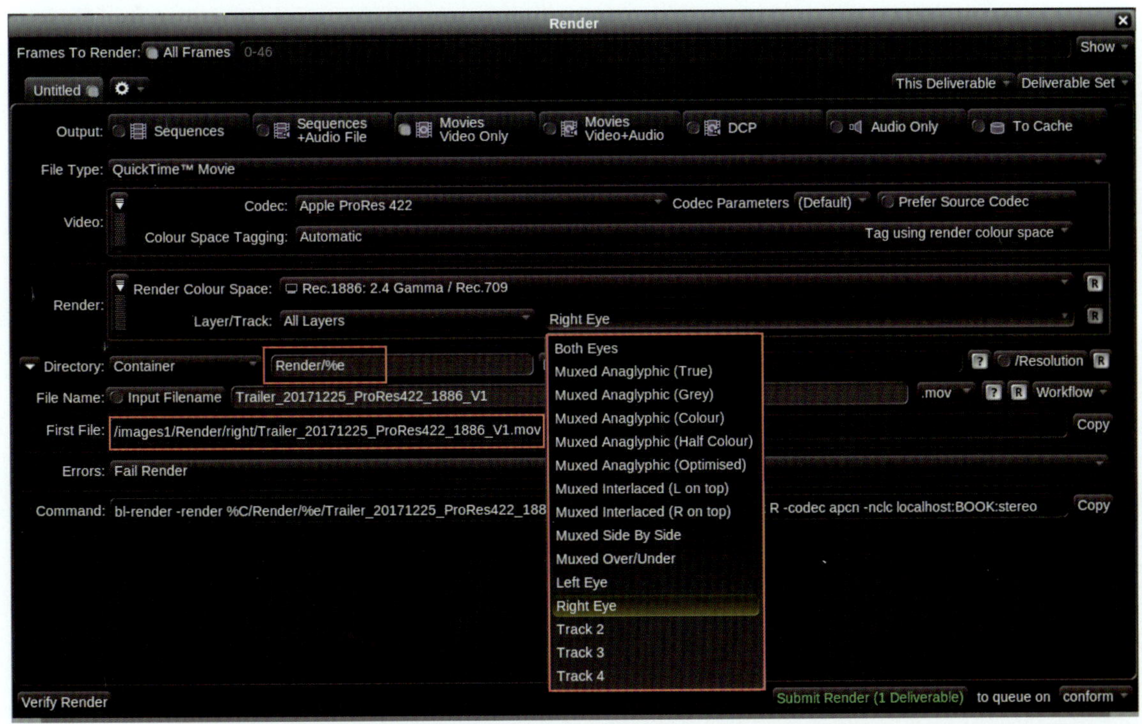

图 14-14　立体输出

★实操演示：

本章内容的具体操作请参看随书教学录像。

14.7 本章小结

本章讲解了如何在 Baselight 制作立体影片，介绍了从立体场景设置、立体套底、立体矫正、立体调色、立体深度调整、立体字卡设置和立体输出完整的立体制作过程以及注意事项。Baselight 的立体制作功能是全面完整的，请大家结合本章的视频教程学习。

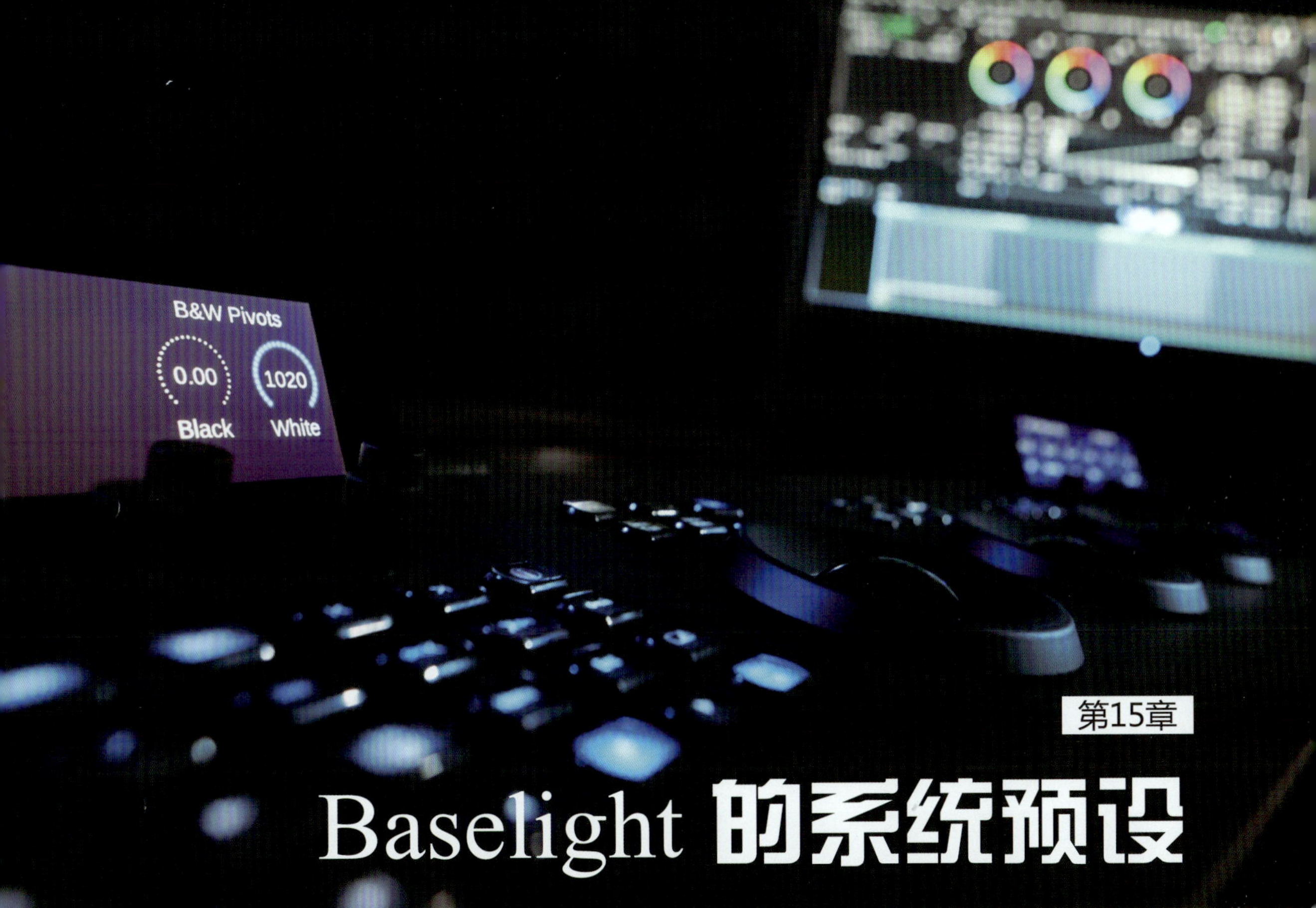

第15章

Baselight 的系统预设

本章导读

本章主要讲解Baselight Preference系统预设常用的设置，用户可以根据实际情况对系统预设进行修改，使Baselight更适合自己的工作内容和工作习惯，系统预设的修改和生效需要保存并退出Baselight，用户也可以打开桌面上单独的系统预设程序修改参数然后再执行Baselight。本书我们只介绍常用的系统预设参数设置。

学习要点

◇ UI界面设置
◇ System系统设置
◇ Plugins工具设置
◇ Timeline时间线设置
◇ Display显示
◇ Cuts view、Gallery & Scratchpad故事版、画廊和草稿

15.1 UI界面设置

1. Appearance（外观）

Slider thumb size scale factor：设置各个滑动条的图标大小，如图 15-1 所示。

UI font size：设置界面字体尺寸。

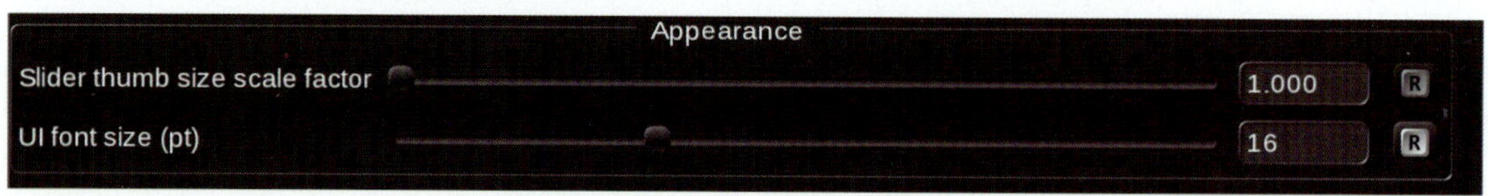

图 15-1 Appearance 面板

2. Inertial Scrolling（惯性卷动）

Bounce Distance、Deceleration、Maximum Velocity 都是设置对时间线的鼠标或者手写笔甩动操作的惯性动态效果，如图 15-2 所示。

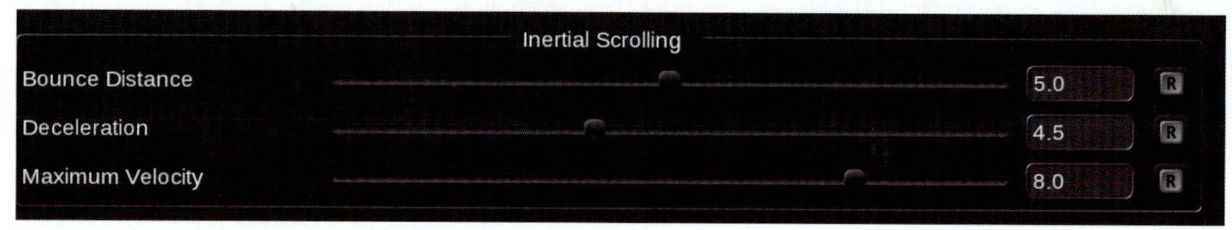

图 15-2 Inertial Scrolling 面板

15.2 System系统设置

1. Database（Format数据库）

Global Formats Database Host：设置全局格式（Global Formats）的数据库，默认为本地主机。用户如果有多个 Baselight 主机联网，可以设置这个主机名进行全局格式共享，如图 15-3 所示。

图 15-3 Database 面板

2. Cache（缓存）

（1）Baselight on-disk cache location：设置磁盘缓存的路径，如图 15-4 所示。

（2）In-memory image cache size：设置内存分配给缓存的百分比。

（3）Maximum number of entries in on-disk image cache（files）：设置磁盘缓存最大的文件个数。

（4）On-disk image cache resize warning increment（GB）：设置提示增加磁盘缓存容量的阈值。

（5）On-disk image cache size（GB）：设置磁盘缓存的空间量，一次性在时间线上导入大量的素材会令系统提示增加缓存的数据量，用户可以根据情况增加缓存数据量，否则最老的缓存数据就会被新的覆盖。

（6）Sequence types cached in input strips：如果通过 EDL 表或者手动导入的素材符合列表中的某项，系统自动对该素材进行 Strip Cache，即条带缓存或者输入缓存，自动将时间线上 Layer0 的“C”按钮激活。

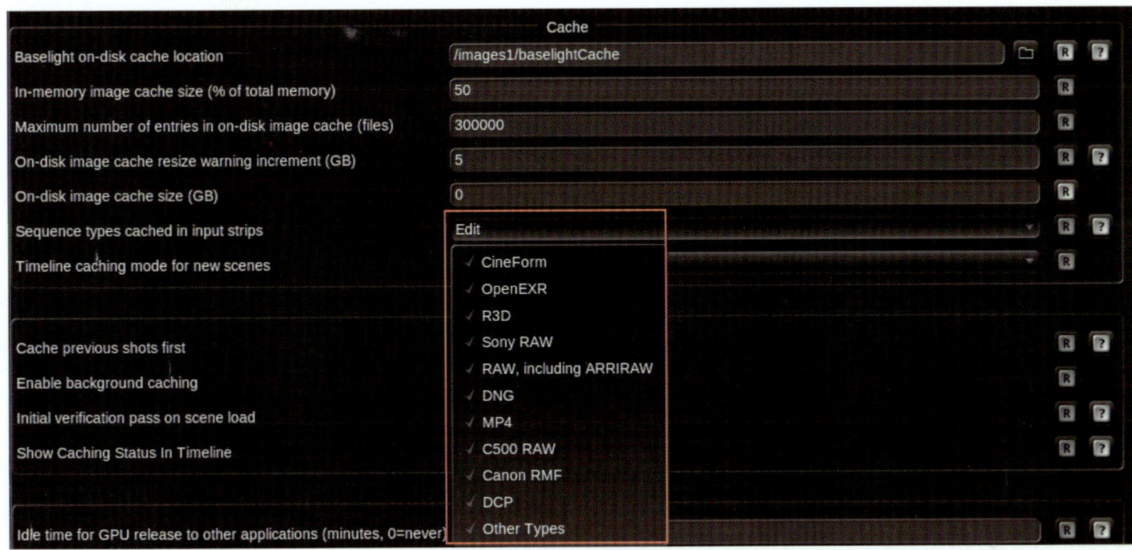

图 15-4　条带缓存

（7）Timeline caching mode for new scenes：设置新建工程的缓存模式，默认为 Full 全缓存。

最早的缓存文件在以下两种情况下会被覆盖，通常最早的缓存文件一般为之前的 Strip Cache：

◎缓存的帧数超过了 Maximum number of entries in on-disk image cache（files）设置的数量。

◎缓存的数据量超过了 On-disk image cache size（GB）设置的数量，此时系统会提示用户是否增加缓存空间，如果用户选择不增加，老的缓存将被覆盖，如图 15-5 所示。

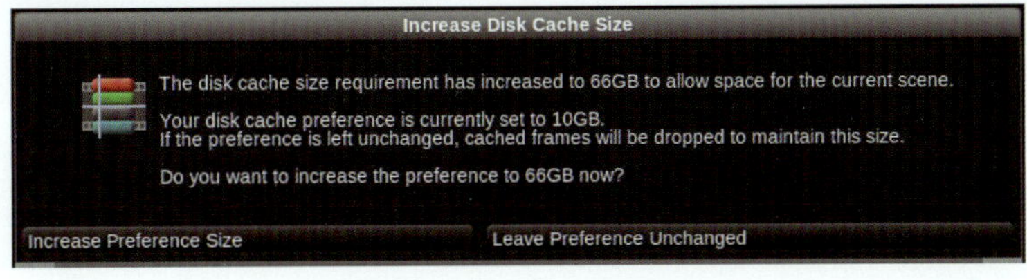

图 15-5　增加缓存提示

3. Background Caching（后台缓存）

（1）Cache previous shots first：设置是否从当前 Cursor 向时间线起始帧开始缓存，默认为向后缓存，如图 15-6 所示。

（2）Enable background caching：是否打开后台缓存。用户也可以随时在时间线上关闭后台缓存进程。

（3）Initial verification pass on scene load：是否在打开场景之后就进行缓存的初始验证。

（4）Show Caching Status in Timeline：是否在时间线上显示缓存进程条和缓存运行标识，默认为打开状态，如果关闭，系统会在界面右上角的场景状态栏中以绿色小条提示当前状态。用户也可以在时间线上按右键关闭或者打开缓存进程条。

图 15-6　Background Caching 面板

4. External Devices（外部设备调色台）

External devices：设置不同的调色台的连接，如果系统切换不同的调色台，用户首先要在此指定新调色台的 USB 连接然后再运行 Baselight 程序，比如从 Blackboard 2 切换到 Slate 调色台。用户可以先打开桌面上的 Preference 工具对这个选项进行设置，然后再启动 Baselight，如图 15-7 所示。

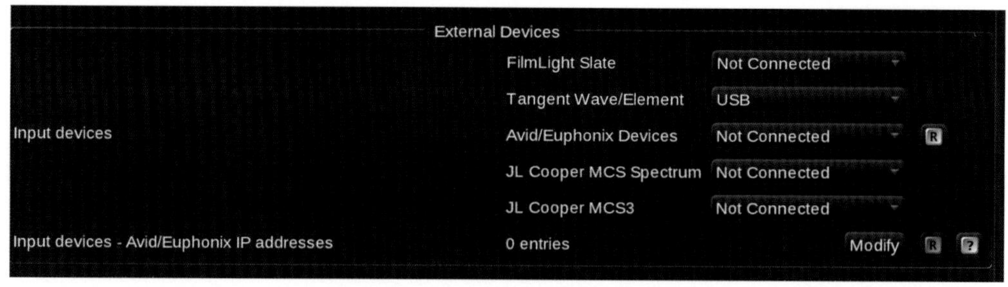

图 15-7　External Devices 面板

5. Render（渲染）

Idle time for GPU release to other applications：设置 GPU 为其他程序占用的空闲时间，如图 15-8 所示。

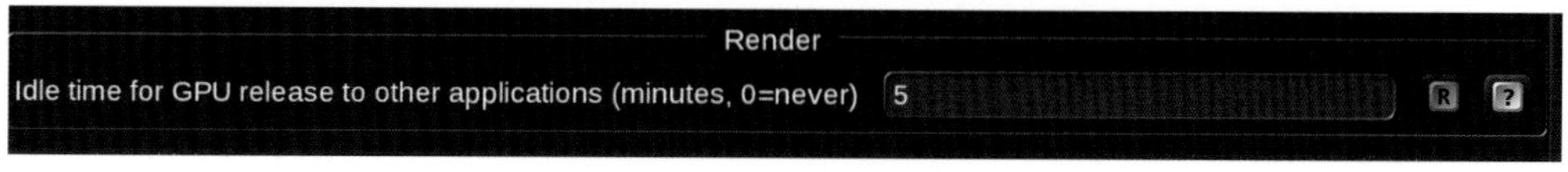

图 15-8　Render 面板

6. BLG

BLG Quick Export Directory：设置默认的 BLG 输出路径，如图 15-9 所示。

图 15-9　BLG 面板

7. DCP

Private key PEM file、Public Interop certificate、Public SMPTE certificate 都是 DCP 公钥和私钥的设置路径，如图 15-10 所示。

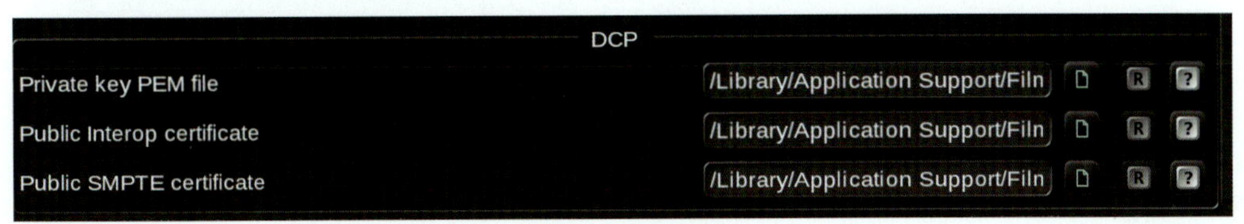

图 15-10　DCP 面板

15.3 Plugins工具设置

1. Setup（工具设置）

（1）Default strip information mode：设置素材的引用时间信息，即 Layer0 最上端的 Start/End/Len，默认为 Timecode 方式，如图 15-11 所示。

（2）Extra plugins：加入其他类的工具，主要用于内部开发测试。

（3）Strip colours：设置不同工具的条带显示颜色。

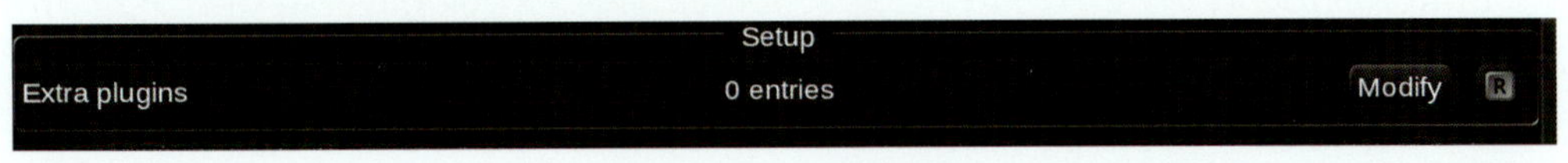

图 15-11　Setup 面板

2. Grading（调色工具）

（1）Automatically initialize outside grades：只限于在 Blackboard 上的使用，先使用 Layer 进行调色，再绘制遮罩或者抠像，此时 inside/outside 都有调色效果，然后再对遮罩和抠像内容进行二级调色，符合达芬奇 2K plus 调色师的工作习惯，如图 15-12 所示。

（2）Blur button adds Matte tool：当 Blackboard 调色台上当 Blur 键被按下的时候，是否打开 Matte Tool 工具。

（3）Major grade type：设置哪一个调色工具为新建 Layer 的主要调色工具。

（4）Minor grade type：设置哪一个调色工具为新建 Layer 的次要调色工具。

（5）Numeric keypad usage：设置外接键盘数字键盘的功能，默认为时间线时码或者帧的跳转功能，即通过数字键盘输入数字或者时码将 Cursor 跳到某一时点。

（6）Primary Key type：设置默认的首选抠像工具。

（7）Telecine grade trackball speed：设置 Telecine grade 工具对应轨迹球的速度。

（8）Telecine grade wheel Red position：设置 Telecine grade 工具色轮的角度。

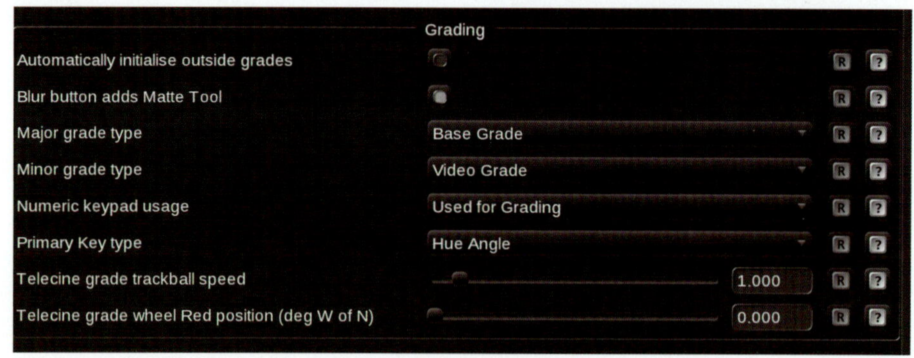

图 15-12　Grading 面板

3. Keyframing（关键帧）

（1）Automatically add keyframes in Edit Left/Right modes：是否在编辑左侧或者编辑右侧关键帧的情况下自动添加新的关键帧，如图 15-13 所示。

（2）Default keyframes edit mode：可以选择 Edit left，Edit right 或者 Auto Edit，Edit left/right，符合 2K Plus 调色师的习惯，即当前调色参数的变化直接作用于左侧或者右侧的已经设定的关键帧。默认为 Auto Edit，即对当前操作自动设置关键帧。

（3）Default keyframes mode：设置默认的曲线类型。

（4）Maintain separate constant/keyframed mode states：从 constant mode 切换为其他类型时是否记住 constant 的数值。

（5）Paste keyframes：是否将源镜头的关键帧粘贴给其他镜头，默认为粘贴。

（6）Strip Keyframes By Default：设置关键帧添加模式，即 Layer 层的右下角 Strip KFs 按钮，此按钮打开的时候，设置关键帧会为当前层所有属性设置关键帧。为避免过多参数产生混乱，可以将 Strip KFs 按钮关闭。

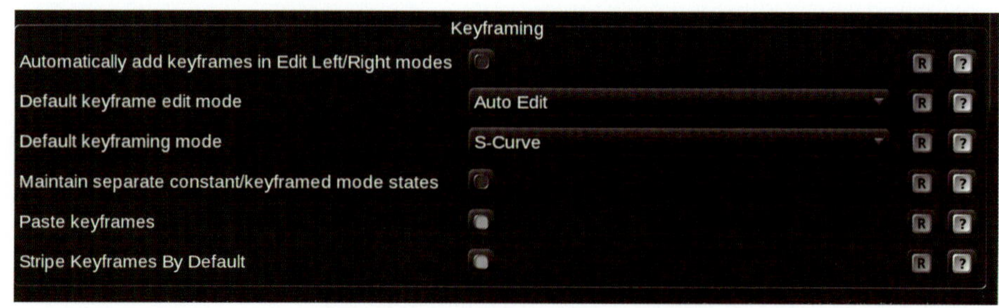

图 15-13　Keyframing 面板

4. Gestural（手势调色）

设置 Gestural 调色模式的手势控制参数，如图 15-14 所示。

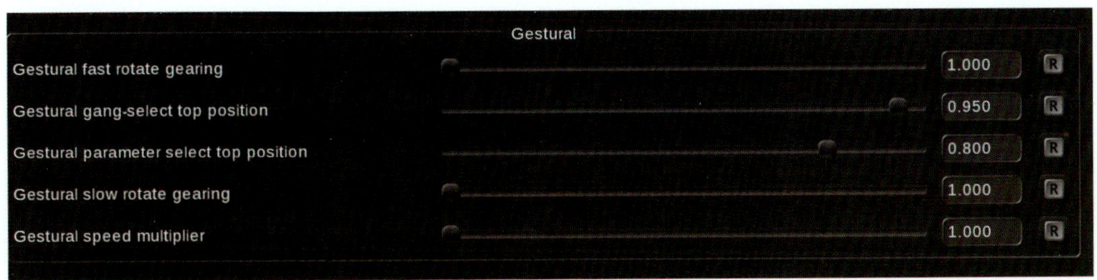

图 15-14　Gestural 面板

5. Image Display Overlays（图像显示）

Maximum hotspot grab range：设置鼠标点选 Shape 编辑点的距离，数值大则不需要精确的点选某一个点即可以选择该点并进行编辑，如图 15-15 所示。

图 15-15　Image Display Overlays 面板

6. Blank（空白条带）

Default colour of Blank strip：设置默认的 Blank 颜色。

7. Curve Grade（曲线调色）

（1）Default Pick Rolloff：当使用 Curve grade 在图像上取样的时候，这个值将决定所选点手柄的长度，编辑所选点的影响范围会根据这个值发生改变，如图 15-16 所示。

（2）Default to RGB Page：设置 Curve 首选页为 RGB 模式，默认为 HSL 模式。

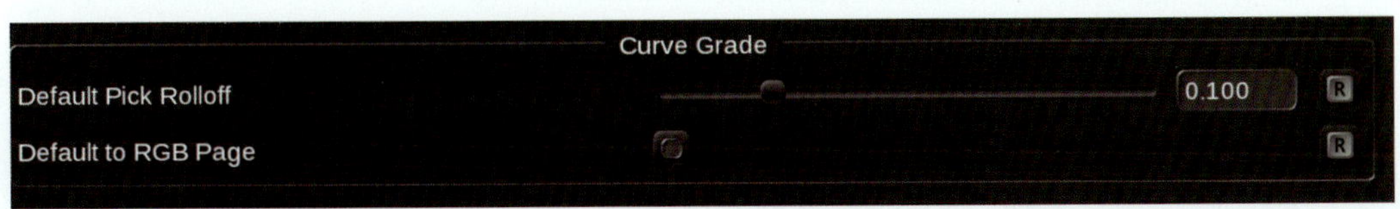

图 15-16　Curve Grade 面板

8. DSpot（去脏点）

（1）Add timeline marks on active frames：自动对使用过 DSpot 工具的帧添加时间线 Mark 标记，便于之后的渲染或者其他操作，如图 15-17 所示。

（2）Default threshold value：设置 DSpot 默认阈值。

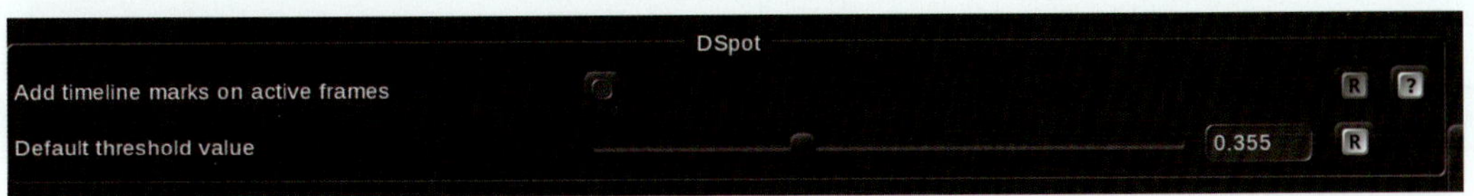

图 15-17　DSpot 面板

9. Dustbusting Approval Macro（除尘宏）

Clean plate suffix、Mask extension、Mask suffix 用于设置除尘宏工具，如图 15-18 所示。

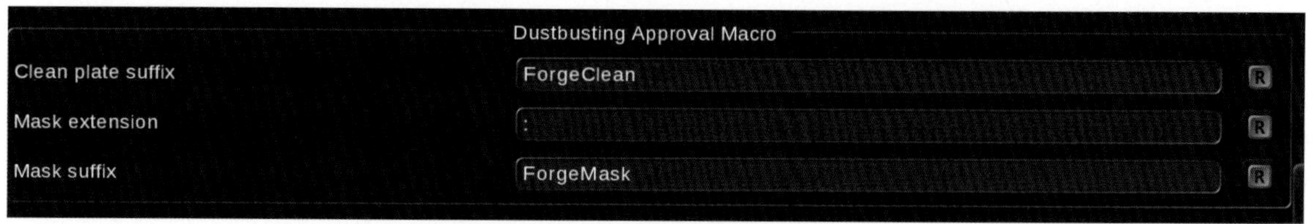

图 15-18　Dustbusting Approval Macro 面板

10. Keyers（抠像）

Default keying source colour space：设置抠像工具针对的色彩空间，如图 15-19 所示。

图 15-19　Keyers 面板

11. Hue Shift（色调调整）

（1）Default Apply Saturation After Hue Shift：设置是否将 Hue Shift 中的 Saturation After Hue 打开，如打开，Saturation 的操作将以 Hue Controls 的操作结果为起始基础，如图 15-20 所示。

（2）Reverse Global Hue Shift Encoder Direction：反转 Hue Shift 中的全局色调偏移方向。

（3）Vector Ordering：设置不同的色条排布顺序。

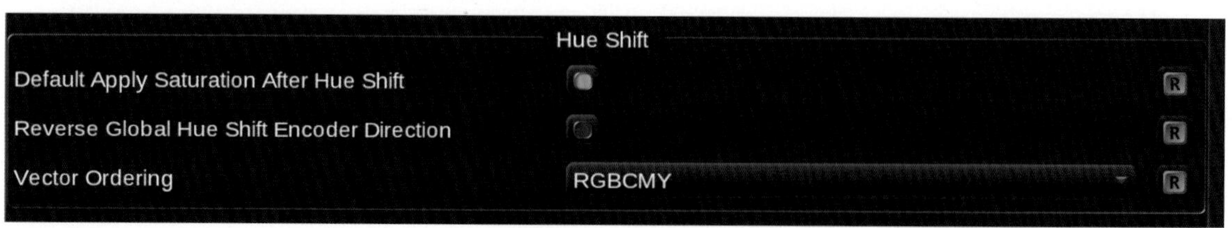

图 15-20　Hue Shift 面板

12. Matte Merge（遮罩合并）

Default Mode：设置默认的 Matte 布尔运算方式，如图 15-21 所示。

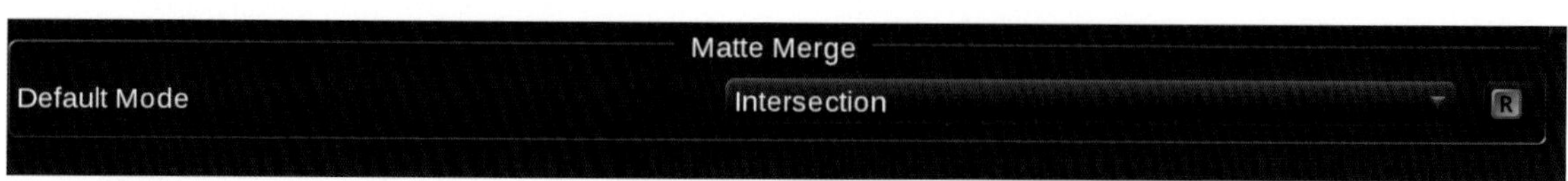

图 15-21　Matte Merge 面板

13．OFX

OFX plugins use tabbed UI：设置是否是为 OFX 插件设置单独的卷标。

14．Pan & Scan（位移）

Default to ‘Active For All Formats’、Default to ‘Extended Range’ enabled、Default to ‘Show Final’ mode 设置 Pan & Scan 的默认参数，如图 15-22 所示。

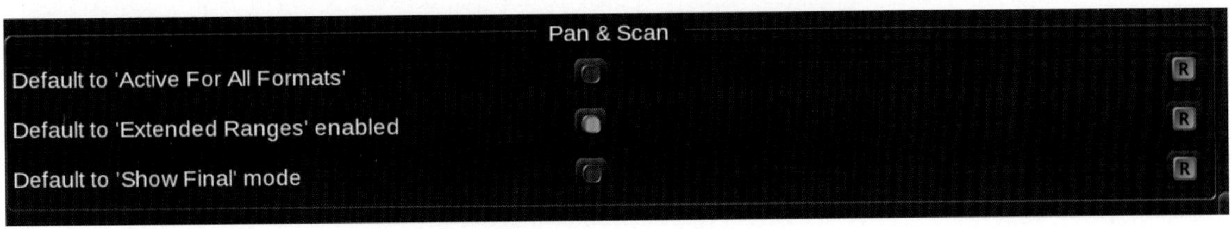

图 15-22　Pan & Scan 面板

15．Reference（参考）

Default Mode：可以从列表中选择默认的 Reference 指向，如图 15-23 所示。

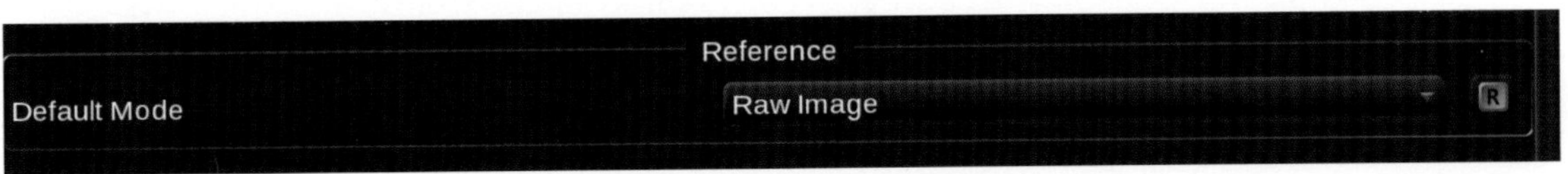

图 15-23　Reference 面板

16．Six Vector

Reverse Hue Modifier Encoder Direction：反转 Six Vector 工具的色调方向，如图 15-24 所示。

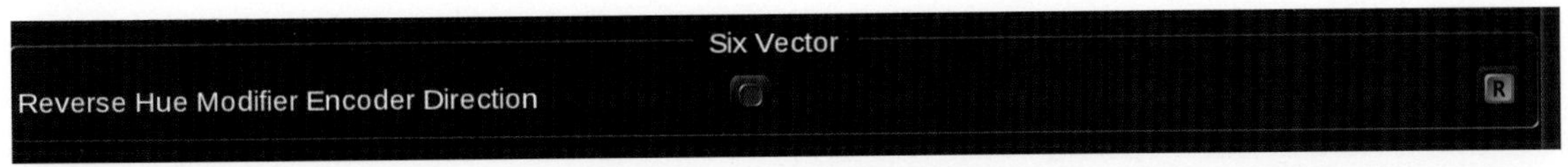

图 15-24　Six Vector 面板

17．Switch Dust

Add timeline marks on active frames 和 Dirt Matte 是设置除尘工具的参数，如图 15-25 所示。

图 15-25　Switch Dust 面板

18. Transform（移动缩放）

（1）Display overlay by default：设置 Transform 操控线框显示与否，如图 15-26 所示。

（2）Left Trackball Ring Adjusts Rotation：是否使用左边的轨迹球调整图像旋转。

图 15-26 Transform 面板

19. GPU

Clip grads on GPU：对 GPU 渲染进行剪切，默认不剪切，如图 15-27 所示。

图 15-27 GPU 面板

15.4 Timeline时间线设置

1. Appearance（外观）

（1）Cleanup stack on strip removal：删除条带后是否自动移动时间线上的堆栈。

（2）Indicate poster frames：当用户使用【Ctrl+P】将某一帧设置为 Cutview 中的 Poster 图像时，可以使用 Navigate> Indicate poster frames 将淡绿色的 Mark 隐藏。此选项为系统预设。

（3）Strip appreance：设置条带的显示风格。

（4）Strip brightness：设置条带的显示亮度。

（5）Strip font size：设置条带的字体大小。

（6）Strip glow duration after copys：设置条带被复制后的辉光效果时间。

（7）Strip background on time：设置时间线背景是否显示分隔区。

2. Category（类别）

（1）Don't bypass strips of category：设置是否将指定的 Category bypass（屏蔽），比如将立体校正的调整层定义为某个 Category，在 bypass 颜色层的时候不会影响到立体调整层，此工具仅针对于 Bypass All 的操作，如图 15-28 所示。

（2）Don't copy strips of category：设置是否将指定的 Category 排除在复制之外。

（3）Don't paste strips of category：设置是否将指定的 Category 排除在粘贴之外。

（4）Lock parameters of strips of category：设置是否将指定的 Category 条带锁定。

（5）Mark/Strip Categories：用户自定义不同的 Mark 和 Strip Category。

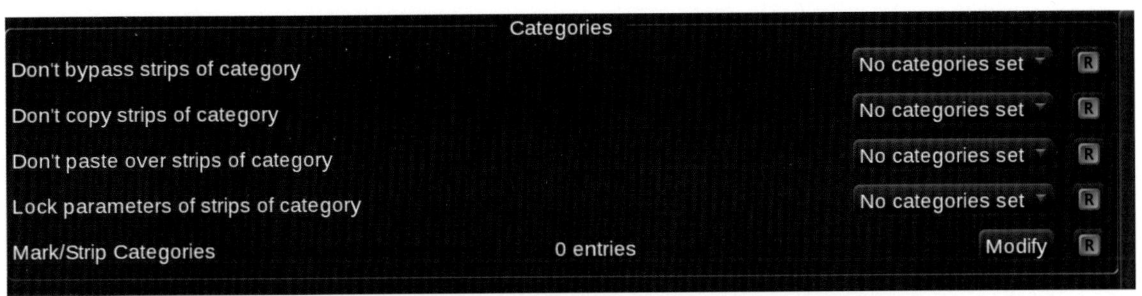

图 15-28　Category 面板

3. Navigation（跳转）

（1）Keypad 'go to' default mode：设置小键盘数字键的功能，默认为输入为帧，如果输入时码需要先按 0 键。

（2）Playback speed：默认的回放速度。

（3）Swap Next/Prev Cut/Poster controls：设置时间线的镜头跳跃模式，默认为剪辑点，也可以切换为 Poster 点，即镜头的中间帧，如图 15-29 所示。

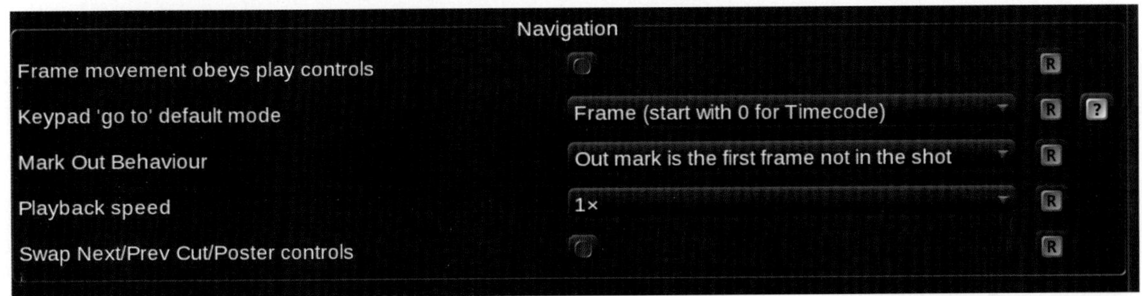

图 15-29　Navigation 面板

4. Selection（选择）

（1）Cycle/Toggle Layer/Matte Selection：打开模式下，按调色台 Blur 键的将在 Layer 和 Blur 之间循环，如图 15-30 所示。

（2）Strip Auto Select：随着 Cursor 移动自动选取相同 Layer 序号的调色层。

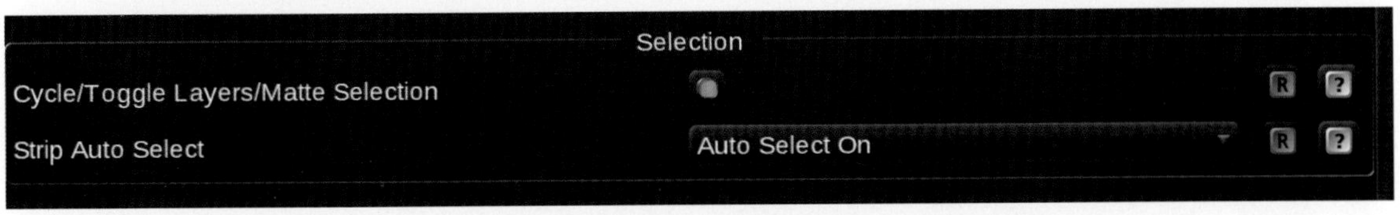

图 15-30　Selection 面板

5. Copy and Paste（复制粘贴）

（1）Include external mattes in Multi-Paste：Multi-Paste 是否包括外部导入的遮罩，如图 15-31 所示。

（2）Obey Group Grading：是否服从成组调色。

（3）Paste bypass state：是否将原来镜头中屏蔽的 strips 也粘贴过来。

（4）Paste input strips：是否将原来镜头中的导入 strips 也粘贴过来。

图 15-31　Copy and Paste 面板

6. Scene（场景）

（1）Default filename template：默认的导入文件名模版，如图 15-32 所示。

（2）Default render template：默认的渲染文件名模版。

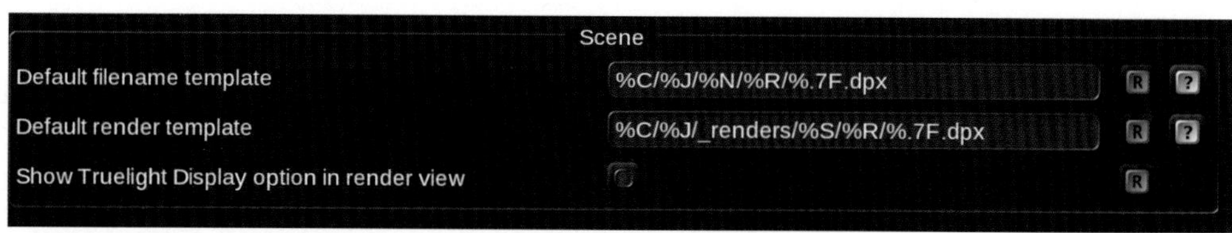

图 15-32　Scene 面板

7. Conform（套底）

（1）CDL Layer Number：设置套底的 CDL 层序号，如图 15-33 所示。

（2）Strip Name Template：默认的套底的条带名称模版。

（3）Transform Layer Number：设置套底的 Transform 层序号。

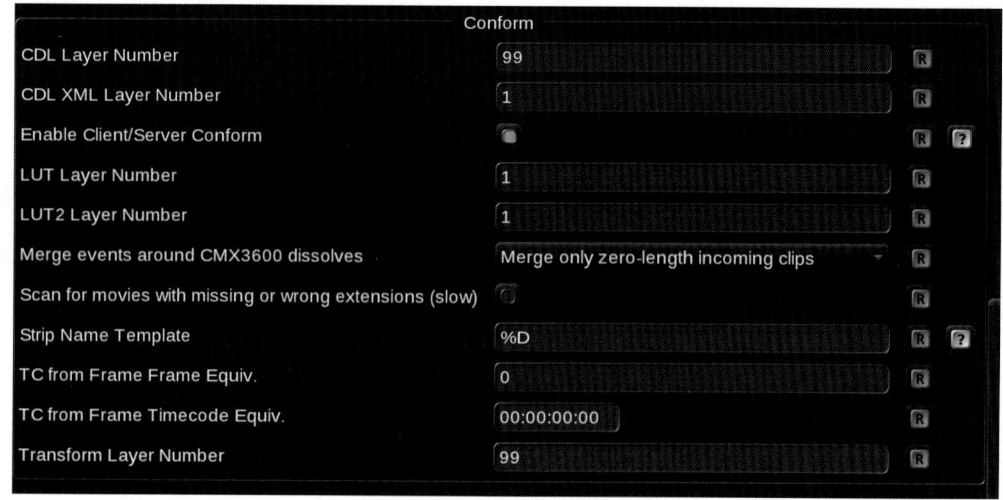

图 15-33　Conform 面板

8．Scene Detect（镜头自动侦测）

（1）Scene Detect Cut Threshold：设置自动剪切镜头的 Cut 阈值，如图 15-34 所示。

（2）Scene Detect Mark Threshold：设置自动剪切镜头的 Mark 阈值。

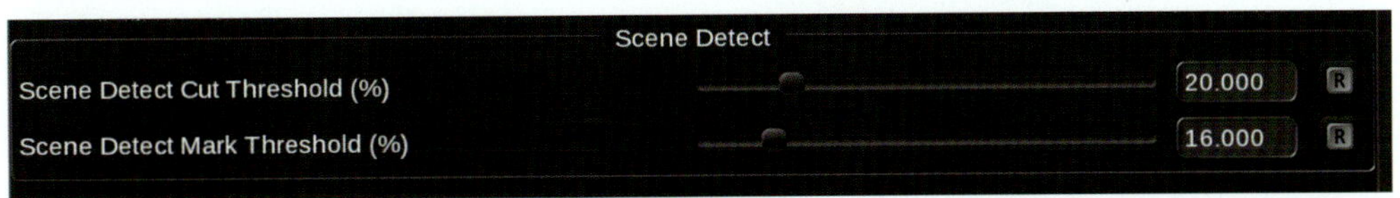

图 15-34 Scene Detect 面板

9．Review Range（检查区域）

（1）Lead-in Time：设置当前 Cursor 左边时间长度的播放入点，可以用来检查声画同步，如图 15-35 所示。

（2）Lead-out Time：设置当前 Cursor 右边时间长度的播放出点，可以用来检查声画同步。

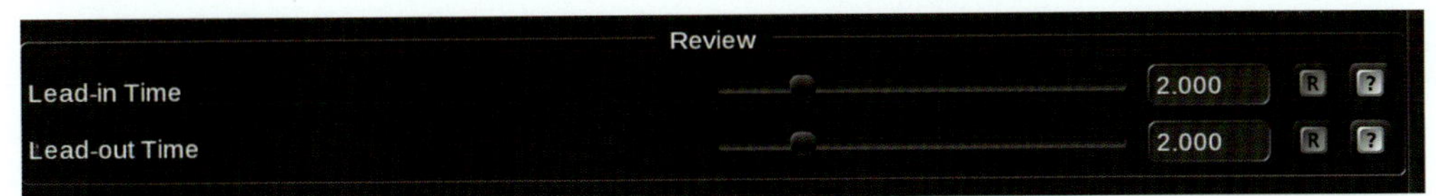

图 15-35 Review Range 面板

10．Gang Cursor

（1）Colour of the Gang Group 1：设置 Cursor1 颜色，如图 15-36 所示。

（2）Colour of the Gang Group 2：设置 Cursor2 颜色。

（3）Colour of the Gang Group 3：设置 Cursor3 颜色。

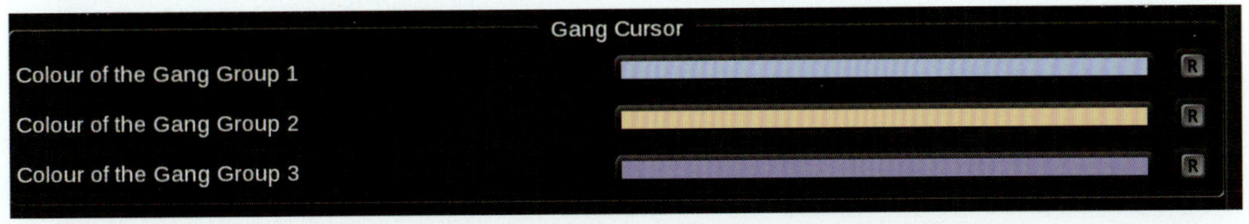

图 15-36 Gang Cursor 面板

15.5 Display显示

1．Output（画面输出）

Default Display Device：设置默认的输出设备，如图 15-37 所示。

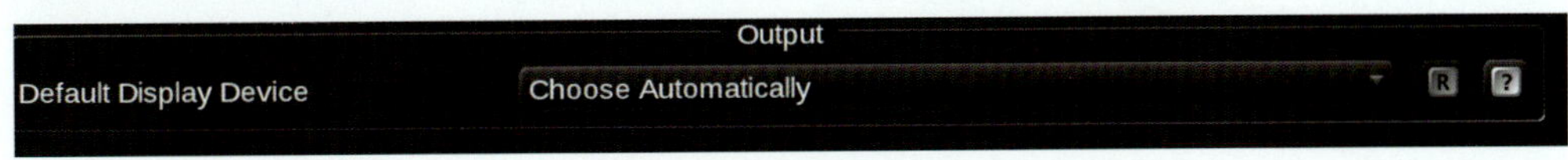

图 15-37 Output 面板

2. Truelight（LUT）

（1）Apply Truelight in GPU： 是否在 GPU 中使用 Truelight cube，如关闭，Truelight cube 将以软件的方式使用，速度慢但是精确度高，如图 15-38 所示。

（2）Default profile：默认加载的 LUT。

（3）Default profiles directory：默认的 LUT 存储路径，可指定到用户自己的路径。

（4）Show Internal Profiles：是否显示 Baselight 提供的三个内部 Internal LUTs。

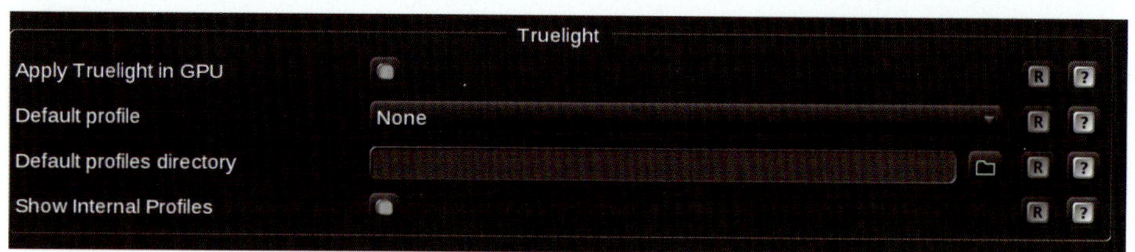

图 15-38　Truelight 面板

3. Appearance（外观）

（1）Bilinear filtering：是否使用双线性过滤，抗锯齿显示模式，如图 15-39 所示。

（2）Default Matte Mode：显示 Matte 的方式，默认为黑白图，即按“O”键后的效果。

（3）Deflicker blur：是否使用 Deflicker blur。

（4）Home Zoom is 1 ∶ 1 Pixels：是否将 Home Zoom 设置为 1 ∶ 1 像素显示。

（5）Initial proxy resolution：设置初始代理文件的分辨率。

（6）Inverted Overlay colour：设置 Lay Matte Invert Overlay 的颜色。

（7）Overlay colour：设置 Lay Matte Overlay 的颜色。

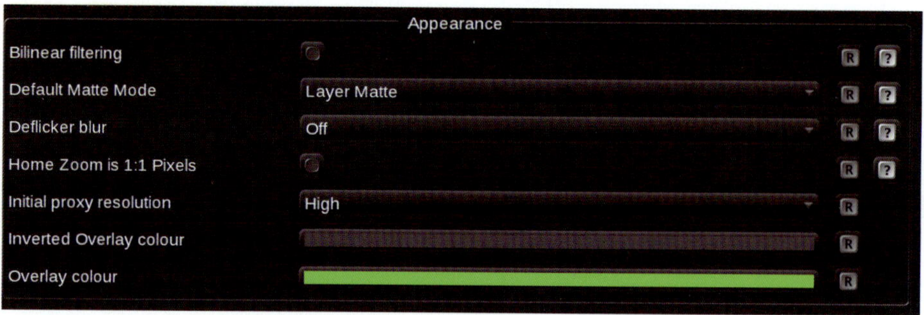

图 15-39　Appearance 面板

15.6 Cuts view，Gallery & Scratchpad（故事版、画廊和草稿）

1. General（通用）

（1）DBS Border Width：设置 DBS 的蓝色框粗细。

（2）Default Blackboard/Slate keypad mode：设置调色台数字键的默认功能，一般为 Scratchpad。

（3）Selection Sensitivity：选择缩略图的灵敏度，如图 15-40 所示。

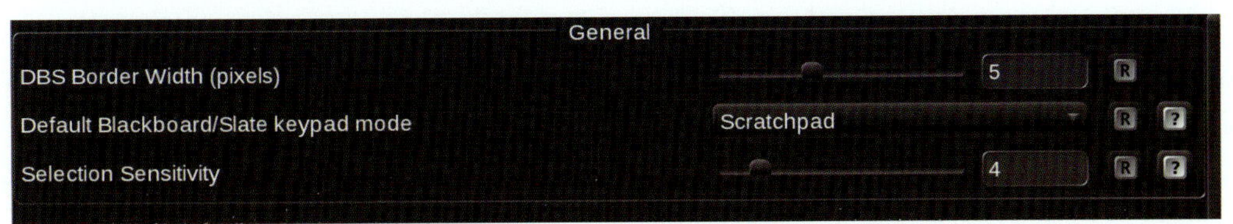

图 15-40　General 面板

2. Cut View（故事版）

（1）Allow Drag-drop Shot Movement：是否可以利用拖动方式在 Cutview 中移动镜头顺序。

（2）Lock DBS on playback：是否锁定回放时 Cutview 的 DBS。

（3）Lock Scrolling on playback：是否锁定回放时 Cutview 的滚动条，如图 15-41 所示。

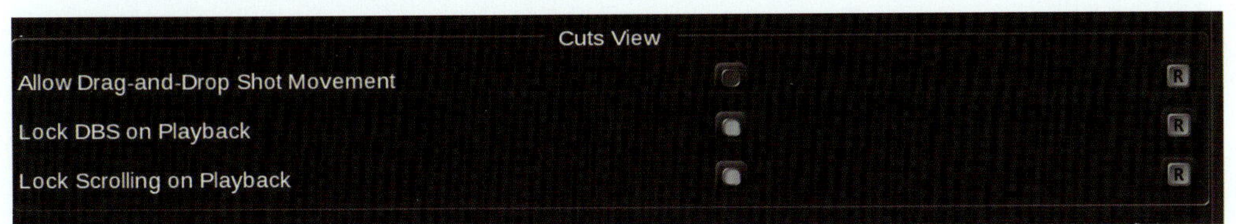

图 15-41　Cut View 面板

3. Gallery（画廊）

（1）Display UI Controls：是否显示 Gallery 控制界面，如图 15-42 所示。

（2）Gallery Directory：设置 Gallery 存放文件目录，系统会存放不同分辨率的图像数据文件作为 Gallery Job 中颜色效果的素材文件。

（3）Gallery Job：Baselight 的 Gallery 以 Job 的形式保存，Gallery Job 是一个特殊的 Job，以 baselight_gallery 命名，用户可以修改这个名字，如 baselight_gallery_4.4m 或者 baselight_gallery_5。这个 Job 里面的每个场景保存的是在不同 Job 里抓取的 Gallery 信息，以抓取的时间顺序排列，和普通场景的内容类似。新建 Job 和 Scene 时系统会提示建立相应的 Gallery。Gallery Job 里的场景可以单独打开，并可以将里面保存的 Gallery 镜头渲染输出。

（4）Allow Drag-drop Shot Movement：是否可以利用拖动方式在 Gallery UI 中移动镜头顺序。

图 15-42　Gallery 面板

4. Scratchpad（草稿）

Scratchpad Scene： 设置 Scratchpad 的场景文件，Scratchpad 实际是保存在 Gallery Job 下的一个 Scene，这个场景文件如果不存在将无法使用调色台 Scratchpad 的功能。要注意 localhost:baselight_gallery:%U_%Vscratchpad 中的 baselight_gallery 字段要与 Gallery Job 中的名称一致。Scratchpad scene 由系统自动生成，但是要先确定 baselight_gallery 的存在，否则无法建立相应的 Scratchpad scene，如果不能在调色台上使用 Scratchpad，一定和 Scratchpad scene 有关。Scratchpad 是一个在调色台上才能实现的功能，是非常有用的工具，如图 15-43 所示。

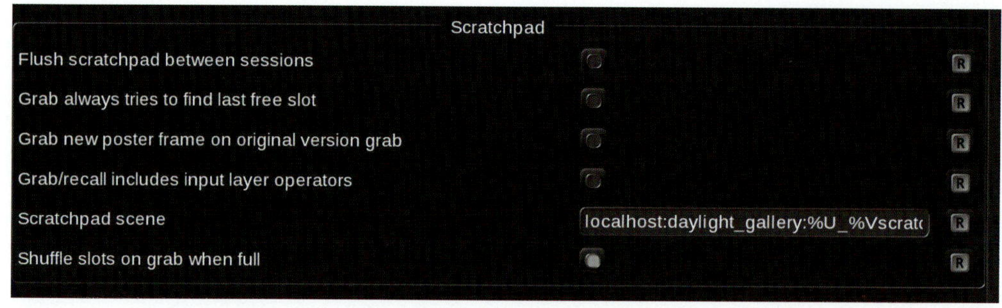

图 15-43　Scratchpad 面板

5. Cache（缩略图缓存）

（1）Baselight on-disk cache location for thumbnails： 设置缩略图缓存的路径，如图 15-44 所示。

（2）Maximum number of entries in on-disk thumbnail image cache：最大的缩略图文件个数。

（3）On-disk thumbnail image cache size： 缩略图缓存大小。

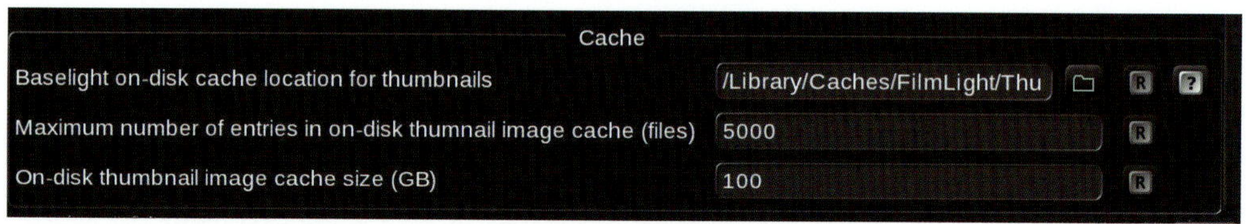

图 15-44　Cache 面板

15.7 本章小结

本章讲解了如何在 Baselight 设置系统预设，用户可以根据自己的喜好和工作需求对预设进行设置，提高工作效率，了解 Baselight 的系统预设对于更好地设置和使用 Baselight 是非常重要的。

第16章

Baselight Editions插件

本章导读

除了Baselight主调色系统，FilmLight还开发了可以用于剪辑和视效制作环节的Baselight插件，即Baselight Editions for Avid，Baselight Editions for Nuke，Baselight Editions for Flame。在Avid MC和Nuke或者Flame中可以打开Baselight的调色界面，使用完整的Baselight色彩管理及调色技术对画面进行调色处理，调色完成后可以输出画面或者输出BLG文件提供给其他FilmLight产品使用。由于条件所限，本书我们只介绍Baselight for Avid的具体使用。以前FilmLight还开发了针对Final Cut Pro的插件，但是由于Final Cut Pro停止开发，FilmLight也中止了对该插件的支持。

学习要点

◇ Baselight Editions简介
◇ Baselight Editions for Avid界面
◇ Baselight Editions for Avid菜单中英文对照
◇ Avid与Baselight的元数据及影调互通方式

16.1 Baselight Editions简介

16.1.1 Baselight Editions for Avid

Baselight Editions for Avid 插件的主要作用是在 Avid 剪辑系统中使用 Baselight 先进的调色工具和色彩管理系统，无须渲染就可以在 Avid 里快速得到使用 Baselight 调色完成的影调并在插件中直接进行修改，或者直接在 Avid 里使用这个插件进行调色操作并渲染出片。

这个功能省去了必须输出实体文件才能在剪辑系统中获得调色版本的时间和工作量，极大的方便了各部门之间的协同操作。这些调色操作可以通过 AAF 文件或者 BLG 文件进行传送还原，操作是自动且双向的，如图 16-1 所示。

图 16-1　Baselight for Avid 工作界面

主要功能：

◎以标准的 AVX 插件形式使用。

◎通过输入缓存（Input Cache）实现实时播放。

◎无须购买许可就可以读取或者渲染带调色的效果。

◎在单一的 MC 效果层中可以实现无限的一级和二级调色。

◎完整的 Baselight 调色工具，包括 Base Grade，Film Grade，Video Grade 等。

◎可添加包括 Texture Equaliser，Boost Contrast，Denoise 等效果层。

◎内置使用 HSL，RGB，亮度和 3D 的抠像工具，结合无限的可动画的贝赛尔曲线 Shape 一起使用。

◎综合全面的蒙板（Matte）精细调整工具。

◎所有参数的关键帧动画操作。

◎加强的即时影调调用和比较草稿（Scratchpad）功能。

◎自动的一点、两点和透视面跟踪功能。

◎在调色层间进行不同程度、不同模式的融合。

◎快速的将整体调色效果切分，可以方便地对个别镜头进行单独调整。

◎当前 Avid 视频轨中提供 Baselight 效果的镜头排布。

◎是完整的端到端的 FilmLight 工作流程的一部分。

◎所有的调色层和其他操作，包括关键帧可以通过 AAF 的导出和导入在其他 Avid 和 Baselight 系统中进行元数据交换。

◎完整支持 BLG 文件的导入导出。

◎使用 Lens 实现实时的和可读写的 BLG 文件自动导入。

◎最精确的色彩管理系统 Truelight Colour Space。

◎工作界面提供层和遮罩的可交互的选择和观看。

◎内置精准的直方图和 GPU 示波器。

◎支持 Slate 调色台，Avid Artist Color 和 Tangent Element & Wave 调色台。

图 16-2 解释了可以通过 AAF 或者 BLG 的方式在 Baselight for Avid 中使用 BLG Lens 将来自 FilmLight 不同产品的 BLG 文件导入或者导出，实现影调和元数据的互通。

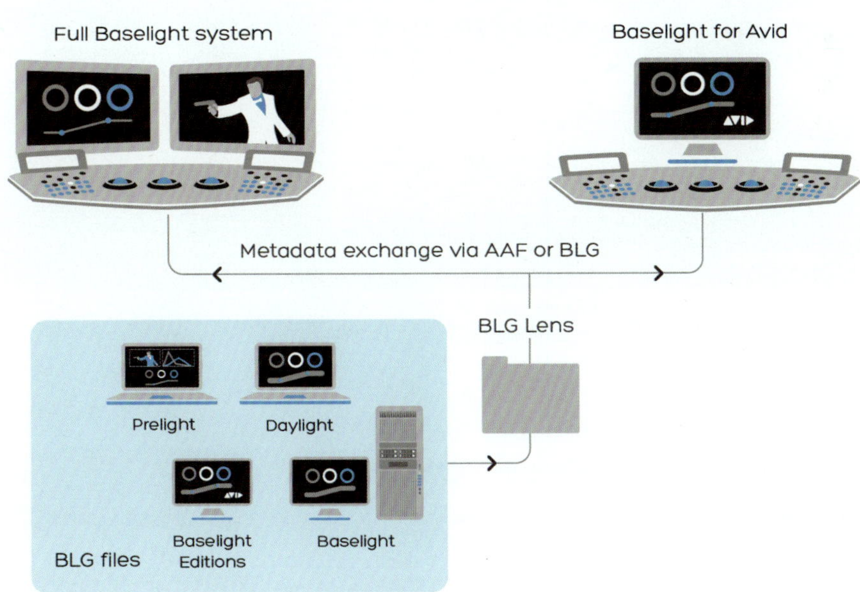

图 16-2　Baselight for Avid 工作流程

16.1.2 Baselight Editions for Nuke

Baselight Editions for Nuke 插件的主要作用是在 Nuke 合成系统中使用 Baselight 先进的调色工具和色彩管理系统。

解决视效制作环节和调色环节色彩管理流程统一问题，让视效制作人员可以在 Nuke 中套用并观看调色师设定的影调，也可以进行修改，了解调色师和导演的创作意图，根据影调进行后期合成操作。比如说，如果在 Nuke 中准确还原 Baselight 调色系统中的影调，就可以有针对性的对抠像，背景替换和 CG 合成部分进行准确的颜色控制，让合成的部分与整体影调更加和谐统一，简化视效部门与调色部门的数据交换，减少反复修改的过程，统一色彩管理流程，提高工作效率，如图 16-3 所示。

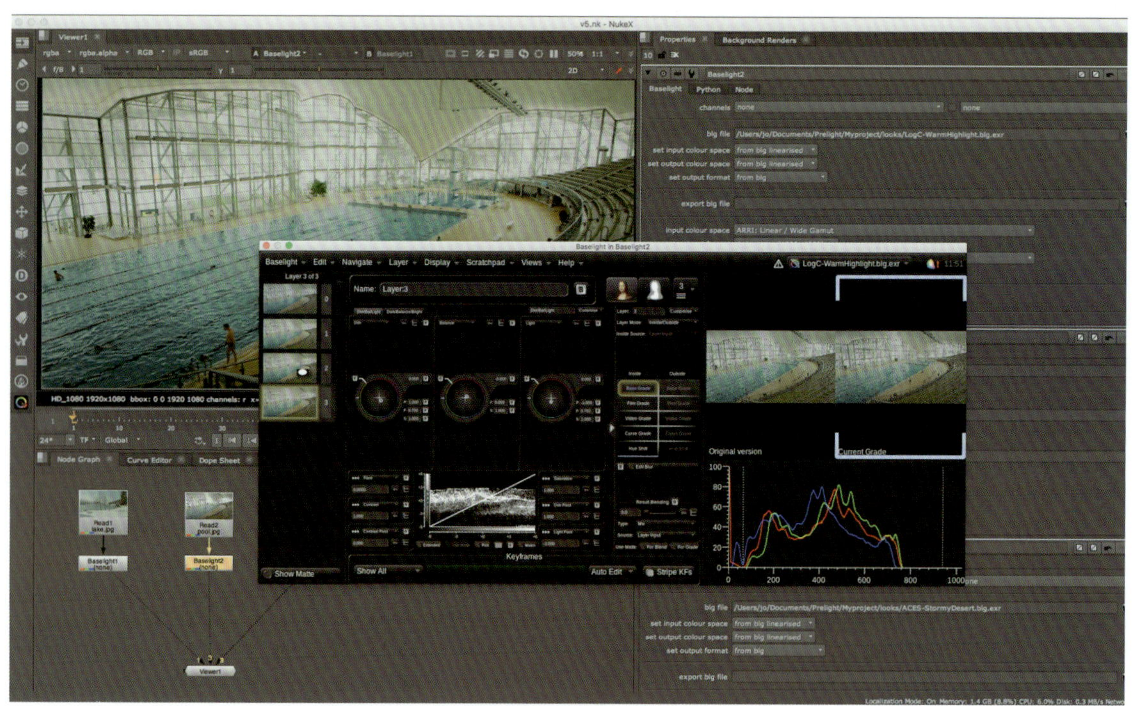

图 16-3　Baselight for Nuke 工作界面

主要功能：

◎无须购买许可就可以读取或者渲染带调色的效果。

◎在单一的效果层中可以实现无限的一级和二级调色。

◎完整的 Baselight 调色工具，包括 Base Grade，Film Grade，Video Grade 等。

◎可添加包括 Texture Equaliser，Boost Contrast，Denoise 等效果层。

◎内置使用 HSL，RGB，亮度和 3D 的抠像工具，结合无限的可动画的贝赛尔曲线 Shape 一起使用。

◎综合全面的蒙板（Matte）精细调整工具。
◎所有参数的关键帧动画操作。
◎加强的即时影调调用和比较草稿（Scratchpad）功能。
◎在调色层间进行不同程度不同模式的融合。
◎完整支持 BLG 文件的导入导出。
◎最精确的色彩管理系统 Truelight Colour Space。
◎工作界面提供层和遮罩的可交互的选择和观看。
◎内置精准的直方图和 GPU 示波器。
◎支持 Slate 调色台，Avid Artist Color 和 Tangent Element & Wave 调色台。
◎是完整的端到端的 FilmLight 工作流程的一部分。

图 16-4 解释了可以通过施加、导出 BLG，调色或者渲染实体文件的方式在 Baselight for Nuke 和其他 FilmLight 产品之间进行数据交换，实现影调和元数据的互通。

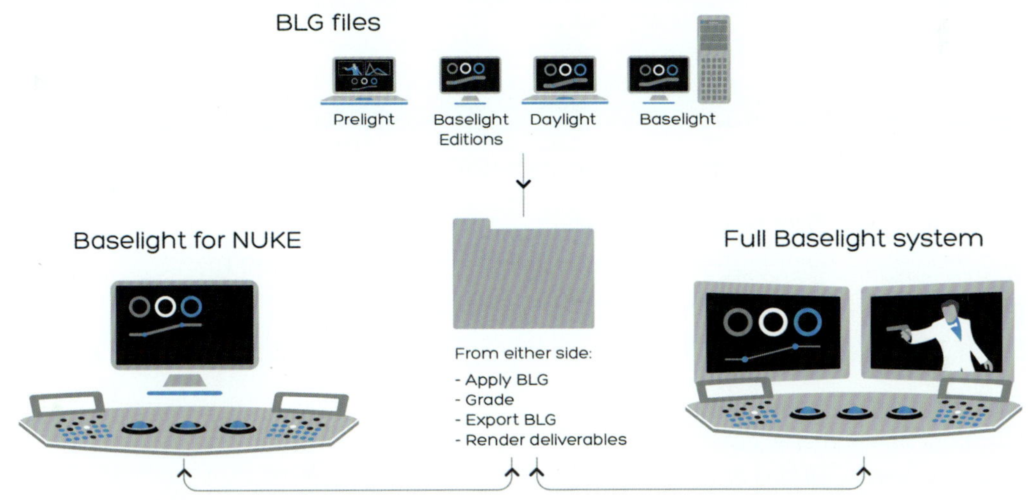

图 16-4　Baselight for Nuke 工作流程

16.2 Baselight Editions for Avid具体讲解

16.2.1　界面

Baselight Editions for Avid 的界面和完整版 Baselight 很接近，基本上只是布局上的改变，用户也可以通过设置自己 Workspace 定义为适合自己的工作界面，定义的方法和完整版的 Baselight 相同。界面的如图 16-5 所示。

图 16-5　Baselight Editions for Avid 界面

① 菜单区，可以选取不同的菜单命令。

② 分层视图区，可以观看调色的图层，类似于完整版的时间线堆栈。

③ 参数设置区，进行素材和所有调色及效果操作设置。

④ Lens 设置区，可以设置 Lens 进行自动的 BLG 匹配，类似于完整版 Baselight 的 Multi-paste。

⑤ Colour Space Journey 提示栏，可以单击打开 Colour Space Journey。

⑥ 图像显示区，如果外接视频卡，在图形界面上看不到图像显示。

⑦ 示波器及直方图显示区。

⑧ 显示设置区，类似于完整版 Baselight 的 Cursor 播放头设置，最右侧的区域可以定义不同的 SDI 输出方式以匹配连接的监视设备（由于本例没有外接视频卡，图中为 No Conversion）。

⑨ 简化版时间线，了解当前时间线的镜头个数和长度。

⑩ 播放控制区，包含镜头的筛选设置。

16.2.2　Baselight Editions for Avid菜单中英文对照

插件的菜单和完整版的 Baselight 菜单基本一致，为方便读者使用，将大部分菜单进行了中文翻译。菜单中的有些功能需要配合 Baselight 调色台或者数字键盘才能实现，如 Scratchpad 草稿。

1. Baselight

About Baselight	关于 Baselight 版本	Slate Setup	Slate 调色台设置
Release History	发布历史	Slate Reconnect	Slate 调色台重新连接
License	许可	Chalk – For Slate	自定义调色台按键
Check For Updates	检查更新	Fast Image Access	快速访问图像，默认为打开
Save	保存场景	Verbose Logging	是否提供更多的系统日志便于检测
Preferences	系统偏好	Close	关闭插件界面

2. Edit编辑

Undo	回退上一步	Name	名称
Redo	重复上一步	Reel	卷
Always Restore Cursor	回退或者重复后恢复播放头位置	Source File	原始文件
Copy Layer	复制层参数	Tape	卷
Copy Stack	复制堆栈	Direction	匹配方向
Paste Over Current Layer	粘贴覆盖当前层参数	Backwards & Forwards	向前和向后
Paste Under Current Layer	在当前层之下粘贴	Backwards	仅向后
Paste Keyframes	粘贴关键帧	Forwards	仅向前
Apply	施加效果到当前镜头	Subdivide at Current Frame	在当前帧对施加了 Baselight 效果的 Filler 轨进行剪切
Apply to Other Shots	施加效果到其他镜头	Subdivide at Surrounding Edits	对施加了 Baselight 效果的 Filler 轨的前后镜头切点进行剪切
Apply Options	效果施加选项	Subdivide at All Edits	对施加了 Baselight 效果的 Filler 轨的所有镜头切点进行剪切
Mode	施加模式	Reset Parameters	重置参数
Replace	替换	Copy Parameters	复制参数
Below	追加	Paste Parameters	粘贴参数
Merge	合并	Gestural Editing	手势调色
Protect Existing Layers	保护现存效果层	Numeric Keypad Mode	数字键盘默认模式
Overwrite Input Layers	覆盖输入素材层	Grading	调色（可通过数字键盘调色）
Match by	匹配方式	Scratchpad	草稿（可通过数字键盘储存影调，默认项）
All Shots	所有镜头	Keyframe Auto Edit	关键帧自动编辑
Camera	摄影机	Keyframe Edit Left	向左编辑关键帧
Camroll	卷号	Keyframe Edit Right	向右编辑关键帧
Disk Label	硬盘标签		

3. Navigate 导航

Scene Home	场景头	Prev Frame	前一帧
Scene End	场景尾	Next Frame	后一帧
Prev Shot	前一个镜头	Prev Field	上一场
Next Shot	后一个镜头	Next Field	下一场
Prev Shot Tail	前一个镜头尾	Prev Keyframe	前一个关键帧
Next Poster	后一个故事版	Next Keyframe	后一个关键帧
Prev Poster	前一个故事版	Up One Layer	移动到上一层
Prev Shot Matching Filter	符合匹配条件的前一个镜头	Down One Layer	移动到下一层
Next Shot Matching Filter	符合匹配条件的后一个镜头	Play Backwards	向前播放
Prev Poster Matching Filter	符合匹配条件的前一个故事版	Stop	停止
Next Poster Matching Filter	符合匹配条件的后一个故事版	Play Forwards	向后播放
Navigation Filter	镜头播放过滤条件	Toggle Loop/Bounce	开启循环 / 反弹
Shot Head	镜头头	Bypass All	屏蔽所有层
Shot Tail	镜头尾	Bypass Operator	屏蔽操作

4. Display显示

1×1 Current Grade	显示当前调色层	Bilinear Filter	双线性过滤
2×1 Current Grade vs Bypass All	显示原始和当前效果对比	Rotation	旋转画面
Wipe	划像方式显示	Toggle Clip Alarm	显示剪切警告
Anaglyph Mode	分析模式	Show Both Fields When Stopped	当停止的时候显示上下两场画面
Full Screen Image	显示完整图像	Zoom/Pan Ganging	放大位移同步
Show Playback fps	显示播放速率	Home Zoom	恢复原始缩放
Take Snapshot	抓取快照	Home Zoom is 1 ： 1 Pixels	1 ： 1 像素原始缩放
Clear Snapshot	清除快照	Fit Information Text to Home Area	适配文字显示

5. Layer层

Toggle Matte Display	打开蒙板显示方式	Toggle Layer Output Display	切换为选择层显示模式
Cycle Matte Display Mode	切换不同的蒙板显示方式	Hide Grade/Matte Operators	隐藏调色 / 遮罩操作

6. Scratchpad草稿

Numeric Keypad Mode For Scratchpad	数字键盘默认模式	Grab into Next Free Slot	抓到另一个空闲的槽位
Show Versions	显示版本	Recall From Slot	从某个槽位提取影调
Compare Versions	比较版本	Recall From Original Version	恢复到原始版本
Compare Arrangement	版本比较方式，划像 / 并列	Recall Auto-Grab Version	恢复到自动抓取的版本
Display Grabbed Image	显示抓取的图像	Reall Previous Version	恢复到之前版本
Select Page	选择某个 Scratchpad 页	Recall Next Version	恢复到下一版本
Next Page	下一个 Scratchpad 页	Delete Slot	删除槽位
Prev Page	上一个 Scratchpad 页	Delete All Slots From Page No.	从某一页中删除所有槽位
Grab to Slot	抓到 Slot（指一个槽位）存储影调		

7. Views观看

Colour Space Journey	色彩空间流转图	Play Controls	播放控制
Cursor	播放头	RGB Parade	RGB 示波器
Histogram	直方图	Vectorscope/Chromaticity	矢量 / 色度图
Layers	层显示	Y’ CbCr Parade	Y’ CbCr 示波器
Luma Waveform	亮度示波器	New Workspace	新的工作区
Message Log	信息日志	Manage Workspace	管理工作区
Metadata	元数据	Standard	标准工作区
Parameters	参数区	Classic	经典工作区

8. Help帮助

Keyboard Shortcut	键盘快捷键	Third-Party Software License	第三方软件许可
User Guide	使用说明书	Release History	发布历史记录
Slate User Guide	调色台使用说明书		

9. Lens

BLG:	BLG:	BLG Lens:	BLG Lens 设置 :
Load BLG	导入 BLG	Default Lens	默认 Lens
Reload BLG	再次导入 BLG	Activate	激活 Lens
Use BLG’ s Source Image	使用 BLG 的源图像	Reload	再次载入 Lens
Save BLG	保存 BLG	Lens Settings	Lens 设置
Save As BLG	另存为 BLG	Save New Version	保存新的版本

16.3 Avid与Baselight的影调互通方式

Baselight Editions for Avid 主要是通过 AAF 文件和 BLG 文件和 Baselight 进行数据交换，将色彩在不同系统中进行还原。通常，Avid 都会对源文件进行转码，并对转码后的 MXF 文件进行剪辑处理，本书只介绍如何对转码后的文件在 Avid 和 Baselight 里进行调色和输出。Avid 也可以使用 AMA Link 的模式对素材进行引用，Baselight Editions for Avid 同样也支持这种方式。

16.3.1 剪辑版本在Baselight中的套底

Avid 剪辑完成之后，导出 AAF 文件，在 Baselight 的 EDL Import 里就可以读取 AAF 文件，并指定素材的位置，本例在 Baselight 中引用的是 Avid 转码后的 MXF 文件，因此素材路径指向的是 Avid MediaFiles。和 XML 文件一样，也可以在 Baselight 里导入 AAF 文件中的叠化、变速、变形等信息，打开 Apply Image Transforms 选项并将 Transform 指定为之前定义好的类别（Category），如图 16-6 所示。

图 16-6 设置 Apply Image Transforms 选项

导入 Baselight 的时间线，如图 16-7 所示。可以看到片头的渐显、镜头的位移、变速和叠化都已经正确导入 Baselight 的时间线。现在就可以进行调色操作了。

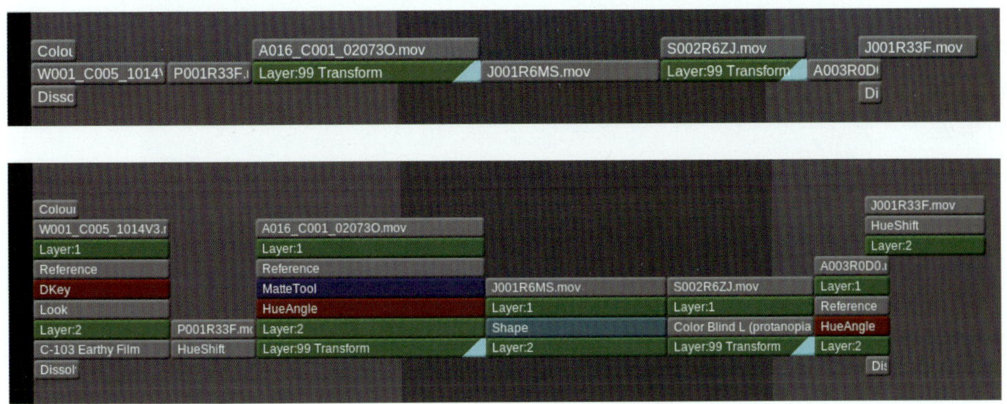

图 16-7　导入 Baselight 时间线

16.3.2　调色完成后更新AAF文件

当调色完成之后，就可以打开 Baselight 菜单 Views 下的 Shots 对话框，单击导出 EDL 表（Export EDL），在对话框中选择 Update Avid AAF with Baselight grades，如图 16-8 所示。请注意：这种方式只针对装有 Baselight Editions for Avid 插件的 Avid 用户，此方法对于没有购买完整插件许可的用户也有效，只是不能在 Avid 里打开 Baselight 界面，不能进行修改，但是可以看到影调和输出，如图 16-9 所示。

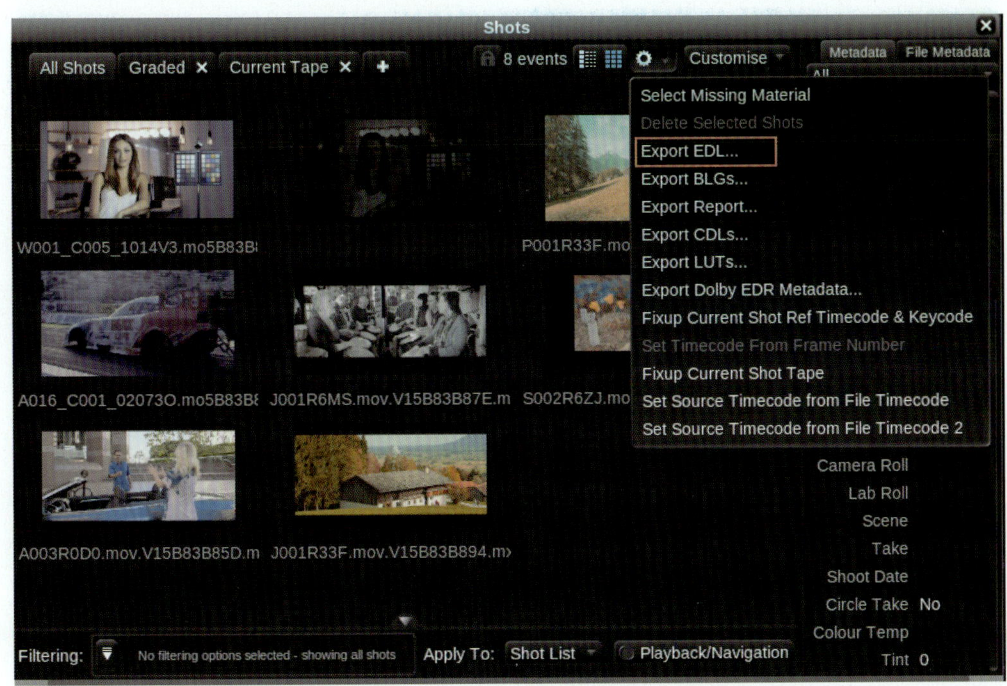

图 16-8　单击导出 EDL 表（Export EDL）

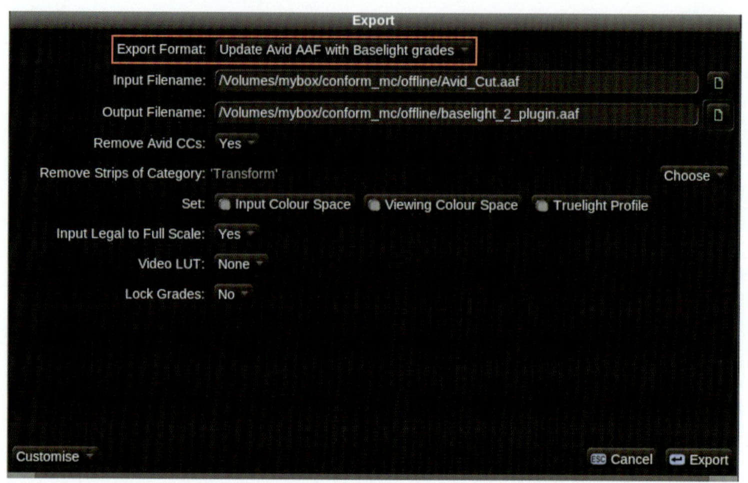

图 16-9　选择 Update Avid AAF with Baselight grades

图 16-9 中 Input Filename 指的是套底的原始 AAF 文件，Output Filename 指的是携带有 Baselight 调色信息和影调的改写之后的 AAF 文件。去掉了 Avid CCs 效果，即 Avid 本身的色彩校正信息，将 Remove Strips of Category 设置为 Transform 类别（Category），即将在 Baselight 套底得到的 Transform 层移除，因为只想将颜色导出到 Avid，然后使用 Avid 本身的位移变形效果对画面进行改变。

在 Set 中勾选了 Input Colour Space、Viewing Colour Space 和 Truelight Profile，即将所有在 Baselight 设置的色彩空间转换完整转移到 Baselight Editions for Avid 插件之中，本例中 Baselight 的场景建立使用了 FilmLight Template 模版。

Input Legal to Full Scale 设置为 Yes，即将视频文件进行了从 Legal 到 Full 的转换。Video LUT 设置为 None，因为本例使用的笔记本没有外接视频卡，使用了 No Conversion 模式，如果通过视频卡输出到高清监视器，可以将 Video LUT 设置为 Full to Legal Scale 或其他。将 Lock Grade（是否锁定调色层）设置为 No。设置完成之后，点按右下角 Export 导出 AAF 文件。

生成完 AAF 文件之后，就可以在 Avid 中导入这个 AAF 文件，同时将色彩还原。如果需要，也可以在 Avid 中打开 Baselight 的界面，对调色的过程进行修改，如图 16-10 所示。

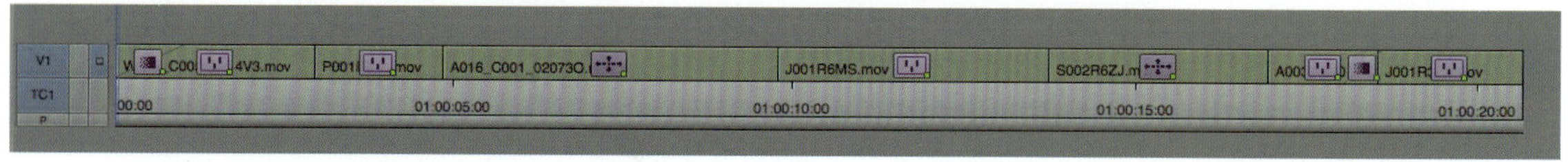

图 16-10　调色过程修改

这种方式是最简单直接从 Baselight 向 Avid 传输调色数据的方法，无须渲染实体文件就可以把色彩快速的转递给 Avid，Avid 可以利用 Baselight Editions for Avid 插件观看调色效果并根据情况对 Baselight 的调色进行修改，然后直接出片。

★实操演示：

本节内容的具体操作请参看随书教学录像。

16.3.3　调色完成后在Avid里导入BLG文件或使用Lens

除了导出 AAF 文件外，用户也可以使用输出 BLG 文件的方式向 Avid 传输调色信息，单击菜单 Views，打开 Shots 对话框，单击 Export BLGs，如图 16-11 所示。用户可以根据情况对导出 BLG 进行设置，关于导出 BLG 的具体讲解请参考相关章节，如图 16-12 所示。

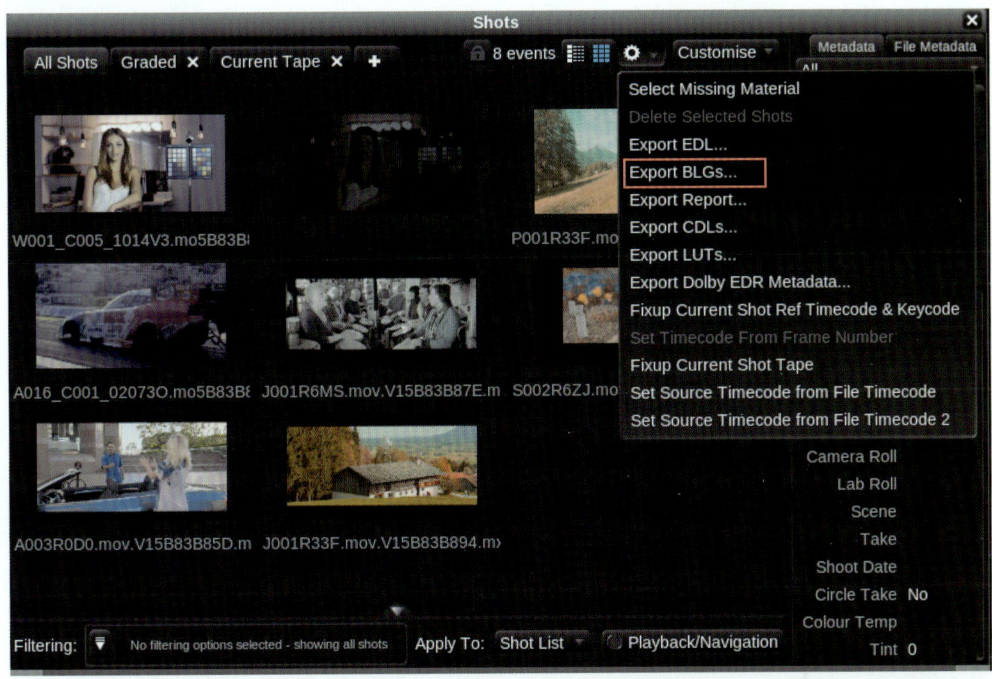

图 16-11　选择“Export BLGs”

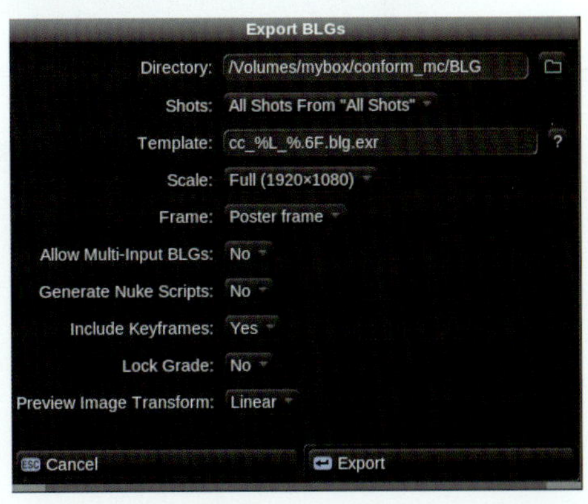

图 16-12　设置“Export BLGs”参数

BLG 文件生成之后，用户可以给 Avid 时间线添加一个 Filler 层，统一添加 Baselight 效果，然后打开插件中的 Baselight 界面，使用插件中的 Lens 工具自动将 BLG 套对到 Filler 层上。如果需要，也可以使用 Edit 菜单下的 Subdivide at All Edits 将 Filler 层按照镜头剪切，然后单独对每个镜头进行调整，如图 16-13 所示。

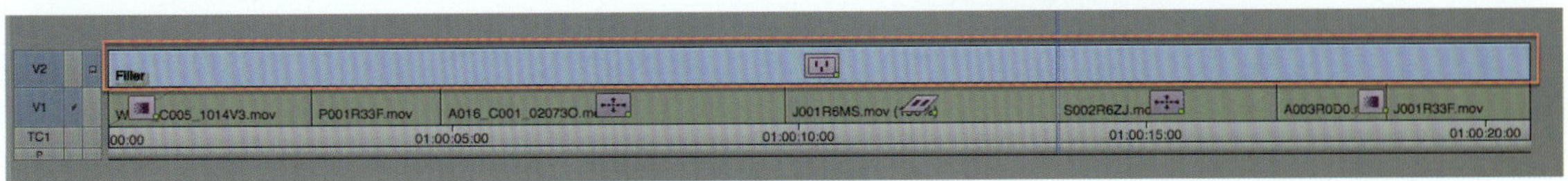

图 16-13　镜头调整

用户可以单独导入BLG文件，也可以通过Lens Settings对多个BLG文件进行自动套对，用户需要设置BLG文件的存储路径，设置自动匹配BLG的条件，对Input Video LUT、Viewing Video LUT和Input Colour Space，Viewing Colour Space和进行设置，本例中不进行修改，完全根据BLG文件的属性设置，也就是跟随Baselight调色系统的设置，如图16-14所示。Lens的功能类似于Baselight里的Multi-Paste工具。Lens Settings设置完成之后，就可以单击Activate激活设置，并让系统自动匹配BLG文件，实现色彩的还原，如图16-15所示。

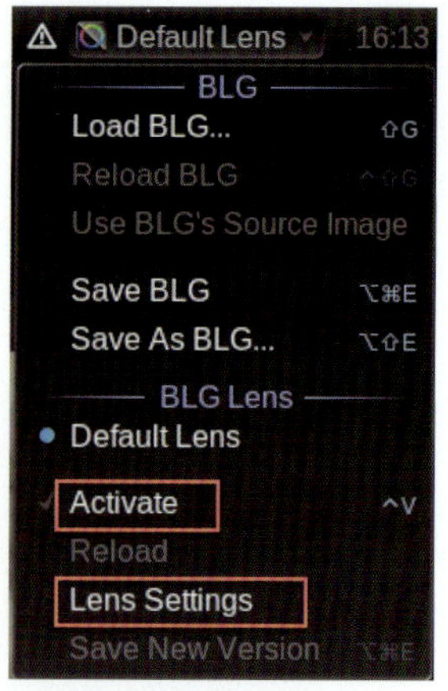

图16-14　设置自动匹配BLG

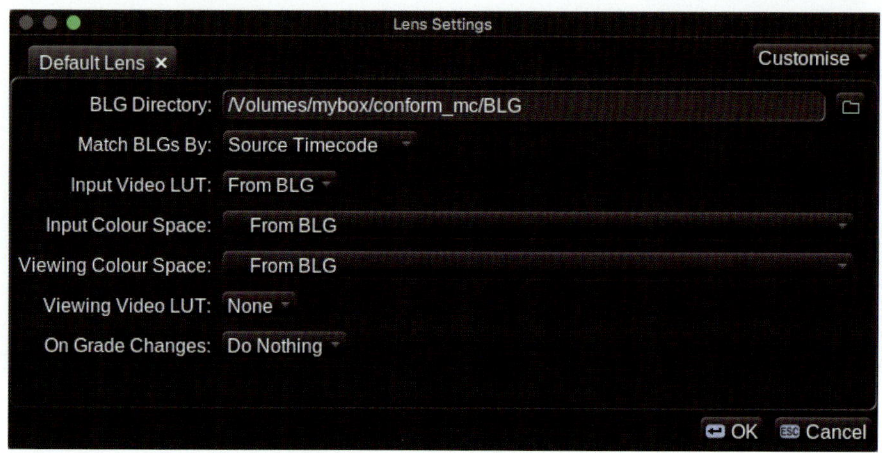

图16-15　设置Lens Settings

★实操演示：

本节内容的具体操作请参看随书教学录像。

16.3.4　调色完成后输出视频文件并修改AAF文件

对于使用Baselight套底调色完成的时间线，用户也可以渲染生成视频文件，然后让系统更新AAF文件，将新的AAF中对视频文件的指向改为由Baselight渲染完成的视频文件。Avid导入新的AAF文件，得到调色完成的时间线。

需要注意的是，在渲染视频文件之前，用户需要使用Timeline Sort将原时间线的叠化、变速、Transform等效果消除，还原为原始长度的镜头，也可以根据情况留出适当的Handles（富裕量）。用户可以直接使用Timeline Sort下的Avid AAF Rendering或者设置Movie Rendering对时间线进行整理，关于Timeline Sort的具体讲解，请参考相关章节和视频教程。

在本例中，将 Transform 类别的条带移除，设置了前后 5 格的 Handles，并在原始出入点上设置 Mark 点，如图 16-16 所示。

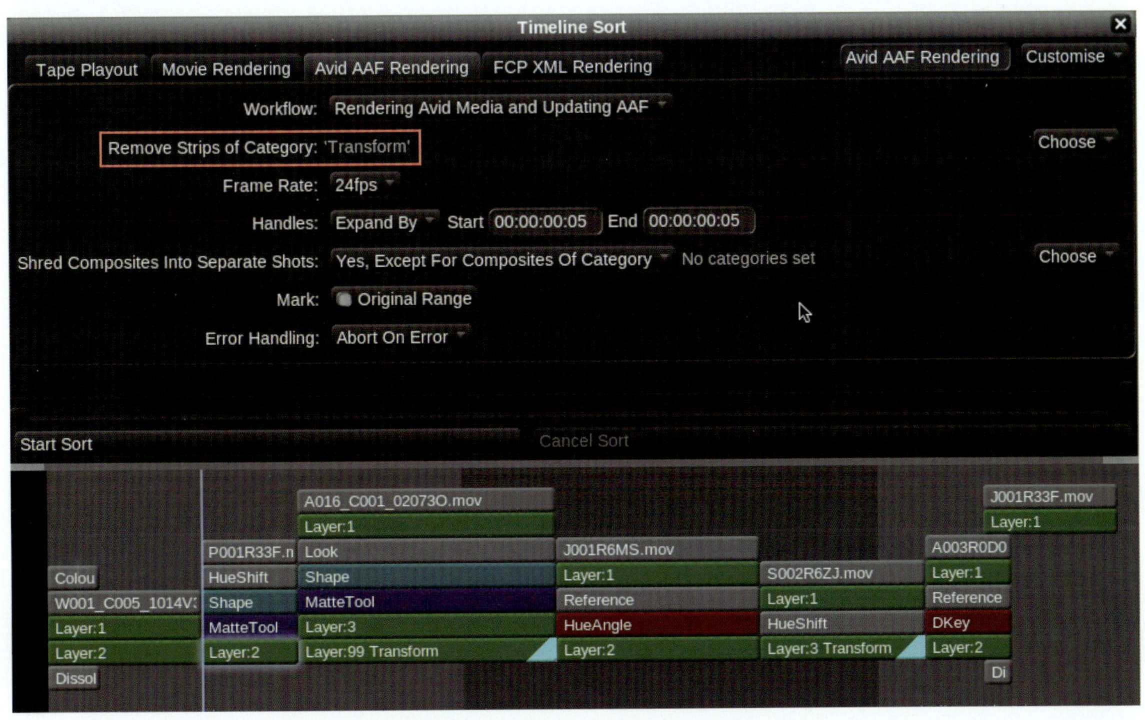

图 16-16 设置 Transform 类别

Timeline Sort 操作执行完毕之后，可以看到时间线已经被整理为独立的镜头，接下来就可以进行渲染操作了，如图 16-17 所示。

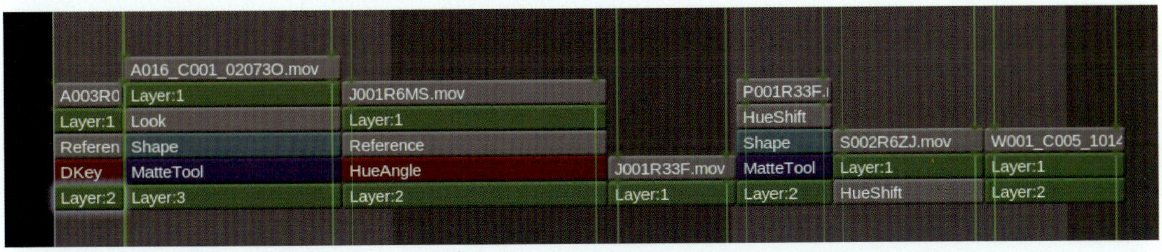

图 16-17 时间线独立镜头

选择 QT for Approval 这个预设，当然，也可以对其他预设进行修改得到同样的输出结果，关于渲染的讲解请参考相关章节和视频教程。在本例中，选择输出文件为 MXF 文件，点按 Modify AAF（修改 AAF），只有点按了这个按键，才能让 Baselight 对之前套底的 AAF 文件进行修改。将输出路径设置到 Avid MediaFiles/MXF/4 下，文件的名称由系统自动在原文件名上加后缀，系统显示将修改后的 AAF 文件命名为 Avid_Cut~new.aaf，如图 16-18 所示。

渲染完成之后，可以看到系统在 Queue Monitor（任务队列）中看到渲染完成并对 AAF 文件进行了修改，如图 16-19 所示。

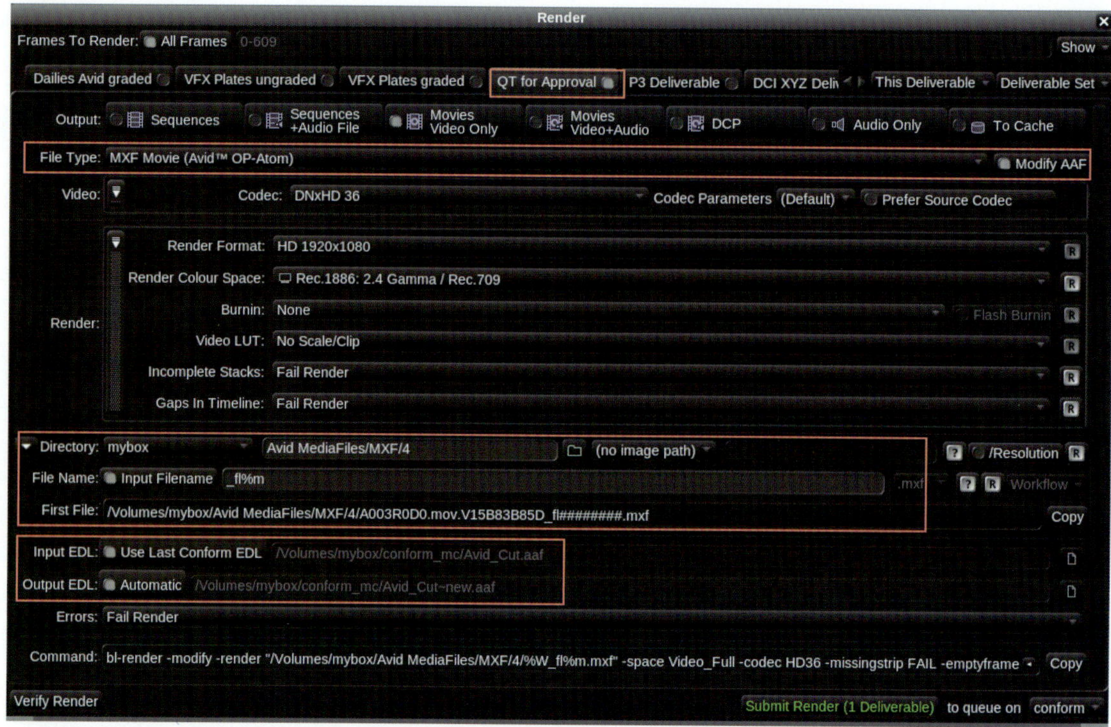

图 16-18　选择 QT for Approval 预设

Queue Monitor

Rendering On conform　　Background Caching

Monitor Operations On: conform　　Queue on conform is being processed (version 5.1.10898)

Current　Archived　　Operations Queue

Operation	Status	Progress/Remaining	Last Action
Erase 1 sequence (43 frames), 263.0 MB	Done		Erase /Volumes/myl
Render localhost:5.0:book_mc_footage	Done		Close P001R33F.m
Render localhost:5.0:book_baselight_2_avid	Done		Update AAF

Selected Operation

bl-render -modify -render "/Volumes/mybox/Avid MediaFiles/MXF/4/%W_fl%m.mxf" -space Video_Full -codec HD36　Copy

Log

Date & Time	Frame	Message	Detail
2018-09-02 20:29:50		Operation created	Created on mac.conform.filmlight.ltd.uk
2018-09-02 20:29:52		Picked up operation	Baselight 5.0.10184 on mac.conform.filmlight.ltd.uk
2018-09-02 20:29:52		Started pre-render	Pre-render service on mac.conform.filmlight.ltd.uk
2018-09-02 20:29:55		Pre-render complete	Pre-render service on mac.conform.filmlight.ltd.uk
2018-09-02 20:29:55		Started operation	Baselight on mac.conform.filmlight.ltd.uk
2018-09-02 20:30:20		AAF updated	7 clips modified OK
2018-09-02 20:30:20		Operation completed	
2018-09-02 20:30:20		Operation compacted	

图 16-19　查看 Queue Monitor（任务队列）

在 Avid 中，就可以导入 Avid_Cut~new.aaf 文件，在 Avid 时间线上还原 Baselight 的调色效果，如图 16-20 所示。

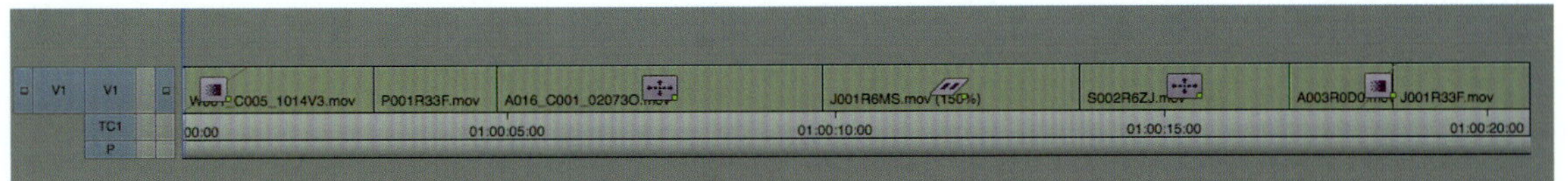

图 16-20　还原 Baselight 的调色效果

★实操演示：

本节内容的具体操作请参看随书教学录像。

16.4 本章小节

本章主要介绍了 Baselight Editons 插件和 Baselight Editons for Avid 的使用，用户可以通过这个插件实现 Avid 和 Baselight 的调色效果交换，剪辑可以快速得到调色完成的画面。调色师可以利用这个插件配合剪辑的工作，剪辑师也可以使用这个插件进行比 Avid 本身的调色工具更完善的调色操作。在 FilmLight 官网上有具体的关于 Baselight Editons for Avid 的使用视频教程，读者可以自行下载观看。

第17章

菜单中英文对照

本章导读

本章主要提供给读者Baselight菜单的中英文对照，方便读者检索使用。

学习要点

◇ 菜单中英文对照

17.1 菜单中英文对照，以Linux版本Baselight5.1为准

1. Baselight

About Baselight	关于当前 Baselight 版本	BB/Slate Setup	设置调色台敏感度和背光亮度
Release History	软件版本更新记录	BB/Slate Reconnect	再次连接调色台
Preferences	系统偏好	Chalk-for BB/Slate	自定义调色台功能键
Formats	格式编辑器	Minimize	最小化应用程序
Manage Colour Space	显示隐藏色彩空间列表	Exit	退出应用程序
Setups	打开 bl-setups		

2. Scene

Job Manger	工程管理器	Clear Undo History	清除 Undo 历史记录
EDL Import	EDL/XML/AAF 套底	Close	关闭场景
Save	保存场景	Prepare for Review	生成缓存准备预览
Save as	场景另存为		

3. Edit

Undo	Undo 操作	Toggle Split/Join Strips	剪开条带
Redo	Redo 操作	Join Adjacent Stacks	合并条带
Always Restore Cursor Position on Undo/Redo	Undo/Redo 之后永远恢复 Cursor 的位置。	Edit Type	剪辑类型
Copy Strips	复制条带	Start	入点
Smart Copy Strips	智能复制条带	Start & End	整个条带
Paste Stack	粘贴堆栈参数	End	出点
Paste Stack Grouped	成组粘贴堆栈参数	Edit Mode	剪辑模式
Smart Paste Stack	智能粘贴堆栈参数	None	无
Smart Paste Stack Grouped	成组智能粘贴堆栈参数	Overlap	重叠
Paste Strips at Cursor	在 Cursor 处粘贴条带	Ripple	卷
Paste Strips at Cursor Grouped	成组在 Cursor 处粘贴条	Rolling	滚动
Multi-Paste	多重粘贴	Close Gap	清除当前 Cursor 时间线缺口
Paste Keyframes	粘贴关键帧	Close All Gaps	清除时间线所有缺口
Copy – Paste / Apply options	调色层复制—粘贴 / 施加选项	Combine/Separate Stereo Stacks	合并 / 分开立体堆栈
Below	追加	Cleanup Stack on Strip Removal	删除条带后自动整理堆栈

Replace	替换	Align Timeline Vertically	时间线垂直对齐到底
Merge	合并	Reset Parameters	重置条带参数
Deselect after Copy	复制后不再选择	Copy Parameters Values	复制参数
Deselect after Paste	粘贴后不再选择	Paste Parameters Values	粘贴参数
Include Layer0 Operations	包含 Layer0 的操作设置	Edit Strip Name	修改条带名称
Retain Bypass in Destination	在目标中保持屏蔽	Gestural Editing	使用手势调色
Protect Destination Mattes	保护目标镜头遮罩	Numeric Keypad Mode	定义数字键盘用于
Protect Existing Destination Layers	保护现存的目标层	Grading	调色
Paste Only Primaries	只粘贴一级调色	Navigation	时间线跳转
Grouped Grading	打组，打组调色	Scratchpad	草稿
Grouped Grade Both Eyes	对双眼成组调色	Mark/Shot Categories	标记 / 类别
Sync Selected Stacks	同步选中堆栈，用于立体项目	Configure Mark/Shot Keypad Keys	配置数字键盘的标记类别属性
Sync Operator	同步效果层，用于立体项目	Keyframe Auto Edit	自动设置关键帧
Sync Audio	同步音频和视频	Keyframe Edit Left	当前修改改变左侧关键帧参数
Export Still	导出当前单帧	Keyframe Edit Right	当前修改改变右侧关键帧参数
Delete Strips	删除条带		

4. Select

Select All	选择全部	Select Stack Tops Right	选择右边所有堆栈的顶条带
Select None	空选	Select /Deselect All Shots	选择 / 不选择 Cutview 中所有镜头
Select at Cursor	选择当前 Cursor 的条带	Select Shots Before	选择当前 Cursor 左边 Cutview 中所有镜头
Select Strips Left	选择当前 Cursor 左边所有条带	Select Shots After	选择当前 Cursor 右边 Cutview 中所有镜头
Select Strips Right	选择当前 Cursor 右边所有条带	Deselect All Shots	空选所有镜头
Select Strips For Selected Shots	选择所选镜头的条带	Sync Strip Selections To Selected Shots	将条带的选择与 Shots 中的选择同步
Select All Layer Strips	选择所有条带	Select By Strip Category	通过条带类别选择
Select Strips of Specific Type	选择指定类型的条带	Category	首先选择不同的 Category
Select Stack	选择当前堆栈	Select None	全不选
Select All Stack Bottoms	选择所有堆栈底条带	Select All	全选
Select Stack Bottoms Left	选择左边所有堆栈的底条带	Select Strips	选择符合条件的条带
Select Stack Bottoms Right	选择右边所有堆栈的底条带	Select Stacks Containing Strips	选择包含该条带的堆栈
Select All Stack Top	选择所有堆栈顶条带	Select Shots	在 Cutview 和 Shots 中选择该镜头
Select Stack Tops Left	选择左边所有堆栈的顶条带	Select Grouped Grade Strips	选择成组的调色条带

5. Navigate

Set Poster Frame	设置故事版画面	Indicate Poster Frames	显示修改故事版帧暗绿标记点
Scene Home	场景头	Prev Keyframe	上一个关键帧
Scene Tail	场景尾	Next Keyframe	下一个关键帧
Strip Head	条带头	Up One Row	上一播放头 Curosr 行
Strip Tail	条带尾	Down One Row	下一播放头 Curosr 行
Next Cut	下一个剪辑点	Up One Layer	上一调色层
Prev Cut	上一个剪辑点	Down One Layer	下一调色层
Next Poster	下一个故事版帧	Up One Stack	上一个堆栈
Prev Poster	上一个故事版帧	Down One Stack	下一个堆栈
Next Ungraded Shot	下一个未调色镜头	Play	播放
Prev Ungraded Shot	上一个未调色镜头	Reverse	反向播放
Next Mark	下一个标记点	Toggle Loop/Bounce	正向循环 / 反弹循环
Prev Mark	上一个标记点	Play Entire Scene	播放整个场景
Next Frame	下一帧	Play Between Marks	只播放标记间段落
Prev Frame	上一帧	Play Current Shot	只播放当前镜头
Next Field	下一场	Play Cuts View Selection	只播放故事版中选择镜头
Prev Field	上一场	Play Review Range	按照系统预设的长度播放当前 Cursor 的前后段落
Next Layer Strip	选择下一个条带	Bypass All	屏蔽所有操作条带
Prev Layer Strip	选择上一个条带	Bypass Selected Strips	屏蔽所选条带
Shot Audio Start	镜头音频起始点	Bypass Operator	屏蔽所选工具
Shot Audio End	镜头音频终止点	Timeline Horizontal Home Zoom	时间线横向适配缩放
Swap Next/Prev Cut/Poster Controls	切换剪辑点 / 故事版跳切	Timeline Vertical Home Zoom	时间线纵向适配缩放
Jog/Shuttle Obeys Play Controls	Jog/Shuttle 依从播放控制		

6. Marks

Toggle Strip Category	赋予条带类别	Shot	添加镜头标记点
Default Strip Category Settings	默认条带类别设置	Grade	添加调色层标记点
Shot	添加镜头类别	Different marks	系统已定义标记点列表
Grade	添加调色层类别	Edit Default Note	编辑默认注释内容
Different Categories	系统已定义类别列表	Use Default Note	使用默认标记注释
Set Default Shot Comment	设置默认镜头注释	Prompt for New Note	提示输入新标记注释
Use Default Shot Comment	使用默认镜头注释	No Note	无标记注释
Prompt For New Shot Comment	提示输入新镜头注释	Mark Toggle Replaces Existing Marks	是否替换现有标记还是追加标记
No Shot Comment	无镜头注释	Mark Display/Navigation Filtering	设置想要显示和跳转的过滤器
Toggle replaces any existing categories	是否替换现有类型还是追加类型	Delete All Marks Under Cursor	删除当前 Cursor 下的所有标记点
Toggle Mark	赋予标记点	Delete Selected Strip Marks	删除所选条带的类别
Default Mark Settings	默认标记设置	Delete All Default Marks	删除所有默认的标记点
Timeline	添加时间线标记点	Delete All Marks	删除所有时间线上标记点

7. Insert

此菜单内容主要是 Baselight 中的各个工具，包括调色工具、特效工具和位移变形工具等，由于内容较多，就不在这里一一列举，读者可以通过第 9 章进行学习。

8. Layer

Insert Layer – Video Grade	插入 Video Grade 调色层	Matte Channel 1– Reset Shape	重置遮罩工具（内）
Insert Layer – Film Grade	插入 Film Grade 调色层	Matte Channel 1– Reset Paint Matte	重置绘制遮罩工具（内）
Delete Layer	删除调色层	Matte Channel 1– Reset MatteXYZ	重置 MatteXYZ 工具（内）
Matte Channel 1– Insert Shape	使用遮罩工具（内）	Matte Channel 1– Reset Dkey	重置 Dkey 工具（内）
Matte Channel 1– Insert Paint Matte	使用绘制遮罩工具（内）	Matte Channel 1– Reset Matte RGB	重置 Matte RGB 工具（内）
Matte Channel 1– Insert MatteXYZ	使用 MatteXYZ 工具（内）	Matte Channel 1– Reset Hue Angle	重置 Hue Angle 工具（内）
Matte Channel 1– Insert Dkey	使用 Dkey 工具（内）		
Matte Channel 1– Insert Matte RGB	使用 Matte RGB 工具（内）	Matte Channel 2– Reset Shape	重置遮罩工具（外）
Matte Channel 1– Insert Hue Angle	使用 Hue Angle 工具（内）	Matte Channel 2– Reset Paint Matte	重置绘制遮罩工具（外）
		Matte Channel 2– Reset MatteXYZ	重置 MatteXYZ 工具（外）
Matte Channel 2– Insert Shape	使用遮罩工具（外）	Matte Channel 2– Reset Dkey	重置 Dkey 工具（外）
Matte Channel 2– Insert Paint Matte	使用绘制遮罩工具（外）	Matte Channel 2– Reset Matte RGB	重置 Matte RGB 工具（外）
Matte Channel 2– Insert MatteXYZ	使用 MatteXYZ 工具（外）	Matte Channel 2– Reset Hue Angle	重置 Hue Angle 工具（外）
Matte Channel 2– Insert Dkey	使用 Dkey 工具（外）	Edit Blur	在 Layer 中调整虚化值
Matte Channel 2– Insert Matte RGB	使用 Matte RGB 工具（外）	Reset Blur	重置虚化
Matte Channel 2– Insert Hue Angle	使用 Hue Angle 工具（外）	Toggle Matte Display	切换遮罩显示
		Cycle Matte Display Mode	切换不同的遮罩显示模式

9. Cursor

Cursor1	当前播放头	Disable Truelight Profile	禁用 Truelight LUTs
Delete Cursor1	删除播放头	View RGB	显示 RGB
New Cursor	新建播放头	View Red	显示红通道
Gang Cursor	同步播放头	View Green	显示绿通道
Show Counters	显示计数器	View Blue	显示蓝通道
Increase Resolution	增加显示分辨率	View Luma	显示亮度通道
Decrease Resolution	降低显示分辨率	Cache All Cursors	将所有的播放头缓存，准备预览
Truelight Hardware	是否使用 Truelight 硬件		

10. Display

1×1 Layout	全屏布局	Always	一直显示
2×1 Layout	左右布局	On Layout Change	只改变面板布局时显示
2×1 Butterfly Layout	蝴蝶式左右布局，便于对比画面	Select Pane Indicator Brightness	面板指示框亮度
1×2 Layout	上下布局	Matte/Cursor/Control Brightness	蒙板黑白图显示亮度
2×2 Layout	2×2 布局	Take Snapshot	拍快照用于镜头比较
3×1 Layout	3×1 布局	Clear Snapshot	清除快照
3×2 Layout	3×2 布局	SDI Output	SDI 输出设置
3×3 Layout	3×3 布局	422 Full to Legal	422 Full to Legal
Wipe Layout	划像布局	422 Clipped	422 Clipped
1x1 Stereo Layout	立体显示模式 （立体 bl-setups 下）	422 Soft Clipped	422 Soft Clipped
Dual Output Layout	双输出模式 （立体 bl-setups 下）	422 No Scale/Clip	422 No Scale/Clip
1×1 Stereo Anaglyph Layout	立体红蓝模式	444 RGB Full to Legal	444 RGB Full to Legal
1×1 Stereo Checkboard Layout	立体棋盘格模式	444 RGB Clipped	444 RGB Clipped
1×1 Stereo Interleaved Layout	立体交叉模式	444 RGB Soft Clipped	444 RGB Soft Clipped
1×1 Stereo Difference Layout	立体差异模式	444 RGB No Scale/Clip	444 RGB No Scale/Clip
2×1 Stereo Layout	2×1 立体模式	Bilinear Filtering	抗锯齿显示开关
Wipe Stereo Layout	划像立体模式	Deflicker Blur	是否使用 Deflicker Blur
Anaglyph Mode	红蓝模式	Show Both Fields When Stopped	暂停时显示双场
Full Screen Image	全屏幕图像	Zoom/Pan Ganging	缩放位移同步
Show Playback fps	显示播放速率	Home Zoom	缩放至显示分辨率
Show Pane Descriptions	显示面板描述信息	Home Zoom is 1 ： 1 Pixels	按 1 ： 1 缩放
Never	从不显示	Fit Information Text to Home Area	按显示分辨率显示计数器文本信息

11. View

Audio Sync	音视频合板	Shots	镜头管理器
Audio Waveform	音频波形图	Spirit	转磁机设置
Big Metadata	显示元数据信息	Still Export	导出单帧
Colour Space Jounery	色彩空间转换提示	System Monitor	系统硬盘读写监视器
Consolidate	合并，挑条整理	Timeline Alignment	时间线条带对齐整理
Cursors	播放头	Timeline Sort	时间线镜头排序
Dolby Vision	杜比视界制作	Vectorscope/Chromaticity	矢量 / 色域示波器
EDL Import	EDL/AAF/XML 导入	Vectorscope/Chromaticity（2）	矢量 / 色域示波器（2）

续表

FLUX Manage-Sequence Browser	FLUX Manage 媒资管理器	Video Router	视频路由
Groups	打组	Y’ CbCr Parade	Y’ CbCr 示波器
Histogram	直方图	Character Panel	字符集
Job Manager	项目管理器	Colour Panel	调色板
Layers	图层浏览	Text Macro Panel	文本宏编辑器
Luma Waveform	亮度示波器	Close Floating Views	关闭所有浮动窗口
Machine Control	录像机控制	Power Control	电源控制
Message Log	系统信息日志	New Workspace	新建工作空间
Metadata Column Settings	元数据项目设置，ALE 项目设置	Manage Workspaces	管理工作空间
Multi-Paste	多重粘贴	Standard	标准工作空间
Playback Monitor	回放性能监视器	Simple	简洁工作空间
Queue Monitor	任务队列监视器	Large Cut View	大故事版工作空间
Render	渲染	Large Gallery	大画廊工作空间
Reports	报表生成器	Audio	音频处理工作空间
RGB Parade	RGB 示波器	Scopes	示波器工作空间
Scene Compare	场景比较	Stereo	立体工作空间
Scene Settings	场景设置		

17.2 本章小结

为了方便大家学习 Baselight，我们提供了菜单的中文翻译，随着 Baselight 版本的更新，更多的新工具会加入菜单之中，我们会另行提供中文翻译，当然，对于掌握 Baselight 的使用，不断学习最新的调色技术，学习英文也是非常重要的。

第18章

Baselight系统相关知识

本章导读

本章主要提供给读者更多和Baselight使用相关的内容和资料，涉及与Baselight系统相关的一些知识，调色师除了能够处理调色方面的事务还应该掌握一些与系统相关的知识，这会大大提高分析问题、解决问题的能力。感谢赵晓冬先生对本章的帮助。

学习要点

◇ 常用快捷键
◇ 常用命令行
◇ 系统诊断
◇ 时间线播放监视器
◇ 调色台控制
◇ 许可的安装
◇ 系统升级
◇ 版本切换
◇ 系统升级历史
◇ Baselight系统架构图
◇ Baselight与存储和远程诊断相关的内容
◇ Baselight调色系统的优势

18.1 常用快捷键

键盘设置以 Linux 版本为准，请参考 Help 菜单下的 Keyboard Shortcut 获取所有的快捷键列表。

18.1.1 编辑选择类

X	下一剪辑点	Delete	删除所选条带
Z	上一剪辑点	J	加镜头类别 Category
Shift+X	下一 mark 点	L	加标记点 Mark
Shift+Z	上一 mark 点	W	全选当前堆栈
Alt+X	下一个 poster 点	Space	播放暂停
Alt+Z	上一个 poster 点	D	添加叠化
[	上一关键帧	Shift+D	智能叠化
]	下一关键帧	Ctrl+ 中键	放大时间线或画面
Ctrl+K	剪镜头	Alt+ 上下左右箭头键	上下移动条带，左右移动镜头出入点
Shift+K	恢复剪镜头	上下箭头键	移动横向 Cursor
Ctrl+A	选择所有镜头	左右箭头键	移动纵向 Cursor
Alt+A	选择 Cursor 右侧镜头	Ctrl+ 左键	通过 Cutview 的故事版移动 Cursor

18.1.2 显示类

F1	单屏显示	K	显示镜头信息
F2	双屏显示	Ctrl+Esc	切换鼠标出现区域
F12	恢复全屏显示	Ctrl+`	切换左右眼
F7	显示整个时间线	Win+F1	立体显示模式
F	显示播放速率		

18.1.3 调色类

P	添加调色层	Ctrl+C	复制条带
S	添加 Shape	Ctrl+V	粘贴数值到当前条带
O	显示黑白遮罩	Ctrl+I	将复制条带粘贴到当前镜头之下
Shift+O	切换遮罩显示方式	Ctrl+F	将复制条带粘贴到新的位置
H	添加 HueAngle 抠像	Ctrl+U	智能复制当前堆栈
U	添加 Dkey 抠像	Ctrl+Shift+V	关联粘贴
E	添加 Paint	Ctrl+Delete	重置参数
B	添加 Blur	A	照快照
Ctrl+G	打组，取消组	Shift+A	清除快照
Pgup/Pgdn	调色层跳转	Shift+ 源镜头	赋予源镜头颜色到当前镜头 Cutview 或 Gallery

18.1.4 功能类

Ctrl+O	打开 Job Manager	Win+B	打开 Flux Manage
Win+R	打开 Render	Ctrl+S	保存场景
Win+S	打开 Scene settings		

18.2 常用命令行

baselight	运行 Baselight，如系统意外退出，会在命令行提示出错信息，建议在命令行启动 Baselight
baselight -nodiag	不诊断系统就打开 Baselight
baselight -screenlayout	启动 Baselight 并设置工作区布局
fl-diag	执行系统诊断
hostname	显示 Baselight 主机名称
sudo -s	切换到超级用户
fl-vers	显示并切换 FilmLight 软件
fl-vers -b	显示并切换 Baselight 版本
bl-config-xorg	激活显示配置
nvidia-settings	查看显卡设置
bl-reset-cache	清除缓存
bl-reset-cache –thumb	清除缩略图缓存
./baselight-4.4m1.7666	安装 Baselight 版本
rm -rf baselight-4.4m1.7666	删除以前版本
bl-power -restart	重启系统
fdisk -l	查看系统硬盘信息
df -h	查看硬盘空间
du -h	查看文件和文件夹大小
chmod -R 777	赋予文件和文件夹权限
pwd	查看当前目录名称
ifconfig -a	查看网络配置
rsh n0	登录 Baselight TWO 主机
ssh root@192.168.1.100	登录其他电脑
ping	测试 IP 地址连通与否
rm -rf /vol/images/. Trash-506/	清空桌面垃圾桶
bl-render	命令行渲染

18.3 系统诊断

Baselight 提供了自动诊断系统是否正常的功能，通常 Baselight 启动的时候会自动运行诊断，将有问题的地方列出，蓝色为排队等待诊断项目，黄色为正在诊断项目，绿色为通过诊断项目，粉色的提示为警告项目，是可以忽略的问题，红色的提示为错误，需要解决，否则无法开启 Baselight。系统诊断主要涉及系统层面的问题，如图 18-1 所示。

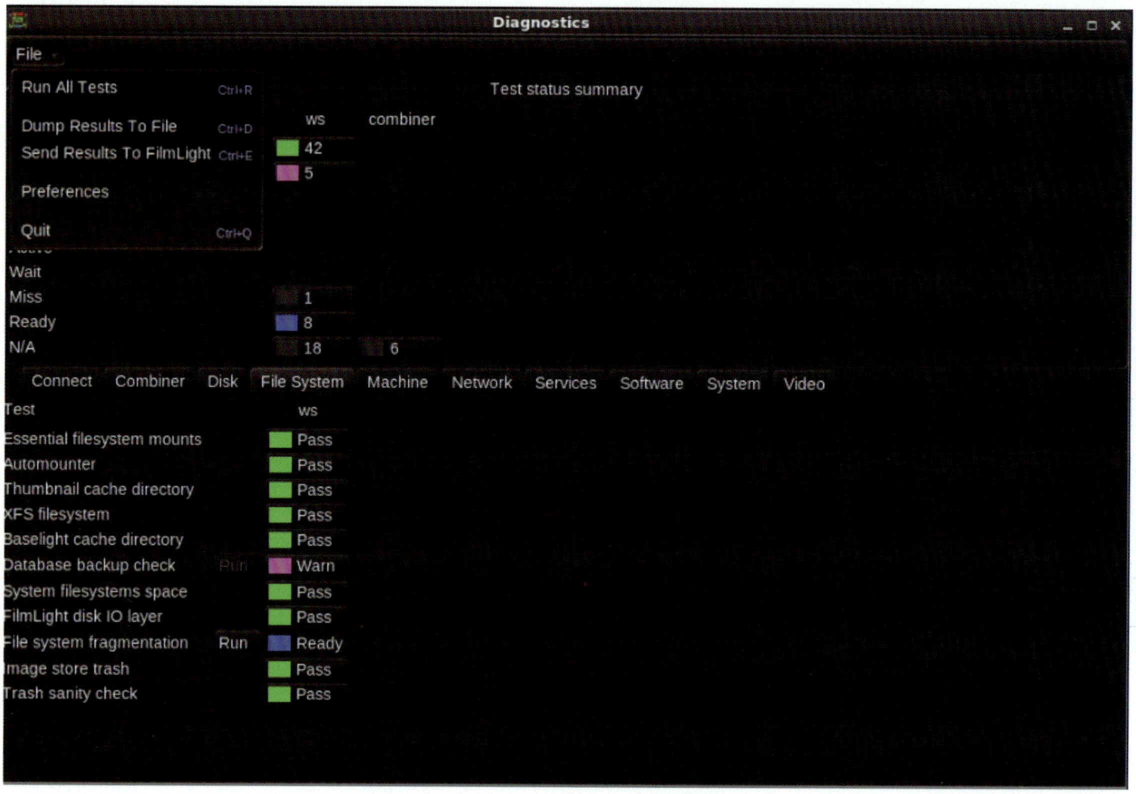

图 18-1　Baselight 系统诊断

用户可以单独运行系统诊断，即执行桌面的 fl-diag 工具。为了对 Baselight 的系统进行全面分析，有的时候需要将诊断结果提交给 Baselight 的技术支持，这就需要首先执行 Run All Tests，然后使用 Dump Results to File 将结果保存为文本文件，将它发邮件给 Baselight 的系统工程师，他们会根据结果的提示分析解决系统方面的问题。用户也可以通过命令行的方式执行这个操作，即：fl-diag -all -dump /home/filmlight/fl-diag_full.txt。

如果不想在启动 Baselight 的时候执行系统诊断，也可以在命令行输入：“baselight –nodiag”。

如果在使用中出现错误提示，用户也可以打开菜单 Views>Message Log 的系统信息日志，将具体的出错信息显示出来，也可将内容粘贴至剪切板发邮件给技术支持。

18.4 时间线播放性能监视器

在用户播放时间线的时候，Baselight 系统会在右上角的状态提示栏里显示播放效率，用户也可以打开菜单 Views>Playback Monitor 查看详细信息，如图 18-2 所示。

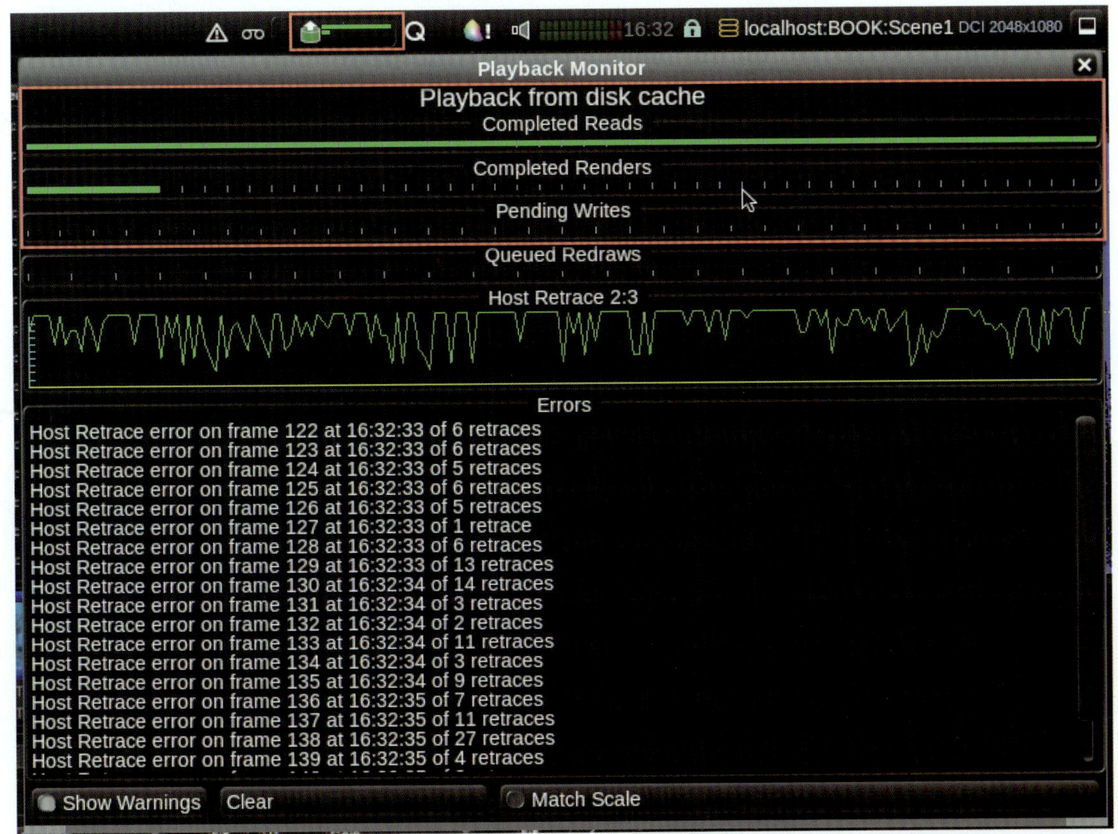

图 18-2　Baselight 播放性能监视器

（1）Completed Reads：代表系统从存储读取图像的性能，绿色代表是实时读取。

（2）Completed Renders：代表系统对图像运算处理的性能，如果用户使用时域降噪（Temporal Degrain）之类的耗时工具，Baselight 需要在播放运算结果之前进行大量计算，可能会看到红色的色条提示。

（3）Pending Writes：代表系统将计算完成的图像写入缓存的性能。

用户可按【F】键打开播放速率提示，将实时的播放速率显示在画面左上角。

18.5 调色台控制

Baselight 的专业调色台分为大的 Blackboard2 和小的 Slate，用户可以使用菜单 Baselight>Blackboard/Slate Setup 对所连接的调色台的按键进行控制。

18.5.1 Blackboard2调色台

如果系统连接的是 Blackboard2 调色台，如图 18-3 所示。用户可以对按键、调色轮、轨迹球以及旋钮进行加速度和敏感度的设置，也可以对按键和显示屏的背光进行调节，还可以对调色台风扇的风速、用调色台按键双击 Layer 层的反应速度等设置进行调整，如图 18-4 所示。

图 18-3　Blackboard2 调色台

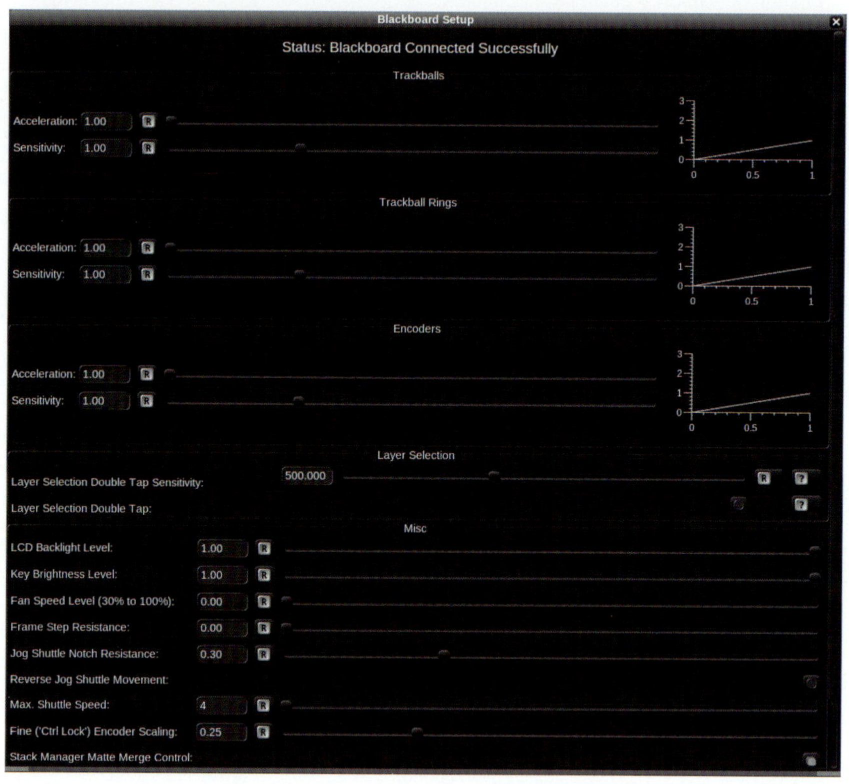

图 18-4　Blackboard2 调色台设置

Baselight Blackboard2 的调色台也提供了用户自定义按键的功能，用户可以利用菜单 Baselight>Chalk 进入调色台自定义界面，对按键的布局进行调整。图 18-5 中左下表示的是系统现有的可供用户使用的按键功能，右下表示的是可以赋予到按键的各个操作项，用户可以通过这两种方式赋予按键新的作用并重新定义按键的布局。用户还可以将自定义的布局通过最上面的 USB import/export 导入和导出为文件，就可以在不同的地方使用相同的符合自己工作习惯的自定义按键布局。

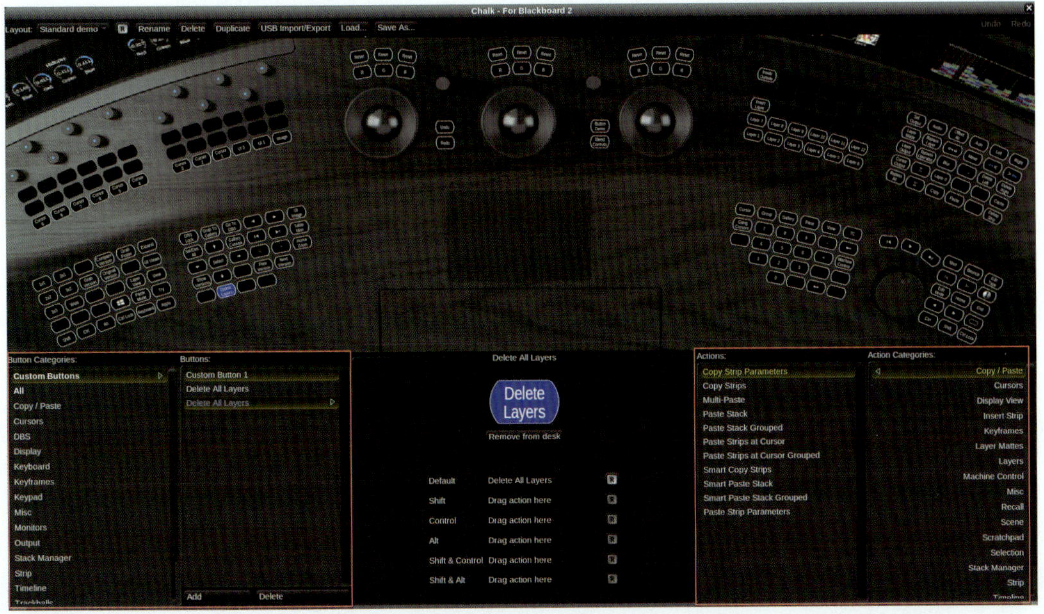

图 18-5　Blackboard2 调色台按键自定义

18.5.2　Slate调色台

如果系统连接的是 Slate 调色台，如图 18-6 所示。用户可以对按键、调色轮、轨迹球以及旋钮进行加速度和敏感度的设置，也可以对按钮和显示屏的背光进行调节，如图 18-7 所示。

图 18-6　Baselight Slate 调色台

Baselight 的 Slate 调色台也提供了用户自定义按键的功能，内容与 Blackboard2 的调色台类似，这里就不再重复，如图 18-7、图 18-8 所示。

Slate Setup
Controls Displays Debug
Buttons
Auto-close Layers & Stack
Auto-close Layers & Stack - Opposite Panel
Trackballs
Trackball Acceleration 1.00
Trackball Sensitivity 1.00
Trackball Rings
Trackball Ring Acceleration 1.00
Trackball Ring Sensitivity 1.00
Encoders
Encoder Acceleration 1.00
Encoder Sensitivity 1.00
Firmware: 1.0.12.10 Save

Slate Setup
Controls Displays Debug
Screens
Button Screen Backlights 1.00
Rear Screen Backlights 0.63

图 18-7 Baselight Slate 调色台设置

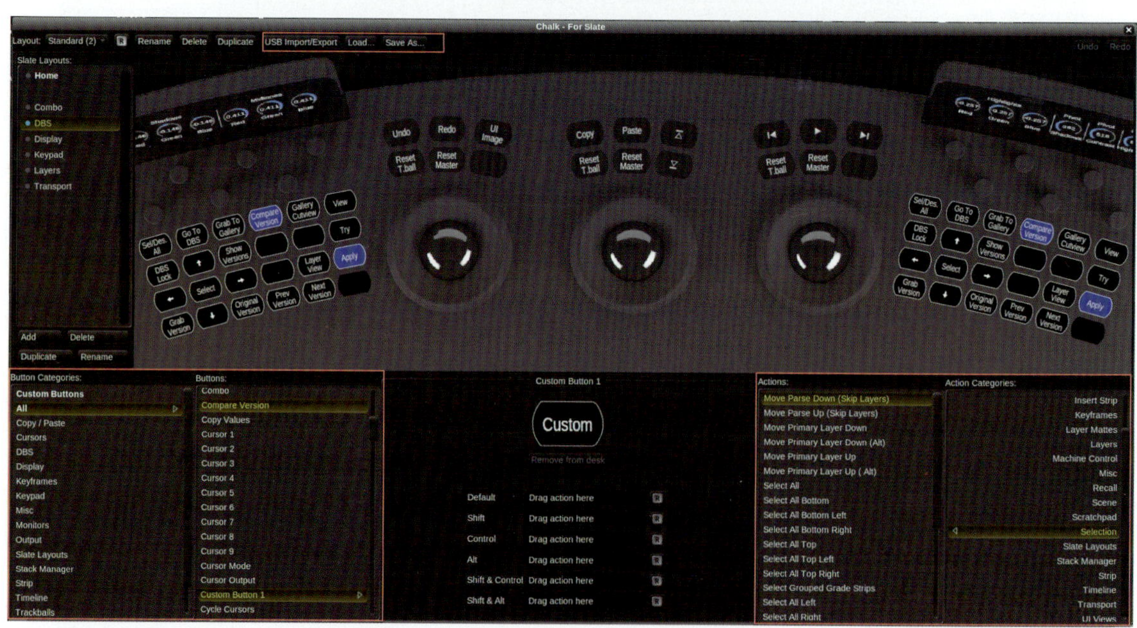

图 18-8 Baselight Slate 调色台按键自定义

18.6 许可的申请和安装

Baselight 的许可申请一般通过给 licence@filmlight.ltd.uk 发邮件获得，需注明主机的 system ID 和 host name（主机代号）。

Baselight 的许可分为临时许可和永久许可两种，临时许可是指没有获得 FilmLight 公司最终授权的许可，比如用于短期测试。

当 Baselight 的许可快到期的时候，系统会自动提示用户许可即将到期，需要尽快申请新的许可，如图 18-9 所示。

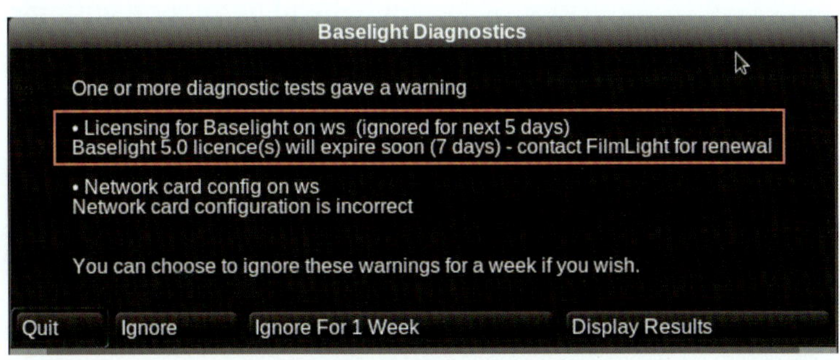

图 18-9 Baselight 许可即将到期报警

Baselight 的许可（Linux 版本）通常以附件的形式通过邮件发送，附件是一个注明 Baselight 主机代号且后缀为 tgz 的文件，邮件的文本内容也会提示许可的安装方法和下载路径，还会提示许可的生效日期和持续天数。许可是以发布日期开始计算有效天数，而不是以安装日期计算。图 18-10 表示许可于 2017 年 12 月 28 日生效，8 天有效期。

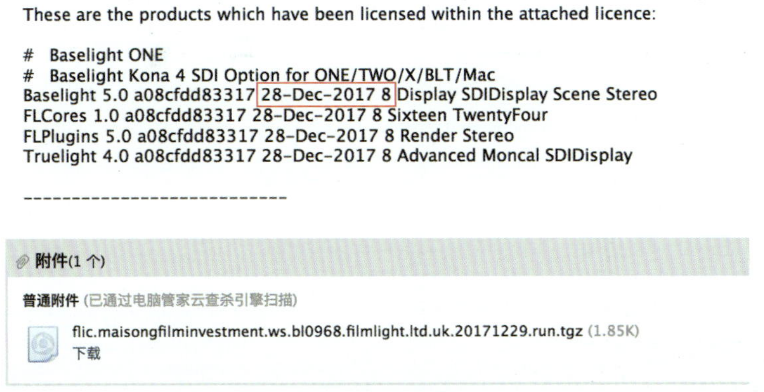

图 18-10 Baselight 许可文件内容

许可的安装很简单，将许可的附件下载到硬盘上，打开桌面上的许可安装程序，查找并打开后缀为 tgz 的许可文件即可，系统会提示许可安装成功，如图 18-11 所示。

图 18-11 Baselight 许可的安装

18.7 Baselight系统的小版本升级

FilmLight 公司会不定期的发布小版本的升级，比如将 Baselight5.0.9940 升级到 Baselight 5.0.10007，用户可以打开链接（https://www.filmlight.ltd.uk/support/customer-login/overview_cl.php）看到 FilmLight 到技术支持网页，每个授权用户都有自己的专属用户名和密码，登录进去之后就可以查找下载最新版本，如图 18-12 所示。

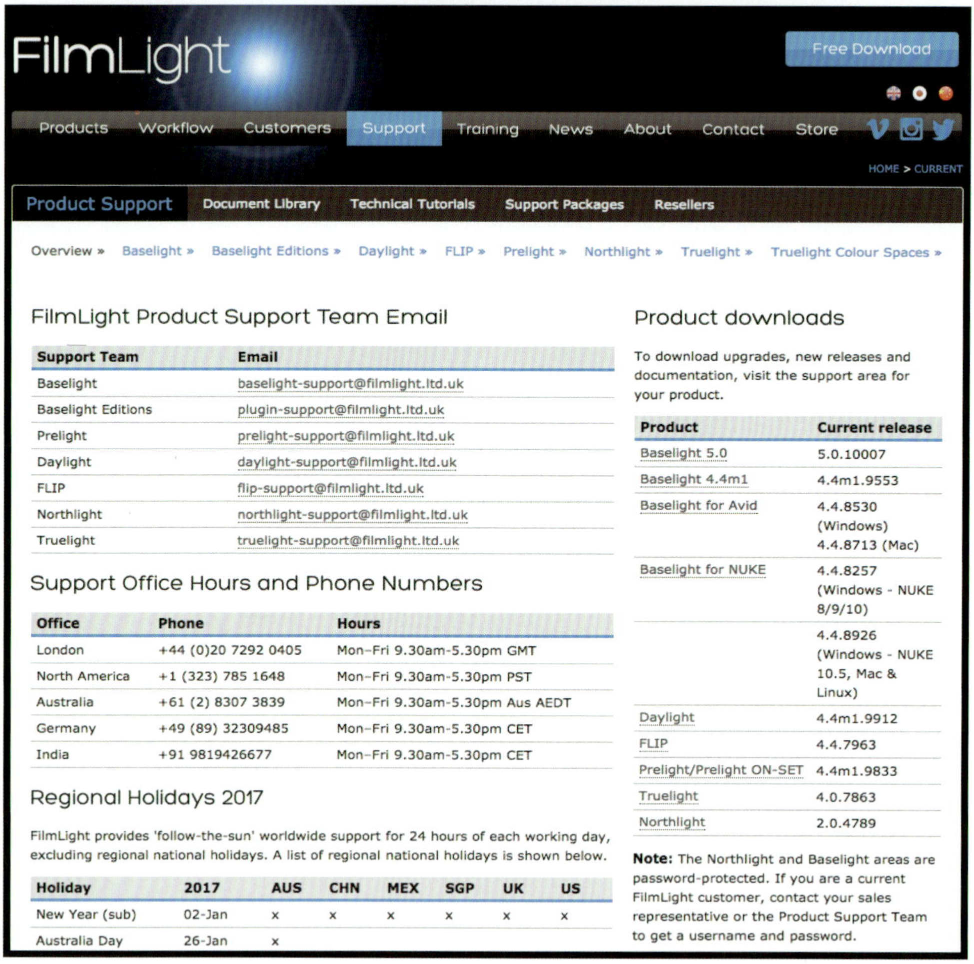

FilmLight

Free Download

Products Workflow Customers Support Training News About Contact Store

HOME > CURRENT

Product Support | Document Library | Technical Tutorials | Support Packages | Resellers

Overview » Baselight » Baselight Editions » Daylight » FLIP » Prelight » Northlight » Truelight » Truelight Colour Spaces »

FilmLight Product Support Team Email

Support Team	Email
Baselight	baselight-support@filmlight.ltd.uk
Baselight Editions	plugin-support@filmlight.ltd.uk
Prelight	prelight-support@filmlight.ltd.uk
Daylight	daylight-support@filmlight.ltd.uk
FLIP	flip-support@filmlight.ltd.uk
Northlight	northlight-support@filmlight.ltd.uk
Truelight	truelight-support@filmlight.ltd.uk

Support Office Hours and Phone Numbers

Office	Phone	Hours
London	+44 (0)20 7292 0405	Mon-Fri 9.30am-5.30pm GMT
North America	+1 (323) 785 1648	Mon-Fri 9.30am-5.30pm PST
Australia	+61 (2) 8307 3839	Mon-Fri 9.30am-5.30pm Aus AEDT
Germany	+49 (89) 32309485	Mon-Fri 9.30am-5.30pm CET
India	+91 9819426677	Mon-Fri 9.30am-5.30pm CET

Regional Holidays 2017

FilmLight provides 'follow-the-sun' worldwide support for 24 hours of each working day, excluding regional national holidays. A list of regional national holidays is shown below.

Holiday	2017	AUS	CHN	MEX	SGP	UK	US
New Year (sub)	02-Jan	x	x	x	x	x	x
Australia Day	26-Jan	x					

Product downloads

To download upgrades, new releases and documentation, visit the support area for your product.

Product	Current release
Baselight 5.0	5.0.10007
Baselight 4.4m1	4.4m1.9553
Baselight for Avid	4.4.8530 (Windows) 4.4.8713 (Mac)
Baselight for NUKE	4.4.8257 (Windows - NUKE 8/9/10)
	4.4.8926 (Windows - NUKE 10.5, Mac & Linux)
Daylight	4.4m1.9912
FLIP	4.4.7963
Prelight/Prelight ON-SET	4.4m1.9833
Truelight	4.0.7863
Northlight	2.0.4789

Note: The Northlight and Baselight areas are password-protected. If you are a current FilmLight customer, contact your sales representative or the Product Support Team to get a username and password.

图 18-12　Baselight 官网技术支持页面

本书只介绍 Baselight ONE 和 Baselight TWO 的小版本升级，首先要下载升级包，如 baselight-5.0.10074_64.run 的执行文件。

1. Baselight ONE的小版本安装

01 将其复制至 Baselight 系统，可拷在桌面的 filmlight’s home 目录。

02 在命令行 Terminal 中输入“sudo –s”，获取超级用户权限。

03 进入包含安装文件的路径。

04 赋予执行文件权限。

05 输入“./ baselight-5.0.10074_64.run”执行此安装文件。

06 安装完毕之后重新启动系统，如图 18-13 所示。

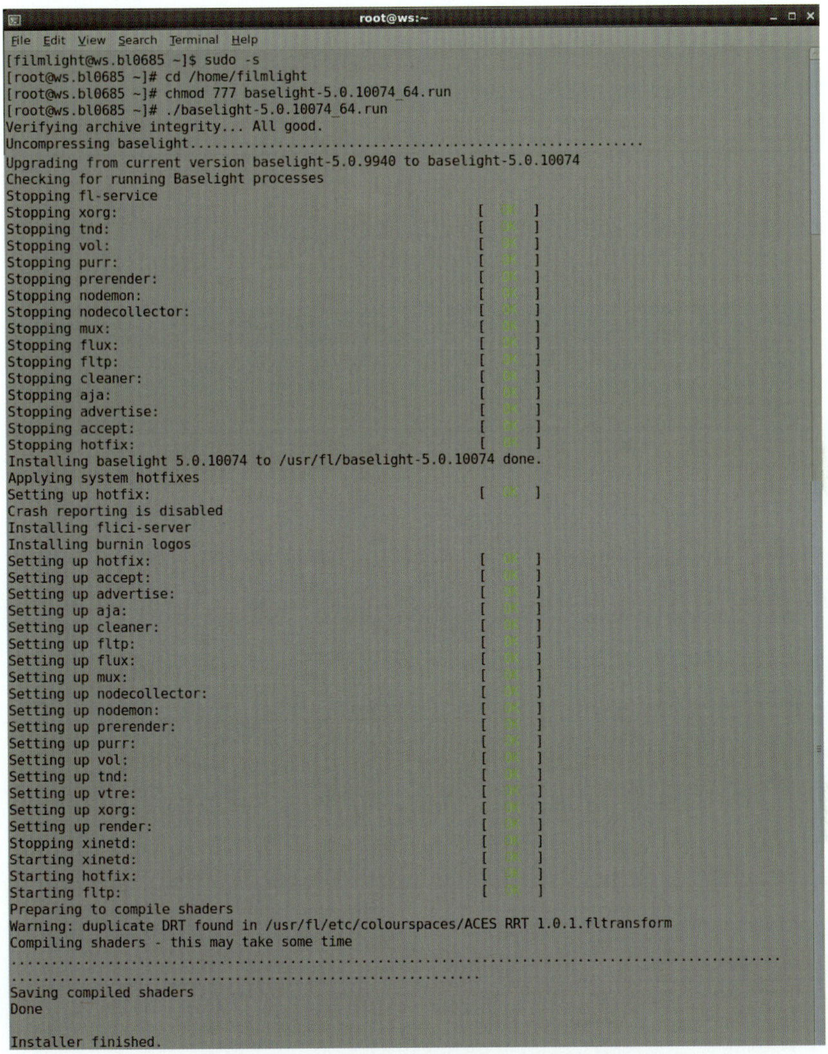

```
root@ws:~
File  Edit  View  Search  Terminal  Help
[filmlight@ws.bl0685 ~]$ sudo -s
[root@ws.bl0685 ~]# cd /home/filmlight
[root@ws.bl0685 ~]# chmod 777 baselight-5.0.10074_64.run
[root@ws.bl0685 ~]# ./baselight-5.0.10074_64.run
Verifying archive integrity... All good.
Uncompressing baselight...............................................................
Upgrading from current version baselight-5.0.9940 to baselight-5.0.10074
Checking for running Baselight processes
Stopping fl-service
Stopping xorg:                                               [  OK  ]
Stopping tnd:                                                [  OK  ]
Stopping vol:                                                [  OK  ]
Stopping purr:                                               [  OK  ]
Stopping prerender:                                          [  OK  ]
Stopping nodemon:                                            [  OK  ]
Stopping nodecollector:                                      [  OK  ]
Stopping mux:                                                [  OK  ]
Stopping flux:                                               [  OK  ]
Stopping fltp:                                               [  OK  ]
Stopping cleaner:                                            [  OK  ]
Stopping aja:                                                [  OK  ]
Stopping advertise:                                          [  OK  ]
Stopping accept:                                             [  OK  ]
Stopping hotfix:                                             [  OK  ]
Installing baselight 5.0.10074 to /usr/fl/baselight-5.0.10074 done.
Applying system hotfixes
Setting up hotfix:                                           [  OK  ]
Crash reporting is disabled
Installing flici-server
Installing burnin logos
Setting up hotfix:                                           [  OK  ]
Setting up accept:                                           [  OK  ]
Setting up advertise:                                        [  OK  ]
Setting up aja:                                              [  OK  ]
Setting up cleaner:                                          [  OK  ]
Setting up fltp:                                             [  OK  ]
Setting up flux:                                             [  OK  ]
Setting up mux:                                              [  OK  ]
Setting up nodecollector:                                    [  OK  ]
Setting up nodemon:                                          [  OK  ]
Setting up prerender:                                        [  OK  ]
Setting up purr:                                             [  OK  ]
Setting up vol:                                              [  OK  ]
Setting up tnd:                                              [  OK  ]
Setting up vtre:                                             [  OK  ]
Setting up xorg:                                             [  OK  ]
Setting up render:                                           [  OK  ]
Stopping xinetd:                                             [  OK  ]
Starting xinetd:                                             [  OK  ]
Starting hotfix:                                             [  OK  ]
Starting fltp:                                               [  OK  ]
Preparing to compile shaders
Warning: duplicate DRT found in /usr/fl/etc/colourspaces/ACES RRT 1.0.1.fltransform
Compiling shaders - this may take some time
...............................................................................................
..........................................................
Saving compiled shaders
Done

Installer finished.
```

图 18-13　Baselight ONE 小版本安装

2. Baselight TWO的小版本安装（Baselight X与之相同）

01 将其复制至 Baselight 系统，可拷在桌面的 filmlight’s home 目录。

02 在命令行 Terminal 中输入“sudo –s”，获取超级用户权限。

03 输入“rsh n0”进入主机。

04 进入包含安装文件的路径。

05 赋予执行文件权限。

06 输入“./ baselight-5.0.10074_64.run”执行此安装文件。

07 安装完毕之后重新启动系统。

18.8 Baselight系统的版本切换

01 在命令行中输入“sudo –s”。

02 在命令行中输入“fl-vers –b”。

03 系统显示当前 Baselight 的版本列表。

04 选取序号回车。

系统切换到指定版本，如图 18-14 所示。

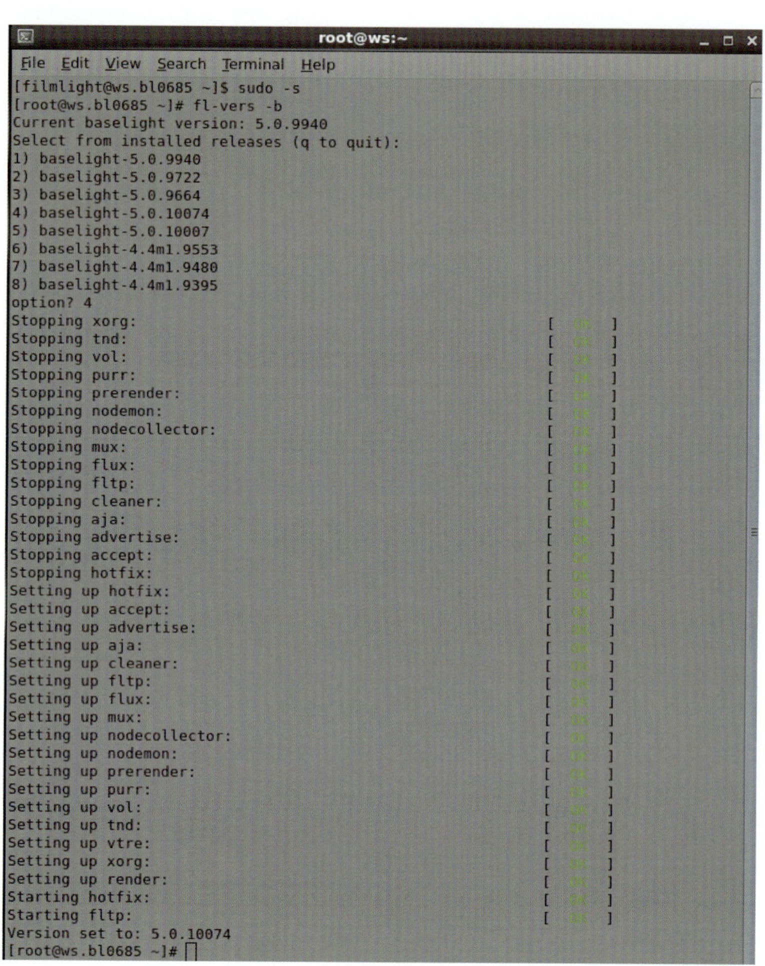

图 18-14　Baselight 版本切换

18.9 利用Baselight的外部小程序

除了 Baselight 主程序外，Baselight 还提供了一些外部小程序，如图 18-15 所示，可以在不打开 Baselight 主程序的情况下就对 Baselight 的工程、系统预设、格式、系统诊断、渲染等界面。因为如果打开了主程序，有些工程或者格式因为被系统占用而无法删除和更改，所以就可以利用这些外部小程序进行操作，比如 bl-job，bl-formats 和 bl-prefs，保存退出后再启动主程序。也可以打开渲染小程序 bl-render，直接打开工程进行渲染，节省了打开主程序所需要的时间和资源。

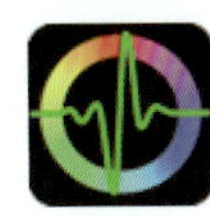

图 18-15 Baselight 外部执行程序

18.10 Baselight 的帮助及系统升级历史 Release History

用户可以从菜单 Help 中打开 Baselight 的帮助文件，关于软件使用的帮助主要是 User Guide 和 Reference Manual，关于系统方面的帮助是 Technical Manual，还有其他针对不同专题的帮助文件，比如 Grading Workflows with Truelight Colour Spaces、3D Stereo 等。

Baselight 不定期的发布小版本更新，并将更新内容发布在 Release History 中（菜单 Help 或者 Baselight 下），告知用户增加了哪些功能，以及对这些功能的简要说明，对哪些已知 bug 进行了修正。这是一个非常重要的文本文件，用户需要经常检索这个文件查找在用户手册中检索不到的主题，如图 18-16 所示。

```
Baselight Release 5.0.10007 (2017-12-04)

New Features Since Baselight 5.0.9964
=====================================

* Added second vectorscope to allow viewing at multiple scales
  simultaneously [bug 45831]

* Added ability to recover an older version of a scene that cannot be
  opened because it has been saved from a future Baselight release
  (e.g. 5.0m1) [bug 45583]

Bug Fixes Since Baselight 5.0.9964
==================================

* Fixed an issue that prevented creation of non-encrypted DCPs due to
  invalid errors about certificates [bug 45768]

* Improved display of vectorscope graticule [bug 45831]

* Addressed corruption of font textures on the blackboard [bug 44755]

* Fixed issues on Render View when cloud media volumes have names
  containing special characters such as parentheses [bug 45793]

* Fixed hang in OFX, for example when using a custom preset dialog
  [bug 45952]
```

图 18-16 Baselight 版本发布历史

Baselight 官网也经常发布视频教程，同样也是非常有价值的学习资源，如图 18-17 所示。

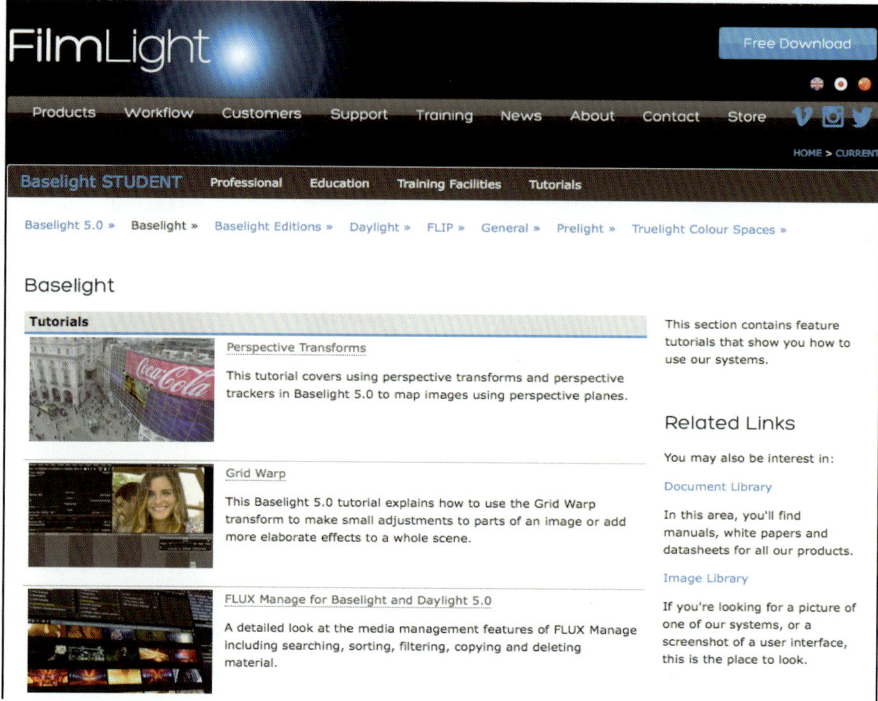

图 18-17　Baselight 官网视频教程

18.11 Baselight系统架构图

由于篇幅有限，本书只列举了 Baselight ONE 和 Baselight TWO 的系统架构图，如图 18-18 和图 18-19 所示。

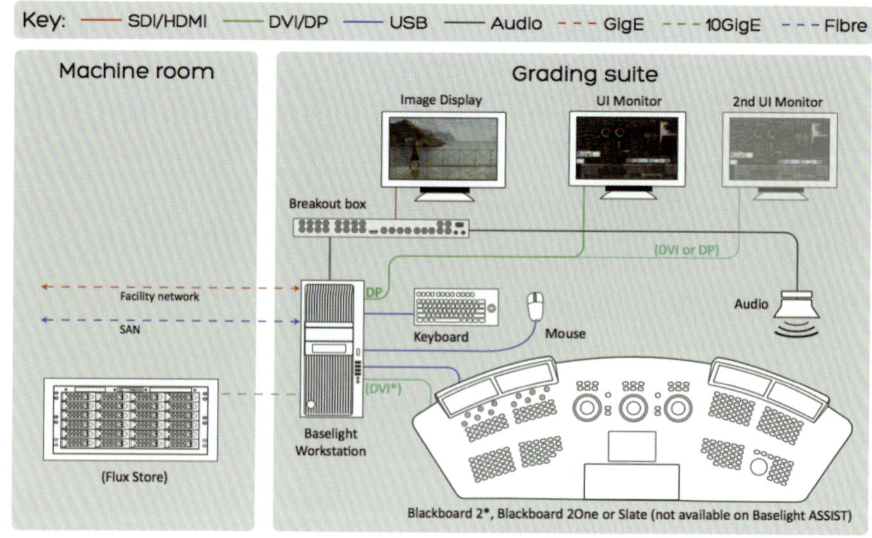

图 18-18　Baselight ONE 系统架构图

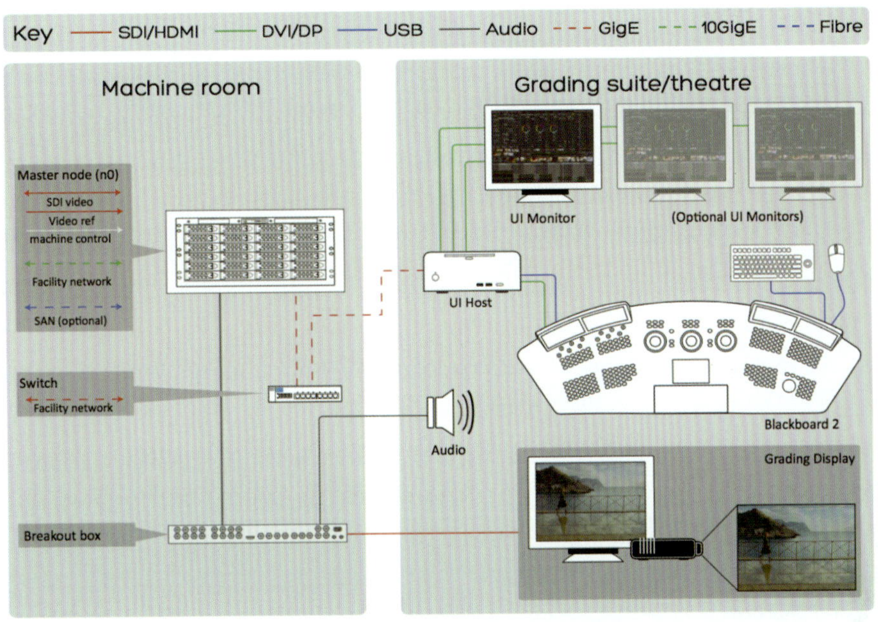

图 18-19　Baselight TWO 系统架构图

18.12 Baselight与存储和远程诊断相关的内容

18.12.1　外接移动硬盘支持

Baselight Linux 版本的当前操作系统是 Centos6.4，所以默认支持的移动硬盘和 U 盘的格式也是常用的 FAT32，但是现在单个文件越来越大很多时候都超过了 4GB，FAT32 格式已经无法满足应用需求，我们的移动硬盘和 U 盘都需要格式化成 NTFS（Windows）、ExFAT（Windows&Mac OS）、HFS+（Mac OS）等，在 Baselight Linux 版本上如何识别这些我们常用的移动硬盘或 U 盘的格式呢，需要安装其他软件包来实现这些常用的格式支持。

（1）NTFS 格式的支持可以通过安装 ntfs-3g 模块来实现。

（2）ExFAT 格式的支持可以通过安装 fuse-exfat 模块来实现。

（3）HFS+ 格式的支持可以通过安装 kmod-hfsplus 模块来实现。

可以在网络上找到大量介绍怎么安装这些软件包的方法，这里就不详细描述了。

18.12.2　与中央存储的连接

在 Baselight 过程中往往需要和中央存储通过光纤连接，中央存储一般情况是 NAS 和 SAN 这两种方式，下面简单介绍怎么和这两种网络存储进行连接。

1. 与NAS存储的连接

NAS 的网络存储通常通过 NFS 或 CIFS 这两种网络文件系统，Baselight 默认对这两种文件系统都支持，可以直接挂载共享的路径。

NFS 的挂载可以通过以下命令实现：

>mount -t nfs 192.168.1.11:/NAS/nfstest /mnt/NAS

192.168.1.11 是 NAS 存储的 IP 地址，/NAS/nfstest 是 NAS 存储的共享路径，/mnt/NAS 是 Baselight 主机上的挂载点。

可以在 fstab 文件里添加一行配置

192.168.1.11:/NAS/nfstest /mnt/NAS nfs rw,tcp,intr 0 0 来实现开机自动挂载。

CIFS 的挂载可以通过以下命令来实现：

>mount -t cifs //192.168.1.11/NAS/cifstest /mnt/NAS -o username=admin, password=123456

192.168.1.11 是 NAS 存储的 IP 地址，/NAS/cifstest 是 NAS 存储的共享路径，/mnt/NAS 是 Baselight 主机上的挂载点，admin 是 NAS 的用户名，123456 是对应的密码。

同样可以在 fstab 文件里添加一行配置

//192.168.1.11/NAS/cifstest /mnt/NAS cifs defaults,username=admin,password=123456 0 0 来实现开机自动挂载

2. 与SAN存储的连接

SAN 存储通常使用的是 Qauntum 的 Stornext 文件系统，以 SAN 客户端的方式连接到 SAN 存储网里。下文简单介绍如何挂载 SAN 卷，更多详细内容可以咨询工程师。

01 在 Baselight 上安装 Stornext 文件系统的客户端软件，可以在 SAN 存储的元数据服务器（MDC 服务器）上获取 Centos6 操作系统的客户端软件。

02 从 MDC 服务器上获取 Stornext 文件系统的配置文件，进到 /usr/cvfs/config 路径下，复制 fsnameservers 和 santest.cfgx 这两个文件到 Baselight 主机的 /usr/cvfs/config 路径（SAN 卷的名称举例为 santest）。

03 重启 Baselight 主机的 Stornext 文件系统，执行如下命令：

>/etc/init.d/cvfs restart

04 挂载 SAN 卷 santest，挂载到 /mnt/SAN 这个挂载点下，执行如下命令

>mount -t cvfs santest /mnt/SAN

执行以下命令查看是否挂载

>df -h

正确挂载会看到一个名为 santest 的存储空间

可以在 fstab 文件里添加如下配置，实现自动挂载

santest /mnt/SAN cvfs rw 0 0

18.12.3 远程协助

在使用过程中如果遇到与系统相关的疑难问题，工程师电话和邮件支持不能解决的话，对于正式客户，可以在命令行中输入 fl-tunnel 开启远程诊断通道，输入相应的用户名和密码就可以让工程师进行远程检测。

如果 Baselight 主机无法连外网，可以使用笔记本通过有线网络连到 Baselight 主机所在的内网，在笔记本上运行 Teamviewer 并通过 WIFI 连接外网的方式来达到远程操作 Baselight 主机的目的。

18.13 Baselight调色系统的优势

Baselight 市场美誉度极高。国内外高端的后期制作公司都选择以 Baselight 作为主力调色系统，多年来使用 Baselight 调光调色的电影从数量和质量上都已经在行业内形成影响力，众多的电影导演和摄影师都对 Baselight 有相当程度的了解与认可，很多摄影师都希望调色师使用 Baselight 调色完成他们的作品。由于 Baselight 走的是高端路线，与之配套的调光棚也都是高端配置，客户对后期公司的实力和对项目执行更有信心。

Baselight 注重对调色师行业的保护。从调色师的角度来说，他们不希望看到客户用其他调色软件调好的镜头作为参考，直接复制节点，这会让调色师失去创作热情，并影响这个行业的专业度，Baselight 在这些方面可以保护调色师这个行业能够在专业的高端的领域健康发展，高端的 Baselight 对调色师各方面的要求相对较高，也会在某种程度上证明调色师的水平，保障客户的作品质量。

Baselight 的客户服务反应迅速。FilmLight 公司有完善的售后服务体系，FilmLight 在全球都有专职工程师为客户提供 24 小时技术支持和售后服务，随时提供修补系统的可能，FilmLight 的服务反应速度和品质一直受到客户认可。另外，Baselight 还经常提供多方位的与客户沟通交流的机会，一方面将公司最新技术分享给用户，一方面广泛听取客户的意见从而进一步优化提升 Baselight 系统。

Baselight 是调光调色领域的专家。Baselight 对色彩算法进行了大量的研究和优化，画面呈现更加自然干净，颜色过渡更加顺滑细腻，给调色师的反馈更加快速直接。另外，面向未来的 ACES 模式在 Baselight 里已经相当成熟并且灵活自由，FilmLight 也开发了更为强大的 FilmLight 模式。FilmLight 多年来致力于对色彩管理和调色的研究，会随着电影工业的发展不断推出与之相适应的新技术和新功能。Baselight 的软件架构和调色台也是专门为调色师而设计，符合调色师的工作习惯。Baselight 对新技术的支持更加到位，会把新技术融入到自己已有的体系之中，并把这个新技术拔高一个层次。Baselight 在系统的完善性、整合性、稳定性方面要优于其他调色系统。

18.14 本章小结

本章为用户整理了针对 Baselight 系统的一些常用的功能介绍，比如命令行系统诊断、版本升级，存储系统架构等。了解 Baselight 系统的架构对于更好的操控 Baselight，提升 Baselight 生产效率是至关重要的，有条件的读者可以学习一下 Linux 操作系统的相关知识。另外，我们也讲解了 Baselight 调色系统的一些优势。

第19章

资深调色师经验分享

本章导读

为了满足广大初级调色师对调色艺术方面的追求以及向著名调色师学习，本书作者邀请到了自由调色师张明珠女士和MPC上海公司资深调色师Nikola Stefanovic先生回答了一些与调色相关的问题，分享了他/她们的宝贵经验，请读者朋友学习借鉴。

学习要点

◇ 如何分析画面?
◇ 如何评判调色效果好坏与否?
◇ 如何得到电影感的影调?
◇ 如何理解和实现画面的通透感?
◇ 如何理解摄影师常说的“脏”?
◇ 如何理解和提高画面的“质感”?
◇ 冷暖色调的调色有没有什么技巧?
◇ 广告、MV、电影的调色特点?

19.1 张明珠女士

张明珠（C.S.I），拥有20年从业经验，广告、电影、纪录片、MV全方位资深调色师。

现为自由调色师，特约合作公司包括：数字王国（中国）、ACTION100 Universal Studio、北京派来特（CPOO）、北京中信国安新桥影视基地（CITIC）、上海藏岚文化（DW）、广州RGBworks Studios等。

代表作：《西游记3：女儿国》《恶棍天使》《闪光少女》《痞子英雄2》《决战食神》《西小河的夏天》等知名影片调色。

手机版电子名片链接：

http://www.jkera.cn/zhangmingzhu/index.html

为了满足广大初级调色师对调色艺术方面的追求，应本书作者邀请，资深调色师张明珠女士特别对调色师常提出的问题做出了她自己的解答，请读者朋友学习借鉴！

问：如何理解和实现画面的通透感？

答： 通透感来自于严谨干净的色彩平衡Balance，并在这个基础上，对于画面进行细致微妙的冷暖对比配色。

问：如何理解摄影师常说的“脏”？

答： 如果“脏”是一种负面的评价，那么你就得注意自己的基本功了，先检讨自己有没有做好最基础的色彩平衡基本功（黑不是正黑，白不是正白）。最糟糕的情况就是没有基本功也没有审美，没有做好色彩平衡就在这个基础上进行调色，同时还调得让不同颜色之间无法分明的区分开，在正常灯光条件下，肤色已经不在正常认知的红黄与洋红的范围内。

但如果摄影师希望你调的“脏”一点，通常我会在良好的色彩平衡基础上，对画面的肤色范围内的颜色做一些偏绿的处理。

问：如何理解和提高画面的“质感”？

答：Balance、Balance、Balance 重要的事情要说三遍，这是最基础的功夫，也是目前数字摄影时代的调色师最欠缺、最易被忽略的基本功，还有对反差、最亮与最黑、肤色、各个颜色之间的配色与景深的创造等细节的把控，都是成就高质感画面的元素。至于对“降噪”的把控则是看影调需求，严格区分的话，噪点来自于不当的调色操作或者画面本身曝光不足所造成的，有些客户会因为创作意图而希望保留这种因为曝光不足导致的噪点，或者是通过插件增加模拟胶片的“颗粒”感。

问：您多次强调色彩平衡 Balance，能否再详细解释一下。

答：调色里的色彩平衡，涉及对于画面里的正黑与正白部分的偏色做一个基本的校色，让黑与白以及画面里的其他颜色在 Vector Scope 上，各在其相应的位置（黑与白都在十字正中心点）；此外，如果有曝光上的问题（不足或过曝），也必须通过一级校色的工具使其最高光与最黑的区域不要有信号被裁切的情形。

问：如何更好地把暗部细节处理好？

答：我的做法是分层处理，第一层的暗部控制在 7.5% ～ 20%，提供后面 layer 足够的空间再去做更多的调整，除了让最黑位到 0，很多情况也会看画面的灯光条件，给予最黑的地方，利用更细致的调色工具再往下压，让画面的暗部看起来更扎实。

问：请问冷暖色调的调色有没有什么技巧？

答：做好色彩平衡的 layer 之后，在创建整体画面的风格时，我经常提醒自己，把惯性拿掉，凭感觉去调。有时会把中间调与亮部先整体偏冷，再就对最亮与最黑的地方用更细致的调色工具把暖色加回去。其实调色也没有什麼固定的手法，我一直在变，一直在探索不同的调色工具之间的灵活运用与搭配。

问：如何从参考片中发掘调色的思路和方法？如何分析模仿其他影片的影调？

答：第一个先判断的是反差，反差不像的话，颜色怎么像都没用。反差的判断从 gamma 看起，然后是亮部与暗部，反差先模拟正确了，再去模拟影调，分析亮部与暗部的色彩倾向，再来就是中间层次或者肤色的色彩，最后是画面整体的浓度。

问：请分享一些日调夜的技巧？

答：我会使用曲线工具 YRGB 先整体把最亮的地方往下压很多，最暗的地方往上拉升一点，之后个别曲线调整，先把 B 的曲线往上，G 的曲线也往上一点点，看着画面的肤色，再适度的把中间调的 R 修正回来。

问：如何提高审美和颜色感知，请推荐一些书籍和视频？

答：提高审美与颜色感知的渠道很多，从绘画、电影、广告、时尚流行杂志、摄影杂志里去研究光影与配色；另外，观察大自然的色彩，不同时间、不同色温的变化，观察人的肤色等都可以训练自己对颜色的敏感度，我会追踪关注自己喜欢的调色师，比如Dave Hussey的Facebook，他会把自己的作品链接放上去，另外Youtube的“广告裁判的午餐前菜”频道，有很多国外的广告可以参考。

问：请介绍一下广告、MV、电影的调色特点？

答：广告是在很短时间内要传达给消费者的信息，所以对于影调的细致度、商品标准色的精准度要求，相对来讲是最高的，属于精密化工业，尤其是色彩匹配的精准，因为秒数短，如果没有匹配好，是很容易看出来的。若是化妆品广告，对于皮肤质感的处理要求会更高，所谓一白遮三丑，晶莹剔透、白里透红是最高指导原则。广告调得好，客户会尊称你为“大艺术家”。

MV攸关歌手形象以及歌曲旋律节奏与意境，所以观照的方面比较多，要处理歌手的肤质与脸型身高，属于重度加工业。至于影调反差与色彩的创意挥洒空间是这四种类型中最高的，掌握得好，客户会欢欣鼓舞地称你为“大魔术师”。

电影核心在于叙事，光影色调着重自然写实与合理性，关注不同场景氛围如何衬托故事情节与角色性格塑造，并在自然写实的基础之上，根据导演与摄影指导的要求，赋予影片一个调性。此外，一部电影往往由各类不同摄影机组合拍摄，对于不同影像质感（锐利度、景深、噪点）要把握好质感的匹配一致。电影调色在电影后制的角色上，是辅助主创者讲故事，切勿反客为主。尤其在数字时代，调色软件提供无限创意的可能，但在电影DI，要能节制对数字的想象与运用。

纪录片取材来自真实，对于观众观影过程的生理反应影响最大，调色上更要还原真实，原汁原味不添加、天然的最好。但是如果客户有需求，还是可以赋予一个影调，但是要很细微的去把控在现实基础上的度。

问：拿到画面后如何建立画面的影像风格，如何对画面进行分析？如何知道画面应该向哪个方向进行调整？

答：调色策略其实根据广告、MV、纪录片、电影等不同类型而各有不同，客户也会有他们自己的想法，看调色师如何在聆听客户创意与想法的过程中实现光影色调的魔法。做好色彩平衡之后，基本上先聆听客户对于影调方向的喜好，然后我会看画面有哪些我可以运用的色彩元素，对这些色彩元素进行加强、减弱或者色相的调整，运用冷暖对比把视觉焦点凸显出来。如果画面本身没有什么色彩元素可以使用，又必须给予一个色彩倾向时，就必须先做一些偏色，再就偏色的结果，对于肤色、亮暗部等细节做更细致地调整。同时，我也关注画面是否有前后景深的问题，假如一点景深都没有，整个画面都很清楚，那么我会利用局部模糊/锐化工具来制造景深。

问：如何在反复修改的过程中保持良好的心态并发现可以提高影像质量的方面？

答：会遇到过多反复修改，除了来自客户的原因之外，可能得检讨自己调色功力是否不够精准，一旦谦卑了，觉得不足了，自然就能安静下来，耐心地打磨画面。

19.2 Nikola Stefanovic先生

Nikola Stefanovic先生简介：

Nikola Stefanovic 先生在过去 20 年间一直从事电视和电影后期制作行业，他在 1998 年以一名在塞尔维亚国家广播电视公司工作的 3D 动态图像艺术家的身份开始了他的职业生涯，后来又转入视频剪辑工作，那些年他也为广告做过剪辑。2004 年他开始从事 online 艺术家和调色师，然后就爱上了调光调色这一职业。他知道他有一双对色彩敏感的眼睛和强大的客户沟通能力，这些都帮助他将客户的想法真实呈现在屏幕上。

他不断提升他对活动影像的热爱，了解如何用色彩唤起气氛、影调以及沟通的能力。在 2007 年，Nikola 在一家电影后期制作公司和胶片洗印厂工作，从事调色师和数字中间片指导，他负责长篇电影、电视剧和 MV 的调光调色，也任职 DI 指导、胶转磁和母版制作。

从 2009 年起，他先后就任塞尔维亚 Media Plus 公司高级调色师，韩国 Eliot VFX 工作室高级调色师，中国 Technicolor SFG、BE Colour、Digital Domain 和 MPC 的高级调色师。他为广告、电影、纪录片和电视剧以及 MV 提供调色和完成制作。在塞尔维亚 Media Plus 公司、韩国的 Eliot VFX 工作室，中国的 BE Colour 工作期间，他还负责创建该公司的调色部门。

在过去的 20 年里，他都从事后期制作工作，享受为客户提供悦目的影像，培训同事并迎接每个项目带来的各种艺术方面的挑战。

Q：How to analyse the image when you first see the footage ?

A：Its important to have very good idea about the context of the film, let's say TV commercial. Usually I already have story board and directors treatment so I' m familiar with the story of the film. From that point I can see how far and how good that idea is translated into film, usually its the offline edit that I would watch first. Most of the time client already saw the offline edit and they have some comments about it in terms of image characteristics like brightness or color. Its helpful if you as a colorist are already familiar with brand aesthetics and also familiar with directors previous work. That will give you pretty good starting point about overall look and feel that client/director wants for that certain piece. Next step would be to play with raw material on your own, without clients in the room, so you get sense of how far you can stretch things eventually. My approach is to go with few shots that I like the most and try to get some look that I think is appropriate considering all things I mentioned above.

问：刚拿到素材的时候怎样对画面进行分析？

答：首先了解影片的故事内容是非常重要的，比如电视广告，通常我已经看过故事版并了解导演的想法，因此我很熟悉影片的内容，这样我就知道拍出来的内容离想要表达的效果相差多远，我都会先看一遍剪辑版。很多时候客户已经看过了剪辑版，他们对画面的一些要素，比如亮度或者色彩都有一些自己的看法。作为调色师如果你对这个品牌的美学风格和这位导演以前的作品比较熟悉的话会很有帮助，这会给你一个好的整体效果基础，你能感觉到客户和导演想要做到的效果和程度。下一步就是在客户不在场的时候，你自己调整这些 RAW 文件，这样你可以知道你最终能够调整到什么程度。我的方法是选几个我最喜欢的镜头，然后根据上面提到的这些方法调整到我认为合适的影调。

Q：How to know what kind of tone might be good to the image?

A：Its always helpful if client or director provides some reference for the mood and tone. But that doesn' t mean that you need to match it exactly. Sometimes reference is not one frame, it can be overall flow of the film, ratio of bright and dark images or colorful vs monotone images. Sometimes is good to try few approaching with your material, just to have better feeling if something looks better than your initial idea. This question is more or less summary of colorist's job, since clients are coming to you to polish their images and bring the whole film on the new level. It's very important to be sure in aesthetics that you provide otherwise your clients will feel insecure with your work and that is big problem for the colorist. You need to be ready to provide explanation for chosen look.

问：如何知道什么样的影调最适合这个画面？

答：如果客户和导演能够提供一些气氛和影调参考非常有用，但是并不意味着你一定要做得和参考完全一样。有的时候参考并不是一帧画面，可能是或明或暗，或饱和或单色的流动影像。在素材的基础上尝试做出不同风格的影调是非常好的办法，有些时候会展现出比你预想更好的效果。这或多或少是对调色师能力的考察，因为客户找到你帮助他们对画面进行润色并把整个影片提升到一个新的水平。必须要确保影像在审美方面的特质，否则你的客户会对你的工作感到不安，这对于调色师来就是个大问题，你必须要准备好如何诠释你的影调。

Q：How to judge if color grading is good or not.

A：This is very hard question .

There is many aspects you need to consider when judging or talking about color grading or quality of it. I will try to explain my approach but other people can have completely different opinion and that is again, perfectly normal.

First thing is how good grading approach follows the idea or story of the film. That can be spot on or completely wrong and in my case that is purely based on experience and film legacy. Another big thing is if color grading feels as a statement for itself or its subtle and help the story, in other words, if color grading helps the editing, costume and narrative or interferes with those elements. Sometimes synthesized colors can affect overall film and make it look cheap. That's why I prefer to keep images natural and especially texture wise. But of course, sometimes you have many people in the room with different backgrounds and different visual education and then is when things are getting hard to control. As a colorist you need to find common ground for all the requests but at the end of the day you need to be happy with the result also.

问：如何评判调色效果好坏与否？

答：这是个非常难以回答的问题。

评判调色或者质量是否好坏需要考虑多方面的因素，我会讲我的方法但是其他人可能有完全不同的观点，这很正常。

首先要看调色是否符合故事本身，可能很合适或者完全不对，完全根据经验和对影片的了解。另外一个大的问题就是是否感觉调色喧宾夺主还是说用微妙的方式帮助叙事，或者说是否调色在帮助剪辑，服装和叙事还是在干扰这些因素。有的时候过度的色彩会影响影片的整体效果而看上去很廉价，所以我会让画面更加自然，质感更丰富。当然，不同背景和不同视觉经验的人在同一个房间里看画面会让事情变得难以控制，作为调色师你需要努力为所有的需求找到共同点，最后的时候你也会对结果感到满意。

Q：What is the most difficult part for your daily color grading work ?

A：Dealing with the people coming from non film background is probably hardest thing for every colorist. After that is dealing with people with very narrow technological knowledge, post-production related. Third group is the people that have some ideas creative or technical that are very obsolete and not relevant these days, but they keep insisting on them like some kind of holly postulates. In general, some clients are having tendencies to make color grading much more important than it really is. They will keep insisting on some changes that at the end no one will notice and that way of doing things will transform creative process to something very frustrating, like some kind of surgery on open brain, where one little mistake will kill the patient. Clients like this are normal from time to time and one of challenges of our job is to learn how to deal with them in best possible way.

问：你每天工作中最难处理的事情是什么？

答：对于每个调色师来说和没有电影背景的人打交道是最困难的。其次就是和只具备很有限的后期制作相关知识的人，再次就是和有一些过时的创意或者技术的概念，与最新技术脱节的人，但是他们却坚持认为他们所说的都是对的。通常，客户趋向于让调色做得比调色本身应该发挥的作用更重要，他们坚持在某些根本不会有人注意的方面做文章，这样的做法将创意的过程变成了令人沮丧的过程，好比开颅的外科手术，一个小的错误都是致命的。客户时常认为这是正常的，我们的挑战之一就是如何用最好的方式和他们打交道。

Q：When the agency, director, cameraman has different opinion, how to balance and make work done ?

A：In this case I usually look at the director. If she/he is ready to defend and fight for his work, I will help. If she/he is OK with agency comments and accepts every change, I will behave same way. In general, I'm always on the filmmaker side, with director and cinematographer, editor. Of course, I will try everything to find solution that can cover expectations from all sides, but at the end big client will decide what they like.

问：当广告公司、导演、摄影师意见不统一的时候，怎么去平衡并让项目完成？

答：对于这种情况我通常听导演的意见。如果他有备而来，我会帮助他。如果他能听从广告公司的意见并接受每一次的改变，我也会表现出相同的方式。通常，我总是站在制作方这边，无论是导演、摄影还是剪辑。我想尽办法满足各方的期待，不过到最终都是客户自己决定他们的喜好。

Q：How to get the cinematic tone?

A：This topic is covered in many articles and tutorials but in reality its very simple. It comes down to how image is exposed and how much of the texture you can pull out of it. Its hard to get cinematic look with very bright images, not impossible but much harder then with images that have certain density already. Color grading is not crucial for cinematic look, but can help a lot. Cinematic approach needs to be achieved in directors mind first and then in camera in order to be completed in grading. Sometimes colorist can force certain look and texture and get very good result, but experienced eye will always find the non-cinematic base under color graded images.

We all used to watch movies in cinema for a many years, so we know that the nature of medium is to be less brighter than modern TV. And in general, for the long time we had clear boundaries between film and video world. Film is something to be projected on a big screen, something that is more interesting than real life and has some magical moment, like a dream, while video was always more like a real life, something that should be seen on a TV screen, in TV drama or news broadcast. These days when almost all acquisition is digital, those boundaries are more blurred, especially with rise of a web platforms as a primary delivery channel. But still, we can follow same aesthetics established in the last century. Being Darker, film images tend to have more texture and appear more richer to our brain while brighter images without deep shadows are less interesting for our brain since we can see everything very quickly and our perception will work much faster. Of course, we need to put this practice in context since not every scene or project or TVC are suitable to have very dark or very bright images. A lot of fine tuning needs to be done considering overall mood and tone, emotions and flow of the scene and time of the day. At the end cinematic feel is more about sensibility and its not easy to define it with highlights or shadows and other technical terms. Those are just ingredients in alchemy behind someones vision of how things should look and feel.

问：如何得到电影感的影调？

答：这个话题在许多文章和教程中都讨论过，其实在实际操作中很简单，它取决于图像是如何曝光的和有多少可以提取的细节和质感。很难从一个非常亮的画面里得到电影感，不是不可能但是要比具有一定密度的画面困难得多。颜色的调整对于电影感不是非常关键，但是也起到不小的作用。电影感的获得要首先在导演的脑海中形成，然后在摄影和调色的过程中体现和完成，有的时候调色师可能强行获得某种不错的影调和质感，但是有经验的眼睛会发现画面中并不那么电影感的方面。

多年来我们早已习惯在电影院里观看电影，我们清楚电影这种媒介要比电视暗。基本上，我们对电影和电视都有一个比较清晰的区分和认识。电影是把画面投射在大屏幕上的，其内容要比真实世界更加精彩且富有魔力，就像一个梦。而电视则更像是真实的生活，展现一些应该在电视上呈现的内容，比如电视剧，电视新闻等。现在，几乎所有的图像采集都来源于数字，这个界限变得越来越模糊，尤其是当网络平台变成了主要的发行渠道的时候。但是，我们还是可以跟随 20 世纪就建立起来的审美：暗一些的电影图像会带给我们更多的质感和层次，而亮一些的，没有深暗的画面则缺乏兴趣，因为我们可以很快地看到所有的内容，我们的感受也更快一些。当然，我们还是要根据片子的内容来具体分析，毕竟不是每个场景，项目或者是电视广告都适用于具备非常暗和非常亮的画面。许多的精细调整要根据片子整体的气氛和影调，场景的情绪和流转以及时间的变化来进行。电影感更多是一种感觉，很难用高光，暗部和其他的技术因素来定义，他们是调色师掌控视觉艺术的魔法药方。

Q：Compare with other color grading application, what is the Baselight advantage?

A：After 14 years，working as a colorist on many different systems I found working on Baselight like I'm finally at home. First of all Blackboard 2 panel is something that makes you feel like an artist. Its hard to explain, but after initial period of learning and getting used to it it start to feel like a musical instrument. Its a high-end interface designed with artist in mind, controlling sophisticated software in transparent and natural way. Technology is always present but its in a good place, its just tools helping you, but you don' t need to manage it, cater around it. It's the system trying to cater around you and your needs and habits. Filmlight is doing amazing job with their support to users which is very important in todays hectic environment with tight schedules and always approaching deadlines. In order to do colorist job successfully you need technology factor to be best possible but not overwhelming, so you can focus on a creative part of the job. And of course, Baselight looks very good in a room :)

问：和其他调色系统相比，您觉得 Baselight 的优势在哪里？

答：我从事调色师一职 14 年，使用过不同的调色系统，我觉得使用 Baselight 让我找到了归宿。首先 Baselight 的 Blackboard 2 调色台会让你觉得你是个艺术家，这很难用语言解释，经过一段时间的学习后你就会习惯调色台，它就像是一个得心应手的乐器。以方便艺术家操控为设计目的的高端界面设计，以自然而顺畅的方式控制先进的软件操作，Baseligh 的技术总是以最恰当的方式体现出对调色师的帮助，Baselight 是一个试图迎合你的需要和习惯的系统。FilmLight 对客户的服务做得非常好，这对于每天忙于项目，必须按时完成任务的我们尤其重要。为了更好地成为一名合格的调色师你需要尽可能地了解一些技术方面的知识，但是这并不是你最主要的工作，你可以更多关注于创意方面，另外，Baselight 的设备放在调色间里也非常有感觉！

Q：Many clients use Iphone to see the colour, but you use a Monitor to colour grading the TVC, how to tackle this problem.

A：From my point of view this is not as bad as it sounds. Having one reference device that is highly accessible and available is actually a good thing. From my experience everything that looks good on iPhone screen will also look good on modern Mac and iPad screens. Picture might look a bit cooler on those devices but It is expected to have in mind that average screen white point on those devices is between 7200-7700 Kelvin compared to 6500 Kelvin for calibrated grading screen. I always prefer to send high-quality compressed video instead of random frames, especially if clients are judging color on the phone screen. I’ve also adjusted my iPhone screen closer to my reference monitor so I’m getting very similar results for contrast and overall feeling, even colors are not exactly the same, but clients these days are aware of many technical challenges, so as long it looks good on their screen, they will be fine.

问：许多客户使用 iPhone 观看影片，但是您使用标准的监视器来调色，怎么处理这个问题？

答：我个人感觉这个问题不是很大，有容易得到和使用的参考设备是个好事。依据我的经验，在 iPhone 屏幕上看到的画面和使用现代的 Mac 和 iPad 屏幕观看到的效果相差不大。在这些设备上显示的画面会偏蓝一些，这个是可以理解的，因为这些设备的平均屏幕白点都在 7200 ～ 7700Kelvin 这个范围内，而标准的监视器是在 6500Kelvin。我通常提交完整的高质量压缩的视频而不是单帧画面给客户，尤其是对于那些使用手机屏幕评判颜色的客户。我也会把我的 iPhone 调的和监视器接近，这样我可以得到非常近似的反差和整体感觉，虽然颜色不完全一样。现在客户通常知道各种技术上的问题，因此只要在他们的屏幕画面上看上去不错他们就能满意。

Q：Could you please give some suggestion to new Baselight colourists?

A：- Its hard to have full Baselight experience without working with Blackboard, so if you are in a position always insisting on Blackboard 2.

- Forget about other software rules and procedures, Baselight is far more open to play with than any other system I’ve tried.

- Embrace the way how timeline works, it will save you a lot of time and nerves once you master it.

- Don’t assume that something can not be done in Baselight just because you don’t know how to do it.

- If you coming from compositing and online side, you will find a lot to love in Baselight.

- Don’t try to edit films in Baselight.

- If you are colorist dealing with a lot of VFX changes and versions, you will love Baselight.

- Master Cursors and View/Try/Apply philosophy and your life is going to be much easier.

问：能否给刚学习使用 Baselight 的调色师一些建议？

答：没有 Blackboard 调色台很难得到完整的 Baselight 操作体验，如果有条件，一定要使用 Blackboard2 调色台。

忘掉其他软件的束缚和程序，Baselight 远比我使用的其他系统更加开放和方便。

努力接受时间线的工作方式，只要你掌握就能节省大量时间和精力。

如果你觉得有些功能在 Baselight 里实现不了，往往是因为你还不知道怎么做。

如果你有合成和 online 的经验，你会更喜欢使用 Baselight。

不要使用 Baselight 剪辑电影。

如果你需要处理许多的 VFX 版本变动，你会喜欢 Baselight。

对 Cursor 的操作和使用 View/Try/Apply 的调色赋予方式令工作更加方便。

19.3 本章小结

本章邀请了两位资深调色师分享其工作经验和对调色的感悟。在调色学习和调色工作中，善于观察、善于倾听、善于向别人求教也是非常重要的素养。当然，任何问题都可以从多个角度、多个层面去解读，去粗取精、为我所用。